BAEDEKER

H

HARZ

Die Hexen zu dem
Brocken ziehn,
die Stoppel ist gelb,
die Saat ist grün.

Johann Wolfgang von Goethe, »Faust«

baedeker.com

HINTERGRUND

ERLEBEN & GENIESSEN

PRAKTISCHE INFORMATIONEN

ANHANG

PREISKATEGORIEN

Restaurants
Preiskategorien
für ein Hauptgericht

€€€€	über 30 €
€€€	25 – 30 €
€€	15 – 25 €
€	bis 15 €

Hotels
Preiskategorien
für ein Doppelzimmer

€€€€	über 150 €
€€€	120 – 150 €
€€	80 – 120 €
€	bis 80 €

MAGISCHE MOMENTE

ÜBERRASCHENDES

Betörende Düfte in der größten Rosensammlung der Welt in Sangerhausen

D
DAS IST ...

... der Harz

Die großen Themen rund um die magische Gebirgswelt mitten in Deutschland! Lassen Sie sich inspirieren!

In kaum einer Region Deutschlands gibt es so wunderbare Fachwerkstädte wie im Harz. Goslar ist eine davon. ▶

GRENZEN ÜBER-WINDEN

Ganz und gar nichts für schwache Nerven, aber ein absolutes Muss für alle Adrenalinjunkies: ein Sprung 75 Meter in die Tiefe unterhalb einer der längsten (Fußgänger-) Hängebrücken der Welt. Alternativ: Über einen Kilometer mit der Mega-Zipline über die Talsperre rauschen. Allein oder im Tandem erleben Sie einen Adrenalinschub vom Allerfeinsten. Nervenkitzel pur mitten im Harz. Und das ist noch lange nicht alles.

Wenn man erst mal die Angst überwunden hat ... ▶

AUCH wenn sie nur kurze Zeit die weltweit längste (Fußgänger-)Hängebrücke ihrer Art war, so steht die Titan RT an der Rappbodetalsperre doch symbolisch für das große Harz-Abenteuer, einzigartig in Deutschland, atemberaubend und für viele eine echte Herausforderung.
Der Harz bietet jedoch auch **das kleine, leise Abenteuer**: ein Ausstieg auf Zeit aus dem Alltag, etwa eine Pilgerwanderung oder die Einkehr in einem Kloster, um den Kopf frei zu bekommen, Ruhe zu finden. Während 1777, als Goethe erstmals den Brocken bestieg, schon das Leben an sich abenteuerlich genug war, sind wir heute oft auf der Suche nach dem besonderen Kick. Höher, schneller, weiter oder auch einfach mal ganz abgeschieden die Stille genießen. Finden Sie im Harz Ihr persönliches Abenteuer, Ihre Grenzerfahrung.

ABHEBEN

Einfach mal in die Luft gehen und den Harz von oben erleben. Wie weit der Wind trägt, ist (fast) offen. Bei einer Ballonfahrt in bis zu 2000 Metern über der Erde sind die Alltagssorgen weit weg. Hier oben zählt nur das Staunen. Es ist windstill im Ballon. Unter den Füßen erstreckt sich das Mittelgebirge mit eindrucksvollen Perspektiven auf Brocken, Kaiserpfalz und Co. Unvergesslich, unvergleichlich, einfach schön (www.brockenballon.de).

Adrenalinschübe am Stausee

Die größte Talsperre im Harz, die **Rappbodetalsperre** bei Blankenburg, ist eine reine Trinkwassertalsperre. Über 100 Mio. m³ Wasser werden von der 106 m hohen Staumauer zurückgehalten. Doch dieses eindrucksvolle Bauwerk schreibt aus anderen Gründen Schlagzeilen: Zwei Brüder, Maik und Stefan Berke, haben in den vergangenen Jahren an der Rappbodetalsperre einen Abenteuerspielplatz für Erwachsene geschaffen. Hier kann man in 100 Metern Höhe auf einer schwankenden, 458 Meter langen Hängebrücke das Tal überqueren, die Natur bei einem rasanten Flug mit der **Mega-Zipline** aus der Vogelperspektive erleben, kopfüber den Aussichtsturm hinab laufen, sich 75 Meter in die Tiefe stürzen oder knapp 40 Meter in die Höhe katapultieren – Adrenalinschübe sind jedenfalls garantiert (https://harzdrenalin.de)!

Geheimnisvolle Unterwelten

Beim schummrigen Licht einer Grubenlampe wirken die schmalen Stollen geheimnisvoll und unwirklich. Hier haben tatsächlich früher Menschen gearbeitet? Kaum vorstellbar, dass diese engen und dunklen Gänge vor vielen hundert Jahren per Hand in den Berg geschlagen wurden – und das oft präziser als im modernen Tunnelbau. Wer sich auf eine Abenteuerführung im **Rathstiefsten Stollen** in Goslar, auf eine Fahrt im Förderkorb 300 m tief in den **Röhrigschacht Wettelrode** oder auf eine Tour durch einen der Wasserläufe im Oberharz einlässt, wird an seine Grenzen kommen und gleichzeitig großartige Eindrücke mitnehmen. Teils gebückt, teils durch knietiefes Wasser werden Orte erreicht, die vielen Besuchern verborgen bleiben. Farbenfrohe Vitriolen schimmern an den Gesteinen und eine tiefe Ehrfurcht vor der Leistung unserer Vorfahren breitet sich aus. Zurück in der Zivilisation bleibt ein intensives Gefühl der Dankbarkeit.

Der Reiz der Stille

In der multimedialen Welt von heute werden stille Momente ohne Handyempfang und WLAN fast schon zum Abenteuer. Wenn eine Wanderung im Harz von Funkloch zu Funkloch führt, fühlt man sich fast verloren. Doch eben nur fast. Die Suche nach Stille und Rückzug kann auch zu einer Erfahrung werden, eine Reise zum eigenen Ich. Dazu laden das **Kloster Drübeck** mit dem »Haus der Stille« oder auch das **Gethsemanekloster Riechenberg** bei Goslar mit Einkehr- und Schweigetagen ein (www.gethsemanekloster.de, www.kloster-druebeck.de).
Wer sein persönliches Abenteuer sucht, findet im Harz viele Chancen, sich selbst auszuprobieren, individuell, ganz besonders und sicher unvergesslich.

Wer den freien Fall nicht wagen will, kann sich zu Fuß in die Tiefe wagen, etwa in den Roeder-Stollen im Rammelsberg.

VOM ZAUBER DER BERGE

Wie eine Trutzburg ragt der Harz aus der norddeutschen Tiefebene empor. Was einst Furcht einflößend auf die Menschen wirkte, hat heute eine besondere Anziehungskraft. Lassen Sie sich verzaubern von der urigen Gebirgswelt, von schroffen Felsen, tiefen Wäldern, faszinierenden Ausblicken und der abwechslungsreichen Natur.

Mystische Felsen und ein weiter Blick machen die Faszination des Brockens aus. ►

DER Brocken, auch Blocksberg oder der Berg der Deutschen genannt, hat Symbolkraft. Mit 1141 Metern Höhe für Älpler eher ein »Hügli«, ist er der höchste Berg in Norddeutschland. Zu Zeiten der deutsch-deutschen Teilung für viele unerreichbar, gehört er mittlerweile zu den beliebtesten Ausflugszielen im Harz. Einmal auf den Brocken wandern gehört zu einem Urlaub im Harz dazu. Einmal? **Brocken-Benno** alias Benno Schmidt aus Wernigerode (1932–2022), hat den Brocken über 9000 Mal bestiegen. Seit der Öffnung am 3. Dezember 1989 war er jahrzehntelang fast täglich auf seinem Berg unterwegs. Eine Legende, die es ins Guinness-Buch der Rekorde geschafft hat. Viele Wanderer konnten ihn bis ins hohe Alter begleiten.

Gesteine mit Geschichte

Die ältesten Gesteine des Harzes sind fast 500 Millionen Jahre alt. Herausgehoben und letztlich zu seiner heutigen Form modelliert wurde der Harz seit etwa 85 Millionen Jahren. Er gilt als geologisch vielfältigstes Mittelgebirge Deutschlands. Die unterschiedlichen Gesteinsschichten treten an verschiedenen Orten zu Tage und regen schon seit Jahrhunderten die Fantasien an. Die Teufelsmauer bei Blankenburg, der »Alte vom Berg« im Okertal oder die Roßtrappe bei Thale sind nur einige charakteristische Felsformationen, um die sich **Sagen und Mythen** ranken. Über Jahrtausende waren jedoch die Schätze unter Tage der größere Anreiz für die Menschen. Der **Bergbau** begann bereits in der Bronzezeit. Erzvorkommen lockten vor allem im 16. und 17. Jh. tausende Bergleute in den Harz. Ihr Erbe prägt heute nicht nur die Museumslandschaft mit ihren zahlreichen Besucherbergwerken. Die idyllischen Teiche, die im Sommer zum kühlen Bad einladen, und die schmalen Gräben, die den Wanderer auf seinen Touren im Harz begleiten, sind einst in mühevoller Handarbeit für den Betrieb der Gruben errichtet worden. Heute zählt ein Großteil von ihnen zum UNESCO-Welterbe Bergwerk Rammelsberg, Altstadt von Goslar und Oberharzer Wasserwirtschaft. Begeben Sie sich auf Spurensuche unter und über Tage!

Verwunschene Orte

Doch ganz gleich ob natürlich oder von Menschenhand erschaffen, die Harzer Natur ist einfach magisch. Wenn der Morgennebel langsam von den Wiesen emporsteigt, die Sonnenstrahlen sich durch die Baumwipfel kämpfen und witzige Schattenbilder zeichnen, würde es wohl niemanden überraschen, einem Fabelwesen zu begegnen. In den Harzer Bergen gibt es viele einsame, verwunschene Orte zu entdecken.
Spüren und erleben Sie diesen Zauber. Auf einer Lichtung das taunasse Gras spüren, an einem Bach dem Plätschern lauschen und von Vogelgezwitscher begleitet den Tag beginnen. Nehmen Sie sich Zeit und begeben Sie sich auf eine **unvergessliche Entdeckungsreise** in Deutschlands nördlichstem Mittelgebirge. Nutzen Sie die schmalen Pfade abseits der Hauptwanderrouten, wie beispielsweise im Radau- und Eckertal im Nationalpark Harz. Denn wirklich verwunschene Orte, Ruhe, Abgeschiedenheit und tiefe Entspannung sind vielerorts am Wegesrand zu finden.

Ins rechte Licht gerückt, wirken die Radau-Wasserfälle erst recht verwunschen.

HOCH HINAUS IM MORGENGRAUEN

Noch bevor die Natur so richtig erwacht, geht es los. Mitten in der Nacht treffen sich Abenteuerlustige und Romantiker am Fuß des Brockens, um den Sonnenaufgang auf dem höchsten Gipfel des Harzes zu erleben. Die Wanderung führt durch die Morgendämmerung, die Natur erwacht langsam und es entsteht eine magische Stimmung, ehe von der Brockenkuppe ein eindrucksvoller Sonnenaufgang erlebt werden kann. Zu verschiedenen Terminen werden auch geführte Sonnenaufgangs-Touren angeboten, u.a. vom Harzklub (▶S. 331).

VORHANG AUF FÜR DEN HARZ

Die Akustik ist beeindruckend, die Kulisse ist es auch. Unter den Augen des von Hermann Wislicenus gemalten Kaisers Wilhelm I. spielt das Orchester klassische Melodien, wird die ehemalige Kaiserpfalz in Goslar zum Konzertsaal. Dass auf einer Frelichtbühne nicht nur Heimattheater gespielt wird, zeigt sich u.a. in Benneckenstein.

Schillers »Räuber« beim Festival THEATERNATUR auf der Waldbühne Benneckenstein ►

DIE ursprünglichen Landschaften, die Bergwälder, schmalen Täler, Höhlen und Schachtanlagen, Burgen, Schlösser und Fachwerkensembles inspirieren Künstler nicht nur zu magisch-mystischen Geschichten, sie bieten vielen Kulturschaffenden auch außergewöhnliche Kulissen. Die ausgefallenen Konzert- und Theaterschauplätze des Harzes sorgen für stimmungsvolle Momente. Es lohnt sich also durchaus, bei der Reiseplanung den **Kulturkalender** der Region zu berücksichtigen.

Unter freiem Himmel

Die Freilichtbühne in Verona oder die Waldbühne in Berlin sind weltweite Größen in der Kulturszene. Doch eine der ältesten Naturbühnen Deutschlands befindet sich im Harz. Das **Harzer Bergtheater in Thale** auf dem Hexentanzplatz, sagenhaft schön und theatralisch einmalig gelegen, ist seit 1903 Bühne für Familientheater, Operette, Musical und Konzerte namhafter Künstler aus der Pop- und Rockszene. Über die Bühne hinweg genießen nach dem Umbau ab 2024 bis zu 1900 Besucher den Blick in das Harzvorland - eine faszinierende Kulisse.
Weniger bekannt ist die kleine **Waldbühne in Altenbrak**, wo die Schauspieler auf Tuchfühlung mit dem Publikum gehen. Verschiedene Ensembles beleben die Waldbühne und ab und an wird die Bühne auch zum Open-Air-Kino.
Anfang August findet in der Region das Festival THEATERNATUR auf der **Waldbühne in Benneckenstein** statt. Hier werden alle darstellenden Künste in einem modernen, zeitgenössischen Kontext präsentiert. Dazu gehören auch Uraufführungen in Schauspiel, Tanz- und Musiktheater, Konzerte oder Performances. Veranstalter ist der Verein Kulturrevier Harz.
Die **Gandersheimer Domfestspiele** sind Niedersachsens größtes Freilichttheater. Bereits seit 1959 pilgern Theaterbegeisterte vor die imposante Stiftskirche. Inmitten der Kurstadt werden jedes Jahr in den Sommermonaten Musicals, Schauspielklassiker, Komödien und Kinderstücke aufgeführt - Feste, Lesungen, Galas und Konzerte runden das Programm ab.

Schloss-Theater

Zur märchenhaften Kulisse wird der Innenhof des Schlosses von **Wernigerode**, wenn hier die alljährlichen Schlossfestspiele in einer unvergleichlichen Atmosphäre stattfinden. Auch das Wasserschloss **Westerburg,** eine imposante Wasserburg in der Nähe von Halberstadt mit über 1000-jähriger Geschich-

HARZER THEATER-VIELFALT

Überraschend anders und ungeahnt vielfältig ist das Angebot rund um Theater, Kabarett, Kleinkunst und Schauspiel im Harz. Damit Sie die richtige Wahl für sich treffen können, hat der Harzer Tourismusverband eine umfassende Übersicht erstellt: https://www.harzinfo.de/veranstaltungen/theater-buehnen-im-harz

Allein die Lage sorgt schon für Theatralik im Harzer Bergtheater auf dem Hexentanzplatz.

te, wird zu einer ganz besonderen Spielstätte mit vollkommen verschiedenen Aufführungen.

Ein Kleinod in der Theaterszene ist das Schlosstheater aus dem 18. Jahrhundert in **Ballenstedt**. Mit seinen purpurfarbenen Sitzen, Emporen und der kleinen Bühne ist es eines von wenigen klassischen Theaterhäusern, das noch regelmäßig bespielt wird.

Fantasievolle Schauplätze

Lassen Sie sich an historischen Orten zu fantastischen Geschichten anregen? Dann geht es Ihnen wie George Clooney und Co. Regisseure aus aller Welt haben den Harz als wunderbare Filmkulisse entdeckt. »Monuments Men«, »Der Medicus« oder »Die Päpstin« sind nur einige der bekannteren Filme mit Harzer Motiven. Und auch »Das kleine Gespenst« war im Wernigeröder Schloss zu Hause.

Engagierte Harzer füllen die hiesigen Bauten und Orte kreativ mit Leben und inszenieren unvergessliche Erlebnisse. Die **Höhlenfestspiele** in den Rübeländer Tropfsteinhöhlen, Konzerte in der Schmiede am Rammelsberg Goslar, der »Name der Rose« in einer der Quedlinburger Stiftskirchen, Lesungen in Klöstern und an besonderen Orten oder die Walpurgiskonzerte in der Kaiserpfalz in Goslar sind nur einige Beispiele. Lesungen, Theater und Konzerte gibt es an vielen besonderen Orten. Und auch Schriftsteller lassen sich immer wieder vom Harz faszinieren. Davon zeugen die Harz-Krimis und moderne Hexenmärchen in den lokalen Buchhandlungen. Das **Mordsharz-Festival** begeistert Krimi-Fans. Es gibt viel zu erfahren.

DOROTHEA ERXLEBEN

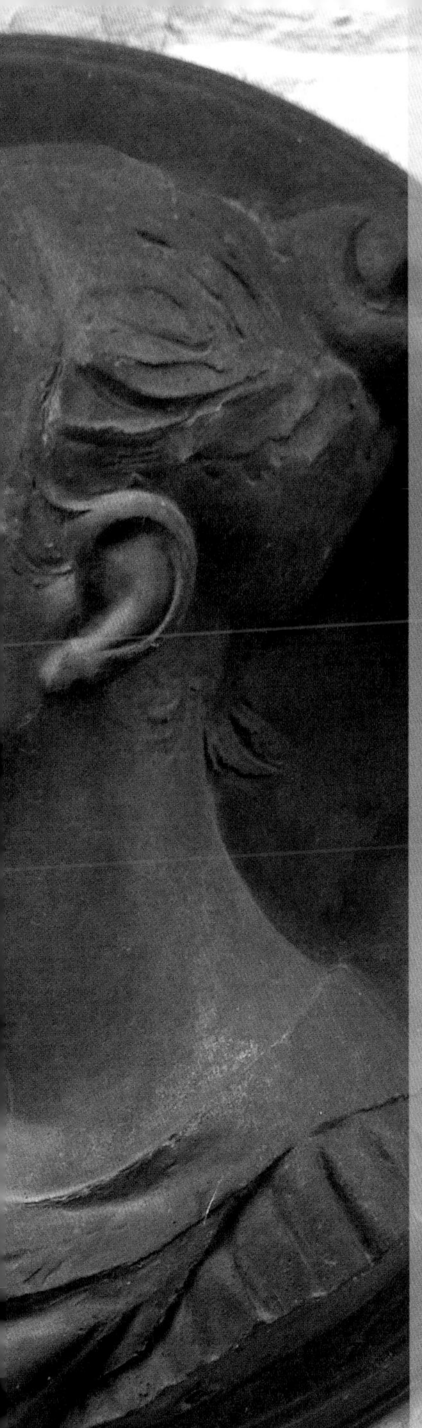

FRAUEN AUS DEM HARZ

Sie wurden geliebt, geehrt, gehetzt oder unterschätzt: Viele Frauen beeinflussten in den vergangenen Jahrhunderten sowohl die Harzer als auch die europäische Geschichte. Ihre Einfühlsamkeit, ihr soziales Engagement, ihr Wissen und ihre Stärke wurden gleichermaßen geschätzt und gefürchtet. Eine Spurensuche im Harz.

◀ Diese Plakette ehrt Dorothea von Erxleben an ihrem Geburtshaus in Quedlinburg.

Eine deutsche Kaiserin aus Byzanz

DER Name Theophanu begegnet Besuchern in vielen Harzer Kulturstätten. **Kaiserin Theophanu**, die als byzantinische Prinzessin 972 mit Otto II. in Rom vermählt wurde, war eine der einflussreichsten Frauen ihrer Zeit. Bereits bei der Hochzeit von Papst Johannes XIII. zur Kaiserin gekrönt, übernahm sie nach dem überraschenden Tod Ottos II. ab 985 die Herrschaft im Römisch-Deutschen Reich. Durch ihre ausgeklügelte Politik rettete sie ihrem Sohn Otto III. den Kaiserthron, ihre Töchter Sophia und Adelheid wurden Äbtissinnen in den Stiften Gandersheim und Quedlinburg. Sie brachte hellenistische Kunst, antike Bildung, die griechische Sprache und Gelehrsamkeit sowie byzantinische Mode und Sitten in das Reich. Byzantinische mittelalterliche Kunst ist in den Kirchenschätzen der Stiftskirche in Quedlinburg und im Halberstädter Dom zu bestaunen, sehenswert ist auch die Ausstellung »Portal zur Geschichte« in Bad Gandersheim (► S. 247).

Otto II. und Theophanu mit Sohn Otto III. knien vor Christus (Elfenbeinschnitzerei um 980).

Die Mutter des niederländischen Königshauses

Die Stammmutter des niederländischen Königshauses ist eine Harzerin. **Gräfin Juliana zu Stolberg und Wernigerode**, 1506 auf Schloss Stolberg geboren, erlangte dank ihrer Söhne Wilhelm und Johann VI. europaweite Bedeutung. Bis heute gibt es im niederländischen Königshaus in direkter Linie Nachfahren der Gräfin zu Stolberg und Wernigerode. Und nicht nur das: In zwei Ehen brachte Juliana **17 Kinder** zur Welt, dazu kamen 160 Enkel und Urenkel. In fast allen europäischen Fürstenhäusern gibt es Verwandtschaften zu Juliana zu Stolberg. Zu all ihren Kindern hielt sie intensiven Kontakt – ein anspruchsvolles Unterfangen in der Zeit der Postkutschen und Boten.

Weibliche Willensstärke

Wenn es Vorbilder für engagierte und vielseitige Frauen gibt, dann gehört die Quedlinburgerin Dorothea Christiane Erxleben (► S. 317) dazu. Als Tochter eines Arztes kämpfte sie im 18. Jh. für ihr Recht, promovieren zu dürfen. Durch einen Erlass Friedrichs des Großen wurde sie zum Studium an der Universität Halle zugelassen und 1754 als erste promovierte Ärztin Deutschlands ausgezeichnet. Sie war eine Pio-

DICHTERSTÄTTE SARAH KIRSCH IN LIMLINGERODE

Im ehemaligen Pfarrhaus und Geburtshaus von Sarah Kirsch in Limlingerode finden regelmäßig Lesungen, Konzerte und Ausstellungen statt. Der »Grüne Junipfad« führt als symbolischer Weg von dem Haus zur ehemaligen innerdeutschen Grenze. In der Dichterwohnung leben und arbeiten immer wieder eine Zeit lang Poeten, Künstler, Journalisten oder Studenten (www.juninovember.de).

nierin, auch wenn es noch fast 150 Jahre dauerte, bis Frauen offiziell zum Staatsexamen zugelassen wurden. Außergewöhnlich: Neben ihrer Tätigkeit als praktizierende Ärztin zog sie **neun Kinder** groß (davon vier eigene) und sorgte für den Haushalt. Das Harzklinikum in Quedlinburg trägt stolz ihren Namen. Ihrem Leben ist im Klopstockhaus (▶ S. 222) eine Dauerausstellung gewidmet.

Der Harz spielt Schicksal

Die besonders schöne Landschaft des Harzes inspiriert künstlerisch veranlagte Menschen. Manchmal spielt sie sogar Schicksal. So fanden sich **Georg Heinrich Crola und Elisabeth von Weiher**, ein Maler und eine Malerin, als sie sich in Ilsenburg für dasselbe Quartier interessierten. Aus Zufall wurde Liebe, 1840 folgte die Hochzeit und eine äußerst kreative, glückliche Künstlerpartnerschaft. Elisabeth Crolas Bleistiftzeichnungen sind für ihren Detailreichtum berühmt. Einige der romantischen Zeichnungen sind im Hütten- und Technikmuseum in Ilsenburg und im Schloß Wernigerode® zu sehen. Literarisch war **Roswitha von Gandersheim** (▶ S. 323) bereits vor über 1000 Jahren Vorreiterin. Als erste deutsche Schriftstellerin schuf sie im Kanonissenstift Gandersheim ihre Werke. Der jährlich vergebene Roswitha-Preis in Bad Gandersheim würdigt Schriftstellerinnen und erinnert an diese außergewöhnliche Frau. Eine der Preisträgerinnen war 1983 **Sarah Kirsch**, ebenfalls im Harz geboren.

Kaleidoskop der Damenwelt

Zu Frauen im Harz gibt es noch viele Geschichten zu erzählen: Von der einst »schönsten Frau des Jahrhunderts«, **Maria Antonia von Branconi**, Mätresse des Erbprinzen Karl Wilhelm Ferdinand von Braunschweig und Freundin Johann Wolfgang von Goethes. Oder von der Mystikerin **Mechthild von Magdeburg**, die im Kloster Helfta (▶ S. 182) Zuflucht vor Anfeindungen fand. Und von den namenlosen **Kiepenfrauen**, die über Jahrhunderte auf ihren Rücken Lasten in den Oberharz transportierten. Auch als »Oberharzer Kamele« bezeichnet, trotzten diese Frauen jeglichen Wetterkapriolen und waren oft der einzige Kontakt von den Bergdörfern in die Ebene. In Wernigerode hat man ihnen in der Breite Straße 2019 ein Denkmal gesetzt (▶ S. 280).

SAGENHAFT VERHEXT

Im Schein eines Lagerfeuers treffen sich urige Gestalten im Wald. Ein Murmeln und Flüstern. Im kühlen Mondlicht wirkt die Szenerie unheimlich und surreal. Ob der Harz Joanne K. Rowling zu »Harry Potter« inspirierte? Mancherorts lässt sich das fast vermuten. Auf jeden Fall sind hier auch heute noch Hexen, Magier und Fabelwesen am Werk – wenn auch anders als oft erwartet.

Echt oder nicht? ►

HEXEN haben Tradition in Deutschlands nördlichstem Mittelgebirge. Sie gehören seit Jahrzehnten zum Harz und sind in allen Größen und Varianten die wohl beliebtesten Souvenirs. Ob »Nippes« oder Kunsthandwerk. Mussten im Mittelalter Frauen mit besonderem Wissen um ihr Leben fürchten und sich verstecken, treten die heutigen Harzer Hexen mit einem wunderbaren, mitreißenden Selbstbewusstsein auf. Und das findet Nachahmer – weltweit.

»Hässlich?« Oberhexe Antje rümpft die krumme Nase und lacht. »Na klar, je hässlicher desto besser.« Sie sind laut, schrill, hässlich, schaurig-schön und ganz schön verrückt. Vor einigen Jahren hat sich eine bunt gemischte Gruppe von Frauen aus Wolfshagen im Harz und Umgebung zusammen getan, um die Walpurgisnacht und den Hexentanz wieder aufleben zu lassen. Daraus entstanden ist die **Wolfshäger Hexenbrut**. Als Botschafter für den Harz sind sie auf Messen und Stadtfesten unterwegs. Begleitet vom Oberteufel Lord Lucifer Jan und dem teuflischen Gefährt, dem Knatterfürzchen, sind sie nicht nur zur Walpurgisnacht aktiv. Allein bei Facebook folgen über 500 000 Menschen der wilden Horde. Ihre Choreografie zum Song »Schüttle deinen Speck« von Peter Fox wird auch in den USA getanzt. Wer im Harz bei einem Auftritt der Wolfshäger Hexen dabei ist wird mitgerissen – von der Stimmung, der Energie und dem Spaß, den diese Frauen haben, auch ohne Hexenkostüm.

Hexentanz für jeden Geschmack

Die Hauptsaison der Hexen, Teufel und Fabelwesen im Harz ist die Nacht zum 1. Mai, die **Walpurgisnacht**. Dann steht die Region Kopf und feiert ihr besonderes Fest. Seit wann genau diese Nacht der Nächte gefeiert wird, ist nicht klar überliefert. Von einem traditionellen volkstümlichen Fest haben sich die Walpurgis-Veranstaltungen in einigen Orten zu **multimedialen Großevents** entwickelt. Mit Livemusik, Lasershow und Hexentanz wird die Nacht zum Tag gemacht. Feierlustige sollten frühzeitig eine Unterkunft buchen, denn wenn Zehntausende in den Harz pilgern, wird es mit den Betten knapp.

Doch keine Sorge, es gibt auch Veranstaltungen, bei denen die **Harzer Tradition** lebendig wird. In kleineren Orten laden die Folkloregruppen wie der Harzklub zum Fest. Dann geht es etwas ruhiger zu, es wird geschunkelt und geschwatzt. Doch der Hexenzauber, die bunten Kostüme und die Freude am ausgelassenen Feiern haben alle Veranstaltungen gemeinsam.

Das Wissen der Hexen

Im Mittelalter waren es die Frauen mit besonderem Wissen und Fähigkeiten, die als Hexen verfolgt wurden. Dabei waren sie in der Kräuterkunde bewandert und konnten Leid und Schmerz auf natürliche Weise lindern. Das Wissen der »Hexen« oder auch das Wissen über die Kräfte der Natur wird im Harz bei **Kräuterwanderungen** vermittelt. Ob in Bad Harzburg, Bad Lauterberg, Wolfshagen oder Molmerswende – Kräuterfrauen entführen Sie in die Natur und zeigen Ihnen, was in den Harzer Pflanzen steckt.

Die heutigen Harzer Hexen sind geheimnisvoll, selbstbewusst und lebensfroh – eben Frauen mitten im Leben.

Er darf natürlich nicht fehlen.

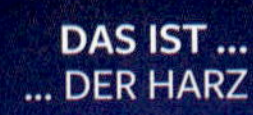

365 MYSTISCHE TAGE IM JAHR

Wem nur eine Nacht Hexenkult zu wenig ist, der begegnet in Thale im Bodetal an 365 Tagen im Jahr Sagengestalten und Hexen. Das Obscurum (nur in den Sommermonaten geöffnet) ist Deutschlands größtes Museum für Hexerei und dunkle Mächte. Und im Hexenhaus steht alles Kopf: Diese Zauberei ließ sich nicht rückgängig machen. Die germanische Mythologie wird auf dem Mythenweg, ebenfalls in Thale, mit eindrucksvollen Kunstwerken erklärt (www.bodetal.de).

T
TOUREN

Durchdacht, inspirierend, entspannt

Mit unseren Tourenvorschlägen
lernen Sie die besten Seiten des Harzes kennen.

Für eine rasante Abfahrt bei einer Harztour nehmen Abenteuerlustige natürlich den Monsterroller (► S. 36). ►

UNTERWEGS IM HARZ

Lassen Sie sich von der magischen Gebirgslandschaft im Norden Deutschlands und ihrer großen Vielfalt begeistern. Engagierte Menschen sind in der Region aktiv, graben mit Begeisterung die Geschichte ihrer Städte aus, richten stilvolle Cafés und schicke Hotels in frisch sanierten mittelalterlichen Bauwerken ein, gründen Galerien, bauen lebendige Museen zum Anfassen und Mitmachen auf, bieten Abenteuer mit Adrenalinschüben und laden Sie ein, im Harz wunderbare und unvergessliche Momente zu erleben.

Goslar, Tor zum Oberharz

Wie die Rücken mächtiger Saurier ragen die Gipfel des Oberharzes hinter der Fachwerkstadt Goslar auf. Die Altstadt zählt mit dem Erzbergwerk **Rammelsberg** zum UNESCO-Weltkulturerbe der Menschheit. Im Mönchehaus zeigt Goslar sein Engagement für die **moderne Kunst**.

Oberharz

Altenau, Clausthal-Zellerfeld und Sankt Andreasberg gehören zu den **bekannten Bergbaustädten** und bewahren noch viele Schätze aus dieser Zeit in Museen oder in Form von Geländedenkmalen. Wie ein Schweizer Käse sieht der Boden unter Sankt Andreasberg aus. 120 km Gänge, Schächte und Stollen haben die Bergleute auf der Suche nach silberhaltigem Erz im Laufe der Jahrhunderte gegraben. Die fast 200 Jahre alte »Fahrkunst« in der Grube Samson ist die einzige noch funktionierende Stahlseilfahrkunst der Welt.

Wernigerode

Am nördlichen Harzrand liegt »**die schönste Stadt** landauf, landab«, so der Schriftsteller Hermann Löns über Wernigerode. Die »bunte Stadt am Harz« beeindruckt mit ihrer hübschen Altstadt mit vielen farbenfrohen Fachwerkhäusern und dem berühmten Rathaus. Vor allem das milde Klima zieht sie an. So wächst im Lustgarten des Schlosses, das als »Mini-Neuschwanstein« 120 m hoch über der Stadt thront, das »nördlichste Esskastanienwäldchen Europas«.

Brocken

Inselgleich ragt der Brocken aus der Norddeutschen Tiefebene heraus. Die Abenddämmerung zaubert auf das menschenleere Plateau eine bizarre Welt: Der Wind jagt die Wolken über den Himmel. Die Granitbrocken tauchen im fahlen Licht wie Dämonen auf. Tagsüber strömen Besucher aus aller Welt auf den **höchsten Gipfel des Harzes** und vertreiben erfolgreich alle Spukgeschöpfe. Rund um den Brocken erstreckt sich der Nationalpark Harz, ein grandioses Revier zum Wandern, Mountainbiken und Natur erleben. Zentrale Anlaufstellen sind die Nationalparkhäuser sowie das Nationalpark-Besucherzentrum TorfHaus bei Altenau.

Quedlinburg

Quedlinburg, Lieblingsstätte der Ottonen und mit gewichtigen Bauwerken gespicktes UNESCO-Kulturerbe, ist eine kulturelle Metropole am nordöstlichen Harzrand. Kunstausstellungen, der Quedlinburger Musiksommer, Theateraufführungen in der Stiftskirche, Fête de la musique und vieles mehr beleben die historische Stadt, deren gewichtigstes Pfund die **sagenhaft schöne Altstadt** ist.

Bode- und Selketal

Die **Bodeschlucht**, »das gewaltigste Felsental nördlich der Alpen«, soll Dichterfürst Goethe einst zu seinem monumentalen »Faust« inspiriert haben. Tatsächlich erinnern die in der Felslandschaft verstreuten bizarren Granitblöcke an Sagen- und Märchengestalten aus fernen Zeiten. Heute feiern die Harzer und ihre Besucher am 30. April ausgelassen die Walpurgisnacht auf dem Hexentanzplatz zu Thale hoch über der Schlucht. Nicht weniger attraktiv ist das nah liegende **Selketal**.

Mansfelder Land

Wie Kultstätten untergegangener Zivilisationen ragen kahle, pyramidenähnliche Berge aus der sanften, grünen Hügellandschaft des Mansfelder Lands am östlichen Harzrand. Es sind die Abraumhalden des Kupferschieferbergbaus, der dieses Land 800 Jahre lang bestimmte und nährte. Mittendrin gedeihen Blütenträume. »Rosen sind ein liederliches Zeug«, fluchte einst Goethe. Die Rosen aus des Dichters Garten blühen heute im Europa-Rosarium in **Sangerhausen**. Mehr als 8700 unterschiedliche Wildrosen, Damaszenerrosen, Bodendecker-, Kletterrosen, Moosrosen und Kostbarkeiten wie Edelrose »Nigrette«, die sog. »Schwarze Rose«, und die Grüne Rose gedeihen hier auf 13 ha.

DIE OBERHARZER WASSERWIRTSCHAFT IM BLICK

Start und Ziel: Nationalpark-Besucherzentrum Torfhaus | **Dauer:** reine Gehzeit ca. 3,5 Std. | **Länge:** knapp 10 km

Tour 1

Eine märchenhafte Wanderung in die Bergwildnis des Nationalparks Harz und in die Geschichte des Bergbaus. Von Torfhaus geht es teils entlang von Gräben, teils durch lichte Wälder, zum Oderteich. Eine leichte Wanderung auf überwiegend bequemen Wegen.

Am TorfHaus

Tourstart ist das 1 **Nationalpark-Besucherzentrum TorfHaus**. Es lohnt sich, vor dem Aufbruch einen Blick in die Ausstellung zu werfen, denn die Geländemodelle, die Infos über die Moore und die Tier- und Pflanzenwelt im Harz öffnen den Blick für die Höhepunkte der Wanderung. Der Eintritt ist frei. Wer möchte, kann sich auch geführten Touren mit Rangern anschließen, eine Wanderkarte erstehen oder sich von den Mitarbeitern Wanderrouten erläutern lassen. Der Harzturm bietet einen magischen Blick aus 65 Metern Höhe (► S. 108) Vom Besucherzentrum aus folgt man der Bundesstraße 4 bergab und nimmt den links abzweigenden »Goetheweg«.

Ins Moor

Ein breiter Forstweg nimmt die vielen Wanderer auf, die dem Brocken zustreben. Rasch verebbt der Lärm der Bundesstraße, dann biegt linkerhand ein Bohlenweg ab. Ein paar Schritte – und schon öffnet sich ein Panoramablick übers 2 ★ **Große Torfhausmoor**: im Hintergrund der Brocken, davor die weite, baumlose Fläche des Moores, das zu den größten und ältesten im Harz zählt. Nur Spezialisten wie Moorbirke und Fichten vertragen das saure Milieu des Bodens. Wer sich bückt und neben dem Bohlenweg genau hinsieht, entdeckt daumennagelgroßen Rundblättrigen Sonnentau, eine fleischfressende Pflanze, die unter Naturschutz steht. Das Moor selbst gleicht einem überdimensionalen Schwamm, vollgesogen mit Wasser – und genau das machte es für den wasserhungrigen Bergbau interessant.

Abbegraben

Der Bohlenweg mündet am Ende des Moores wieder in den Wanderweg ein. Dieser führt auf den 3 **Abbegraben** zu, wie der künstliche Wasserlauf parallel zum Goetheweg genannt wird. Erbaut im Jahr 1827, zapft er sowohl Moor als auch das Flüsschen Abbe an, das beim Brocken entspringt. Auch wenn er nicht sonderlich spek-

takulär wirkt, ist er doch ein Teil der Oberharzer Wasserwirtschaft und damit von UNESCO-anerkannter Weltbedeutung. Einst führte er wie viele andere künstliche Gräben dem Clausthaler Bergbau Wasser zu. Achten Sie auf die Farbe des Grabenwassers – nicht sehr appetitlich! Doch der Schein trügt: Die braune Farbe rührt von den Huminsäuren des Moores her. Der Abbegraben selbst ist in Granit gefasst und wurde einst gehegt und gepflegt. Aufseher hatten stets ein Auge auf solche Wasserzuflüsse und ließen die Gräben winters mit Reisigabdeckungen vor dem Zufrieren schützen. Der angenehme Wanderweg, der den Graben begleitet, ist nichts anderes als der einst mit viel Sorgfalt eingerichtete Wartungsweg. Die Anlagen werden heute u.a. von den Harzwasserwerken instand gehalten.

Ein wenig Technik

Diese Tour verlässt hier den Goetheweg, führt also nicht Richtung Brocken, sondern in Fließrichtung am Abbegraben entlang zurück zur Bundesstraße 4. Auf dem Weg dorthin geben verschiedene Tafeln Einblick in Techniken des Oberharzer Wasserbaus: »Fehlschlag« nennt sich ein hölzerner Überlauf, der überschüssiges Wasser abführt. Einige Schritte weiter passiert man den »Drecksumpf« – heute würde man »Absetzbecken« sagen. In dieser Vertiefung sammeln sich Schlamm und Geröll, um den extrem flachen Graben vor dem Verlanden zu schützen.

Zauber des Nationalparks

Der Hexen-Markierung des Hexen-Stiegs folgend, überqueren Sie jetzt die Bundesstraße 4. An der nächsten großen Wegkreuzung führt der 4 **Märchenweg** nach rechts weg durch ein besonders lauschiges Stückchen Harzer Landschaft. Hier im Nationalpark Harz, wo die Natur sich selbst überlassen wird, lässt sich anhand von abgestorbenen Fichten und frischem Bewuchs die Dynamik des Waldwandels beobachten. **Obacht:** Vor allem im unteren Drittel ist der Weg uneben und naturbelassen mit Wurzeln und Steinen. Das kann bei Regen rutschig werden. Wer weniger trittfest ist, sollte den Weg besser nur bei schönem Wetter gehen. Eine kleine Sitzgruppe markiert das Ende des Märchenwegs.
Dort wendet man sich nach links, folgt ca. 2,5 km dem Hexen-Stieg und überquert auf einer Holzbrücke den 5 **Rotenbeek** (Roten Bach). Auch er hat wie alle Gewässer dieser Gegend eine rostrote Moorwasserfarbe. An der Brücke hält man sich rechts, folgt dem rechten Ufer des Rotenbeek und bald schimmert es blau am Horizont – der 6 **Oderteich** kündigt sich an. Diese älteste Talsperre im Harz wurde 1715 bis 1722 erbaut und ist ebenfalls Teil der Oberharzer Wasserwirtschaft. Hier wurde das aus mehreren Quelladern der Oder kommende Wasser gesammelt und über den Rehberger Graben nach Sankt Andreasberg geleitet. Die Anlage war mehr als 170 Jahre lang Deutschlands größter Staudamm. An den Ufern des Oderteichs ragen verstreut Granitblöcke auf und man wähnt sich in Skandinavien. Im (sehr kalten) Wasser darf übrigens in den ausgewiesenen Zonen gebadet werden.

Am Oderteich

Das Wanderzeichen Gelber Kreis markiert den Uferrundweg. Nach 2 km entlang des Ostufers ist die 7 **Staumauer** erreicht, auf der die Bundesstraße 242 verläuft. Normalerweise wurden die Staumauern der Oberharzer Teiche mit Grassoden abgedichtet, hier setzten die Baumeister auf einen Kern aus Granitsand. Um die Mauer in voller Größe zu erleben, überqueren Sie die Straße und folgen dem Weg mit dem blau-weißen Wasserrad-Logo. Ein steiles Treppchen führt hinab zum Fuß der Staumauer. Dort stehen Sie der 21 m hohen Zyklopenmauer gegenüber, gegen die 1,7 Mio. Kubikmeter Wasser drücken. Oben brausen Motorräder über die Dammkrone, unten plätschert der Abfluss leise. Er bildet den Rehberger Graben, der einst die Wasserräder der Silbergrube Samson bei Sankt Andreasberg am Laufen hielt. Eine Treppe führt auf der Ostseite wieder hinauf auf die Dammkrone. Zehn Obelisken schützen den Überlauf des Oderteichs vor dem Verstopfen, halten also Baumstämme und Eisschollen zurück.

Auf Bohlenstegen übers Moor

Auf der Ostseite des Oderteichs führt der Weg in einen 8 **Naturbereich**, wo ein paar der ältesten Fichten des Nationalparks stehen. Uralte Baumriesen ragen neben abgestorbenen Stümpfen hinauf, dazwischen keimen junge Fichten, Ebereschen und Buchen. Wo der Boden moorig ist, schützt ein Bohlenweg vor dem Einsinken. Fast am Ende des Stausees quert der Weg die Oder. Wer abkürzen möchte, wandert flussaufwärts nach Oderbrück und fährt mit dem Bus Linie 820 zurück nach Torfhaus. Ansonsten setzt man die Wanderung sich links haltend fort und erreicht wieder die Holzbrücke über den Rotenbeek. Von dort aus folgt man dem bereits bekannten Weg zurück nach 1 **Torfhaus** und hat das Vergnügen, mit dem Märchenweg einen der schönsten Wege des Harzes gleich zweimal zu gehen.

AUF DEN SPUREN DES BERGBAUS

Start und Ziel: Von Walkenried nach Goslar | **Länge:** 150 km | **Dauer:** mind. 2 bis 3 Tage

Tour 2

Der Bergbau ist im Harz allgegenwärtig. Museen, Besucherbergwerke, zahlreiche Relikte und technische Überbleibsel bieten eine Denkmaldichte, die in Europa ihresgleichen sucht. Bei dieser Tour erleben Sie eine Reise durch die Harzer Bergbautradition, kombiniert mit Streifzügen in die Geschichte der Region.

Vom Südharz in den Oberharz

Ausgangspunkt ist das Zisterzienserkloster mit Welterbe-Infozentrum in 1 ★★**Walkenried**, das untrennbar mit der Geschichte der Region verbunden ist. Die Klosterkirche ist eine beeindruckende Ruine. In den erhaltenen Klausurgebäuden informiert das ZisterzienserMusem (► S. 271) über das Leben und Arbeiten der Mönche. Von hier aus geht es nach 2 **Bad Sachsa**. Vor allem Kinder werden dank Märchenpark und Falkenhof Gefallen an diesem Abstecher finden. Auf den Höhen des Oberharzes liegt 3 **Braunlage**, wo sich mit dem **Wurmberg** (971 m) der höchste Berg im niedersächsischen Teil des Harzes erhebt. Mehrere Wanderwege führen auf den

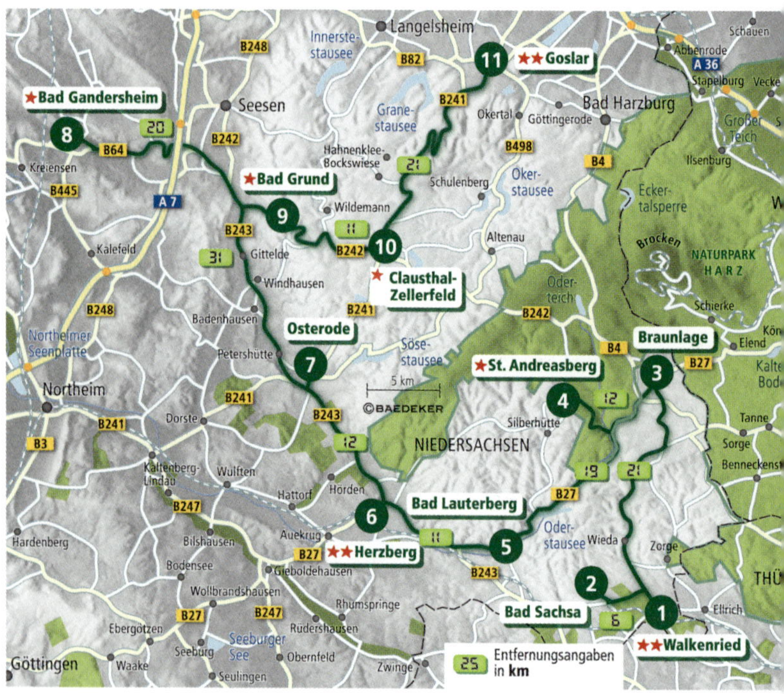

Gipfel – und Kabinenseilbahn sowie Vierer-Sessellift sorgen für einen bequemen Aufstieg. Vom Gipfel aus ist die Aussicht zwar beeindruckend, die Wintersporteinrichtungen zieren die Landschaft jedoch nicht gerade. Vom Wurmbergturm auf 1000 Metern Höhe erstreckt sich ein 360°-Harz-Panorama. Der Sportverleih auf dem Großparkplatz der Wurmberg-Seilbahn bietet die Ausrüstung für die Fahrt mit dem **Monsterroller** an (www.monsterroller.de). In den vergangenen Jahren wurden in die Infrastruktur am Wurmberg mehr als 8 Mio. Euro investiert, v. a. für den Wintersport.

❹ ★ **Sankt Andreasberg** ist die höchst gelegene der sieben Oberharzer Bergstädte und besitzt mit dem historischen ★ **Silberbergwerk Grube Samson** eines der berühmtesten Harzer Schaubergwerke. Bei ❺ **Bad Lauterberg** endet die wechselnd bewaldete Region, das Odertal öffnet sich hin zu den Südharzer Wiesen, auf denen mitunter Schafe weiden. Attraktionen von ❻★★**Herzberg** sind das Fachwerkschloss mit Museum zur Landesgeschichte und die nahegelegene ★ **Einhornhöhle**. Die Harztour führt durch die Schönheiten der Südharzer Karstlandschaft nach ❼ **Osterode**.

Abstecher nach Bad Gandersheim

Von Osterode oder Goslar aus empfiehlt sich durchaus ein Abstecher nach 8 **Bad Gandersheim**, nicht zuletzt wegen seiner Stiftskirche, die auch als Kulisse für die berühmten Domfestspiele Bekanntheit erlangte. Der von Fachwerkhäusern gesäumte Markt ist sehenswert, das Rathaus eines der schönsten der Renaissance in Niedersachsen.

Alte Bergbaustädte

Im Oberharz führt die Tour weiter auf den Spuren der Bergleute: 9 ★ **Bad Grund** gehört zu den sieben alten Oberharzer Bergstädten. Hier wird die ehemalige Schachtanlage Knesebeck als Bergbaumuseum genutzt. Was sich am und im Berg sonst so tut, zeigt hier das moderne, auch für Kinder sehr sehenswerte HöhlenErlebnis Zentrum an der Iberger Tropfsteinhöhle. In der Universitätsstadt 10 ★ **Clausthal-Zellerfeld** sollte man im Oberharzer Bergwerksmuseum in Zellerfeld vorbeischauen. Ist das Wetter gut, lohnt es sich, eine Expedition in die nähere Umgebung zu machen, in der es viele Spuren des Bergbaus zu entdecken gibt.

Ins nördliche Harzvorland

Von Clausthal-Zellerfeld aus geht es nun ins nördliche Harzvorland nach 11 ★★ **Goslar**. Mit dem Bergwerk am Rammelsberg erwartet Sie hier ein Höhepunkt der Bergbautour: Fahrt mit dem Original-Schrägaufzug, Gang durch die mehrgeschossige Erzaufbereitung mit ihren Originalmaschinen zum Zertrümmern der riesigen Gesteinsbrocken auf Staubkorngröße und Touren in die Untertageanlagen. Auch die Kaiserpfalz lohnt natürlich einen Besuch der Stadt, die einst als »Schatzkammer der deutschen Kaiser« galt.

NOSTALGIEREISE UNTER DAMPF

Länge: drei Strecken: Harzquerbahn 60,5 km, Brockenbahn 19 km, Selketalbahn 60,5 km | **Dauer:** abhängig von der gewählten Strecke zwischen 30 min. und Tagestour | **www.hsb-wr.de**

Tour 3

Ruhig zieht die Harzer Landschaft am Fenster vorbei, geruhsam lässt sich die Region bei einer Fahrt mit der Harzer Schmalspurbahn entdecken. Noch dazu ist der Aufstieg auf den sagenumwobenen Brocken so besonders bequem. Während die Brockenbahn mit Dampf- oder Dieselloks betrieben wird, werden auf anderen Strecken auch Triebwagen eingesetzt. Für das Dampflokerlebnis lohnt ein genauer Blick in den Fahrplan.

Mit Höchstgeschwindigkeiten von 40 km/h (bergab wohlgemerkt!) zuckelt man hier dahin und hat dabei alle Zeit der Welt für das Panorama, das sich draußen bietet. Alle Strecken lassen sich durch Umsteigen kombinieren (Fahrplanauskunft und Tarifinfos finden Sie unter: www.hsb-wr.de).

Von Wernigerode bis Drei Annen Hohne

Die **Harzquerbahn** überquert den Harz von Wernigerode bis Nordhausen. Von Wernigerode geht es zunächst über die Holtemme und dann durch eine sehr enge Kurve hinauf zur Steinernen Renne. Auf der folgenden 8 km langen Strecke durch das Dränge- und das Thumkuhlental überwindet die Bahn 230 Höhenmeter (max. Steigung 33 %; unterwegs ergibt sich ein schöner Blick zurück auf Wernigerode). Am Thumkuhlenkopf beginnt die einzige, rund 60 m lange **Tunneldurchfahrt** auf der ganzen Strecke. In Drei Annen Hohne wird erst mal der Wasservorrat aufgefüllt – zwischen Wernigerode und hier hat die Bahn nämlich 4 m³ Wasser in Dampf und in die Schubkraft der Zylinderkolben verwandelt sowie fast 20 Zentner Steinkohle verbraucht.

Brockenbahn

Kurz hinter Drei Annen Hohne liegt die **Abzweigung** der 19 km langen Brockenbahn. Bis Schierke geht es mit weiten Blicken in die Harzer Landschaft in zwei großen Bögen um die Regensteiner Köpfe herum und durch das Tal der Wormke; Damm und Brücke über die Wormke sind das beeindruckendste Hochbauwerk der Brockenbahn. Nachdem die Brockenstraße gekreuzt wurde, beginnt die sog. **Brockenspirale**. Damit die Eisenbahn ihren in 1125 m Höhe gelegenen Bahnhof erreichen kann, musste die Strecke künstlich verlängert werden. So fährt sie nun, um die letzten Höhenmeter zu überwinden, eineinhalbmal um die Brockenkuppe. Oben angelangt, haben Sie Zeit, um sich auf dem höchsten Berg des Harzes umzusehen, denn frühestens nach ca. 45 Min. fährt die Bahn wieder retour.

Zur Eisfelder Talmühle

Nimmt man nicht den Abzweig auf den Brocken, ist die nächste Station der Harzquerbahn nach Drei Annen Hohne **Elend**. Die Bahn überquert die Kalte Bode, durchfährt lichte Fichten- und Erlenwälder; zur Rechten passiert man den 971 m hohen Wurmberg und erreicht den **höchsten Punkt der Strecke** (557 m). Nächste Station ist das an der Warmen Bode gelegene Sorge. Kurz hinter Benneckenstein überquert die Bahn die Rappbode, steigt ein wenig aus dem Dambachtal und fährt durch Tiefenbachmühle. Hier hält der Zug nur, wenn man es vorher beim Schaffner angemeldet hat.

Selketalbahn

An der Eisfelder Talmühle hat man Anschluss an die Selketalbahn, die älteste der Harzer Schmalspurbahnen. Sie gilt als **romantischster Teil** des Schmalspurnetzes. 60,5 km lang ist die wild bewachsene Strecke zwischen Eisfelder Talmühle und der am nördlichen Harz-

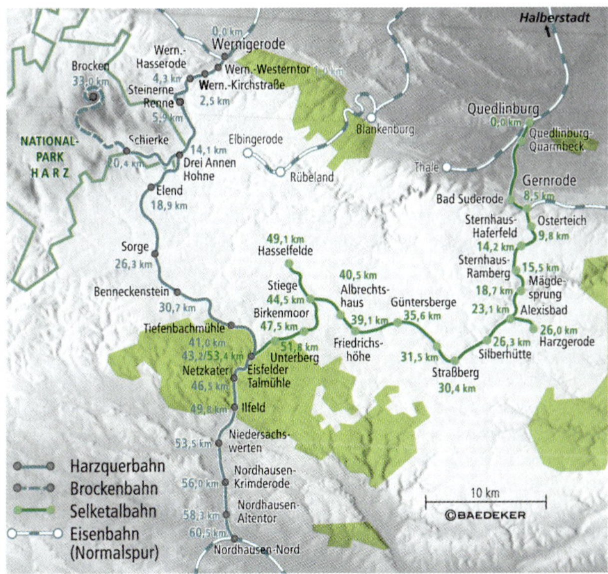

rand gelegenen Welterbestadt Quedlinburg. Zunächst führt die Strecke nach Stiege hinauf, von wo eine Zweigstrecke bis nach Hasselfelde führt. Im weiteren Verlauf werden die Orte Güntersberge und Straßberg erreicht und die Route führt durch Silberhütte und Alexisbad (alle ▶ Selketal). Hier zweigt eine Stichbahn nach Harzgerode ab; die Selketalbahn fährt weiter nach Mägdesprung, einem beliebten Ausgangspunkt für Wanderungen durch das Selketal, u. a. zur Burg Falkenstein und nach Ballenstedt. Von Gernrode geht die Fahrt über das kleine Heilbad Bad Suderode nun bis nach Quedlinburg.

Nach Nordhausen

Nächste Station nach dem Abzweig Eisfelder Talmühle der nach Nordhausen führenden Harzquerbahn ist nach Durchfahrt des Behretals der Haltepunkt **Netzkater**, wo u. a. der 599 m hohe Poppenberg (mit Aussichtsturm), einige Forsthäuser und Waldgaststätten, u. a. Hufhaus, zu Wanderungen einladen. Mit der Bahn geht es nun durch das Ilfelder Tal, an Steinbrüchen, Felswänden und Klippen vorbei, nach Ilfeld. Hinter Ilfeld verlässt die Bahn das Gebirge. In Fahrtrichtung tauchen Gipsberge auf, z. B. rechter Hand der 80 m hohe Mühlberg. Nächste Station ist Niedersachswerfen. Hier wird am Kohnstein Zechstein-Anhydrit, ein Calciumsulfat, für die chemische Industrie abgebaut und zu Schwefelsäure und Ammoniak verarbeitet. Schließlich erreicht die Harzquerbahn nach 60,5 km Nordhausen.

HARZER-HEXEN-STIEG

Start und Ziel: Von Osterode nach Thale | **Dauer:** 5 Tagesetappen zw. 3,5 und 8 Std. | **Länge:** 94 bis ca. 100 km (je nach gewählter Variante)

Tour 4

Rund 100 km führt der Harzer-Hexen-Stieg von West nach Ost (oder umgekehrt), quer über das nördlichste deutsche Mittelgebirge und den sagenumwobenen Brocken, durch den Nationalpark Harz, auf Schritt und Tritt begleitet von der mehr als 3000-jährigen Bergbaugeschichte.

Tourinfos

Auf der **Wanderkarte des Harzer Tourismusverbands** findet sich auch die Brockenumgehung von Torfhaus über Sankt Andreasberg und Braunlage bis Königshütte. Beste Wanderzeit sind Frühjahr und Herbst, wobei in Hochlagen selten noch bis in den April hinein Schnee liegen kann. Die Start- und Zielorte Osterode und Thale sind gut mit öffentlichen Verkehrsmitteln erreichbar. Am Startpunkt »Parkplatz Bleichestelle« in Osterode können Sie das Auto kostenlos abstellen.

Bestellung Wanderkarte: Tel. 05321 3 40 40 | www.harzinfo.de: Download aller Strecken mit Etappenhinweisen und GPS-Daten

Auf alten Handelswegen

Der Harzer-Hexen-Stieg ist in diverse Teilabschnitte aufgeteilt. So steht der Weg von Osterode nach Buntenbock unter dem Motto »Auf alten Handelswegen«. Für die 12 km lange Wegstrecke sind ca. 3,5 Std. vorgesehen. Der Wanderweg beginnt am Butterberg in ❶ **Osterode**. Von dort führt er ansteigend auf dem Hund'schen Weg durch Fichtenwald bis zum Eselsplatz östlich von Lerbach. Vorbei am Aussichtspunkt Marienblick geht es bis zu den Ziegenberger und Bärenbrucher Teichen – beide gehören zur **Oberharzer Wasserwirtschaft** (▶ Tour Nr. 1) – und damit haben Sie das erste Etappenziel ❷ **Buntenbock** erreicht.

Oberharzer Wasserwirtschaft

Die Strecke von Buntenbock nach Torfhaus (23 km, ca. 6,5 Std.) wird von den zahlreichen Teichen, Gräben und Wasserläufen der Oberharzer Wasserwirtschaft begleitet. Man passiert zunächst den Nassewieser Teich (er entstand um 1671) bis zum Parkplatz Entensumpf an der B 242. Nach ca. 1 km geht es weiter am Huttaler Graben bis zum Polsterberg an der B 242. Im **Polsterberger Hubhaus**, das 1801 gebaut wurde, um das Wasser aus dem Dammgraben in den 18 m höher gelegenen Tränkegraben zu befördern, befindet sich heute eine Waldgaststätte. Das Amt des »Hubmannes« und Grabenwärters war damals schon mit dem Schankrecht für einkehrende Gäste verbunden. Nach dem Überqueren der Straße geht es auf dem breiten Forstweg zum Dammgraben und dann bis zum Sperberhaier Damm. Am Ende des Dammes liegt das **Sperberhaier Dammhaus**, einst Dienstwohnung des zuständigen Grabensteigers, heute eine Gaststätte, von der aus eine Busverbindung nach ❸ **Altenau** besteht. Südlich vorbei an dem Oberharzer Urlaubsort geht es ein Stück entlang des Dammgrabens, vorbei am Nabentaler Wasserfall und dem Nabentaler Graben hinauf nach Torfhaus. Kurz hinter Altenau beginnt der Nationalpark Harz, ein Nationalpark-Besucherzentrum befindet sich in Torfhaus (Parkplatz, Bushaltestelle).

Anstieg zum Brocken

Von ❹ **Torfhaus** aus hat man zwei Möglichkeiten: Entweder **über den Brocken** und auf einer Länge von ca. 20 km (5 Std.) nach Drei Annen Hohne; hier verläuft der Harzer-Hexen-Stieg auf dem Goetheweg bis zur Brockenstraße, auf der man die letzten Meter bis zum Gipfel absolviert. Oder aber man wählt die **Brockenumgehung**, die bedeutend geringere Höhenunterschiede aufweist, aber etwas länger ist, nämlich 32 km (8 Std.). Vorbei an Oderteich, Sankt Andreasberg, Braunlage und Elend erreicht man Königshütte. Hier wird wieder der Hauptweg des Harzer-Hexen-Stieges erreicht.

Brockenroute

Von Torfhaus ist der 5,5 km Luftlinie entfernte ❺ ★★ **Brocken** bereits gut im Blick. An Hochmooren und Klippen vorbei führt die Tour durch das Nationalparkgelände. Entlang des Abbegrabens und ein kurzes Stück auf dem Kaiserweg führt der Weg zu den Quitschenbergklippen, wo sich beide wieder trennen. Der Name (Quitschen sind Ebereschen) erinnert daran, dass hier einst viele Ebereschen wuchsen. Heute kehrt die Eberesche wieder zurück, ein Erfolg, der auf den Nationalpark und seine Bemühungen, die ehemaligen Nutzwälder wieder in Naturwälder umzuwandeln, zurückzuführen ist. Die Brockenbahn wird nach einem kurzen steilen Anstieg am ehemaligen Haltepunkt Goetheweg erreicht. Über einen gut befestigten Pfad parallel zur Bahn geht es bis zur Brockenstraße, auf der die letzten Meter bis zum Gipfel zurückzulegen sind. Richtung Schierke führt der Weg wieder hinab, auf dem Glashüttenweg verläuft er als schöner Wanderweg oberhalb der Ortschaft weiter, vorbei an **Ahrensklint** bis ❻ **Drei Annen Hohne**.

Brockenumgehung

In südlicher Richtung geht es auf dem Märchenweg am Oderteich und auf dem Rehberger-Graben-Weg am Goetheplatz vorbei bis zum Rehberger Grabenhaus. Der Oderteich und der 7 km lange Rehberger Graben gehören zur Oberharzer Wasserwirtschaft. Über die Jordanshöhe geht es nach ❼ ★ **Sankt Andreasberg**. Hier kann man der **Grube Samson** und dem Nationalparkhaus Sankt Andreasberg einen Besuch abstatten. In östlicher Richtung kann die Wanderung durch das weitgehend unberührte Odertal über Rinderstall (Gaststätte) den Weg auf dem Silberteichweg zum gleichnamigen Teich in Richtung ❽ **Braunlage** fortgesetzt werden. Vorbei am Großparkplatz der Talstation der Seilbahn geht es in Richtung ❾ **Elend**

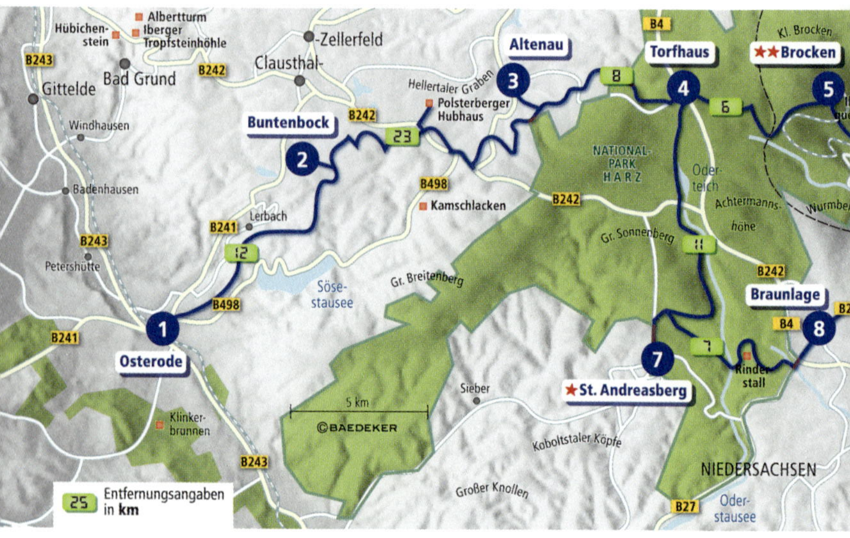

(▶ Schierke) weiter. Man überquert die Bremke, den ehemaligen Grenzfluss. Von Elend aus geht es immer an der kalten Bode entlang bis zur Mandelholzer Talsperre. Am Rastplatz Steinbachtal stößt die Südroute des Hexen-Stiegs wieder auf den Hauptweg.

Entlang der Talsperren

Der nächste Streckenabschnitt steht unter dem Motto »Talsperrenland« und führt auf zwei unterschiedlichen Wegen von Drei Annen Hohne bzw. ⑩ **Königshütte** nach Altenbrak (30 bzw. 31 km). Während die nördliche Variante an der Bode entlangführt, läuft man auf der südlichen Variante auf den Pfaden der Kaiser und Könige durch Wälder und weite Wiesen.

Nördliche Route: Südlich von Elbingerode führt dieser Abschnitt durch das Gebiet Bodfeld, zunächst an der Königshütter Überleitungssperre entlang und dann im Tal der Bode bis nach ⑪ ★ **Rübeland**, das durch die **Rübeländer Tropfsteinhöhlen** (▶ Oberharz am Brocken, Elbingerode) bekannt ist. Sehenswert ist auch das **Schaubergwerk Büchenberg** (5 km entfernt). An der Wendefurther Talsperre vorbei geht es über den Philosophenweg nach ⑫ **Altenbrak** (▶ Bodetal), wo sich beide Teilstücke des Hexen-Stiegs erneut treffen.

Südliche Route: Von Königshütte geht es ohne große Höhenunterschiede über einen Teil der Harzhochfläche. Nach 3,5 km kreuzt die »Lange«, ein typischer Höhenweg zwischen Bode und Rappbode, auf dem einst Erze und Holzkohle transportiert wurden. Dann geht es über eine kleine Staumauer der Rappbode-Vorsperre auf das rechte Ufer der Rappbode. Vorbei an der Ruine der Trageburg, erreicht man

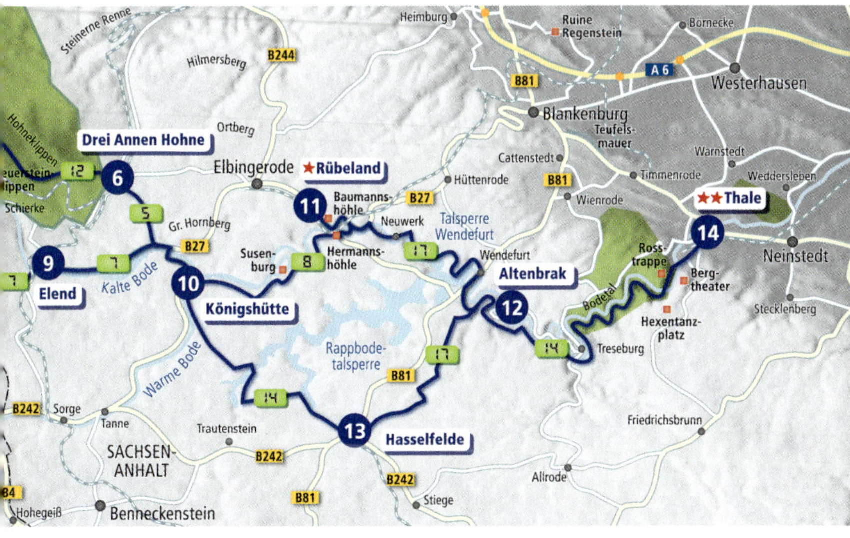

durch das große Mühlenthal die Hassel-Vorsperre und schließlich 13 **Hasselfelde**. Entlang dem Köhlerlehrpfad geht es durch den Hochwald bis zum Stemberghaus an der B 81. Dort wurde 1997 in der **Harzköhlerei** der Europäische Köhlerverein gegründet. Auf dem Siebengründeweg geht es zur Schöneburg und steil hinab ins Bodetal.

Der Endspurt

Der letzte Abschnitt schließlich ist die Strecke durchs **wildromantische Bodetal** von Altenbrak nach Thale über 14 km in anvisierten 4,5 Std. (z. T. Streckenbeschreibung ▶ Bodetal). Vorbei an der Waldbühne und den Falkenklippen geht es nach Treseburg und von hier unter Rotbuchen, uralten Eiben und von den Bodewiesen begleitet, die jedoch bald den Felsen weichen müssen, immer an der Bode entlang. Vom Bodekessel sind es nur wenige Schritte bis zur Teufelsbrücke mit Blick auf die Roßtrappe. Am Ausgang des Hirschgrundes liegt die Gaststätte Königsruh. Am **Goethefelsen** studierte der Dichterfürst während einer Rast die Verwitterungsspalten des Granits. Hinter dem Bodetor, bestehend aus zwei aufragenden mächtigen Granittürmen, weitet sich das enge Tal der Bode wieder, man erreicht die Gaststätte Waldkater. Vorbei an der Schwebebahnstation (lohnenswert ist ein Abstecher zum **Hexentanzplatz** erreicht man schließlich das Ziel des Hexen-Stiegs: 14 ★★**Thale**. Alle Etappen lassen sich beliebig verknüpfen oder unterbrechen und sind gut erreichbar, die Wanderschilder des Harzklubs weisen den Weg.

Z
ZIELE

Magisch, aufregend, einfach schön

Alle Reiseziele sind alphabetisch geordnet. Sie haben die Freiheit der Reiseplanung.

In wenigen Gegenden Deutschlands ist Fachwerk so gegenwärtig. Auch in Quedlinburg am Finkenherd. ►

Cafe Kaiser
Kaiser

BAD GRUND

Bundesland: Niedersachsen | **Höhe:** 295 m | **Einwohner:** 8160

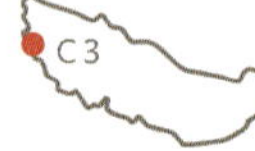

Inmitten weiter Misch- und Laubwälder können Sie bei Bad Grund im Herbst etwas »Indian Summer Feeling« erleben. Die auch als Fünftälerstadt bezeichnete ehemalige freie Bergstadt ist die älteste der einst sieben Oberharzer Bergstädte. Der WeltWald, das HöhlenErlebnisZentrum und die einzigartige Stollentherapie für Atemwegserkrankte sind Besucherhighlights.

Älteste Bergstadt und Badeort

Schon 1317 wurde eine Waldarbeitersiedlung »Im Grund« unterhalb des Ibergs erwähnt, aus der sich im 14. Jh. ein **lebhafter Bergwerksort** entwickelte – nach den früh erschlossenen Eisensteingruben des Ibergs wurden auch Silberadern entdeckt. 1777 – 1799 wurde der Tiefe Georgsstollen aufgefahren, ein 19 km langer Entwässerungsstollen für die Gruben des Clausthal-Zellerfelder-Reviers. Wegen der starken rheinischen Konkurrenz gab man die Eisengewinnung 1855 auf, dafür wurde der auf Bleiglanz, Zinkblende, Kupferkies und Schwerspat ausgerichtete Bergbau der Gruben »Hilfe Gottes« und »Bergwerkswohlfahrt« wichtiger. Mit Schließen der letzten Grube 1992 endete der über 1000 Jahre alte Erzbergbau im Harz (die Barytgrube bei Bad Lauterberg war noch bis 2007 in Betrieb). Schon 1510 erholte sich Herzogin Elisabeth von Braunschweig-Wolfenbüttel in hiesigen Schlackebädern. Das erste Badehaus eröffnete jedoch erst 1855.

Wohin in Bad Grund?

Die Hilfe und der Zeigefinger

Bergbaumuseum Knesebeck-Schacht

Im alten Ortskern mit Fachwerkhäusern aus dem 17. – 19. Jh. liegt der Marktplatz mit der 1640 erbauten St.-Antonius-Kirche. Das Bergbaumuseum liegt oberhalb des Kurgartens, auf dem Gelände des 1855 angelegten Knesebeck-Schachts. Er gehörte zum letzten betriebenen Oberharzer Erzbergwerk, der 1992 stillgelegten Grube »Hilfe Gottes«. Vor dem Museum steht ein 47 m hoher, stählerner Hydrokompressorenturm, Wahrzeichen des Museums. Bis 1977 versorgte der »Zeigefinger Gottes« die Grube mit Druckluft. Auf dem Freigelände stehen neben modernen Betriebsanlagen Relikte des historischen Bergbaus. Das Museum zeigt die Entwicklung der Bergbautechnik, Mineralien und daraus gefertigte Produkte. Der Knesebeckschacht ist Teil des UNESCO-Welterbes Oberharzer Wasserwirtschaft.

bis Ostern 2023 nur Gruppen n. V., sonst: Mai – Okt. Di. – So. 11 u. 14 Uhr, Nov. – April nur So. sowie n. V. | Eintritt: 8 €
Tel. 05327 28 58 | www.knesebeckschacht.de

Eldorado für Uhrensammler

Uhrenmuseum

1600 Uhren aus 600 Jahren zeigt das zweitgrößte private Uhrenmuseum Deutschlands im Kurpark auf 800 m² Ausstellungsfläche: 70 funktionierende Kirchturmuhren, Wanduhren, Wecker, winzige Taschenuhren und Schätze aus allen Epochen der Zeitmessung. Eine Schweizer Klosteruhr aus dem Jahr 1430 gehört dazu oder ein Chronometer, das seinen Gleichlauf auf einer schrägen Ebene gewinnt. Bilderuhren und Uhrenbilder finden ihren Platz; aber auch zeitgenössische Sammlerexemplare wie Einzelstücke von Gutkaes und Lange, heute Lange & Söhne.

Elisabethstr. 14, Di. - So. 10 - 17 Uhr
www.uhrenmuseum-badgrund.de

Reise in die Tiefe

★ HöhlenErlebnisZentrum Iberger Tropfsteinhöhle

Eintauchen in die faszinierende Unterwelt des Harzes können Sie im HöhlenErlebnisZentrum oberhalb der Stadt. Die Iberger Tropfsteinhöhle begeistert Besucher seit 1874 mit ihren fantasievollen Gebilden. Mit dem HöhlenErlebnisZentrum wurde 2008 ein besonderes Museum zur Erdgeschichte des Ibergs und der Höhle geschaffen.
Der 563 m hohe Iberg ist ein Kalkstock, der aus einem mächtigen Korallenriff des Devon vor rund 380 Mio. Jahren in der Gegend des

In der Mitte des linken Bildrands sieht man den Zwergenkönig Hübich, der in seinem Reich in der berühmten Harzhöhle schläft – der Iberger Tropfsteinhöhle.

BAD GRUND ERLEBEN

TOURIST-INFORMATION IM GESUNDHEITSZENTRUM

Schurfbergstr. 2
37539 Bad Grund
Tel. 05327 70 07 10
www.bad-grund.de

STOFFZAUBER

Im kleinen Badenhausen zwischen Bad Grund und Osterode befindet sich ein Traum für Hobby-Näherinnen. Der Stoffzauber von Dorothea Bercht bietet eine Auswahl aus etwa 3000 verschiedenen Stoffballen. Nähkurse werden zu verschiedenen Terminen oder für Gruppen angeboten.
Thüringer Str. 235
Bad Grund, OT Badenhausen
Tel. 05522 826 88
www.stoffzauber-harz.de

ALTES BACKHAUS € – €€

Gutbürgerliche Speisen in einem gemütlichen, holzverzierten Gastraum.
Helmkampffstr. 3
Tel. 05327 356 96 29
Mi. Ruhetag
www.backhaus-badgrund.de

CAFÉ ANTIQUE AM MARKTPLATZ €

Selbst gebackene Kuchen in plüschiger Atmosphäre mit antiken Möbeln und alten Uhren.
Markt 12
Tel. 05327 30 06
Mo. geschl.

NATURKOSTHOTEL HARZ €€

Den Urlaub gesünder genießen können Gäste im Naturkosthotel, ausgezeichnet als Klimaschutz-Hotel. Neben veganer und roh-köstlicher Küche werden auch Yoga-Kurse, Fasten, Wildkräuterseminare u. a. angeboten.
Von-Eichendorff-Str. 18
Tel. 05327 20 72
www.naturkost-hotel.de

PARKHOTEL FLORA €€

Direkt neben dem Gesundheitszentrum gelegen. Liebevoll eingerichtete Doppelzimmer, Appartements und Ferienwohnungen.
Schurfbergstr. 1
Tel. 05327 839 10
www.parkhotelflora.de

heutigen Madagaskar entstand und über Jahrmillionen in den heutigen Harz gelangte. Im einstigen Riff bildeten sich Höhlen im Iberg durch einen einzigartigen Prozess: Eisenerze in den Klüften »verrosteten« durch die Berührung mit Grund- und Sickerwasser, die dabei entstandene Kohlensäure löste den Kalk. So entstanden rund 100 Höhlen, doch nur die Schauhöhle ist für die Öffentlichkeit begehbar. Im Innern (Achtung, es herrschen 8 °C!) sieht man eindrucksvolle Sinterkaskaden und große Bodentropfsteine. Die schillernden Stalaktiten und Stalagmiten sind aufgrund ihrer ganz eigentümlichen Formen nach Harzer Sagenfiguren benannt.

Im HöhlenErlebnisZentrum gibt es zudem ein zweites Museum: Im **»Museum am Berg«** ist 1 : 1 die Lichtensteinhöhle nachgebildet, die etwa 15 km von Bad Grund entfernt im Südharzer Gipskarst liegt und in der Archäologen die Knochen von mindestens 57 Menschen aus der Bronzezeit gefunden haben. Durch DNA-Analysen wurden eine Großfamilie und sogar die Verwandtschaft der Bronzezeitmenschen mit heutigen Bewohnern der Region nachgewiesen. Ein sensationeller Glücksfall, durch den der bislang längste Stammbaum der Menschheitsgeschichte von über 120 Generationen herzuleiten war. Im modernen Museum erkunden Besucher das Lebensumfeld dieser Großfamilie, die vor etwa 3000 Jahren am Rand des Harzes lebte und in der Höhle Knochen ihrer Verstorbenen niederlegte.

Juli, Aug., Okt. und in den niedersächsischen Schulferien tgl. 10 – 17, sonst Di. – So., Fei. 10 – 17 | Eintritt: 9,50 €
www.hoehlenerlebniszentrum.de

Baudenwanderung mit Weitblick

Harzer BaudenSteig

Der Hübichplatz in der Ortsmitte ist der Startpunkt des Harzer BaudenSteigs. Auf fast 100 km Länge verbindet dieser Wanderweg mehrere Bauden und Waldgaststätten im Südharz. Der Endpunkt ist das Kloster Walkenried. Sechs Etappen und sechs Rundwanderwege führen zu den Aussichtspunkten im Südharz. Besonders schön ist im Frühjahr oder Herbst der Wald mit seiner eindrucksvollen Laubfärbung.

www.harzerbaudensteig.de

Märchenhafte Schnitzkunst

Sagen- und Märchental

Der ehemalige Bergmann Hans-Dieter Brandt der 1992 geschlossenen Erzgrube »Hilfe Gottes« hat das detailgetreue Sagen- und Märchental (an der B 242 am Parkplatz des HöhlenErlebnisZentrums) in Handarbeit geschnitzt und gebaut. Jedes Märchen ist in fünf bewegbaren Bühnenbildern dargestellt.

Mai – Okt. Mi. 13 – 17, Sa., So. 11 – 17 Uhr und
auf Anfrage über Facebook

Im Reich der Zwergen und Elfen

Hübichenstein

Westlich des Ibergs erhebt sich an der B 242 der 40 m hohe **Hübichenstein**. Ein Bronzeadler zu Ehren Kaiser Wilhelms I. krönt die Felsnadel aus Kalkstein. Um den Felsen ranken sich viele Sagen und Märchen. Er ist das Reich der Zwerge und Elfen, ihr König Hübich soll in einem unterirdischen Schloss unter dem Felsen leben. Auf der Naturbühne am Fuß des Felsens finden Veranstaltungen statt, u. a. am 30. April die Walpurgisfeier. Vom **Iberger Albertturm** (20 Minuten Wanderung) hat man einen herrlichen Blick zum Brocken und ins Harzvorland.

Harzer Indianerwelt

WeltWald Harz

Nahe beim Hübichenstein lädt der WeltWald Harz auf den Indianerpfad durchs Arboretum mit vielen Bäumen, Sträuchern, Spielelementen, Hängebrücken und auch Totempfählen. Auf ausgiebigen 12 km führen Wanderwege (teilweise für Rollstuhlfahrer geeignet) durch die Waldlandschaften Nordamerikas, Asien und Europas.

www.weltwald-harz.de

Erholung für Allergiker

Heilstollen

Im Eisensteinstollen, einem Erzstollen aus dem 19. Jh., bietet Bad Grund vor allem für Allergiker und Atemwegskranke die Heilstollentherapie (Speläotherapie) an. Durch eine Schleuse gelangen die Patienten in einen Stollen, wo sie zwei Stunden lang, warm eingepackt in Decken und einem Schlafsack, die fast staub- und allergenfreie Luft unter Tage atmen.

Anmeldung: Tel. 05327 70 07 10
www.gesundheitszentrum-bad-grund.de

BAD HARZBURG

Bundesland: Niedersachsen | **Höhe:** 260 m | **Einwohner:** 21 855

Die ruhige und entspannte Atmosphäre eines traditionsreichen Heilbads ist zu spüren in Bad Harzburg, einer Stadt mit kleinstädtischem Flair, wohltuenden Sole-Anwendungen und eindrucksvoller Natur. Und mit dem jährlichen Galopprennen, einem Spektakel für Pferdefans und Wettkönige.

Bäderkultur und Kastanienblüte

Wenn die Kastanien entlang der Bummelallee in voller Blüte stehen und die Sonne scheint, dann treffen sich Urlauber in den Cafés für eine schöne Auszeit. Seit 1892 gehört Bad Harzburg zu den bekannten Heilbädern in Deutschland. Einige gut erhaltene Gebäude im repräsentativen Bäderstil zeugen von der Blütezeit um 1900. Heute erfreuen sich auch viele Aktivurlauber, Wanderer und Mountainbiker an dem vielseitigen Angebot der Stadt.

Wohin in Bad Harzburg?

Bäderstil an der Bummelallee

Stadtzentrum

Hauptstraße ist die Herzog-Wilhelm-Straße, die sich vom Bahnhof bis fast zum Kurpark erstreckt und im Volksmund »Bummelallee«

genannt wird. Ein schönes Beispiel für den Bäderstil ist das Haus Nr. 104: Das heute als Einkaufspassage genutzte Gebäude entstand ursprünglich 1894 als »Hotel Parkhaus«. An seiner Holzfassade wurden steinerne Elemente nachempfunden; die Haube hinter dem Dreiecksgiebel auf dem Dach erinnert an französische Schlösserarchitektur.

Aus 840 m Tiefe

Die Kureinrichtungen in Bad Harzburg entstanden um die vorletzte Jahrhundertwende. Die nur wenige Schritte von der Bummelallee entfernte Trink- und Wandelhalle mit Mittelpavillon und großen Rundbogenöffnungen ist im Stil des Neobarocks erbaut. Das Bade- Kurzentrum

BAD HARZBURG ERLEBEN

TOURIST-INFORMATION

Nordhäuser Str. 4
38667 Bad Harzburg
Tel. 05322 7 53 30
www.bad-harzburg.de

Überregionale Bedeutung haben die Musiktage im Juni, das Salz- und Lichterfest im August und die Galopprennwoche im Juli auf der Naturrennbahn im Sportpark, die zu den schönsten in Deutschland zählt.

1 CAFÉ WINUWUK €

Im expressionistisch um 1920 als norddeutsches Knusperhäuschen gebauten Café gibt's hausgemachten Kuchen sowie mittags warme Speisen.
Waldstr. 9 | Tel. 05322 14 59
www.winuwuk.de | Mo./Di. geschl.

2 WALDGASTHAUS RABENKLIPPE €€–€€€

Gemütliche Waldgaststätte mit einmaligem Brockenblick mitten im Nationalpark Harz und am Luchsgehege. Kuchen, kleine Gerichte, gutbürgerliche Küche und diverse Wildgerichte von heimischem Wild. Apr.–Okt. per Bus erreichbar.
Rabenklippen | Tel. 05322 28 55
www.waldgasthaus-rabenklippe.de
Di.–So., Fei. 10–18 Uhr

3 WALDCAFÉ JUNGBORN €–€€

Idyllisch gelegenes Waldcafé mit großem Garten, Gastraum, Nutztier-Arche (Schaugehege), Planwagenfahrten. Hausgebackener Kuchen, Harzer Wurst-, Wild- und Schinkenspezialitäten (eigene Herst.), kleine Gerichte.
Blankenburger Str. 47, OT Eckertal | Tel. 05322 55 36 80
www.kutsch-und-planwagenfahrten.de | Apr.–Okt. tgl. 11–18 Uhr, Sa./So. bis 19 Uhr, Nov.–März siehe Website

4 HERZOG-WILHELM 29 €€

Hübsches Restaurant im Zentrum Bad Harzburgs mit vielseitiger frischer Küche, wechselnden Angeboten und Menüauswahl.
Herzog-Wilhelm-Str. 29
Tel. 05322 43 43 | Mo./Di. Ruhetag
www.herzog-wilhelm-29.de

5 URSPRUNG €–€€€

Unter dem Motto »Kohle – Steak – Veggie« verspricht das Restaurant Ursprung Genuss für Fleischliebhaber, Vegetarier und Veganer. Vegane/vegetarische Speisen, Grillspezialitäten vom Kohlegrill u.v.m. Große Terrasse mit Blick auf die Berge.
Nordhäuser Str. 1
Tel. 0162 107 10 41
www.restaurant-badharzburg.de

6 CAFÉ FLORA €–€€

Liebevolle Gastlichkeit im Café an der Bummelallee. Frisch zubereitete Gerichte, große vegetarische und vegane Auswahl, selbstgebackene Torten und ein kreatives, flexibles Team.
Herzog-Wilhelm-Str. 99
Tel. 05322 9 05 34 73
www.cafe-flora-harzburg.de
Mi. Ruhetag

1 ROMANTIKHOTEL BRAUNSCHWEIGER HOF €€€€

Hotel im Landhausstil mit umfangreichem Beauty- und Wellnessangebot sowie großem Pool. Angeblich han-

delt es sich bei diesem Haus um die »aelteste Harzer Wildpret-Station«. Das nimmt die Küche auch prompt zum Anlass, während der Jagdsaison köstliche Wildgerichte auf den Tisch zu bringen.
Herzog-Wilhelm-Str. 54
Tel. 05322 78 80
www.hotel-braunschweiger-hof.de

2 VITALHOTEL AM STADTPARK €€–€€€
Renovierte Jugendstilvilla mit Wellnesseinrichtungen, »Kneipphöfchen« und Kräutergarten. Zentral gelegen, alle Kureinrichtungen sind rasch erreichbar. Auch der Golfplatz ist nur 500 m entfernt.
Am Stadtpark 2
Tel. 05322 78 09-0
www.vitalhotel-am-stadtpark.de

3 PLUMBOHMS ECHT-HARZ-HOTEL €€€
Modernes Angebot: 4-Sterne-Garni-Hotel direkt in der Bummelallee mit liebevoll-humorvoll eingerichteten Zimmern und Suiten. Wellnessbereich mit Panoramasauna und Dachterrasse.
Herzog-Wilhelm-Str. 97
Tel. 05322 32 77
www.plumbohms.de

5 SONNENRESORT ETTERSHAUS €€–€€€€
Historie trifft auf Moderne. Eine Jugendstilvilla wird zum Zentrum des Urlaubsresorts mit großzügigen Zimmern, familienfreundlichem Appartementhaus, exklusiven Baumhäusern, Suiten mit Private Spa und einem großen Wellnessbereich mit Innen- und Außenpool. Hinzu kommt noch die Lage direkt am Rand des Nationalparks.
Nordhäuser Str. 1
Tel. 05321 68 55 40
www.sonnenhotels.de

4 PLUMBOHMS AUSSICHTSREICH €€– €€€
Autofreie Gipfellage, erreichbar per Seilbahn oder zu Fuß. Das Ausflugslokal punktet mit Harzer Speisen, schönem Ambiente und einzigartiger Aussicht sowie einem Logierhaus mit komfortablen und liebevoll eingerichteten Zimmern.
Burgberg 1
Tel. 05322 27 06 (Restaurant);
Tel. 32 77 (Übernachten)
www.plumbohms.de/aussichtsreich

---

haus gegenüber, ein langgestreckter, zweigeschossiger Bau mit korinthischen Säulen wurde hingegen im Neorenaissancestil erbaut. Das Sole-Heilwasser aus der Dr.-Harras-Schneider-Quelle entspringt in 840 m mit einer Temperatur von 25 °C. Ein Brunnen im Kurpark erinnert an die erfolgreiche Wiederansiedlung der Luchse im Harz (▶ Baedeker Wissen, S. 56/57).

Maria auf der Mondsichel

Lutherkirche

In der dreischiffigen Lutherkirche(1901 – 1903), die an der Stelle mehrerer Vorgängerbauten entstand, sind zwei um 1500 entstandene Holzstatuen an den Emporenpfeilern sehenswert: Maria auf der Mondsichel mit dem Jesuskind und die Märtyrerin Katharina von Alexandrien.

Die Harzburger Naturrennbahn bietet so manche Herausforderungen.

Wald im Wandel der Zeit

HarzWald-Haus

Die Beziehung von Mensch und Wald steht im Mittelpunkt der interaktiven Ausstellung der Niedersächsischen Landesforsten und des Nationalparks Harz. Der stetige Wandel des Harzwalds, das Zusammenspiel von nachhaltiger Nutzung und Naturschutz, die Wiederansiedlung der Luchse und das faszinierende Leben der Waldameisen sind einige Themen.

Di. – So., Fei. 10 – 17 Uhr | Eintritt: 5 € | www.harzwaldhaus.de

Wipfelglück im Baum

Baumwipfelpfad

»Auf geht's, rauf geht's!« – das ist das Motto des einzigen Baumwipfelpfads im Harz. Auf rund 1000 m Länge und in bis zu 22 m Höhe geht es im Zick-Zack durch das kalte Tal. Mal über dem Wasser, mal über Waldboden oder Wanderweg bietet der Pfad Einblicke aus einer neuen Perspektive auf Höhe der Baumwipfel. An Erlebnisstationen werden Tier- und Pflanzenwelt erklärt. Ebenfalls rauf geht es im Skyrope Hochseilpark nebenan. Von 4 bis 10 m hoch sind die Kletterstationen und Hindernisse des Erlebnisparcours.

www.baumwipfelpfad-harz.de | www.skyrope.de

Geschichtsreise in der Remise

Museum in der Remise

Das »Museum in der Remise« zeigt in einem denkmalgeschützten Gebäude Ausgrabungsstücke von der Burg Heinrichs IV. Zu besichtigen sind auch Räume mit Originalmöbeln wie ein Burgbergzimmer und die Schreiberhauer-Stube.

1. u. 3. So. im Monat Besichtigung (14.30 – 16.30 Uhr), 2. u. 4. Mi. Führung (10 – 12 Uhr) | Tel. 05322 22 06 oder 55 37 39 | Eintritt frei

Worpswede in Bad Harzburg

Am Golfplatz

Oberhalb des Golfplatzes (18 Loch) stehen zwei sehenswerte, von Worpsweder Künstlern 1922/1923 für einen Kunstmäzen entworfene Gebäude: **Café Winuwuk** (▶ S. 52) und die **Sonnenhof-Werkstätte**. Weitere Unterhaltung bieten das Wildgehege, der Märchenwald sowie Veranstaltungen auf der Galopprennbahn, die in der Nähe des Harzburger Gestüts im Stadtteil Bündheim liegt.

In der »guten Stube«

St. Andreas

Im nordwestlich sich anschließenden Bündheim stehen in einer Parkanlage die St.-Andreas-Kirche (17. Jh., jedoch mehrfach umgebaut; im Innern sind Altar und Kanzel sehenswert) und das **Schloss Bündheim**. Es wurde für Julius von Braunschweig-Wolfenbüttel 1572 mit Steinen der Harzburg erbaut. In seiner heutigen Form entstand es im 17. Jh. neu und dient v. a. kulturellen Zwecken.

Hinauf mit der Kabinenbahn

Burgberg

Der 483 m hohe, auf drei Seiten steil abfallende Große Burgberg erhebt sich im Südosten der Stadt. Eine Kabinenbahn fährt vom Kurpark aus zum Gipfel hinauf. Von der einst mächtigen **Burganlage** sind nur noch Gräben und einige Mauerreste zu sehen. Der 42 m tiefe Burgbrunnen im Nordosten der Westburg wurde von einer Ende des 11. Jh.s angelegten Wasserleitung aus Tonröhren gespeist. Durch ihn soll 1073 Heinrich IV. aus der belagerten Burg entkommen sein. Neben dem Brunnen steht die Ruine eines Halbrundmauerturms, der vermutlich aus der Zeit Ottos IV. (1208 – 1218) stammt. Die sog. **Canossa-Säule** wurde 1875 zu Ehren Bismarcks errichtet. Acht Verweilplätze laden auf dem rund 1,6 km langen **Besinnungsweg** auf dem Burgberg ein, die Natur und den Moment mit allen Sinnen zu erleben.

Rund um Bad Harzburg

Sturz in die Tiefe

Radautal

Etwa 3 km südlich von Bad Harzburg liegt an der B 4 im gleichnamigen Tal der 1859 durch eine Ableitung des Flüsschens geschaffene **Radau-Wasserfall**. Der Fluss stürzt hier über 22 m hohe Felsklippen in die Tiefe. Auf der gegenüberliegenden Straßenseite befindet sich das Stollenmundloch des Radaustollens. Von hier sind das **Molkenhaus** und der **Eckerstausee**, der 13 Mio. m³ Wasser fasst, beliebte Wanderziele.

In freier Wildbahn

Raben-klippe und Luchsgehege

Die 555 m hohe Rabenklippe ist eine wilde Felsgruppe, die steil ins Eckertal abfällt (südöstlich von Bad Harzburg; auch vom Großen Burgberg aus zu erreichen); ein Stück des Weges legt man auf dem

BAEDEKER WISSEN

DIE RÜCKKEHR DER LUCHSE

Zwischen 2000 und 2006 wurden 24 Luchse im Harz ausgewildert, mehrere bekamen ein Sendehalsband umgelegt. Seit 2002 bekommen sie regelmäßig Nachwuchs. In Deutschland vergrößert sich das Vorkommen aber nur langsam, die Tierart ist weiterhin vom Aussterben bedroht. Die scheuen Katzen durchstreifen 100 bis 400 km² große Gebiete und meiden Menschen. Am besten bewundert man sie daher im Nationalpark-Schaugehege Rabenklippe bei Bad Harzburg (www.luchsprojekt-harz.de).

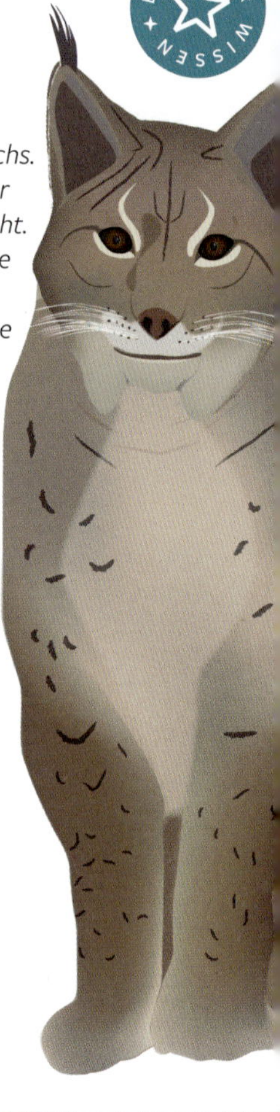

▶ Luchsorte im Harz

1. Luchsstein bei Lautenthal zur Erinnerung an die letzte Luchsjagd im Harz 1818
2. Luchsdenkmal in der Nähe des ehemaligen Auswilderungsgeheges bei Torfhaus
3. Luchsgehege an der Rabenklippe bei Bad Harzburg

▶ So funktioniert die Auswilderung

Einen Luchs auszuwildern ist ein komplexer Prozess, der auch scheitern kann. Viel Erfahrung und gut ausgebildetes Personal sind nötig.

1

Zunächst wurden Luchse aus europäischen Wildparks ausgewählt. Noch im Heimgehege ...

2

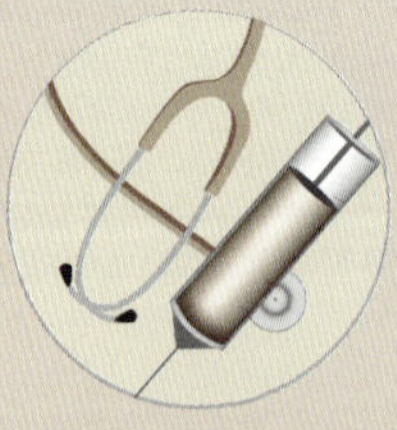

... wurden die Tiere untersucht und geimpft. Anschließend erfolgte der Transport in das ...

3

... Auswilderungsgehege im Harz. Dort wurde gepr ob die Tiere der Wildnis gewachsen waren.

www.luchsprojekt-harz.de

Verbreitungsgebiet
Luchse kann man beinahe auf der ganzen Nordhalbkugel finden, in Spanien ebenso wie in Kanada.

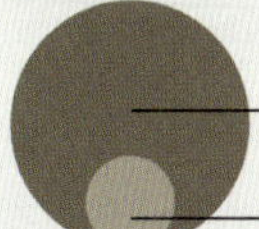

Europa ca. 9000

Deutschland ca. 200

Wissenswertes über den Luchs
Er ist ein Einzelgänger und ruht sich tagsüber meist aus. In der Dämmerung wird er aktiv und jagt. Er lauert seiner Beute auf und fängt sie mit einem gezielten Sprung oder Sprint.

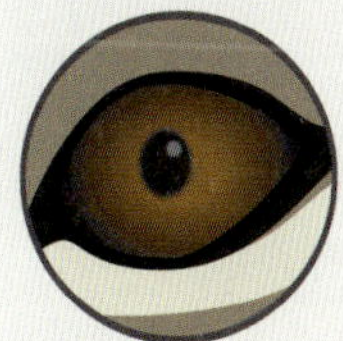

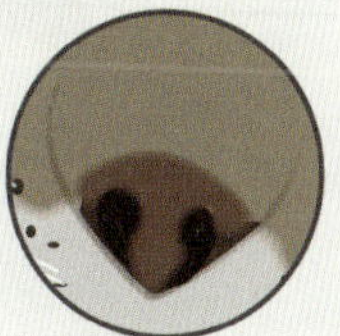

Luchsaugen sind sechs Mal lichtempfindlicher als die des Menschen.

Ein Luchs kann eine Maus noch in 50 m Entfernung hören.

Seine Nase spielt für die Jagd keine sehr große Rolle.

Vergleich: Sprinter im Tierreich
Der Luchs gehört zu den schnellsten Tieren.

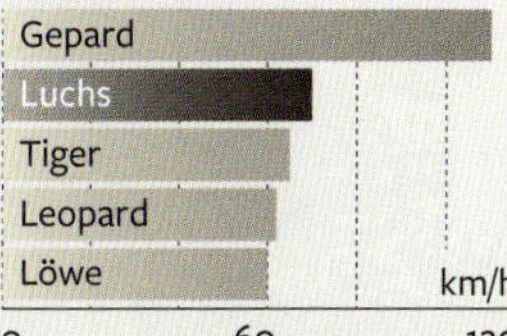

Beutespektrum
Am liebsten jagen Luchse Rehe, aber auch anderes Wild schmeckt ihm.

Größenvergleich: Katzen
Der Luchs gehört zu den Kleinkatzen, unter denen er jedoch eine der größten ist.

4

War dies der Fall, wurde das Tor geöffnet. Sie waren nun auf sich allein gestellt.

Kaiserweg zurück. Die im Nationalpark wieder angesiedelten Luchse sind in freier Wildbahn selten zu sehen. Bei den Fütterungen im **Luchsgehege Rabenklippe** (▶ Baedeker Wissen, S. 56/57) sind die scheuen Wildtiere live zu sehen. Die **Nationalpark-Waldgaststätte Rabenklippe** (▶ S. 52) ist eine der autofreien Waldgaststätten hier – ein Wanderziel mitten im Nationalpark, das nur zu Fuß, per Mountainbike oder mit dem Bus erreichbar ist. Vom Märchenwald an der B 4 sind es zu Fuß ca. 4 km zur Rabenklippe.

www.luchsprojekt-harz.de | Füttterung Mi. u. Sa. 14.30 Uhr

Erlebnis für Wildkatzenfreunde

Wildkatzengehege

An der Waldgaststätte Marienteichbaude (B 4 zwischen Bad Harzburg und Torfhaus) kann man die scheuen Wildkatzen von einer Aussichtsplattform aus beobachten. Im Wildkatzen-Erlebniszentrum zeigt eine interaktive Ausstellung mehr über das Leben der Tiere. Über den Wildkatzen-Walderlebnis-Lehrpfad und den Wildkatzenstieg ist die Marienteichbaude gut zu erwandern (7,3 km). Zurück geht's mit dem Bus.

Mo./Di. geschl., Mai – Okt. 11 – 18 Uhr, Nov. – Apr. 11 – 16 Uhr, Schaufüttern 12 u. 14 Uhr | Eintritt: Erwachsene 4 €, Kinder 2,50 €
www.marienteichbaude.de

Schlangen, Spinnen, Skorpione

Schladen

Kuscheln mit der Vogelspinne: In der Nähe der Autobahnabfahrt Schladen-Nord (A 395 Bad Harzburg Richtung Braunschweig) gibt es die nach eigenen Angaben **größte Schlangenfarm** Europas mit u. a. rund 1000 Schlangen, Leguanen, Spinnen, Krokodilen, Skorpionen und anderem Gruselgetier.

Im Gewerbegebiet 5 | Nov. – Feb. tgl. 10 – 16, März – Okt. tgl. 10 – 18 Uhr, wöchentlich Fütterung von Schlangen und Krokodilen | Eintritt 12,50 € | www.schlangenfarm-schladen.de

BAD LAUTERBERG

Bundesland: Niedersachsen | **Höhe:** 300 m | **Einwohner:** 10 250

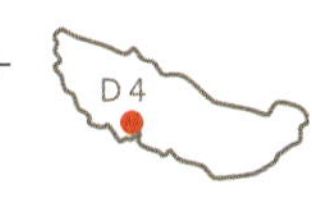

Schon 1876 ließ sich Prinzessin Auguste Viktoria, spätere Gemahlin des späteren Kaisers Wilhelm II., von dem renommierten Badearzt Dr. Ritscher in Bad Lauterberg behandeln. Heute nutzen viele Urlauber das milde Klima im Südharz und die Gesundheitsangebote des Heilbades für ihr Wohlbefinden.

Wenn Fütterung ist, verlassen die Luchse im Gehege Rabenklippe das Waldesdickicht. In freier Wildbahn bekommt man sie selten zu Gesicht.

BAD LAUTERBERG ERLEBEN

TOURISTINFORMATION HAUS DES GASTES

Ritscherstr. 4
37431 Bad Lauterberg
Tel. 05524 8 53 190
www.badlauterberg.de

❶ MÜLLER'S HOFCAFÉ €–€€

Gemütliches Hofcafé mit kleinem, idyllischem Biergarten. Bekannt für die selbstgebackenen Kuchen und Torten. Cocktailabende, gutbürgerliche Küche, Schnitzel und mehr.
Fr.–So. 14–17 Uhr, Öffnungszeiten Bacchus-Keller auf Anfrage.
Bartolfelder Str. 41, OT Bartolfelde | Tel. 05524 20 07

❷ BERGGASTSTÄTTE HAUSBERG €€

In diesem Ausflugslokal mit Sonnenterrasse auf dem 422 m hohen Hausberg wird »gutbürgerliche« Hausmannskost serviert.
Burgseilbahn:
tgl. außer Mo. 10.30 – 18 Uhr

❶ Müller's Hofcafé
❷ Berggaststätte Hausberg
❸ Café Schnibbe

❶ Mühl Vital Resort
❷ Revita Hotel
❸ Heikenberg
❹ Earl's Lane

Hausberg 4
Tel. 05524 21 80
www.bg-hausberg.de

❸ CAFÉ SCHNIBBE €€

Das kann sich sehen lassen: leckeres Frühstück, abwechslungsreiche Mittagskarte, Kuchen (auch ohne Mehl bzw. mit Dinkelmehl), Torten und hausgemachte Pralinen. Zu bestimmten Terminen gibt es Harzer Kräuterküche (ausgezeichnet als »Typisch Harz«) mit Wildkräuterwanderung und Kochkurs von der Kräuterfrau Elke Schnibbe.
Hauptstr. 137
Tel. 0552 9 21 00
www.cafe-schnibbe.de
(mit Ferienwohnungen)

❶ MÜHL VITAL RESORT €€€€

Traditionsreiches Wellnesshotel mit 86 Z. im Stadtzentrum. Gehobene, kreative und frische Küche mit regionalen Produkten in der »Genussschmiede«.
Ritscherstr. 1 – 3
Tel. 05524 85 08-0
www.muehlvitalresort.de

❷ REVITA HOTEL €€€€

Das große, gediegene und familiengeführte Park- und Sport-Hotel mit 248 Zimmern verfügt neben Wellnesslandschaft und Schönheitsstudio auch über einen eigenen Fitness-Club.
Sebastian-Kneipp-Promenade 56 (Am Kurpark)
Tel. 05524 831
www.revita-hotel.de

❸ KNEIPP-BUND-HOTEL HEIKENBERG € – €€

Bie diesem Namen ist klar, dass das Haus mit einer umfangreichen Kneipp- und Badeabteilung aufwarten kann, natürlich mit Tretbecken u. a. Im Restaurant gibt es täglich ein Vollwertgericht, Buffets, Wild und andere Harzer Spezialitäten. Es stehen 85 Zimmer zur Auswahl.
Heikenbergstr. 19 – 21
Tel. 05524 8 57-0
www.heikenberg.de

❹ EARL'S LANE €€€€

Die Luxus-Ferienwohnungen im großzügigen und gemütlichen Cottage Stil sind mit viel Liebe zum Detail ausgestattet. Zusätzlich gibt es auch eine kleine Veranstaltungsscheune (Barn) für Meetings oder Candle Light Dinner. Wer es aufregdend mag: Die Betreiber organisieren Husky-Abenteuertouren u. v. m. Und ein Wildgehege grenzt auch unmittelbar an.
Königshagener Ring 5
OT Barbis
Tel. 05524 9 99 06 70
https://earls-lane.de

Deutschlands Indian Summer

Umgeben von Wäldern

Die weiten Laubwälder rund um Bad Lauterberg sind vor allem im Frühjahr und Herbst eine Augenweide. Ein Hauch Indian Summer lässt sich auch im Harz erleben. Als Kneipp-Heilbad bietet die Stadt ein erholsames Ambiente. Der weitläufige Kurpark mit Kurhaus zeugt von der historischen Bäderkultur, die über 100 Jahre zurückreicht. Naturheilverfahren und Kaltwassertherapien haben heute noch ihren festen Bestand im Gesundheitsangebot der Stadt. Die Fußgängerzone mit gut sortierten Boutiquen und Geschäften, dem Buchwichtel und der Kaffee-Rösterei Schnibbe lädt zum Bummeln ein.

Von der Burg über den Bergbau zum Bad

Geschichte

Die von Graf Sigebodo aus dem Hause Scharzfels im 12. Jh. errichtete und 1415 vollständig zerstörte Burg Lutterberg auf dem Hausberg gilt als Ursprung Bad Lauterbergs. Am Fuß des Bergs entwickelte sich im 16. Jh. eine Bergbausiedlung. Von 1688 bis 1868 wurde hier Kupfer abgebaut. Die Kupferhütte und die Königshütte entstanden. Von Letzterer blieb die angesiedelte Gießerei bis 2001 in Betrieb. In der Grube Wolkenhügel wurde bis 2007 Schwerspat abgebaut.

Wohin in Bad Lauterberg?

Wohlfühlen unter Bäumen

Kurpark

Eine wahre Oase unter uralten Bäumen ist der bereits im 19. Jh. angelegte Kurpark von Bad Lauterberg. Das Flüsschen Oder lädt zur Abkühlung oder zum Wassertreten nach den Regeln von Sebastian Kneipp ein. Ein Kräutergarten und die »Fühlstraße« sind auch bei Kindern sehr beliebt. Im Haus des Gastes gibt es eine Trink- und Wandelhalle.

Gang durch die Geschichte

Heimatmuseum

Das Wohnhaus des Badbegründers Ernst Benjamin Ritscher beherbergt heute das besuchenswerte Heimatmuseum mit einer Ausstellung über Brauchtum und Entwicklung Bad Lauterbergs von der Bergarbeiterstadt bis zum modernen Kneipp- und Heilbad. Außerdem sind noch eine Sammlung von Harzer Mineralien, allerlei Bergmannswerkzeug, Bergbaumodelle und Grubenkarten sowie etliche Objekte des Afrikaforschers Hermann von Wissmann (1853 – 1905) zu sehen.

Ritscherstr. 13 | Fr. u. Mo. 15 – 17.30, Sa. 10 – 13 Uhr
Eintritt 3 €

Entspannung für Körper, Geist und Seele

Kirchberg-Therme

Wohltuende Thermalsole, sanfte Klänge unter Wasser und eine stimmungsvolle Beleuchtung machen den Besuch in der Kirchberg-Therme zum ganzheitlichen Wellness-Erlebnis. Saunadorf mit drei verschiedenen Rundholzsaunen, Gradierwerk, Japan-Sauna, Salzgrotte, Massagen, Gesundheitskurse und vieles mehr.

Kirchberg 7 – 11 | tgl. 13.30 – 21 Uhr | Eintritt: von 6,80 € (1 Std.) bis 18 € (Tageskarte) | Tel. 05524 85 91 40 | www.gollee.de

Eisernes Industriedenkmal

Industriedenkmal Königshütte

Im Süden der Stadt wurde 1733/1737 auf dem Gelände der bereits 1580 erstmals erwähnten Süßenhütte die Königshütte eröffnet, ein kurhannoversches Eisenhüttenwerk. Noch bis 2001 befand sich

KRÄUTERWELTEN

In Bad Lauterberg betreibt die passionierte Köchin und Kräuterfrau Elke Schnibbe mit ihrem Mann das **Café Schnibbe**. Ihre Leidenschaft lässt sie in die Mittagsgerichte einfließen. Wofür sich welches Kraut genau verwenden lässt, erklärt sie bei ihren Wildkräuterwanderungen mit anschließendem Kochkurs: Zu bestimmten Terminen im Jahr oder mit Gruppen ab 8 Personen führt sie in die Natur, erklärt und sammelt Wildkräuter und verarbeitet diese anschließend gemeinsam zu einem leckeren 4-Gänge-Menü. Ganz neue Geschmackswelten. (▶ S. 61)

hier eine Gießerei für Grau- und Kugelgrafitguss. Die Anlage ist ein für Norddeutschland einzigartiges Industriedenkmal. Das Südharzer Eisenhüttenmuseum vermittelt die Grundlagen der ehemaligen Eisenverhüttung und zeigt die Produkte wie den Eisenkunstguss. In der ehemaligen Maschinenfabrik wurden zudem historische Maschinen wiederhergerichtet.

Führungen: Mai – Okt. jeden 2. Di. im Monat 15 Uhr, Nov.-April jeden 2. u. 4. Di. im Monat 15 Uhr und n. V. unter Tel. 0551 770 06 83
Eintritt gegen Spende | www.koenigshuette.com

Rund um Bad Lauterberg

Zwischen hoch und tief

Bismarckturm

Um Bad Lauterberg liegen viele Ausflugsziele, darunter der Bismarckturm auf dem Kummelberg, der 687 m hohe, nördlich gelegene **Große Knollen** (mit Aussichtsturm), die imposante **Einhornhöhle** (▶ S. 158), die größte Höhle im Westharz, sowie die auf das 10. Jh. zurückgehende Burg Scharzfels, die als uneinnehmbar galt – bis die Franzosen sie 1761 stürmten.

Am **Wiesenbeker Teich**, der zu Beginn des 18. Jh.s von Bergleuten angelegt wurde – seit 2010 Teil des UNESCO-Weltkulturerbes »Oberharzer Wasserwirtschaft« –, gibt es außer der freien Badestelle eine Wasserski-Anlage, Bananenboote und Stand-up-Paddling. Der 5 km lange **Oderstausee** 4 km nordöstlich von Bad Lauterberg ist vor allem im Sommer ein beliebter Anziehungspunkt für Segler, Surfer, Angler und Badefreunde.

BAD SACHSA

Bundesland: Niedersachsen | **Höhe:** 330 m | **Einwohner:** 7350

In sonniger Südharz-Lage heißt es Wellness, Wandern, Wohlfühlen. Familien mit Kindern sind begeistert von Eishalle, Erlebnisbad und Ferienpark im heilklimatischen Kurort mit romantischem Schmelzteich und ansprechendem Vitalpark am Fuße des Ravensbergs.

Im 13. Jh. erstmals erwähnt, wurde in diesem Südharzort bereits 1876 der Kurbetrieb aufgenommen. Wichtigstes Heilmittel ist hier das gesunde Klima, das sich bei der Behandlung von Herz-, Gefäß-, Kreislauf- oder Atemwegserkrankungen bewährt hat. Das Stadtbild ist auch heute geprägt von seiner Geschichte als Kurort. Die Nähe zur ehemaligen innerdeutschen Grenze wird im **Grenzlandmuseum** im Vitalpark anschaulich dokumentiert.
www.grenzlandmuseum-badsachsa.de

Wohin in Bad Sachsa und Umgebung?

Romanisch, barock, zeitgeschichtlich

Ortskern

Im Ortsmittelpunkt steht die barocke **St.-Nikolai-Kirche**, deren Westturm noch romanischen Ursprungs ist. Ihr Fachwerkvorbau mit Portal an der Südseite stammt von 1691. Im Innern der ansonsten um 1300 erbauten Kirche sind ein Altar von 1595, Kanzel und Gestühl von 1711 sowie ein Taufbecken von 1887 zu sehen.
Das **Rathaus** besitzt einen jugendstilgeschmückten Sitzungssaal. In der Marktstraße und in der Uffestraße haben sich einige malerische Fachwerkhäuser erhalten. Das **Wintersport- und Heimatmuseum** gibt einen Überblick zur Stadt- und zur Wintersportgeschichte; zu sehen sind außerdem Bilder aus der Zeit um 1900, eine Böttcherwerkstatt, eine Mineralien- und eine Fossiliensammlung.
Heimatmuseum: Hindenburgstr. 6 | Di. 15 – 17 Uhr | Eintritt frei
www.heimatmuseum-bad-sachsa.de

Wo die Zeit im Flug vergeht

Harzfalkenhof

Auf dem 1,5 km nordwestlich von Bad Sachsa gelegenen Katzenstein befindet sich der Harzfalkenhof, eine der beliebtesten Sehenswürdigkeiten des Ortes. Bei Flugvorführungen steigen hier regelmäßig abgerichtete Greifvögel wie Falken, Adler, Eulen auf.
April – Okt. tgl. 10 – 17, Nov. – März nach Absprache;
Vorführungen Mai – Okt. bei gutem Wetter tgl. 11 u. 15 Uhr
Eintritt: 8 € | www.facebook.com/Harzfalkenhof

BAD SACHSA ERLEBEN

BAD SACHSA INFORMATION

Am Kurpark 6
37441 Bad Sachsa
Tel. 05523 47 49 90
www.bad-sachsa.de

LÄNDLICHE KAFFEESTUBEN LIMLINGERODE €

Gemütliche Räume in einem 300 Jahre alten, renovierten Bauernhaus, dazu 70 Plätze im Wintergarten. Sonn- und feiertags ist es oft voll. Das liegt an den selbst gebackene Kuchen und den Schlachtplatten. Die gesamte Einrichtung und Deko können die Gäste übrigens kaufen: außerdem ist die Scheune zum Antikladen ausgebaut.
Hintergasse 57
99755 Hohenstein
Tel. 036336 5 77 77
www.laendliche-kaffeestuben.de

SAXA RESTAURANT €€

Ein gemütliches Restaurant mit jungem Team und abwechslungsreicher Küche. Geboten werden internationale Speisen, Steakvariationen, vegetarische Alternativen, Fischspezialitäten, Cocktails und mehr. Geselliger Treffpunkt in Bad Sachsa.
Marktstr. 33
Tel. 05523 99 99 56
www.saxa.restaurant
Mo. Ruhetag

SPA & WELLNESS RESORT ROMANTISCHER WINKEL €€€€

Das familiengeführte Hotel und Resort mit 73 Zimmern und 4 Suiten ist einer der Traditionsbetriebe im Harz. Es bietet seinen Gästen Urlaub auf höchstem Niveau – mit großem Wohlfühl-Spa und exklusiver Küche.
Bismarckstr. 23
Tel. 05523 30 40
www.romantischer-winkel.de

GÖBELS VITAL-HOTEL €€€€

Das moderne Hotel in einem historischen Gebäude mit 62 Zimmern und 12 Appartements liegt ruhig am Kurpark.
Besonderer Service: die Allergikerbetten. Mit Wellnessbereich. Im Restaurant La Vida speisen die Gäste im lichtdurchfluteten Wintergarten des Hotels.
Am Kurpark 1 – 3
Tel. 05523 9 43 80
www.vitalhotel.de

LANDAL SALZTAL-PARADIES €€

109 Ferienwohnungen und 5 Ferienhäuser mit viel Platz und einem attraktiven Angebot für Familien. Zusätzlich gibt es freien Eintritt im benachbarten Erlebnisbad Salztal-Paradies. Saisonal wird auch Kinderbetreuung angeboten.
Talstr. 27,
Tel. 05523 9 53 90 22
www.landal.de

FERIENHOTEL »ZUM MÜHLENBERG« €€ – €€€

Das Hotel im Landhausstil punktet mit seiner ruhigen Lage, einem Schwimmbad und seinem Wellnessangebot im Ortsteil Steina.
Grundweg 8
Tel. 05523 542
www.harz-hotel.com

Ein Gast aus Nordamerika im Harzfalkenhof: ein Weißkopfseeadler

Liebevolle Zuckerhexen

Märchengrund

Der bereits 1910 von Gustav Schaub errichtete Märchenwald ist der wohl älteste Märchenpark Deutschlands. 1910 gegründet, wird er seit 2015 wird von Familie Hinrichs in liebevoller Hingabe betrieben. Die kleinen Gäste werden begrüßt mit einer Überraschung aus dem Zuckerhexenkörbchen. In zauberhafter Umgebung zwischen Felsen und Bäumen sind die bekanntesten Märchen dargestellt.

April – Okt. Do – So. 10 – 17 Uhr, Nov. – März Sa und So. 11 – 16 Uhr
Eintritt: Erw. 4 €, Kinder 3 – 11 Jahre 1 €
https://maerchengrund6.wixsite.com/meinewebsite

Romeo und Julia

Rund um Steina

2 km westlich von Bad Sachsa liegt der kleine Luftkurort **Steina**; rund 350 m hinter der Kirche gelangt man ins Steinatal, wo ein Forstlehrpfad beginnt. Die Tettenborner Straße führt zum Römerstein, dem bekanntesten Zechsteinriff am südwestlichen Harzrand. Dieser Rest des vor rund 258 Mio. Jahren entstandenen Riffs erhebt sich etwa 35 m über einem Wiesengelände. Der Sage nach wurde hier die Zwergenprinzessin Ruma gefangen gehalten, die den Riesenjüngling Romar liebte. Ihrer Liebe war kein Glück beschieden, da Zwerge und Riesen Feinde waren Der Zwergenkönig verbannte seine Tochter tief in den Berg, doch sie verwandelte sich in einen Bergquell und trat als **Rhumequelle** (▶ S. 158) wieder ans Licht.

BALLENSTEDT

Bundesland: Sachsen-Anhalt | **Höhe:** 225 m | **Einwohner:** 8855

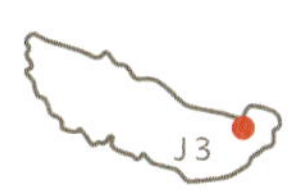

Einst war Ballenstedt die Residenz der Herzöge von Anhalt-Bernburg; es gilt als Wiege Anhalts. Das imposante Barockschloss auf dem Burgberg und der große Schlosspark mit Gartenkunst aus dem 18. und 19. Jh. begeistern heute noch.

Der berühmteste Sohn der Stadt ist **Albrecht der Bär**, der erste Markgraf von Brandenburg und Begründer des Hauses Askanien (bzw. Anhalt). Bekannt ist Ballenstedt auch durch den sächsischen Hofmaler und Schriftsteller Wilhelm von Kügelgen (1802 – 1867) sowie durch die Geschwister Caroline und Wilhelmine Bardua. Erstere ist eine bedeutende Malerin (1781 – 1864), in den Tagebuchaufzeichnungen der zweiten (1798 – 1865) bleibt das Ballenstedt des 19. Jh.s lebendig. 1543 erhielt Ballenstedt das Stadtrecht. Es dauerte weitere 222 Jahre, bis die Stadt Residenz der Herzöge von Anhalt-Bernburg wurde und damit wirtschaftliche und kulturelle Bedeutung erlangte. Mit dem Tod des letzten Herzogs fielen Stadt und Territorium an die Fürsten Anhalt-Dessau, die es zur Jagd- und Nebenresidenz machten. Um das Jahr 1900 flammte das Interesse an der Stadt als Kurort auf. Heute ist Ballenstedt staatlich anerkannter Erholungsort. Die Schlossanlage mit Theater und Park ist Anziehungspunkt für viele Besucher.

Wohin in Ballenstedt und Umgebung?

Im Herzen der Stadt

Altstadt

Von der alten Stadtbefestigung sind der Ober- und der Unterturm, der Marktturm und Teile der Stadtmauer erhalten. Im Mittelpunkt des alten Stadtkerns steht die im 12. Jh. erbaute **Nikolaikirche**, die um 1500 in spätgotischem Stil neu entstand. Der **Oberhof**, ein um 1480 erbauter Adelssitz, gehört heute der Familie von Alvensleben. Das **Alte Rathaus**, ein Fachwerkbau von 1683, beherbergt ein Restaurant und die Stadtbibliothek mit über 10 000 Bänden aus herzoglicher Sammlung.

Zwischen Zentrum und Schloss

Neustadt

Über den Breitscheidplatz gelangt man durch die Fußgängerzone zum Anhaltiner Platz mit dem Bärenbrunnen und von dort auf die 1710 angelegte Allee. Diese verbindet das Stadtzentrum mit dem Schlossensemble. Hier stehen einige **Patrizierhäuser**. Im Haus Kügelgenstraße 35 a lebte der Maler und Schriftsteller Wilhelm von Kügelgen (1802 – 1867). Bekannt wurde er v. a. durch seine »Jugenderinnerungen eines alten Mannes«.

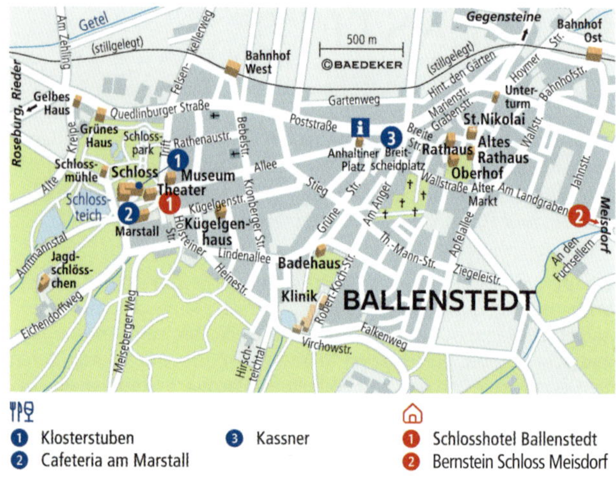

Kleinode rund um den Schlossplatz

Schloss-theater und Stadtmuseum

Das 1788 eingeweihte Schlosstheater ist das älteste noch bespielte Theater in Sachsen-Anhalt mit eigenem Spielplan. Hier wirkten die Komponisten Albert Lortzing und Franz Liszt. In dem 1756 errichteten Barockpalais auf dem Schlossplatz zeigt heute das Stadtmuseum die Geschichte der Stadt. Ein Raum erinnert an den Hofmaler Wilhelm von Kügelgen.

Schloss Ballenstedt

Harzer Schlossjuwel

Die Hauptsehenswürdigkeit ist das die Stadt überragende Schloss. Es steht an der Stelle eines Klosters aus dem 11. und 12. Jh., das im Bauernkrieg teilweise zerstört und anschließend zur Residenz der Fürsten von Anhalt umgebaut wurde. Der letzte Schlossherr Joachim Ernst von Anhalt, ein entschiedener Nazigegner, wurde von den Sowjts in Buchenwald interniert, wo er 1947 starb.

Die nach Osten offene barocke Dreiflügelanlage entstand unter Einbeziehung von Teilen des ehemaligen Klosters zum großen Teil im 18. Jahrhundert. Der heutige Kirchflügel entstand 1748 auf den Fundamenten der romanischen **Klosterkirche** St. Pancratius und Abundus, von der noch Reste erhalten sind, darunter das Westwerk (heute Schlossturm), im Erdgeschoss die Nikolaikapelle mit dem **Grab Albrecht des Bären** (um 1100 – 1170) und seiner Gemalin Sophie. Ebenfalls erhalten sind Teile der ursprünglich fünfschiffigen Krypta im Osten, was Ballenstedt zur **Station an der Straße der Romanik** macht. Sehenswert sind auch das um 1788 entstandene »Römische Zimmer«, die Ausstellung »Die frühen Askanier« und

BALLENSTEDT ERLEBEN

TOURIST-INFORMATION
Anhaltiner Platz 7
06493 Ballenstedt
Tel. 039483 2 63
www.ballenstedt.de

1 KLOSTERSTUBEN AUF SCHLOSS BALLENSTEDT €€
Regionale Küche im ehemaligen Speisesaal des Schlosses oder auf der Terrasse; von Rouladen »wie bei Muttern« bis zu neuseeländischem Hoki mit Spaghettikartoffeln.
Schlossplatz 3
Tel. 039483 9 76 60
www.klosterstuben-ballenstedt.de

2 CAFETERIA AM MARSTALL €
Besonderes Ambiente im ehemaligen Pferdestall des Schlosses.
Schlossplatz 5
Tel. 039483 1 89 39

3 RESTAURANT KASSNER €–€€
Schnitzel und anderes in einer typischen deutschen Gaststätte. Aus dem Wald kommen die Zutaten für Wildgulasch und Hirschgerichte.
Breitscheidplatz 18
Tel. 039483 8 13 73
www.restaurant-kassner.de
Mo. Ruhetag

1 BERNSTEIN SCHLOSSHOTEL BALLENSTEDT €€
Mit barockem Flair, Bar im Kuppelsaal, Konferenzräumen, Hallenbad und Sauna. Großzügig und modern ausgestattete 49 Zi. und Suiten. Das Restaurant bietet gehobene deutsche sowie mediterrane Küche.
Schlossplatz 1
Tel. 039483 5 10
www.bernsteinhotels.de

2 BERNSTEIN SCHLOSS MEISDORF €€€
Edle Hotellerie nicht weit von Burg Falkenstein in einer Schlossanlage. 83 Zi. und Suiten verschiedener Kategorien und Ausstattungen in drei Gebäuden, im »Neuen Schloss« mit historischem Ambiente. Golfplatz, Fahrradverleih, Sauna, Kinderspielplätze.
Allee 5 | 06463 Meisdorf
Tel. 034743 98-0
www.bernsteinhotels.de

das Filmmuseum im Nordflügel mit Exponaten aus über 100 Jahren Filmgeschichte. Es wurde vom Filmenthusiasten Heinz Stammer gegründet; ausgestellt sind u.a. Plakate, Kameras und Projektoren.
Di. – So. 10 – 16 Uhr | Eintritt: 5 € (Schlossgalerie), 1 € (Kirche u. Turm) | **Filmmuseum:** Di. – So. 10 – 16 Uhr Eintritt: 4 € | www.filmmuseum-ballenstedt.de

Wo Gartenträume wahr werden
Auf einer Anhöhe am Westrand der Stadt steht das 1770 erbaute Jagdschlösschen Röhrkopf. Es gehört heute dem Prinzen Eduard von Anhalt. Den Schlosspark, der in den Harzer Wald übergeht, hat der Schlosspark

Schloss Ballenstedt ist das Stammhaus der Anhaltiner.

preußische Gartenbaudirektor Peter Joseph Lenné 1858 – 1863 umgestaltet. Vier terrassenförmig angelegte Wasserbecken bilden die Hauptachse, im obersten befindet sich das Lindwurmbassin, dessen Drache das Wasser bis zu 24 m in die Höhe speit. Im westlichen Park stehen u. a. ein Musikpavillon und die Schlossmühle (1785; beide wiederaufgebaut), ein Gedenkstein für Gustav IV. Adolf, König von Schweden, das Grüne Haus (um 1830; an der Straße nach Rieder) sowie das Gelbe Haus.

Märchenhafter Burgnachbau

Roseburg

Lohnende Ausflugsziele in der Umgebung von Ballenstedt sind die mächtige Burg Falkenstein im ► Selketal und die Roseburg (2,5 km in Richtung ► Quedlinburg gelegen). Sie wurde 1905 – 1925 im romantischen Stil nach Plänen des Berliner Architekten Bernhard Sehring an der Stelle einer bereits 964 erwähnten Festung erbaut.
tgl. 9 – 18 Uhr | Eintritt 3 € | www.roseburg-harz.de | Burgcafé: tgl. außer Mi. 12 – 18 Uhr

Älteste Stadt Sachsen-Anhalts

Aschersleben

Im nordöstlichen Harzvorland, rund 20 km von Ballenstedt entfernt, befindet sich die älteste Stadt Sachsen-Anhalts: Aschersleben, vermutlich 753 erstmals urkundlich erwähnt, war im 11. Jh. Sitz der Askanier. Berühmter Sohn der Stadt ist Albrecht der Bär, Gründer der Mark Brandenburg. Im Mittelalter war Aschersleben eine bedeutende Handelsstadt, wovon die erhaltenen Reste der Stadtbefestigung zeugen. Bei einem Bummel entlang des **grünen Promenadenrings** sind von einst 51 Türmen und Schalen der Stadtmauer noch 15 zu entdecken. Mehrere Gärten und Parks, die zum Netzwerk »Gartenträume – Historische Parks in Sachsen-Anhalt« gehören, laden zum Verweilen ein. Der weltbekannte Maler **Neo Rauch** wuchs in Aschersleben auf, wo eine Grafikstiftung eine umfangreiche Ausstellung seiner Werke zeigt. Familien mit Kindern erleben im **Kriminalpanoptikum** spannende Einblicke in Gaunergeschichten. Das **Abenteuerland Harzer Seeland** (10 km), Sachsen-Anhalts größter Outdoor-Spielplatz, und der Concordiasee sind einen Ausflug wert.

www.aschersleben-tourismus.de

★★ BLANKENBURG

Bundesland: Sachsen-Anhalt | **Höhe:** 198 m | **Einwohner:** 19 320

Schon von Weitem zu sehen, ragt der schroffe Felsen der Burg Regenstein in den Himmel. Und auch das Große Schloss oberhalb der Stadt sticht hervor aus dem dichten Laubwald. Blankenburg, die ehemalige Residenzstadt, beeindruckt mit historischen Gärten, liebevollen Villen, dem imposanten Schloss und dem geschichtsträchtigen Kloster Michaelstein.

Wald und mildes Klima

Durch sein mildes Klima und die angenehme Luft zählt Blankenburg zu den anerkannten Erholungsorten Deutschlands. Die umliegenden Laubwälder locken zu schier endlosen Spaziergängen und Wanderungen. Einfach mal tief durchatmen!

Eine Frauenrechtlerin

Geschichte

Die erste Erwähnung der von Lothar von Süpplingenburg errichteten Blankenburg stammt von 1123. Nach dem Tod von Kaiser Lothar III. von Süpplingenburg (1075 – 1137) fiel die Burg an Heinrich den Löwen von Braunschweig. Da dieser mit den Erzbischöfen von Magdeburg in Fehde lag, setzten die Erzbischöfe die Regensteiner als Lehnsleute ein. Diese gründeten um 1200 die gleichnamige Stadt am Fuß der

Burg, die im 14. Jh. Goslarer Recht, Markt- und Münzrecht erhielt. Bergbau, Hüttenwesen und Bierherstellung verhalfen der Stadt im 16. Jh. zu wirtschaftlichem Aufschwung. Der Ort ging 1599 an das Herzogtum Braunschweig-Wolfenbüttel über. 1690 wurde Blankenburg Residenz und 1707–1731 reichsunmittelbares Fürstentum. Zwischen 1786 und 1798 lebten hier der spätere König Ludwig XVIII. von Frankreich und einige Hundert Vertreter des Hochadels im Exil.
In Blankenburg lebte die Frauenrechtlerin und christliche Sozialpolitikerin **Elisabeth Gnauck-Kühne** (1850–1917) und gründete ein »Erziehungsinstitut für Töchter höherer Stände«; ein Gedenkstein an der katholischen Kirche erinnert an sie.

BLANKENBURG ERLEBEN

TOURISTINFORMATION
Schnappelberg 6 (Kleines Schloss), 38889 Blankenburg
Tel. 03944 36 22 60
www.blankenburg.de

Mittelalterliche Spektakel mit Ritterturnier finden zu versch. Terminen vor der Kulisse der Burg und Festung Regenstein statt. 1. So. im August: Klosterfest in Kloster Michaelstein; Okt.: Blankenburger Schönheiten in den Barocken Gärten; Schlossweihnacht im Großen Schloss.

GLASMANUFAKTUR HARZKRISTALL
Hier kann man sich im Glasblasen versuchen, Glaswaren einkaufen oder sich individuelle Figuren machen lassen.
Im Freien Felde 5, OT Derenburg
www.harzkristall.de

1 ZUM KLOSTERFISCHER €€
Der Klosterfischer serviert in einem traditionell-rustikalen Ambiente Spezialitäten aus verschiedenen Sorten selbst gezüchteter Süßwasserfische. Beliebt sind im Herbst und Winter die verschiedenen Karpfengerichte mit Gemüse. Auch Übernachten ist möglich.
Michaelstein 14
Tel. 03944 35 11 14
www.klosterfischer.de

2 TEEHAUS BLANKENBURG €
Das historische Teehaus in den barocken Gärten Blankenburgs bietet einen weiten Blick über die Stadt und das Harzvorland bietet. Klein und fein für genussvolle Momente.
Schnappelberg 5
Tel. 03944 95 45 314
www.blankenburger-teehaus.de
April–Okt. Sa. u. So. 13–17 Uhr

3 BERGGASTHOF UND PENSION ZIEGENKOPF €–€€
Beliebtes Ausflugslokal und Wanderziel oberhalb von Blankenburg. Auf den Tisch kommen Hausmannskost und Harzer Gerichte wie Wildgulasch oder Bachforelle. Spezialität: Die wohl größten Hefeklöße der Welt in 20 verschiedenen Variationen!
Ziegenkopf 1
Tel. 03944 35 32 60
www.ziegenkopf.de

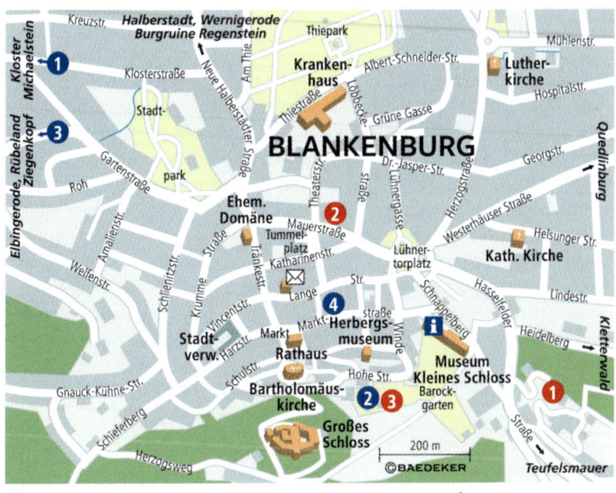

❶ Zum Klosterfischer
❷ Teehaus
❸ Ziegenkopf
❹ Altdeutsches Kartoffelhaus

❶ Hotel Viktoria-Luise
❷ Fürstenhof
❸ Prinzessinnenturm

❹ ALTDEUTSCHES KARTOFFELHAUS €€

Großes Steaksortiment und rund 25 Bratkartoffelspezialitäten, z. B. im indischen Stil mit Curry und Putenfleisch, Harzer Bauernpfanne mit Gemüse und Schweinefleisch. Rustikales Ambiente und Sommerterrasse.

Marktstr. 7, Tel. 03944 35 12 61
www.kartoffelhaus-blankenburg.com
Mi. u. Do. Ruhetag

❶ BOUTIQUEHOTEL VILLA VIKTORIA LUISE €€€–€€€€

14 stilvoll und individuell eingerichtete Zimmer in einer Gründerzeitvilla – traumhafte Aussicht auf das Schloss und den Barockgarten.

Hasselfelder Str. 8
Tel. 03944 9 11 70
www.viktoria-luise.de

❷ KURHOTEL FÜRSTENHOF €€€

Elegantes Hotel, 27 Zi., mitten im Zentrum mit über 120-jähriger Tradition. Wellness- und Beautybereich mit Bädern, Massagen und mehreren Saunen.

Mauerstr. 9, Tel. 03944 9 04 40
www.kurhotel-fuerstenhof.de

❸ FERIENHAUS PRINZESSINNENTURM €€€–€€€€

Klein und fein: Im ehemaligen Wehrturm der Stadtmauer Blankenburgs, mitten in den Barockgärten, befindet sich eine märchenhafte Ferienwohnung. Stilvoll restauriert auf drei Ebenen ist diese Wohnung ein besonderer Tipp für Romantiker und Verliebte.

Schnappelberg 6
Tel. 03944 90 440
www.prinzessinnenturm.de

Wohin in Blankenburg?

Ein großes Schloss lebt wieder auf

Großes Schloss

Hoch über der Stadt erhebt sich das Große Schloss, das vom **Verein Rettung Schloss Blankenburg** wieder hergerichtet wird. Es steht an der Stelle der bereits 1123 erwähnten und bis 1546 zu einem Renaissanceschloss umgebauten Blankenburg. Der heutige Bau, eine geschlossene Dreiflügelanlage, entstand 1705 – 1718 für Ludwig Rudolf von Braunschweig. Der Innenhof wird im Norden durch den Kirchenflügel mit der Schlosskapelle, im Osten durch den Alten Flügel mit dem Kaiser- oder Ahnensaal und im Süden mit dem Turmflügel begrenzt. Dieser wurde 1723 hinzugefügt und enthält den Redoutensaal. Von der einstigen Burg blieb der untere Teil eines Bergfrieds im Nebenhof erhalten. Wieder hergerichtet und genutzt werden bereits der Graue Saal, das Theater, die Schlosskapelle, der Kaisersaal sowie der Rittersaal und das Schlosscafé.

März – Dez. Di. – So. 10 – 16 Uhr | Führungen und Café 14 – 16 Uhr, letzte Führung ca. 15.30 Uhr | Teilbereiche sind frei zugänglich. Führung: 5 € | www.rettung-schloss-blankenburg.de

Ein kleines Schloss mit großem Garten

Kleines Schloss

Im nordöstlichen Teil des Schlossparks steht am Ende der Stadtmauer das Kleine Schloss, einst Fürstliches Gartenhaus. 1725 wurde es im Barockstil als Fachwerkbau begonnen und 1777 unter Herzog Karl als Massivbau erneuert. Hier befinden sich die Tourist-Information sowie die Infostelle der Harzer Wandernadel (▶ Bewegen und Entspannen). Im Schloss finden Konzerte und Ausstellungen statt.

Südlich schließt sich der 1725 angelegte Barockgarten mit Springbrunnen, Sandsteinfiguren, einer Grotte und der Kopie des Braunschweiger Löwen an, der ersten, 1166 in Braunschweig frei aufgestellten Bronzeplastik in Europa. Die Grünanlagen des historischen **Berggartens** und des Fasanengartens laden zum Entspannen ein. Den »Prinzessinnenturm« aus dem 13. Jh. ließ Herzog Ludwig Rudolf Anfang des 18. Jh.s in ein Spinnstübchen für Prinzessinnen umbauen. Heute befindet sich darin eine Ferienwohnung (▶ S. 73).

Kirchenbau mit Stilmix

Bartholomäuskirche

Die Altstadt zieht sich steil am Schlossberg hinauf. Auf halber Höhe zwischen dem Großen Schloss und dem **Rathaus** am Markt (16./18. Jh.) liegt die ehem. Zisterzienserklosterkirche, heute Bartholomäuskirche. Sie wurde vermutlich unter Graf Siegfried II. (1186 – 1246) begonnen und im 14. Jh. zu einer dreischiffigen gotischen Hallenkirche umgebaut. Sehenswert sind der Hauptaltar (1712), die zwischen gedrehten Säulen stehende Sandsteinkanzel von 1580, das Taufbecken aus Rübeländer Marmor und die große Triumphkreuzgruppe (16. Jh.).

Tgl. 10 – 18, im Winter bis 16 Uhr

Herbergs-
museum

Zünftige Wanderjahre
Die Wanderschaft der reisenden Gesellen in schwarzer Kluft mit Knopf im Ohr, Ehrbarkeit um den Hals, dem Charlottenburger – einem zum Gepäckbündel gefalteten Tuch – auf dem Rücken und dem Wanderstab in der Hand hat Tradition. So kam einst der spätere DDR-Staatspräsident Wilhelm Pieck als Tischlergeselle nach Blankenburg und verbrachte hier ein ganzes Jahr. Heute ist das Herbergsmuseum die einzige museal erschlossene Gesellenherberge Deutschlands.
Bergstr. 15 | Mo. – Fr. 10 – 17 Uhr | Eintritt 3 €

Rund um Blankenburg

★
Burg und
Festung
Regenstein

Umkämpfte Felsenburg
3 km nördlich von Blankenburg ragt der 296 m hohe Regenstein auf, ein poröser Sandsteinfelsen, der von Süden allmählich ansteigt, während er nach Norden und Westen etwa 75 m schroff abfällt. 1169 erstmals erwähnt, gilt sie als **älteste deutsche Felsenburg**. Sie war an der Stelle einer älteren Fluchtburg und Kultstätte erbaut worden; bereits vorhandene natürliche wie in den Felsen gehauene Räume wurden von den Burgherren integriert. Seit 1167 war die Burg Sitz von Konrad, Sohn des Grafen Poppo von Blankenburg, dem Begründer des Regensteiner Grafenhauses.

Dieses Geschlecht besaß vom 12. bis 14. Jh. eine Vormachtstellung im Harz und nördlichen Harzvorland. Zeitweise verfügten die Regensteiner über 14 Burgen und Städte wie Quedlinburg, Derenburg, Halberstadt und Blankenburg. Durch

URG UND FESTUNG REGENSTEIN

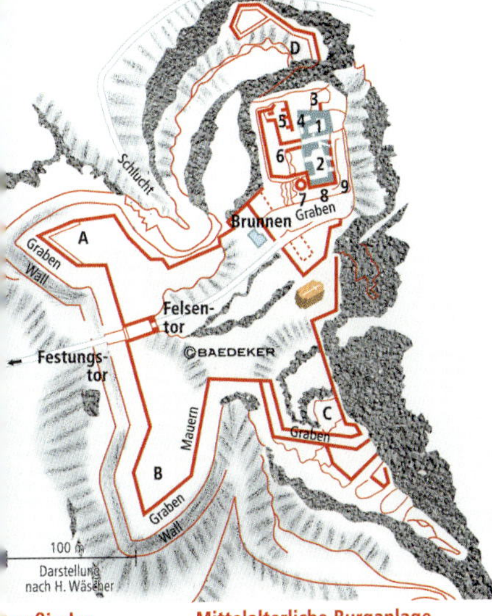

reußische
efestigung
A Scharfe Ecke
B Friedrichsburg
C Friedrich-Wilhelmsburg
D Verlorener Posten

Mittelalterliche Burganlage
1 Felsenraum
2 Kapelle
3 Burgverlies
4 Burgküche
5 Kemenate
6 Zisterne
7 Bergfried
8 Teufelsloch (Verlies)
9 Begräbnisplatz 18.Jh.

Kriege mit dem Bistum Halberstadt büßten sie jedoch Mitte des 14. Jh.s ihre Macht ein. 100 Jahre später gaben sie ihre Stammburg auf und übersiedelten auf die Blankenburg. Damit begann der Verfall der Burg Regenstein. In der Mitte des 17. Jh.s brach zwischen dem Herzogtum Braunschweig und Kurbrandenburg ein Streit um die Rechte an der alten Grafschaft Regenstein aus. Dieser gipfelte in der Besetzung der verfallenen Burg durch Brandenburg. Unter dem Großen Kurfürsten Friedrich Wilhelm wurde sie zu einer preußischen Festung ausgebaut. Im Siebenjährigen Krieg eroberten die Franzosen 1757 die Festung. Obwohl sie kurz danach von den Preußen zurückgewonnen wurde, ließ Friedrich II. sie 1758 bis auf die Grundmauern schleifen. Erhalten sind von der mittelalterlichen Burg der Stumpf eines runden Bergfrieds und mehrere in den Sandsteinfelsen gehauene Räume.

April – Okt. tgl. 10 – 18, Nov. – März Di. – So. bis 16 Uhr, bei schlechter Witterung geschlossen | Eintritt: 4 € | www.burg-regenstein.de

Kloster Michaelstein

Ein Klosterschatz mit Kräutern und Musik

Ein Kleinod ist das Kloster Michaelstein, etwa 5 km nordwestlich von Blankenburg. Das ehem. Zisterzienserkloster wurde laut Stiftungsurkunde von 1146 von der Quedlinburger Äbtissin Beatrix II. gegründet. Es geht auf den Volkmarskeller zurück, eine nahegelegene Naturhöhle, wohl frühgeschichtlicher Kultort und spätere Höhlenkirche.

Die zum Teil erhaltenen Klausurgebäude im romanischen Stil vermitteln einen schönen Eindruck vom einstigen Zustand. Im Ostflügel liegt der Kapitelsaal, im Südflügel das Calefaktorium (Wärmestube)

Fast vergessene »Zauber«- und Heilkräuter wachsen im Kloster Michaelstein.

und das Refektorium (Speisesaal). Sehr schön ist der Kreuzhof mit den um 1270 erbauten Kreuzgängen. Der Westflügel wurde 1718 barock umgebaut, die nach Plänen von Hermann Korb eingerichtete Hofkirche 1720 geweiht. Das schlichte Leben der Zisterzienser spiegelt sich in der Stille der Klausur und der meditativen Aura des Orts. In den duftenden Kräuter- und Gemüsegärten – nach alten Mustern angelegt – gibt es viele fast vergessene Pflanzen zu entdecken.
Die Ausstellung **»KlangZeitRaum«** spürt mit Instrumenten aus vier Jahrhunderten dem Wandel der Musik nach. Ein Highlight ist die einzigartige barocke Musikmaschine des Salomon de Caus. Das Kloster ist Sitz der Landesmusikakademie Sachsen-Anhalt, hier finden Führungen, Veranstaltungen und hochkarätige Konzerte statt. Ein Anziehungspunkt ist auch die Radwegekirche, das Kloster liegt am Europa-Radweg R 1 und an der Straße der Romanik.
April – Okt. tgl. 10 – 18, Nov. – März Mi. – So. u. Fei. 11 – 16 Uhr
Eintritt: 6 € | www.kloster-michaelstein.de

Großvaterfelsen und Hamburger Wappen

Teufelsmauer

Sagenumwoben, abenteuerlich und wild – das ist die Teufelsmauer, die sich im Südosten Blankenburgs bis Timmenrode erstreckt. Es ist ein schroff gezackter Sandsteinrücken, der sich an verschiedenen Stellen aus der Ebene erhebt. So gibt es auch Teile zwischen ▶ Thale und Neinstedt sowie zwischen ▶ Gernrode und ▶ Ballenstedt. Großvaterfelsen, Hamburger Wappen oder Teufelssessel – die Felsformationen haben ihres Aussehens wegen **besondere Namen**. Teils als Höhenzug erkennbar, teils als Felssporn aus der Ebene ragend, ist die Teufelsmauer ein faszinierendes Naturschauspiel. Fotografen fangen oft die mystischen Momente beim Sonnenuntergang ein.
Versteinerte Meerestiere bezeugen, dass der Nordharz vor etwa 90 Mio. Jahren eine Küstenlandschaft war. Durch tektonische Gesteinsbewegungen stellten sich die Bänke des Heidelbergsandsteins steil, Verwitterung ließ die markante Sandsteinrippe entstehen. **Die Sage** beschreibt es anders: Gott und Teufel verabredeten, dass Letzterer so viel Land erhalten solle, wie er bis zum ersten Hahnenschrei ummauern könne. Da der Hahn einer Bauersfrau bereits um 3 Uhr morgens krähte, zerhieb der Teufel vor Wut die schon fertigen Teile der Mauer. Übrig blieben nur bizarre, in die Landschaft ragende Felsen.
Verschiedene Touren führen an der Teufelsmauer entlang; einen Rundblick genießt man vom 319 m hohen **Großvaterfelsen**; schöne Aussichtspunkte bietet auch der **Löbbeckestieg** (nur für Schwindelfreie). Vom Hamburger Wappen erfolgt der Abstieg über die **Kuxburg**, die von den Timmenrödern liebevoll als Käseklippe bezeichnet wird. Eindrucksvoll ist auch der Abschnitt zwischen **Weddersleben** und Neinstedt. Vom Parkplatz am südlichen Ortseingang Wedderstedt führt ein anstrengender Wanderweg steil hinauf auf die Felsformation.

Der Sage nach ist die Teufelsmauer das Ergebnis teuflischer Wut. Ein bissschen unheimlich ist sie jedenfalls schon.

BODETAL

Bundesland: Sachsen-Anhalt

Lieblich und atemberaubend: Das Bodetal ist eine einzigartige Mischung aus malerischem Flusslauf und eindrucksvollem Felsental, faszinierend die schroffe Felsenwelt an seinem Ausgang. An den steilen Hängen nehmen Bäumchen skurrile Formen an, um ihr Überleben zu sichern. Die Fantasie des Betrachters zeichnet Gesichter und Figuren in den Stein. Flussaufwärts zeigt sich ein anderes Bild: Malerisch schlängelt sich die Bode durch Wald- und Wiesenlandschaft, Ruhe kehrt ein.

Alles in Fluss

Die Bode ist mit 169 km der längste Fluss im Harz. Sie entspringt aus dem Zusammenfluss von kalter und warmer Bode bei Königshütte und mündet bei Nienburg in die Saale. In der Nähe von Rübeland (▶ Stadt Oberharz am Brocken) wird sie zur **Rappbodetalsperre** gestaut. Mit 113 Mio. m³ Gesamtstauraum ist sie die größte Talsperre im Harz und eine reine Trinkwassertalsperre. Action gibt es hier über dem Wasser auf einer der längsten Hängebrücken der Welt mit Aussichtsturm Solitair, Gigaswing und vielem mehr.

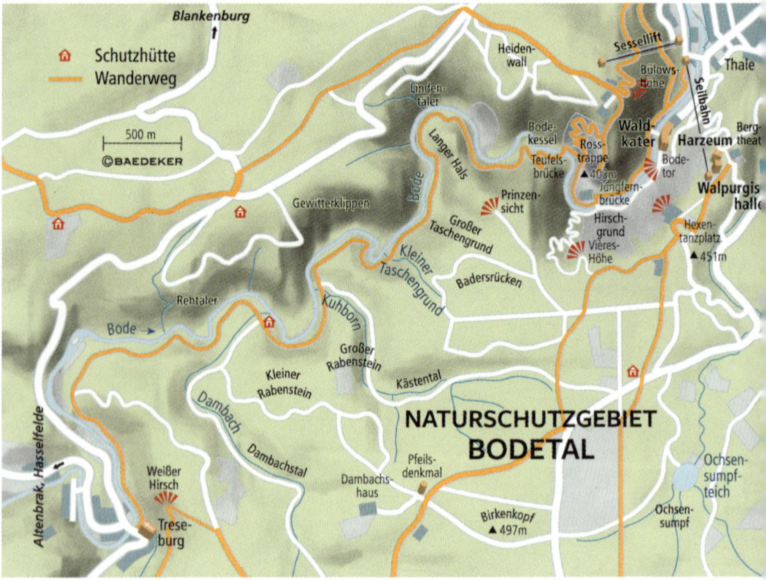

Wohin im Bodetal?

Fliegenfischer und Hexentanzplatz

Schönste Abschnitte

Von Wendefurth aus fließt die Bode durch Altenbrak und Treseburg bis Thale. Hier verläuft auch der Harzer-Hexen-Stieg (▶ Touren). Zwischen Altenbrak und Treseburg wird das Flussbett breiter und hat, gesäumt von altem Baumbestand, einen ganz besonderen Charme. In diesem Bereich sind häufig Fliegenfischer anzutreffen, die es auf Forellen oder Äschen abgesehen haben.

Sehenswert entlang des Flusslaufs sind die Rübeländer Tropfsteinhöhlen (▶ S. 197), die Rappbodetalsperre (▶ S. 197), der Bereich am Ortseingang Treseburg sowie die markanten Felsen Hexentanzplatz und Roßtrappe (▶ Thale) am Ausgang des Bodetals.

Schlucht mit Paradies-Charme

Wanderung Thale-Treseburg

Der 10 km lange Wanderweg, markiert mit dem blauen Dreieck, folgt genau dem Flusslauf und führt wildromantisch flussaufwärts durch eine von Granitfelsen und bewaldeten Steilwänden eingefasste Schlucht. Das abwechslungsreiche Gebiet mit einer Fülle von Naturschönheiten, seltenen Pflanzen und Tieren steht unter Naturschutz. Der Weg ist Teil des Harzer-Hexen-Stiegs. Start ist die im Süden gelegene Talstation der Thaler Schwebebahn. Nun folgt man der Bode am linken Flussufer. Kurz vorm Katersteg (nach ca. 1 km) zweigt rechts der sog. Präsidentenweg ab, der zur Roßtrappe hinaufführt. Kurz hinter dem Gasthaus Königsruhe führt die Katersteg genannte Brücke zum **Kleinen Waldkater**, einer Jugendherberge/Gaststätte am gegenüberliegenden Ufer. Der Name weist auf die Vorkommen der Wildkatze hin.

Wo Goethe Rast machte und ein Riese abstürzte

Goethefelsen

Etwa 200 m oberhalb des Katerstegs erhebt sich der Goethefelsen, eine steil aufragende Felswand mit einer 1949 angebrachten Gedenktafel, die an die Besuche des Dichters in den Jahren 1783, 1784 und 1805 erinnert. Wenige Meter talaufwärts ragt eine riesige Granitplatte in das Flussbett hinein, der sog. Goethestein. Hier rastete der Überlieferung nach Goethe und studierte die Verwitterungsspalten des Granits. Eine weitere Legende bezieht sich auf den nahe gelegenen **Kronensumpf**, die tiefste Stelle unweit des Steins: Auf ihrer Flucht vor einem Riesen namens Bodo sprang die Königstochter Brunhilde auf einem Ross von der Roßtrappe zum Hexentanzplatz hinüber. Dabei verlor sie ihre Krone. Der Riese jedoch stürzte ab. Seither muss er als Höllenhund die Krone bewachen, die auf dem Grund des nach ihm genannten Flusses liegt. Die hufeisenförmige Einkerbung im Steinboden der **Roßtrappe** (▶ Thale) soll von Brunhildes Pferd stammen. Der Bodetalweg führt in den Hirschgrund und zur **Jungfernbrücke**. Auf dem gegenüberliegenden (rechten) Bo-

METHUSALEME DES WALDES

Im der Bode zustrebenden Kästental wachsen einige Hundert Eiben (»Kästen«). Es sind wohl die ältesten Bäume im Harz. Exakt wurde ihr Alter bisher nicht bestimmt, doch Eiben können bis zu 1000 Jahre alt werden. Man stelle sich einmal vor, was sie schon alles gesehen haben ...

deufer beginnt ein Fußweg zum Hexentanzplatz. Der Wanderweg führt nun um den ganzen Roßtrappefelsen herum.
Als Nächstes erreicht man die Teufelsbrücke. Vor ihrer Errichtung war ein Weiterwandern unmöglich, da der **Blaue Sumpf** das Durchwaten des Flusses verwehrte. Hier windet sich die Bode durch ein besonders enges Tal. Schürfungen und Strudeltöpfe an den umliegenden Felswänden sind eindrucksvolle Zeugnisse der Erdgeschichte. Sie erinnern daran, dass der Flusslauf einst viel höher lag. Von der Teufelsbrücke öffnet sich ein fesselnder Blick aufwärts zur senkrecht abfallenden Wand des Roßtrappefelsens (403 m) und auf der gegenüberliegenden Talseite zum Felsen des Hexentanzplatzes (451 m).

Sanfter Ausklang

Bodekessel

Nach der Teufelsbrücke kommt man an den Bodekessel. Auch hier wird die Kraft des fließenden Wassers durch Auswaschkehlen in den Felswänden deutlich. Danach werden die Hänge sanfter, Felsen sieht man nur noch gelegentlich. Zum Schluss umrundet man den Langen Hals, einen Bergvorsprung, überquert die beiden Bäche Großer und Kleiner Taschengrund, passiert den Einschnitt zum Kästental und gelangt zum Ausgang des Dambachtals. Die letzten 3 km bis Treseburg führen entlang der nun ruhig dahinfließenden Bode. Ein möglicher Rückweg führt über den Aussichtspunkt **Weißer Hirsch**, am Dambachhaus und am Denkmal für Oberforstmeister Wilhelm Pfeil

(1773 – 1859) vorbei, entweder links über die La-Viershöhe oder geradeaus dem Fußweg folgend, der neben dem Fahrweg zum Hexentanzplatz führt. Tipp: Wandern Sie von Treseburg flussabwärts, dann ist der Blick auf die Felsen noch eindrucksvoller.

Bodegenuss von oben

Wilhelmsblick

Zum Wilhelmsblick folgt man dem Fußweg am linken Ufer der Bode flussabwärts, zur Roßtrappenstraße hinauf, durch einen 20 m langen, 1861 erbauten Tunnel. Von oben hat man einen schönen Blick auf das Bodetal. Eine Felstreppe führt zur **Krügershöhe** (365 m) hinauf, von der man die Bode an sechs verschiedenen Stellen sieht.

BRAUNLAGE

Bundesland: Niedersachsen | **Höhe:** 560 – 971 m | **Einwohner:** 5690

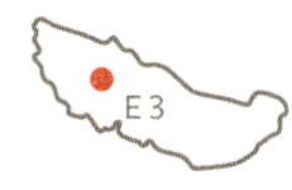

Urlaub in harztypischer Landschaft mit weiten Wäldern und hohen Gipfeln: Braunlage ist einer der bekanntesten und beliebtesten Urlaubs- und Wintersportorte im Harz. Die jahrzehntelange Tradition als Tourismusort ist im Stadtzentrum zu spüren, wo neben Traditionshäusern moderne Hotels und Anlagen entstehen.

In der Innenstadt warten einige interessante Geschäfte, Sportausstatter, Restaurants und Cafés, wo man den Tag selbst nach ausgiebigen Wanderungen oder viel Zeit auf der Piste entspannt ausklingen lassen kann. Die Nähe zum Nationalpark Harz ermöglicht besondere Naturerlebnisse. So auf dem **Naturmythenpfad**, einem ca. 4 km langen Rundwanderweg mit kreativen Erlebnisstationen. Die Trinitatiskirche von 1889 ist im typischen Harzer Stil mit Holz verkleidet. Im Gebiet »Dicke Tannen« westlich des Orts stehen noch wenige bis zu 400 Jahre alte »Rot-Tannen«, wie Fichten im Harz auch genannt werden.

Wohin in Braunlage?

Erlebniswelt hoch oben

Wurmberg

Der Gipfel bietet einige Erlebnisse: die Wassererlebniswelt rund um den Schneisee mit Floß, Spielplatz und Panoramaweg. Ein Streichelgehege befindet sich in der Nähe der Wurmberg-Alm. Rasanten Fahrspaß sowie Fahrten mit dem **Monsterroller** bietet der Bikepark. Neu ist die erste Boulderhalle im Harz (https://bodebloc-harz.de).

Mai – Okt. | www.monsterroller.de

BRAUNLAGE ERLEBEN

TOURIST-INFORMATION BRAUNLAGE

Elbingeröder Str. 17
38700 Braunlage
Tel. 05520 9 30 70
www.braunlage.de

Es ist viel los: Walpurgisnacht mit Festumzug (30. April), Eishockey-Spiele im Eisstadion, Mountainbikerennen in Hohegeiß, Sommerskispringen auf der Mattenschanze, Braunlager Maikonzerte, Braunlager Sommernachtstraum (Aug.), Märchenwoche (Okt.) ...

1 MONI'S HEXENHÄUSCHEN €–€€

Etwas verstecktes, ruhig gelegenes kleines Café und Restaurant mit herzlichem Service, Kaffee, Kuchen, Riesenwindbeuteln und einer großen Auswahl unterschiedlicher Gerichte. Saisonale Speisen, Hausfrauenkost, auf Sonderwünsche wird eingegangen. Mo. u. Do. Ruhetag.
Am Graben 5
Tel. 05520 776 42 38
www.monis-hexenhäuschen.de

2 ALTES FORSTHAUS €€

In gemütlicher Atmosphäre kann man aus einer umfangreichen Speisekarte auswählen. Spezialität des Hauses: Wildgerichte mit Wild aus Harzer Wäldern. Das dazugehörende Hotel bietet gemütliche moderne Zimmer für Wanderer, Mountainbiker und Familien.
Harzburger Str. 7
Tel. 05520 94 40
www.forsthaus-braunlage.de

3 DAS RODELHAUS €€

Eine wunderbare Slow-Food-Location mitten im Wald am Wurmberg nur wenige Meter von der Mittelstation der Wurmberg Seilbahn entfernt. Saisonale Gerichte mit Produkten aus der Region, die qualitativ hochwertig, sauber und fair erzeugt und gehandelt werden. Der Slow-Food-Gedanke ist hier mit allen Sinnen erlebbar. 9 Gästezimmer.
Mittelstation
Tel. 05520 9 99 33 66
www.das-rodelhaus.de

1 BERG & TAL HOTEL UND APARTMENTS €–€€

In den traditionsreichen Häusern wurden 2021 vier moderne Zimmer und elf Apartments neu eröffnet. Gefrühstückt wird im umgestalteten Kuhstall, nachmittags bis zum Sonnenuntergang gibt es Drinks in der Milchbar. Yoga-Reisen, Yoga-Workshops, kleiner Tagungsbereich, Parkplatz, WLAN, Frühstücksbuffet, familien- und bikerfreundlich.
Elbingeröder Str. 18–28
Tel. 05520 1012
www.bergundtal.de

2 RELEXA HOTEL HARZ-WALD BRAUNLAGE €€€

113 Z., 4 Suiten, Spielzimmer für Kinder, Kaminzimmer, Bibliothek, Wellnessbereit mit Schwimmbad, Sauna, römisches Dampfbad, Solarium, Fitnessraum und Schönheitsfarm. Hier wohnt man ruhig am Wald in einem freundlichen Tagungs- und Urlaubshotel.
Karl-Röhrig-Str. 5 a
Tel. 05520 80 70
www.relexa-hotel-braunlage.de

❸ DESIGN HOTEL VIKTORIA BRAUNLAGE €€–€€€

Klassische Elemente gepaart mit moderner Eleganz. Nach einer Kernsanierung mit 15 stilvollen und modern eingerichteten Zimmern wiedereröffnet. Restaurant mit einer Küche, die Wert auf Nachhaltigkeit und Qualität legt.

Herzog-Wilhelm-Str. 10
Tel. 05520 9 99 90 81
https://designhotel-viktoria.de

❹ LANDHOTEL VILLA FORESTA €€–€€€

Gemütliches, ganz im Landhausstil eingerichtetes Haus in einem großen Garten direkt am Waldrand. Es gibt auch Ferienwohnungen. Junge frische Küche wird im Restaurant serviert, darunter natürlich auch Harzer Spezialitäten.

Am Jermerstein 1
Tel. 05520 9 32 20
www.landhotel-villa-foresta.de

❺ VITALHOTEL SONNENECK €€€

Dieses Urlaubs- und Wellnesshotel im Ortsteil Hohegeiß schafft mit seinen liebevoll und hell eingerichteten Zimmern die richtige Atmosphäre zum Ausspannen. Die meisten bieten einen Balkon mit Panoramablick.

Hindenburgstr. 24
(OT Hohegeiß)
Tel. 05583 9 48 00
www.vitalhotel-sonneneck.de

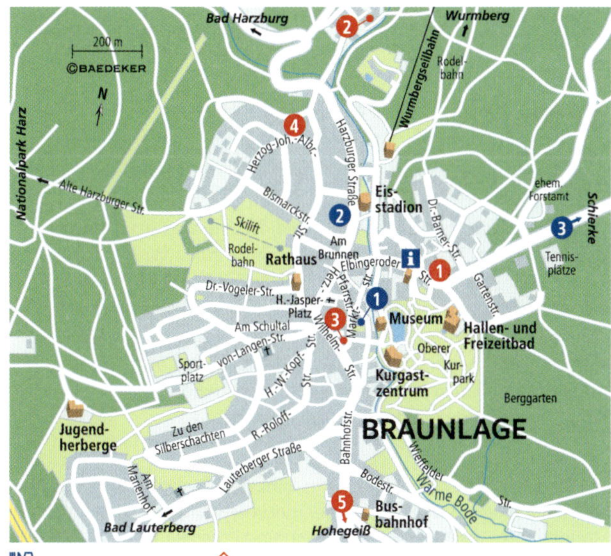

🍴
❶ Moni's Hexenhäuschen
❷ Altes Forsthaus
❸ Das Rodelhaus

🏠
❶ Berg & Tal Hotel und Apartments
❷ relaxa hotel Harz-Wald
❸ Design Hotel Viktoria Braunlage
❹ Landhotel Villa Foresta
❺ Vitalhotel Sonneneck

Jugendstil mit Linkrusta und Linoleum

Jugendstil-sanatorium Dr. Barner

Eine der bedeutendsten Jugendstilbauten Deutschlands steht am Fuß des Wurmbergs. Sanitätsrat Friedrich Barner (1859–1926) wandte sich als einer der ersten Ärzte zu Beginn des 20. Jh.s der Psychotherapie zu. Den Architekten Albin Müller beauftragte er 1912 mit der Gestaltung des Sanatoriumneubaus, der zwei bestehende Villen mit einem Mittelbau verbinden sollte. Die Innenarchitektur mit wertvollen Linkrusta-Tapeten, seltenen, gemusterten Linoleum-Belägen und den stilvollen Möbeln ist sehenswert. Eventuelle Termine für Führungen und Konzerte werden auf www.klinik-barner.de veröffentlicht.

Naturgenuss in Höhenlage

Hohegeiß

Das Bergdorf Hohegeiß, Ortsteil von Braunlage, ist ein anerkannter Erholungsort (570 – 642 m). Auf den ausgedehnten **Bergwiesen** (154 ha unter Naturschutz) wachsen seltene Pflanzen wie Arnika, Trollblume und Knabenkräuter. Die Bergwiesen blühen im Mai und Juni. Die Tourist-Information vermittelt Kräuterspaziergänge und botanische Wanderungen. Auch Bogenschießen für Gäste wird angeboten, und im Sommer lockt das idyllische Waldfreibad.

★★ BROCKEN

Bundesland: Sachsen-Anhalt

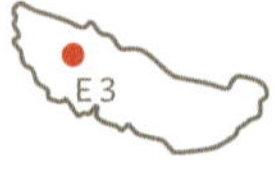

Wer einmal auf dem höchsten Gipfel des Harzes stand, die unglaubliche Fernsicht genoss oder oberhalb einer Wolkenschicht die Freiheit spürte, der kann die Magie des Brockens verstehen. Mit 1141 m ragt er aus der norddeutschen Tiefebene und ist bereits von Weitem sichtbar. Auf der kahlen Kuppe mit der niedrigsten Waldgrenze der deutschen Mittelgebirge herrscht ein raues Klima. Natur, Geschichte und Geschichten des Brockens sind einzigartig und faszinierend.

Berg mit Symbol-charakter

Tausende Urlauber besteigen jedes Jahr den höchsten Berg des Harzes. Überwiegend sind Wanderer unterwegs, doch auch mit dem Mountainbike oder per Brockenbahn und Pferdekutsche ist der Gipfel zu erreichen. An kalten, klaren Tagen erstreckt sich die Fernsicht teilweise bis zu 200 km. Ganze 28 Jahre lang war der Brocken während der deutsch-deutschen Teilung Sperrbezirk und hat daher einen besonderen Symbolcharakter für das wiedervereinigte Deutschland. Die Namensherkunft des Brockens, der im Volksmund auch als

BROCKEN ERLEBEN

BROCKENHOTEL €€–€€€

Wohnen und Essen in einem umgebauten Fernsehturm von 1938. Den Blick vom Brocken hoch über dem Rest der Welt erlebt nur, wer sich spätabends oder frühmorgens auf dem Plateau den Wind um die Nase wehen lässt. Dieses Erlebnis ist die Übernachtung auf dem Gipfel wert.

Brockenplateau
38879 Schierke
Tel. 039455 1 20
www.brockenhotel.de

EINKEHRMÖGLICHKEITEN

Täglich geöffnet haben: Imbiss im Bahnhofsgebäude der Harzer Schmalspurbahn und im Brockenhotel. Weitere Einkehrmöglichkeiten sind das Café Hexenklause im 7. Stock des Brockenhotels und das Café Hexenflug im Brockenhaus (nur für Besucher).

DER BROCKEN

Vom Brocken geht eine besondere Faszination aus. Er ist Norddeutschlands höchster Berg, extreme Wetterlagen toben sich hier ungehindert aus, teils wachsen hier Pflanzen wie in den Alpen und die deutsch-deutsche Grenze zog sich exakt über das Bergmassiv hinweg. Heute ist er ein Lieblingsziel von Sportbegeisterten und naturkundlich Interessierten.

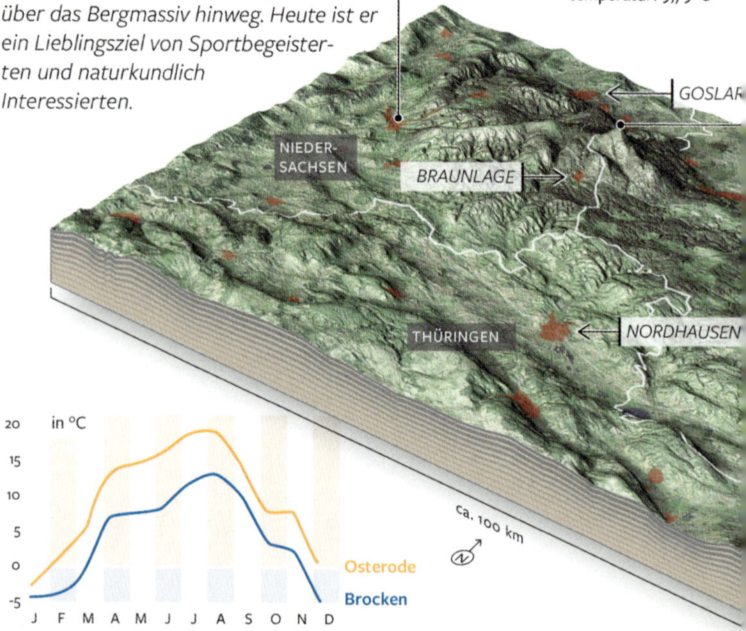

Osterode
Höhe: 220 m
Durchschnitts-temperatur: 9,79 °C

GOSLAR
NIEDER-SACHSEN
BRAUNLAGE
THÜRINGEN
NORDHAUSEN
ca. 100 km
N

in °C
20
15
10
5
0
-5
J F M A M J J A S O N D
Osterode
Brocken

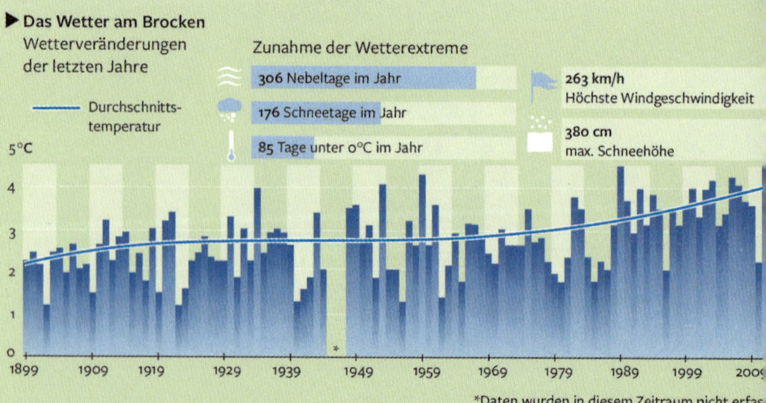

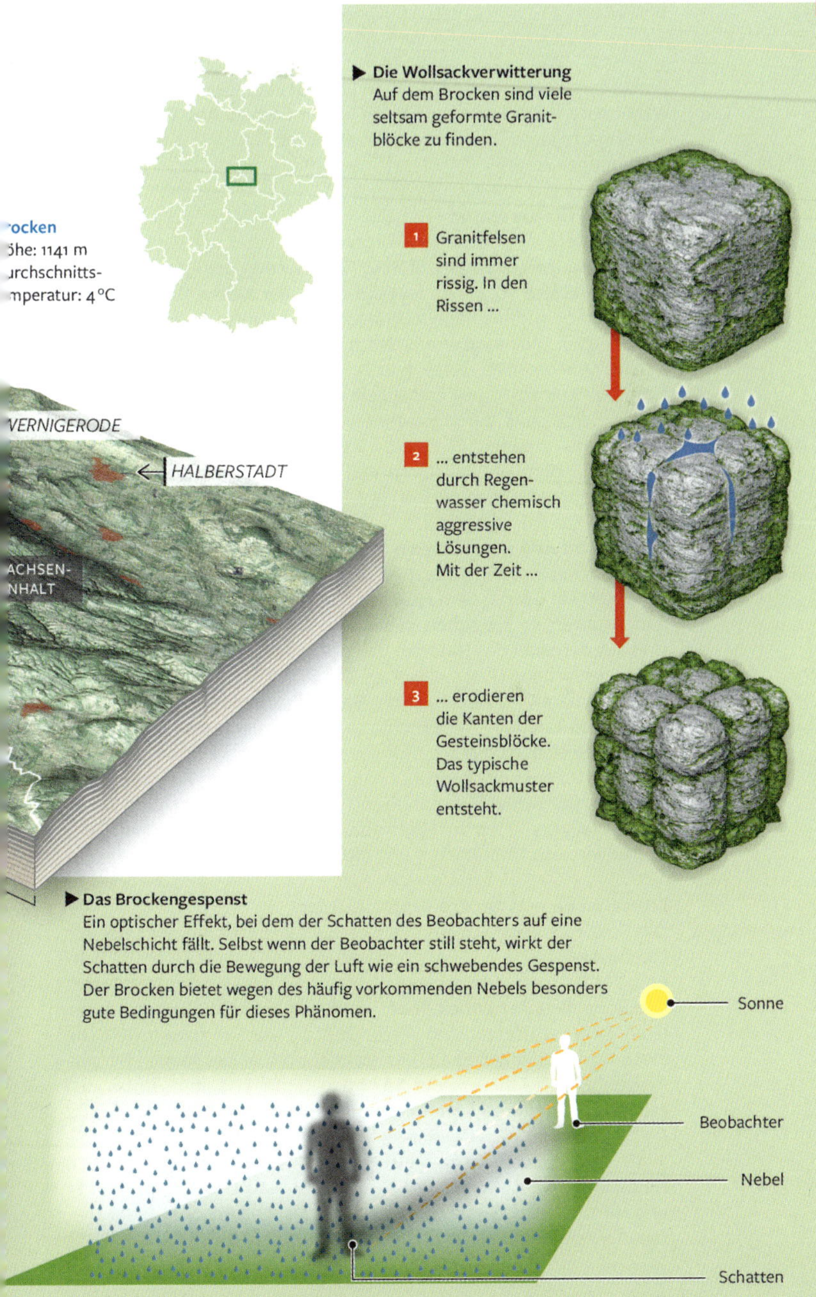

▶ Die Wollsackverwitterung
Auf dem Brocken sind viele seltsam geformte Granitblöcke zu finden.

▶ Das Brockengespenst
Ein optischer Effekt, bei dem der Schatten des Beobachters auf eine Nebelschicht fällt. Selbst wenn der Beobachter still steht, wirkt der Schatten durch die Bewegung der Luft wie ein schwebendes Gespenst. Der Brocken bietet wegen des häufig vorkommenden Nebels besonders gute Bedingungen für dieses Phänomen.

Blocksberg bezeichnet wird, ist nicht eindeutig geklärt. Erstmals erwähnt wird der »Broke« im 12. Jh. in der Sächsischen Weltchronik, »Brokenberge«, »Brocberg« oder »Brackenberge« sind weitere Bezeichnungen.

Erholung für die Natur

Der Weg zum Nationalpark

1890 richtete der Göttinger Biologe Albert Peter auf dem Brocken einen **Alpenpflanzengarten** ein. 1937 wurden der Brocken sowie weitere Gebiete (u. a. das Ilsetal, das Tal der Kalten Bode, Königsberg, Heinrichshöhe, Renneckenberg und Hohnegebiet) zum Naturschutzgebiet. Während er wie der größte Teil des Hochharzes militärisches Sperrgebiet war, konnte sich die Natur infolge der aufgezwungenen Abgeschiedenheit regenerieren. Wie viele andere Zonen beiderseits der deutsch-deutschen Grenze gehört auch er zum »Grünen Band« (▶ S. 296). Zum Schutz des Brockenmassivs mit seinen Bergfichtenwäldern und Hangmooren wurde 1990 der Hochharz zum Nationalpark erklärt.

Hexensand und Moorfichten

Pflanzenwelt

Auf der abgerundeten Kuppe, die u. a. von Granitblöcken und zu Grus verwittertem Granit, dem Hexensand, bedeckt ist, existieren die für den Brocken so typischen subalpinen Zwergstrauchheiden. Diese sind aus der Sicht des Naturschutzes besonders wertvoll, da sie sehr selten gewordene Überbleibsel aus der Eiszeit beherbergen. Ansonsten dominieren im Hochharz die **Bergfichtenwälder** wie der Reitgrasfichtenwald, der Moorfichtenwald und der Blockfichtenwald. Stark entwickelt ist hier die Moos- und Flechtenvegetation. Darunter gibt es viele bestandsbedrohte, langsam wachsende Flechtenarten. Die **Moorfichtenwälder** mit ihren Torfmoosdecken und dem Scheidigen Wollgras leiten zu einer offenen Moorvegetation über. Hier finden wir auch Zwergbirken und die Krähenbeere.

Literarische und andere Gipfelstürmer

Besteigungen

Die Erstbesteigung des Brockens ist unbekannt, kann aber bei der Landwehr- (1401) und Forstbegrenzung (1407) vorausgesetzt werden. Sicher sind die Brockenbesteigungen des Nordhäuser Arztes und Botanikers **Johannes Thal** (1542 – 1583) ab 1570; er war Autor eines 1588 veröffentlichten Werks über die Harzer Pflanzenwelt. Die erste Beschreibung des Berges stammt vom Hildesheimer Bürgermeister Henni Arneken, der 1579 den Gipfel erklomm. Unter den zahlreichen weiteren Gipfelstürmern sei noch Zar Peter der Große (1697) erwähnt. **Goethe** bestieg den Brocken gleich drei Mal (1777, 1783, 1784). Der Berg zog auch andere Literaten an, u. a. Heinrich Heine (1824, »Die Harzreise«), Hans Christian Andersen (1831) und Herman Löns. Sie alle kommen aber nicht an Brocken-Benno heran, der über 9000 Besteigungen absolviert hat (▶ S. 14).

Unüberwindliche Grenze und Abhörzentrale

Geschichte nach 1945

Seit Dezember 1989 ist der höchste Berg des Harzes wieder zugänglich. Am 20. April 1945 hatten die Amerikaner den Brocken besetzt und für jeden Zivilverkehr gesperrt. Nach ihrem Abzug (erst im Juni 1947) nahmen sowjetische Truppen ihren Platz ein.

Die über den Harz verlaufende innerdeutsche Grenze wurde nach dem Mauerbau in Berlin 1961 geschlossen, mit Sperranlagen befestigt und somit praktisch unüberwindlich. Auf der kahlen Brockenkuppe, auf der schon 1936 – 1938 ein Fernsehsendeturm aufgestellt worden war, ließ der Staatssicherheitsdienst der DDR einen Horchposten mit aufwendigen Spionageeinrichtungen errichten. Heute befindet sich in der ehemaligen Stasi-Abhörzentrale das **Brockenhaus**. Das westliche »Pendant« stand bis zu seiner Sprengung im August 1994 auf dem südlich gegenübergelegenen Wurmberg (▶ Braunlage).

Auf den Brocken

Wege nach oben

Erreichbarkeit

Mit dem Auto geht es nicht auf den Brocken hinauf; letzte Station mit einem großen Parkhaus für Wanderer ist Schierke. Am bequemsten ist die Fahrt mit der Brockenbahn (▶ S. 243). Die Besteigung des Brockens ist aus verschiedenen Himmelsrichtungen und auf verschieden langen Wanderwegen möglich. Die Wege führen durch den Nationalpark und dürfen nicht verlassen werden.

Mit der Bahn zum Ziel

Brockenbahn

Von der Harzquerbahn (▶ Tour 3, S. 37) zweigt bei der Station Drei Annen Hohne (540 m) die 1899 eröffnete Brockenbahn ab. Auf ihrer Fahrt überwindet sie enorme Steigungen (max. 1 : 30). Sie kreuzt hinter der Station Schierke die Brockenstraße, überquert am klippenreichen Eckerloch das Schluftwasser (845 m) und umfährt in einem weiten Bogen den Königsberg. Dann durchschneidet sie im weiteren Verlauf eine Moorfläche (Aussichtsplattform) und windet sich zuletzt spiralförmig zu der in 1125 m Höhe liegenden Endstation hinauf.

Fahrplan: www.hsb-wr.de

Beliebter Aufstieg aus Südosten

Anstieg von Schierke

Die meisten Bergtouren beginnen in ▶ Schierke. Hier bilden seltsam verwitterte **Granitfelsen** natürliche Aussichtswarten, darunter die »Feuersteinklippen« (761 m; 20 Min. nördlich), die in Goethes »Faust« erwähnten »Schnarcher« am Barenberg (696 m; 30 Min. südlich), der »Ahrensklint« (Klint = Klippe; 822 m, 40 Min. nördlich) und die »Hohneklippen« (80 Min. nordöstlich).

Es stehen **drei Routen** für den Aufstieg zur Auswahl (Längenangaben einfache Strecke). Die kürzeste, aber steilste und schwierigste

OBEN: Damit die Brockenbahn auch im Winter mächtig unter Dampf steht …
UNTEN: … sind immer fleißige Hände im Einsatz.

führt durch das Eckerloch. Der rund 12 km lange Glashüttenweg ist landschaftlich abwechslungsreich und nicht zu steil. Vom Bahnhof Schierke geht es zu den Feuersteinklippen und zum Ahrensklint. Kurz darauf stößt man auf den alten Glashüttenweg, der an den Kapellenklippen vorbei zur Wernigeröder Skihütte am Brockenbett führt, wo er auf die Brockenstraße trifft.
Der leichteste (und langweiligste) Anstieg erfolgt über die für den regulären Autoverkehr gesperrte **Brockenstraße**. Sie beginnt am oberen Ortsende und führt westwärts zunächst mäßig, nach 2 km in einer Rechtskehre stärker bergan und in einer weiteren Kehre über das Schwarze Schluftwasser. Kurz darauf kreuzt man u. a. den Verlauf der Brockenbahn und gelangt in Windungen zum Brockenbett (910 m; 7 km von Schierke). Hier führt ein 200 m langer Bohlenstieg in die Moorwildnis hinein. Weiter und wieder stärker bergauf geht es unterhalb der Heinrichshöhe hoch. Jenseits eines zweiten Bahnübergangs (1028 m) erreicht man die Brockengipfelfläche. Für einen möglicherweise nötigen nächtlichen Abstieg ist die Brockenstraße die beste Wahl.

Teuflischer Aufstieg aus Norden

Anstieg von Bad Harzburg

Der rund 13 km lange Teufelsstieg von Bad Harzburg aus zum Brocken hat es in sich. Von der Talstation der Burgbergbahn sind über 950 Höhenmeter zu überwinden. Vorbei an Märchenwald, Hochseilpark und Baumwipfelpfad führt der Weg den ersten steilen Anstieg hinauf zum Molkenhaus (Waldgaststätte) und zur Eckertalsperre. Auf der schmalen Staumauer wird die ehemalige innerdeutsche Grenze passiert. Nach einem Abschnitt entlang der Talsperre biegt ein schmaler, rustikaler Wurzelpfad ab Richtung Scharfensteinklippen. Am Nationalparkhaus ist eine Stärkung möglich, ein Abstecher zu den Klippen mit faszinierendem Brockenblick ist empfehlenswert. Weiter geht es über Hermannsklippe, Bismarckklippe und Kleinem Brocken zum Brockengipfel.

Schneller Aufstieg aus Westen

Anstieg von Altenau/Torfhaus

Der ca. 8 km lange **Goetheweg** ist der schnellste Aufstieg. Er beginnt am 800 m hoch liegenden Torfhaus (▶ Altenau, S. 106), wo das Nationalpark-Besucherzentrum am Großparkplatz über den Nationalpark Harz informiert. Der ausgeschilderte, gut befestigte Weg erinnert an den Dichter, der von hier »des gefürchteten Gipfels schneebehangenen Scheitel« bestieg (»Harzreise im Winter«, am 10. Dezember 1777), wobei seine genaue Route unbekannt ist.
Der heutige Weg führt von Torfhaus aus an Mooren vorbei den Abbegraben hinauf. Nachdem die Quitschenbergklippen und die Luisenklippe passiert wurden, erreichen Wanderer am Eckersprung einen Rastplatz. Hier befindet sich auch die Landesgrenze zwischen Niedersachsen und Sachsen-Anhalt.

Der Grenzweg an der ehemaligen innerdeutschen Grenze führt nun steil hinauf bis zur Brockenbahn. Auf dem ausgebauten Weg entlang der Brockenbahn wird u. a. das Goethemoor passiert. Nach und nach verändert sich die Vegetation. Bei ca. 1100 m wird die natürliche Waldgrenze des Brockens passiert. Kurz unterhalb des Gipfels trifft der Weg auf die steile, asphaltierte Brockenstraße, auf der man dann das Ziel erreicht.

Schönster Aufstieg aus Nordosten

Anstieg von Ilsenburg

Der 13 km lange Anstieg beginnt in ▶ Ilsenburg. Der Heinrich-Heine-Weg (gilt als der **schönste Anstieg**. Vom zentralen Wanderpunkt

NEBULÖS

Der Brocken zählt mit 306 Nebeltagen im Jahr zu den nebelreichsten Gebieten Deutschlands. Klimatologen definieren damit einen Tag, an dem irgendwann zwischen 00.00 und 24.00 Uhr die horizontale Sichtweite unter 1 km fällt. Umgekehrt bedeutet das: »Nebeltage« können viele Stunden lang auch wunderschön sein. Also alles halb so wild mit dem Nebel auf dem Brocken, besondners in dem Augenblick, wenn er sich verzieht und die Sonne durchbricht ... Die aktuelle Situation zeigt z. B. die Webcam unter www.hsb-wr.de/Webcam/Brocken.

Blochhauer führt er auf Waldwegen durch das malerische Ilsetal. Unterhalb des Gipfels trifft er auf den Harzer Grenzweg, der auf dem ehemaligen Kolonnenweg zum Brocken führt. Heine beschrieb den Weg in der »Harzreise«, allerdings in umgekehrter Richtung: Er stieg ab.

Auf dem Brockengipfel

Kein kahler Gipfel

Auf dem Gipfel

Das Klima auf dem waldfreien Plateau ist rau und entspricht etwa 1900 m Höhe in den Alpen. Den höchsten Punkt markiert die **Brockenuhr**, ein freier Platz mit kreisförmig in den Boden eingelassenen Entfernungstafeln, etwas niedriger liegt der **Brockenturm**. Er wurde 1936 – 1938 von der Deutschen Reichspost als erster Fernsehturm erbaut (52 m, 14 Etagen), 1948 jedoch um sechs Stockwerke gekürzt. Die unteren Etagen wurden zu Hotel und Restaurant umgebaut, in den oberen installierte die Deutsche Post Sendeanlagen. Daneben stehen der 121 m hohe Antennenträger von 1973 und der dreigeschossige Neubau der Telekom. Davor duckt sich das älteste Gebäude hier, das **»Wolkenhäuschen«** von 1736.
Das Nationalpark-Besucherzentrum **Brockenhaus** in der ehemaligen Stasi-»Moschee« bietet eine informative und interaktive Ausstellung auf drei Etagen über den Nationalpark Harz und die deutsch-deutsche Geschichte (tgl. 9.30 – 17 Uhr, Eintritt: 7 €, ermäßigt 4 €, Kinder 3 €).
Die denkmalgeschützte **Wetterwarte** von 1939 ist seit 2021 leider nicht mehr personell besetzt. Seit 1836 werden hier regelmäßig die Wetterdaten erfasst, heutzutage geschieht das voll automatisiert. Ein erstes Empfangsgebäude auf dem Brocken entstand 1898 aus Holz, das heutige **Bahnhofsgebäude** an gleicher Stelle 1923 aus Brockengranit. In der Gaststätte inkl. Terrasse herrscht meist Hochbetrieb. Die **Granitklippen** am südlichen Plateaurand tragen mythisch-mystische Bezeichnungen wie Teufelskanzel und Hexenaltar. Für so manche geisterhafte Erscheinung auf dem Brocken gibt es eine naturwissenschaftliche Erklärung: Wenn bei tief stehender Sonne der Schatten von Personen oder Gebäuden auf eine aufsteigende Nebel- oder Wolkenwand riesenhaft vergrößert erscheint, spricht man vom **»Brockengespenst«**.

Pflanzenschätze aus Hochgebirge, Tundra und Tibet

Brockengarten

Die meisten der niedrigen, struppigen, graugrünen oder filzig-behaarten Pflanzen im Brockengarten (1890 gegründet) schmiegen sich zwischen die Granitsteine. Erst aus der Nähe zeigen sie sich als Kleinode mit bizarren Formen und prächtigen Blüten. Im rauen Klima der Brockenkuppe überleben nur noch Pflanzen der Hochgebirge oder der nordischen Tundra, wie die Kaukasische Silberwurz und das Dolomiten-Fingerkraut. Rund 1800 z. T. sehr seltene Arten wachsen in diesem

Lehr- und Schaugarten am Fuße der Brockenspitze. Hier blüht schneeweiß von Mai bis Juli auch die Brockenanemone, die zur Gattung der Küchenschellen gehört. Im Oktober künden die tiefblauen Wellensittich-Enziane aus dem Hochland von Tibet das Ende der Saison an.
Führungen mit dem Brockengärtner: Mitte Mai – Mitte Okt. Mo. – Fr. 11.30 u. 14 Uhr | Sa., So., Fei. nur im Rahmen der tgl. Rundwegführung (12.30 Uhr) | www.nationalpark-harz.de

Bundesland: Niedersachsen | **Höhe:** 535 – 821 m | **Einwohner:** 14710 mit Altenau-Schulenberg, Clausthal-Zellerfeld, Buntenbock, Wildemann

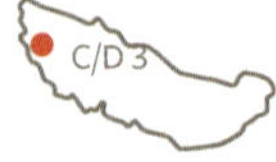

Inmitten der Oberharzer Bergwiesen umgeben von zahlreichen Teichen, überwiegend Teile des UNESCO-Weltkulturerbes Oberharzer Wasserwirtschaft, liegt die geschichtsträchtige Berg- und Universitätsstadt Clausthal-Zellerfeld. Auf Schritt und Tritt begegnet man hier der Bergbautradition. Oder auch Studenten aus aller Welt, die die Technische Universität (von 1968) besuchen. Multikulturelle Vielfalt im Oberharz.

Man spricht Oberharzisch

Die größte Holzkirche Deutschlands, das Oberharzer Bergwerksmuseum, die schier endlosen Wanderwege durch harztypische Landschaft und leckere Harzer Spezialitäten sind nur einige gute Gründe für einen Aufenthalt.
Eine Besonderheit im Oberharz ist die eigene Sprache. Die **Oberharzer Mundart** entstand durch die verschiedenen Spracheinflüsse, die die Bergleute aus Sachsen, Ost-Franken, Böhmen, dem Erzgebirge und Tirol mitbrachten. In Wildemann hat der Harzklub Zweigverein einen Mundartweg eingerichtet mit Tafeln, auf denen die Mundart zu lesen ist. In Clausthal-Zellerfeld kümmert sich der Arbeitskreis Oberharzer Mundart und Brauchtum e.V. um den Erhalt dieser Tradition.
www.facebook.com/ArbeitskreisOberharzerMundartundBrauchtum

Uraltes Bergbauzentrum

Geschichte

Der Ortsteil Zellerfeld entwickelte sich um das etwa 1150 gegründete Benediktinerkloster Cella, als hier mit dem Holz der ausgedehnten Wälder die Verhüttung der Erze des Rammelsberges begann. 1431 wurde das Kloster aufgelöst. Herzog Heinrich d. J. von Braunschweig-

CLAUSTHAL-ZELLERFELD ERLEBEN

TOURIST-INFORMATION CLAUSTHAL-ZELLERFELD
Adolph-Roemer-Str. 20
38678 Clausthal-Zellerfeld
Tel. 05323 8 10 24
www.oberharz.de

TOURIST-INFORMATION ALTENAU
Hüttenstr. 9
38707 Altenau
Tel. 05328 80 20
www.oberharz.de

TOURIST-INFORMATION WILDEMANN
Bohlweg 5
38709 Wildemann
Tel. 05323 61 11

NATIONALPARK-BESUCHERZENTRUM
Torfhaus 8 (an der B 4)
38667 Torfhaus
Tel. 05320 3 31 79-0
www.torfhaus.info
April – Okt. tgl. 9 – 17 Uhr,
Nov. bis März tgl. außer Mo.
10 – 16 Uhr, Eintritt frei

Clausthal-Zellerfeld: Oberharzer Bergbauernmarkt (Mai – Okt. Do.), Indian Summer Race Schlittenhunde-Wagenrennen (Okt.). **Altenau**: Ski- und Rodelfest (Januar); Pfingsttreffen des Heimatbundes (Pfingstmontag); Mountainbike-Event (Mai). **Schulenberg**: Das »Osterwasserholen« am Ostersonntag geht auf heidnischen Ursprung zurück: Eine Gesundheit und Glück versprechende Wanderung zu einer Quelle wird schweigend begonnen, um fröhlich zu enden. **Wildemann**: Osterfeuer (Ostersamstag).

❶ GLÜCK AUF €€–€€€
Gediegene Weinstube und stimmungsvoller Festsaal von 1890 mit Jugendstilmalereien an der Decke. Gutbürgerliche Küche mit Harzer Gerichten und anderen Spezialitäten, u. a. Currywurst in verschiedenen Variationen.
An der Marktkirche 7
Clausthal-Zellerfeld
Tel. 05323 16 16
https://eine.harz.de

❷ ANNO TOBAK €
Urige Studentenkneipe schräg gegenüber der Marktkirche. So./Mo. geschl.
Osteröder Str. 4
Clausthal-Zellerfeld
Tel. 05323 7 81 07
www.anno-tobak.de

❸ STEAKHOUSE €€–€€€
Steaks vom argentinischen Angus-Rind, US-Beef IBP oder vom Neuseelandlamm im Steakhouse des Zellerfelder Hofs. Gemütlich im Landhausstil mit beheizbarer Terrasse. Di. geschl., außer So. nur abends.
Marktstr. 13
Clausthal-Zellerfeld
Tel. 05323 37 45
www.zellerfelder-hof.de

❹ POLSTERBERGER HUBHAUS €€
Liebevoll dekoriertes Slow Food Restaurant in einem 1801 erbauten Hubhaus, gemütliche Waldgaststätte. Harzer Spezialitäten aus heimischen Zutaten. Fr.–So. 11–18 Uhr.
Polsterberg 1
Clausthal-Zellerfeld
Tel. 05323 55 81
www.polsterberger-hubhaus.harz.de

5 HARZER SPEISEKAMMER €–€€€

Slow-Food-Genießerküche im Oberharz. Tgl. wechselndes 3-Gang-Menü sowie kleine Speisekarte.
Mittelweg 13, Buntenbock
Tel. 05323 21 43, Do. Ruhetag
www.harzerspeisekammer.de

6 CAFÉ MUHS €

Vollkornbäckerei mit Café und Kuchenauswahl, Zutaten aus Bio-Anbau wie Buchweizen-Quark-Torte oder Kleinigkeiten wie Strammer Max.
Richard-Böhm-Str. 11
Schulenberg, Tel. 05329 8 05
www.cafe-muhs.de

7 WINDBEUTEL-KÖNIG €€

Windbeutel-Tradition im Harz: süß bis herzhaft, klein bis riesig. Direkt an der Okertalsperre mit Seeterrasse und schönem Blick. Zu essen gibt's außer Windbeuteln auch Gutbürgerliches.
Gemkenthal 1, Altenau
Tel. 05328 17 13, saisonal geöffnet
www.windbeutel.de

8 KAMINRESTAURANT »KLEINE OKER« €€

Rustikales, kleines Restaurant mit einem idyllischen Außenbereich, geselliger Atmosphäre und gutbürgerlicher Küche. Di. geschl.
Kleine Oker 34, Altenau
Tel. 05328 9816878
kleine-oker.jimdofree.com

9 BAVARIA ALM €€

Bayerisches Wirtshaus am Parkplatz am Torfhaus mit Brockenblick.
Torfhaus 10,
Altenau, OT Torfhaus
Tel. 05320 33 10 34
www.bavariaalm.de

1 GOLDENE KRONE €€

Im ersten Gästehaus an dieser Stelle von 1690 übernachteten viele Berühmtheiten, u. a. Heinrich Heine und Robert Koch. Mit hellen Zimmern. Sauna, Restaurant, Frühstücksbuffet auch für Gäste von außerhalb.
Kronenplatz 3, Clausthal-Zellerfeld
Tel. 05323 93 00
www.goldenekrone-harz.de

2 DIE FELLEREI €€–€€€

Die Fellerei (einst Landhaus Kemper) bietet individuell gestaltete Zimmer mit einem Mix aus natürlichen Materialien und nordischem Design. Hier wird Gastfreude großgeschrieben!
An der Trift 19, OT Buntenbock
Tel. 05323 17 74, www.diefellerei.de

3 HOTEL RATHAUS WILDEMANN €€

Liebevoll saniertes Traditionshaus mit moderner Harzer Küche (ausgez. u.a. durch Gault Millau und Guide Michelin) und hausgemachten Eis-Kreationen. 1 EZ, 6 DZ, 1 Suite.
Bohlweg 37, OT Wildemann
Tel. 05323 62 61
www.hotel-rathaus-wildemann.de

4 TORFHAUS HARZRESORT €€€€

Urlaub mitten im Nationalpark mit Brockenblick! 44 Ferienhäuser für 4 bis 8 Pers. mit Küche, Kamin, Sauna, Terrasse. Zwei Kuschel-Lodges mit romantischem Himmelbett, freistehender Badewanne, Terrasse inkl. Jacuzzi. 26 stilvolle Doppelzimmer im Berghotel mit Wellnessbereich.
Torfhaus 2, Altenau, OT Torfhaus
Tel. 05320 2 29 00
www.torfhaus-harzresort.de

5 URLAUBSALM BUNTER BOCK €€€

Moderne Zimmer, Ferienwohnungen, Ferienhäuser und Tiny Houses in idyllischer Lage. Das Haupthaus wurde liebevoll saniert und 2022 neu eröffnet.
Am Brink 11, Clausthal-Zellerfeld
Tel. 05323 99 49 10
www.harz-urlaubs-alm.de

Wolfenbüttel veranlasste die Wiederaufnahme des Bergbaus. Der Ort erlebte einen erneuten Aufschwung und erhielt 1532 die Bergfreiheit. Der Ortsteil Clausthal entstand zu Beginn des 16. Jh.s bei einer mittelalterlichen Wegklause und wurde 1554 zur Freien Bergstadt. Während der Blüte des Bergbaus 1640 bis 1750 waren die Clausthaler Gruben die bedeutendsten im Oberharz. 1775 gründete Berghauptmann von Reden in Clausthal eine Fachschule für Bergbau, die 1821 mit einer Forstschule verbunden wurde. 1843 kam in der Stadt **Robert Koch** (▶ Interessante Menschen) zur Welt († 1910), der Arzt, Bakteriologe und Nobelpreisträger. Die beiden Städte Clausthal und Zellerfeld wurden 1924 vereinigt, die Gruben wegen der erschöpften Erzvorkommen geschlossen. Seit 2015 bilden die

Bergstädte Altenau, Clausthal, Wildemann und Zellerfeld, die Ortschaften Buntenbock und Schulenberg die Berg- und Universitätsstadt Clausthal-Zellerfeld.

Wohin in Clausthal?

Meisterwerk aus Holz

★ Marktkirche zum Hl. Geist

Die an der Stelle eines Vorgängerbaus 1637 – 1642 erbaute Marktkirche zum Heiligen Geist beherrscht den in der Ortsmitte von Clausthal gelegenen Hindenburgplatz. Die mit 1200 Sitzplätzen größte Holzkirche Deutschlands besitzt vier seitlich vorgebaute Treppentürme; ihr Äußeres ist vollständig mit Holz verkleidet. An ihrer Westseite erheben sich der in ein Achteck übergehende Glockenturm und ein Dachreiter mit Uhr, beide mit Welscher Haube. Der 22 m breite Kirchensaal wird im Innern an drei Seiten von einer umlaufenden Empore umgeben, das Mittelschiff von einem korbbogigen Tonnengewölbe überspannt. Die Chorempore ist mit dem 1641 von Andreas Duder geschaffenen, reliefgeschmückten Hochaltar verbunden, ein im Knorpelstil angefertigtes Meisterwerk des frühen Barocks.

Besichtigung: In den Sommermonaten 10 – 17 Uhr, Nov. – März 11 – 16 Uhr, witterungsbedingt kann es zu Schließungen kommen.

Treppenhaus mit Bergbaugeschichte

Landesamt für Bergbau

Gegenüber der Marktkirche steht das große, repräsentative Gebäude des Landesamts für Bergbau, Energie und Geologie (LBEG), ehemaliger Amtssitz des Berghauptmannes. Es wurde 1726 – 1730 auf dem massiven Erdgeschoss eines Vorgängerbaus errichtet. Zu Beginn des 20. Jh.s entstand ein großer Erweiterungsbau an der Westseite mit Bibliothek und Archiv. Mittlerweile sind die rund 4000 m Akten, darunter die Bergfreiheit Herzog Heinrich d. J. von 1524, in einem neuen Gebäude untergebracht. Das repräsentative Treppenhaus zeigt einige Ausstellungsstücke der Blütezeit des Bergbaus, darunter den von Heinrich Heine in seiner »Harzreise« beschriebenen Stuhl aus Erz.

Wo das Herz von Mineralogen höher schlägt

Rathaus und Geomuseum

Im Süden des Hindenburgplatzes liegt das Rathaus (1730), in dem Goethe 1777 übernachtete. 1775 wurde die ehem. Bergakademie gegründet. Seit 1968 befindet sich in deren Gebäuden nördlich der Kirche die Technische Universität. Hier ist die berühmte Geosammlung mit einer der größten mineralogischen Sammlungen Europas (über 120 000 Exponate) untergebracht. Die **Universitätsbibliothek** beherbergt die Bibliothek des Theologen Caspar Calvör (1650 – 1725) mit rund 12 000 Einzelschriften in knapp 4800 Bänden.

Museum: Adolph-Roemer-Str. 2 a | Di. – Fr. 9.30 – 12.30, Do. 14 – 17, So. 10 – 13 Uhr | Eintritt: 1,50 € | www.geomuseum.tu-clausthal.de

Wohin in Zellerfeld?

Reißbrettstadt mitten im Harz

Zellerfeld wirkt völlig anders als andere Bergbaustädte. Dieser erste Eindruck trügt nicht: Nach dem Stadtbrand von 1672, der fast den kompletten Häuserbestand vernichtete, wagten die Zellerfelder den großen Wurf – einen schachbrettartigen, sehr großzügigen Grundriss für den neuen Ort. Angenehm fallen auch die von Bäumen gesäumten Straßen auf.

Saalkirche im Stil der Renaissance

Sankt-Salvatoris-Kirche

Der Mittelpunkt Zellerfelds ist der Thomas-Merten-Platz an der Bornhardtstraße mit der **Sankt-Salvatoris-Kirche**. Zwischen 1674 und 1684 entstand nach den Plänen von Erich Hans Ernst ein einschiffiger Steinbau, aus städtebaulichen Gründen übrigens in Nord-Süd-Ausrichtung, der 1863 von Conrad Wilhelm Hase im Innern zu einer dreischiffigen Hallenkirche umgebaut wurde. In der Kirche befinden sich das Grabmal von Caspar Calvör und ein Altarbild des Leipziger Malers Werner Tübke. Der spitzbogige **Flügelaltar** umfasst acht Bildtafeln. Das Bildprogramm des 4,20 m hohen und 4 m breiten Triptychons entspricht mit der zentralen Kreuzigungsszene, der Madonna mit dem Kind und der Auferstehung traditionellen Mustern. Im geschlossenen Zustand sieht man den Paradiesgarten – ohne Adam und Eva – realistisch und anschaulich mit Urvögeln und Sauriern dargestellt, die Predella zeigt das Abendmahl. Der 1997 für die Kirche geschaffene Flügelaltar verdankt seine Wirkung nicht zuletzt der Farbigkeit, die auf die Umgebung abgestimmt ist.

Eine Apotheke mit vielen Gesichtern

Bergapotheke

Gegenüber steht die 1674 für Johann Andreas Herstelle erbaute **Bergapotheke** (Fratzenapotheke, Bornhardtstr. 12), ein holzverkleideter Fachwerkbau mit 66 geschnitzten, fratzenhaften Köpfen an den Balkenenden der Außenwände. 1682 wurde das Gebäude um reiche, teilweise vollplastisch ausgeführte Stuckdecken mit biblischen und mythologischen Darstellungen ergänzt.

Mo., Di., Do., Fr. 8.30 – 18.30, Mi., Sa. nur 8.30 – 13.30 Uhr

Bergwerksmuseum, selbst schon historisch

Oberharzer Bergwerksmuseum

In dem 1892 gegründeten Oberharzer Bergwerksmuseum wird die Bergbaugeschichte der Region vom Mittelalter bis zum Ende des 19. Jh.s wieder lebendig. Es ist das **älteste Bergwerksmuseum Deutschlands** und wurde zu einer Zeit gegründet, als der Bergbau noch im vollen Gange war. Es zeigt eine umfangreiche Ausstellung zu den Arbeitsbedingungen und der Lebensweise der Bergleute im Harz.

Im Schaubergwerk des Oberharzer Bergwerksmuseums wird die Geschichte erlebbar

Den Haupteingang bildet das um 1700 erbaute Rathaus. Im Hauptgebäude sind eine Mineraliensammlung und sehenswerte **Modelle** des Bergbau- und Hüttenwesens ausgestellt. Erst diese Modelle zeigen z. B., über welch weite Strecken sich die Feldgestänge der Gruben durch die Landschaft zogen. Nördlich schließt sich das Schachtgebäude aus dem Jahr 1787 mit dem Zugang zum 250 m langen, original eingerichteten Besucherstollen des **Schaubergwerks** an. Statt einige Hundert Meter tief einzufahren, wandelt man hier knapp unter der Erdoberfläche.

Auf dem Freigelände befinden sich historische Gebäude und Grubeneinrichtungen. In der Radstube ist ein Wasserrad von 6 m Durchmesser zu sehen. In der Bergschmiede wurden die für die Gruben, Pochwerke und Hütten erforderlichen Werkzeuge hergestellt.

Im Vorhaus über dem Schacht sieht man ein originales, kreuzgeflochtenes Hanfseil, das bis zur Erfindung des Eisendrahtseils durch Obergrat Julius Albert 1834 benutzt wurde. Im neu eröffneten Welterbezentrum ist das Welterbe im Harz in einer interaktiven Ausstellung erlebbar (Eintritt frei). In den Übertageanlagen des 1930 stillgelegten Kaiser-Wilhelm-Schachts ist u. a. das zweitälteste Fördergerüst in Deutschland (1880) zu sehen.

Bornhardtstr. 16 | tgl. 10 – 17 Uhr | Eintritt: 7 € | Tel. 05323 9 89 50
www.oberharzerbergwerksmuseum.de

Zellerfeld hat viel zu bieten

Dietzelhaus

Nicht weit vom Oberharzer Bergwerksmuseum befindet sich das **Dietzelhaus**, das 1673 für den Oberbürgermeister Daniel Flach erbaut wurde – ein repräsentatives Bürgerhaus im Fachwerkstil mit reich verzierter Haustür. Die Verzierung zwischen den beiden seitlichen Figuren besteht aus örtlichen Mineralien und Erzen.
Am Ende der Bornhardtstraße lädt der **Kunsthandwerkerhof** zu einem Besuch ein. In der alten Zellerfelder Münze befindet sich Glasdesign Fricke mit Glasbläserei (https://glasdesign-fricke.de), zudem ein Atelier für Holz- und Glas-Spielerei sowie die Zellerfelder Brauakademie (www.brauakademie-zellerfeld.com).

Grubengeschichte im Westen von Clausthal-Zellerfeld

Ottiliae-Schacht & Runde Radstube

Am Westrand des Stadtteils Clausthal, 2 km südwestlich vom Museum entfernt, liegt der Ottiliae-Schacht mit dem 1876 errichteten und ältesten noch erhaltenen stählernen Fördergerüst in Deutschland. Für Zartbesaitete ist der Blick in die Runde Radstube Thurm Rosenhof westlich von Clausthal nicht nur angenehm. In der 24 m tiefen Grube, die über eine Treppe zugänglich ist, drehten sich fast 400 Jahre lang Wasserräder. Bergbaufreunde sind begeistert, denn Vergleichbares hat sich nirgendwo sonst erhalten.

Für beides Anmeldung im Oberharzer Bergwerksmuseum, ▶ S. 102
Eintritt: 3 €

Rund um Clausthal-Zellerfeld

Wanderparadies mit Teichen

Mittlerer Pfauenteich

Clausthal-Zellerfeld ist von einer Teichlandschaft mit vielen Wanderwegen umgeben. Der Mittlere Pfauenteich östl. von Clausthal ist der älteste, schon 1298 als Banedick erwähnte, im Harz angelegte Teich. Abwechslungsreiche »WasserWanderWege« erklären die Anlagen der **Oberharzer Wasserwirtschaft**.

Kleintirol des Harzes

Wildemann

In einer Flussschleife der Innerste, 9 km westlich von Clausthal-Zellerfeld, liegt die ehemalige Bergstadt Wildemann (420 m). Wegen ihres Ortsbilds und der schönen Umgebung wird sie auch das »Kleintirol des Oberharzes« genannt. Die kleinste der sieben Oberharzer Bergstädte erhielt 1529 die Stadtrechte und bekam Mitte des 16. Jahrhunderts die Bergfreiheit zugesprochen. Ab 1520 nahmen hier Bergleute aus dem Erzgebirge den Bergbau auf.
Seinen Namen hat der Ort von einer berühmten **Harzer Sagengestalt**: Die ersten Siedler in der Gegend von Wildemann folgten der Legende nach riesigen Fußspuren und trafen dabei auf einen Mann und eine Frau, nur mit Laub bekleidet. Sie nahmen den »wilden

WASSER FÜR DEN BERGBAU

Die Oberharzer Wasserwirtschaft gehört zu den technischen Meisterleistungen des Bergbaus: Zwischen 1536 und 1866 schufen die Harzer Bergleute ein ausgeklügeltes System aus Teichen, Stollen und Gräben, um den Antrieb der Wasserräder sicherzustellen – auch an wasserfernen Einsatzorten sowie im Winter und während Trockenperioden.

Das Kehrrad
Zwei Reihen entgegengesetzter Schaufeln können sich in beide Richtungen drehen. Mit dieser Vorrichtung können z.B. Körbe nach oben und unten befördert werden.

▶ **Harzer Bergbau**
Der Harz besitzt bedeutende Metallvorkommen, vor allem Silber, Kupfer, Blei, Eisen und Zink. Vom 16. bis ins 19. Jh. stammte die Hälfte der Silberproduktion Deutschlands aus dem Oberharz.

▶ **Abgebaute Metalle**

Kupfer Eisen

Silber Blei Zink

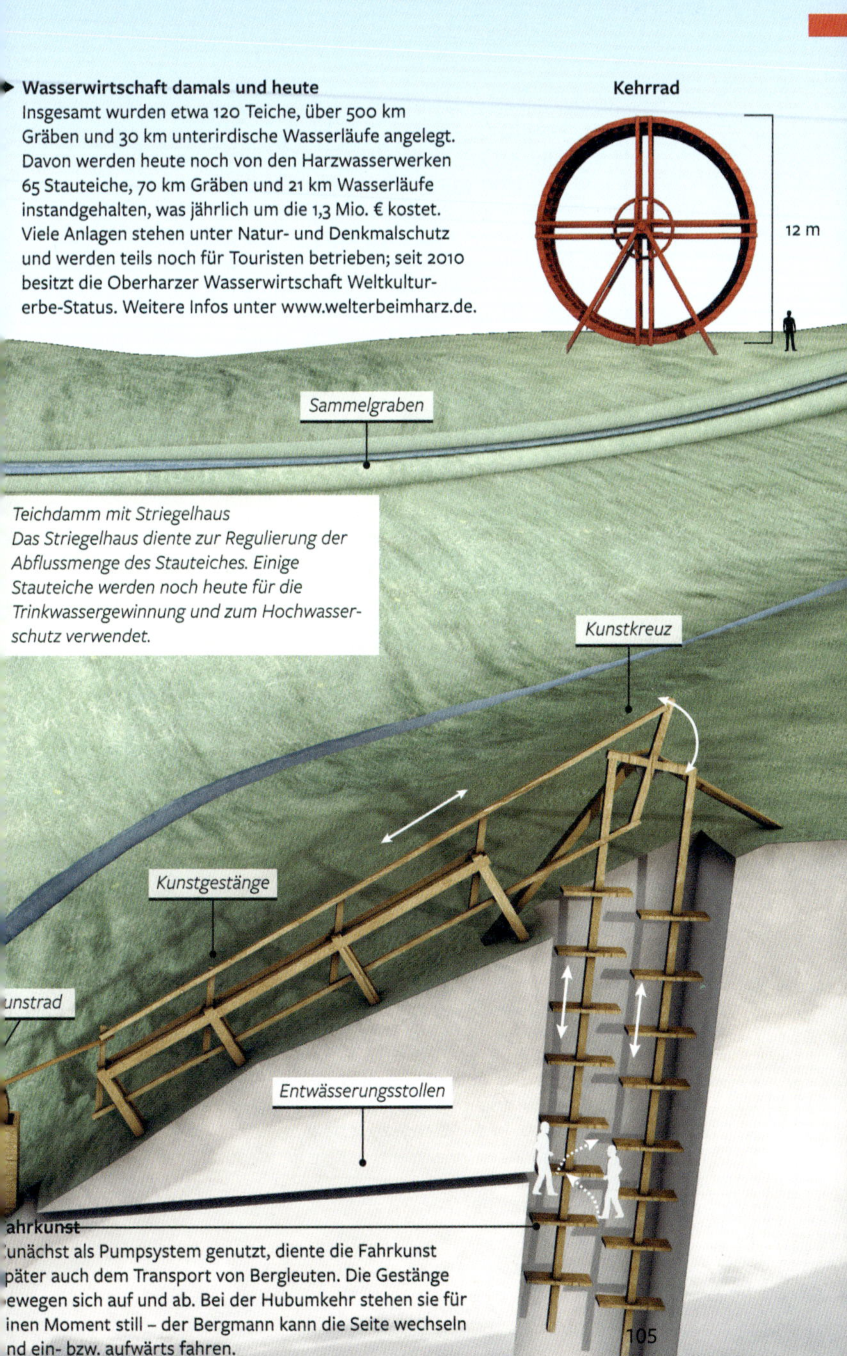
Wasserwirtschaft damals und heute
Insgesamt wurden etwa 120 Teiche, über 500 km Gräben und 30 km unterirdische Wasserläufe angelegt. Davon werden heute noch von den Harzwasserwerken 65 Stauteiche, 70 km Gräben und 21 km Wasserläufe instandgehalten, was jährlich um die 1,3 Mio. € kostet. Viele Anlagen stehen unter Natur- und Denkmalschutz und werden teils noch für Touristen betrieben; seit 2010 besitzt die Oberharzer Wasserwirtschaft Weltkulturerbe-Status. Weitere Infos unter www.welterbeimharz.de.
Kehrrad
12 m
Sammelgraben
Teichdamm mit Striegelhaus
Das Striegelhaus diente zur Regulierung der Abflussmenge des Stauteiches. Einige Stauteiche werden noch heute für die Trinkwassergewinnung und zum Hochwasserschutz verwendet.
Kunstkreuz
Kunstgestänge
unstrad
Entwässerungsstollen
ahrkunst
:unächst als Pumpsystem genutzt, diente die Fahrkunst päter auch dem Transport von Bergleuten. Die Gestänge ›ewegen sich auf und ab. Bei der Hubumkehr stehen sie für inen Moment still – der Bergmann kann die Seite wechseln nd ein- bzw. aufwärts fahren.

Mann«, der mit einer ausgerissenen Tanne bewaffnet war, fest. Auf dem Weg zum Herzog nach Braunschweig verstarb der Gefangene und just in diesem Augenblick fand man die erste Erzader.
Von 1551 bis 1690 wurde der **19-Lachter-Stollen** als Wasserlösungsstollen errichtet. Heute dient er als Besucherbergwerk und zeigt auf rund 500 m auch für Kinder anschaulich die Geschichte des Oberharzer Bergbaus. Der Stollen gehört zum UNESCO Welterbe Bergwerk Rammelsberg, Altstadt von Goslar und Oberharzer Wasserwirtschaft.

Führungen: Mai - Okt. Di. - So. 11, 14, 15.30, Nov. - Dez. Sa. 14, So. 11, Jan. - April Di. - So. 11, 14 Uhr, weitere Termine siehe Webseite
Eintritt: 6,50 € | www.19-lachter-stollen.de

Wohin in Altenau und Umgebung?

Geschichte, Tradition und Erholung

Oberharzer Bergstadt

Altenau, 11 km östlich von Clausthal-Zellerfeld, ist eine der sieben alten Bergstädte des Oberharzes. In der zweiten Hälfte des 16. Jh.s wurde hier Eisenerz und Silber abgebaut, 1617 erhielt Altenau Stadtrecht, 1636 die Bergfreiheiten. Bis 1911 waren die letzten Poch- und Hüttenwerke in Betrieb. Der heilklimatische Kurort lockt heute mit Ruhe, Natur, Wanderwegen, Mountainbike- und Nordic-Walking-Routen, der Altenauer Brauerei (▶ S. 342) und der Kristall-Therme »Heißer Brocken« (▶ S. 336).
Sehenswert ist die **St.-Nikolai-Kirche** von 1670 mit einem Kanzelaltar von 1719, der mit Ornamenten und Statuen geschmückt ist. Von dem Altenauer Maler und Heimatdichter Karl Reinecke (1885 - 1943) sind einige Holzschnitte, Skizzen und Ölbilder in der **Heimatstube** ausgestellt. Auch die schweren Lebensumstände der Oberharzer Bergarbeiter, Köhler und Fuhrleute werden hier thematisiert. Die Ausstellung »Wunder in Holz« zeigt das Lebenswerk der Altenauer Holzschnitzerfamilie Meier.

Heimatstube: Hüttenstr. 5 | www.heimatstube-altenau-schulenberg.de
Wunder in Holz: Hüttenstr. 18 | www.wunderinholz.de

Kräuter für alle Gelegenheiten

Kräuterpark

Der größte Kräuterpark Deutschlands befindet sich mitten im Oberharz. Anfassen, schnuppern, probieren – mit allen Sinnen eintauchen ist hier definitiv erlaubt! In der Kräuterpagode wird die Herkunft der Kräuter gezeigt, in der Gewürzgalerie gibt es mehr als 350 Gewürz- und Teemischungen, Heilkräuter, Räucherwerk, Honig, Gewürzöle und vieles mehr zu kaufen.

Gewürzgalerie und Kräuterpark: Di. - So. tgl. außer Mo. 10 - 17 Uhr, 15. Nov. - 15. Dez. geschl. | Tel. 05328 91 16 84 | Eintritt 4 €
www.kraeuterpark-altenau.de

Wandern im Weltkulturerbe

Dammgraben

Südlich von Altenau beginnt der sogenannte Weg am Dammgraben. In dem 1732 – 1840 angelegten, rund 15 km langen Wasserlauf wird das Wasser vom Bruchberg gesammelt und den Clausthaler und Zellerfelder Teichen zugeführt. Die Wasserscheide zwischen Söse und Oker wurde durch den 940 m langen und 16 m hohen Dammgraben überwunden.

Wo einst Torf gestochen wurde

Torfhaus

Östlich von Altenau, rund 800 m hoch, befindet sich der kleine Ortsteil Torfhaus. Im 16. Jh. wurde hier für die Harzer Hüttenwerke Torf gestochen. Insgesamt hat sich der Torfabbau im Harz als unwirtschaftlich erwiesen – die abgestochenen Soden trockneten einfach nicht. Heute stehen die Hochmoore mit ihrer vielfältigen Flora unter dem Naturschutz des Nationalparks und erstrecken sich allein im Nationalpark auf etwa über 230 Hektar. In Torfhaus beginnt auch der **»Goetheweg«**. Der Dichter stieg von hier am 10. Dezember 1777 zum Brocken auf, allerdings nicht exakt auf der heutigen Route. Das **Nationalpark-Besucherzentrum TorfHaus** informiert in multimedialen Ausstellungen über den Nationalpark Harz (am Großparkplatz an der Bundesstraße 4).

Das Besucherzentrum TorfHaus liefert einen Überblick über den Nationalpark Harz

Atemberaubendes 360°-Harz-Panorama

Harzturm

Auf 65 Metern Höhe den Brocken im Blick und den gläsernen Skywalk unter den Füßen: Der neue Harzturm auf Torfhaus sorgt für ein unvergessliches Harz-Erlebnis. Je nach Lust und Laune erfolgt der Aufstieg zu Fuß oder per Lift – der Abstieg kann auf Wunsch noch schnller passieren dank der Erlebnisrutsche »Rasantia«.

Torfhaus 12, 38667 Torfhaus | April–Okt. 9.30–18, Nov.–März 10–16 Uhr | Eintritt: Aussichtsplattform/Skywalk 15 €, Rutsche ab 4,50 € | www.harzturm.de

Im Hochmoorparadies

Großes Torfhausmoor

Knapp 15 Gehminuten vom Besucherzentrum des Nationalparks entfernt, liegt das Große Torfhausmoor (dem »Goetheweg« folgen). Zum Schutz der Moore ist das Betreten verboten, doch das Große Torfhausmoor lässt sich wunderbar über einen Bohlenweg besichtigen. Es ist eines der größten und ältesten Moore im Harz und ein hochempfindlicher Lebensraum. Nur wenige **Pflanzen** vertragen das extrem saure Milieu. Dazu gehören die buschigen Moorbirken und die kleinwüchsigen Fichten, die sich ganz an den Rand des Moores drängen. Heidel- und Krähenbeeren sind ebenfalls typisch für das Moor.
Direkt neben dem Bohlenweg gedeiht der seltene Rundblättrige Sonnentau. Verstreut über das Moor erheben sich kindskopfgroße Hügelchen, »Bulten« genannt. Auf ihnen wiegen sich Rasige Haarsimsen, Gräser, die dem Moor im Herbst einen rotgoldenen Glanz verleihen.

Bundesland: Sachsen-Anhalt | **Höhe:** 230 m | **Einwohner:** 3390

Die romanische Stiftskirche St. Cyriakus, faszinierendes Baudenkmal an der Straße der Romanik, ist eines der Wahrzeichen Gernrodes. Dieser Ortsteil Quedlinburgs (seit 2014) liegt rund 9 km südlich der UNESCO-Welterbestadt direkt zu Füßen der Harzer Berge. Berühmt sind auch die weltgrößte Kuckucksuhr außerhalb des Schwarzwalds und die dazugehörige Manufaktur.

Gero gründet Gernrode

Zur Absicherung seiner ostsächsischen Besitzungen erbaute sich Markgraf Gero (937–965) oberhalb des Steinbaches die Burg Geronisroth. 961 gründete er dann auf dem Burggelände ein Nonnenkloster. Nach seinem Tod erhob Otto I. das Kloster zum Reichs-

GERNRODE ERLEBEN

GERNRODE-INFORMATION
Lindenstr. 5
06485 Quedlinburg, OT Gernrode
Tel. 0151 72 91 59 38
www.quedlinburg-info.de/gernrode

Die Selketalbahn verbindet über Gernrode die UNESCO-Welterbestadt Quedlinburg mit dem Brocken, Wernigerode und allen anderen Stationen der Harzer Schmalspurbahn.

Um 6 Uhr morgens beginnt am Ostersonntag das Osterspiel. Frauen und Männer in weißen Gewändern spielen nach einer Vorlage aus dem 12. Jh. die Auferstehung Christi, begleitet von lateinischen Gesängen und Orgelspiel.
Tel. 039485 2 75
www.stiftskirche-gernrode.de

DER PIZZABÄCKER €
Pizza aus dem Steinofen in allen Varianten, gängigen wie ungewöhnlichen; so wird regionalgerecht auch eine mit Harzer Käse angeboten. Zudem gibt es Salate und Aufläufe.
Wilhelm-Pieck-Str. 14
Tel. 039485 6 32 02
www.pizza-harz.de
Mo. Ruhetag

HISTORISCHE GASTSTÄTTE UND FISCHRESTAURANT BÜCKEMÜHLE €€
Das freundlich-rustikale Haus mit Gästezimmern (▶ Übernachten) und einer kleinen Ferienwohnung in einer alten Bückemühle serviert Fischspezialitäten aus heimischen Gewässern, teils aus der eigenen Räucherei, Fleischgerichte und eine kleine vegetarische Auswahl. Auch angenehme Zimmer mit heller Holzeinrichtung.
Am Bückeberg 3
Tel. 039485 4 19
www.bueckemuehle.de
Mo., Di., Mi. Ruhetag

WALDWIRTSCHAFT STERNHAUS €€
Das Sternhaus im gleichnamigen Ortsteil von Gernrode liegt mitten im Wald. Das spiegelt sich auch in der Speisekarte wider. Auf den Tisch kommt alles, was der Wald zu bieten hat, vorwiegend natürlich Wild. Gästezimmer vorhanden.
Sternhaus 1
Tel. 039485 2 73
www.sternhaus-harz.de

LE PETIT PALAIS €–€€
Dieses kleine, aber feine Hotel direkt am Waldrand bietet nicht nur 8 Zimmer zur Übernachtung an, sondern offeriert – verteilt auf mehrere Häuser – auch Ferienwohnungen und ein Ferienhaus.
Schwedderbergstr. 23 – 27
Bad Suderode
Tel. 039485 66 75 56
www.lepetitpalais.de

GASTHOF ZUM BÄREN €–€€
20 Gästezimmer und vier Bungalows in unterschiedlicher Größe im gemütlich-rustikalem Landhausstil eingerichtet. Nichtraucherzimmer. Drei Bowlingbahnen.
Marktstr. 21
Tel. 039485 5 45-0
www.gasthof-zum-baeren.de

stift. Neben jenen von ► Quedlinburg, Bad Gandersheim (► S. 247) und Essen zählte es zu den vornehmsten Stiften des Reiches. Noch in der Frühphase der Reformation wurde es 1521 in ein freiweltliches, protestantisches Damenstift umgewandelt und schließlich Ende des 16. Jh.s aufgelöst. Fortan diente die Stiftskirche, die zu den besterhaltenen romanischen Sakralbauten der ottonischen Zeit in Deutschland gehört, als evangelische Pfarrkirche. Von den Stiftsgebäuden ist lediglich noch der zweigeschossige spätromanische Nordflügel des Kreuzgangs (um 1200; stark restauriert) mit Kreuzgratgewölbe und reich verzierten Kapitellen erhalten. 1136 ist erstmals ein nach Gero benanntes Dorf östlich des Burgbergs erwähnt. Im nahen Gebirge wurde seit dem frühen Mittelalter Bergbau auf Silber, Kupfer und Zinn betrieben. Einen erneuten Aufschwung erlebte die Stadt im späten 19. Jh. im Zuge der Entwicklung zum Luftkurort.

 Stiftskirche St. Cyriakus

April – Okt. Mo. – Sa. 10 – 17, So. 12 – 17 Uhr, Nov. – März 15 – 16 Uhr
Führungen tgl. außer Fei. 14 Uhr und nach Absprache
www.stiftskirche-gernrode.de

Romanischer Kirchenschatz

Baugeschichte

Die imposante Stiftskirche St. Cyriakus präsentiert sich weitgehend im rein romanischen Stil, aber mit einigen Besonderheiten. Dazu gehören die kunstvoll gestaltete Holzbalkendecke über den byzantinisch anmutenden Langhausemporen im Kirchenschiff, das Heilige Grab und die dreischiffige Krypta. Das Heilige Osterspiel früh morgens am Ostersonntag, Advent im Stiftshof oder das besonders festliche Weihnachtsoratorium gehören zu den magischen Momenten hier.

Man vermutet den Baubeginn bereits im Jahr 959, da für 965 die Bestattung des Markgrafen Gero vor dem Hochaltar der Kirche bezeugt ist. In der ersten Hälfte des 12. Jh.s erfolgte ein weitreichender Umbau. Für die Unterbringung der Gebeine des hl. Metronius baute man eine zweite Krypta an der Westseite der Kirche, darüber entstand der **Westchor**. An die Stelle des Mittelturms traten die beiden seitlichen runden Türme. Zur gleichen Zeit wurden auch die Emporen im Querhaus eingebaut. Um 1170 entstanden die Stiftsgebäude und der Kreuzgang, von dem nur der zweistöckige Nordflügel erhalten blieb. 1858 – 1872 kam es zu einer grundlegenden Restaurierung nach den Plänen des preußischen Konservators und Schinkelschülers Ferdinand von Quast. 1907 – 1910 wurden die Rundtürme und 1965 die Ostkrypta renoviert. Am Kirchengrundriss fällt die deutliche Achsenverschiebung (besonders der Querachsen) ins Auge.

Auch im Kreuzgang von St. Cyriakus haben die Steinmetze ihre Kunstfertigkeit unter Beweis gestellt.

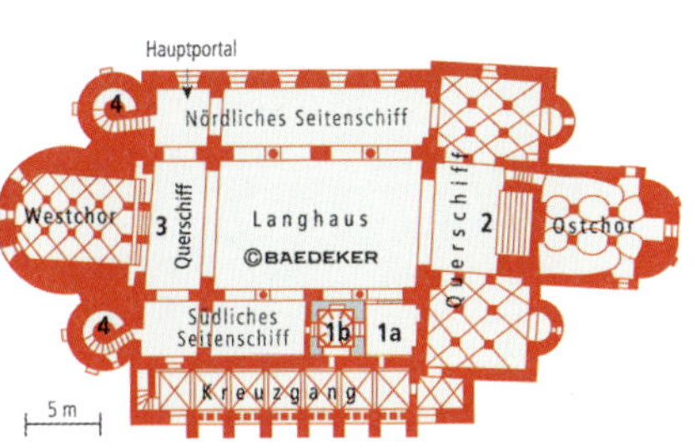

GERNRODE • ST. CYRIAKUS

1 Heiliges Grab
  a Vorkammer
  b Grabkammer
2 Grabmal des Markgrafen Gero
3 Romanischer Taufstein
4 Rundtürme des Westwerkes

Besondere Stützen

Innenraum

Die dreischiffige, flach gedeckte Basilika wird durch das nördliche Seitenschiff betreten. Das Langhaus wird von den steilen Proportionen seiner Hochwände bestimmt. Auf beiden Seiten ruhen vier Arkaden auf einem quadratischen Mittelpfeiler, zwei seitlich gestellten Säulen sowie zwei äußeren Pfeilervorlagen (Gernroder Stützenwechsel). Die Kapitelle tragen reichen ornamentalen und figürlichen Schmuck. Über den Seitenschiffen befinden sich die Langhausemporen mit Zwillingsarkaden und Blendbögen, die auf byzantinische Baugewohnheiten zurückgehen sollen. Theophanu, Ehefrau Ottos II., stammte ursprünglich aus Byzanz und hielt sich mehrere Male im benachbarten Quedlinburg auf.

Der erhöhte **Ostchor** mit der darunter liegenden dreischiffigen Ostkrypta ist der älteste Bauteil der Kirche; hier befand sich vermutlich die Reliquie des hl. Cyriakus. In der Chorapsis wird Christus als Weltenrichter, darunter der hl. Cyriakus als Schutzpatron der Kirche und unter diesem der Stifter Gero mit seinen Söhnen Gero und Siegfried dargestellt. Links außen folgt Hathui, die erste Äbtissin und Ehefrau Siegfrieds (Wandmalerei aus dem 13. oder 14. Jh.). In der rekonstruierten Vierung steht das spätgotische Steingrabmal (1519) für den Kirchenstifter Markgraf Gero († 965).

Vor dem Westchor steht ein romanischer **Taufstein** aus der zweiten Hälfte des 12. Jh.s, eine ländliche Arbeit aus Alsleben, mit mehreren Christusdarstellungen, Maria, Johannes dem Evangelisten und Engeln. In der Apsis des Westchors befindet sich eine Darstellung des

AUFERSTEHUNG

Das Wunder der Auferstehung Jesu wird alljährlich in Gernrode lebendig. Früh morgens um 6 Uhr am Ostersonntag tritt ein heller Lichtstrahl aus dem Heiligen Grab in die Finsternis der ehrwürdigen Stiftskirche und verkündet die frohe Botschaft. Das Licht der Osterkerze wird an die Menschen weitergegeben. Dieses festlich inszenierte Osterspiel, überliefert aus dem frühen Mittelalter und 1989 wiederbelebt, hinterlässt bei allen, die daran teilnehmen, einen tiefen Eindruck.

Jüngsten Gerichts. Im Kircheninnern sind außerdem ein Tafelbild des Markgrafen Gero in archaisierender Tracht (um 1510) sowie verschiedene Äbtissinnengrabsteine (14. – 16. Jh.) sehenswert.

Idealtypische Nachbildung

Heiliges Grab

Noch bevor die ersten Kreuzfahrer in Richtung Jerusalem aufbrachen, um das Grab Christi zurückzuerobern, entstand um 1050 – 1075 in dem Harzstädtchen ein ganz besonderer Symbolbau: Die säulengerahmte Nische, die wohl die Äbtissin Hathui im Südseitenschiff der Stiftskirche errichten ließ, sollte wahrscheinlich ein Christusgrab darstellen. Vermutlich 80 Jahre später entstand um die Nische ein vollständiges »Heiliges Grab« mit Grabkammer und Vorraum. Die älteste erhaltene Nachbildung des Heiligen Grabes in Jerusalem nördlich der Alpen übt noch heute eine fast magische Anziehungskraft aus. Die Außenwände sind mit Stuckornamenten, Fabeltieren und Ranken reich verziert. Dargestellt wird das Ostergeschehen, zu erkennen sind eine trauernde Maria Magdalena, eine Verkündigungs- und eine »Noli-me- tangere«-Szene sowie die Reste der herbeieilenden Apostel Petrus und Johannes. Kleine Gruppen können im Rahmen einer Sonderführung einen Blick in das Heilige Grab werfen. Einblick bieten zudem Schautafeln und ein Dokumentarfilm.

Wohin noch in Gernrode?

Romanisch bis klassizistisch

Marktplatz

Der Mittelpunkt dieser an Fachwerkbauten (v. a. 17./18. Jh.) wahrhaft reichen Stadt ist der dreieckige Marktplatz mit seinem angenehm schlichten Rathaus (1665, 1910 erneuert). An der Marktstraße stehen einige klassizistische Putzbauten. An die frühere Pfarrkirche **St. Stephanus**, deren Langhaus 1847 zu einem Schulgebäude umgebaut wurde, erinnert der ursprünglich spätromanische Westturm mit barocker Haube und einer fast 800 Jahre alten Glocke. Die Küsterei, ein Fachwerkbau über einem gemauerten Erdgeschoss, stammt aus dem 16. Jahrhundert.

Kuckucksuhren im Harz

Harzer Uhrenmuseum und Uhrenfabrik

Seit 1948 werden in Gernrode mechanische Uhren hergestellt. Besonders bekannt ist die Manufaktur für ihre individuellen Kuckucksuhren. Im Rahmen einer Führung durch das Uhrenmuseum werden rund 300 verschiedene Kuckucksuhren und weitere Exponate gezeigt. Im Außenbereich befinden sich die weltgrößte Kuckucksuhr außerhalb des Schwarzwalds und ein riesiges Wetterhäuschen.

Mo. – So. 10 – 17 Uhr | Eintritt: Erw. 3 €, Kinder bis 8 Jahre frei
www.harzer-uhren-gernrode.de

★★ GOSLAR

Bundesland: Niedersachsen | **Höhe:** 260 m | **Einwohner:** 50 070

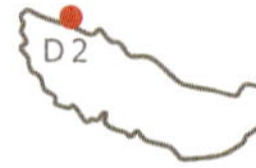

Während internationale Gäste oft staunen, dass die kleinen historischen Fachwerkhäuschen der Altstadt von Goslar noch bewohnt sind, sind die Goslarer stolz auf ihr Erbe und ihr Paradies für Individualisten. Denn wer in einer UNESCO-Welterbestadt ein Haus übernimmt, der braucht durchaus Idealismus, um sich wohlzufühlen. Schiefe Wände, verwinkelte Zimmer, denkmalgeschützter Raum. Dazu schöne Gärten in den Innenhöfen, von außen unsichtbar, sind es wertvolle Rückzugsorte. Entdecken Sie die Magie des Welterbes in Goslar.

Leben im Welterbe

Die Kaiserpfalz und der Rammelsberg sind Zeugnisse der über 1100-jährigen Geschichte der ehemaligen Kaiserstadt Goslar. Bei einem Bummel durch die verwinkelten Gassen der Altstadt, einem Kaffee in der Sonne auf dem historischen Marktplatz oder einem Besuch der kleinen Bars und Restaurants ist die besondere Atmosphäre zu spüren, die diese UNESCO-Welterbestadt ausmacht. Ein historischer und doch lebendiger Ort, der zum Verweilen einlädt.
Ein Geheimtipp ist Goslar schon lange nicht mehr. Die historische Altstadt beeindruckt Tausende Besucher, die teils individuell, teils über organisierte Touren aus der ganzen Welt anreisen. An Wochenenden, verkaufsoffenen Sonntagen und in der Vorweihnachtszeit kann es da schon mal voll werden. Doch auch dann finden sich weniger belebte Ecken, in denen Sie das Altstadtflair genießen können.

Kaiserliche Zeiten

Der Weg zur Reichsstadt

Seine Ursprünge hat Goslar im Mittelalter. Dank der Silber- und Erzfunde wuchs die Siedlung ab dem 10. Jh., der Harz wurde Kernland der deutschen Kaiser und Goslar rückte im 11. bis 13. Jh. in den Mittelpunkt deutscher Geschichte. 1005 errichtete **Heinrich II.** einen ersten Pfalzbau. Unter ihm fanden hier 1005, 1009 und 1015 die ersten Hoftage und Reichssynoden statt. Der Pfalzbezirk umfasste einst weit mehr, als das heute als Kaiserpfalz bezeichnete Kaiserhaus. So entstand im 11. Jh. die Stiftskirche St. Simon und Judas, der ehemalige »Dom«. Zusammen mit dem Kaisersaal waren es die bedeutendsten Bauwerke der Salierzeit (▶ Baedeker Wissen, S. 118).
Heinrich III. starb am 5. Oktober 1056 bei einem Jagdunfall im Harz. Seinem letzten Willen folgend, wurde sein Herz in der zur Kaiserpfalz gehörenden St.-Ulrichs-Kapelle beigesetzt. Sein Sohn **Heinrich IV.**, 1050 in Goslar geboren und als Kind zum König gekrönt, gehörte zu den schillerndsten Persönlichkeiten des Mittelalters. Sein bekannter **Gang nach Canossa** 1077 sicherte ihm die Macht im Reich.

Wer hat den schönsten Marktplatz? Goslar wetteifert dabei ganz vorne mit.

Vom Mittelalter in die Gegenwart

Geschichte

Gut 100 Jahre später zählte Goslar mit rund 5000 Einwohnern, einer Stadtbefestigung, fünf Pfarrkirchen und vier Stiftskirchen bereits zu den größeren Städten Deutschlands. Die Berg- und Hüttenwerke, Metallhandel und eine Münzpräge brachten Geld in die Stadt. Friedrich II. verlieh Goslar 1219 das **Stadtrechtsprivileg**. Im 13. Jh. wurde Goslar **Freie Reichsstadt** und erhielt im 14. Jh. als eine von nur sieben Reichsstädten das Heerschildrecht hinzu. Im 18. Jh. vernichteten zwei verheerende Stadtbrände Hunderte Gebäude.

1802 übenahm Preußen die Herrschaft über Goslar, das damit seinen Status als Freie Reichsstadt verlor. Mit der Entdeckung weiterer Erzvorkommen auf dem Rammelsberg wurde das Bergwerk wieder wichtigster Wirtschaftsfaktor. 1868 begann die Restaurierung der Kaiserpfalz. Das damit einhergehende historisierende Wandgemälde visualisiert die Geschichte der Pfalz im christlich deutschen Kaisertum aus preußisch-protestantischer Sicht.

Nach 1933 bemächtigten sich die **Nationalsozialisten** der Salier und Staufer als deutsche Helden. Obwohl die Region landwirtschaftlich wenig hergab, wurde Goslar »Reichsbauernstadt«. Nur eine Handvoll Mitglieder der jüdischen Gemeinde überlebte die Deportation und die Konzentrationslager. Auf dem jüdischen Friedhof an der Stadtmauer (Glockengießer Straße) sind noch heute 145 Grabsteine ein herausragendes Dokument jüdischer Grabkultur.

Jüd. Friedhof: April – Okt. So. – Fr. 10 – 17, Nov. – März bis 15 Uhr

Renommierte Ehrung

Kaiserring

Jedes Jahr im Oktober wird in der historischen Kaiserpfalz einem international anerkannten Künstler der Kaiserring verliehen. Henry Moore eröffnete 1975 den Reigen der geehrten Künstler, weitere namhafte folgten, u. a. Sigmar Polke, Anselm Kiefer, John Baldessari, Jimmie Durham, Isa Genzken und zuletzt Isaac Julien (2022). Der Kaiserringverleihung folgt eine Ausstellung des Preisträgers im Mönchehaus-Museum.

Kaiserpfalz

Di. – So. 10 – 17 Uhr | Eintritt: 7,50 €

Baugeschichte

Die erste Kaiserpfalz, die östlich des heutigen Bezirks lag, entstand vermutlich in den Jahren 1005 – 1015 während der Regierungszeit Heinrichs II. Unter Heinrich III. erhielt der Pfalzbereich ab 1040 – 1050 seine bedeutenden Bauten, es entstanden das Kaiserhaus, der Dom (die Stiftskirche St. Simon und Judas) und die Ulrichskapelle. 1290 übernahm die Stadt durch den Erwerb der Reichsvogtei die Anlage und nutzte sie als Gerichtsstätte und Sitz der Zollverwaltung. Die St.-Ulrichs-Kapelle wurde 1575 städtisches Gefängnis, das Kaiserhaus diente als Lagerhaus. Im 19. Jh. waren wesentliche Teile der Anlage so zerstört, dass man ernsthaft über den Abbruch nachdachte. Ab 1868 begann eine umfassende Restaurierung (▶ Baedeker Wissen, S. 118).

Das Herz der Kaiserpfalz

Kaiserhaus

Der 50 m lange und 17 m breite Bau wird an seiner Fassade im Obergeschoss durch ein großes Mittelfenster betont. Hier befindet sich der Sommersaal. Durch die Rundbögen öffnet sich der Raum nach außen. Unterhalb befindet sich der Wintersaal, ausgestattet mit einer Warmluftheizung. Wie in vergleichbaren Bauwerken konnten hier auch bei schlechtem Wetter Sitzungen abgehalten werden. Der Kaisersaal erhielt, bis auf die Deckenkonstruktion von 1477, durch die Restaurierungen 1867 – 1879 seine heutige Gestalt. Die große Freitreppe vor der Ostfassade wurde in den Jahren 1886/1887 hinzugefügt.

Nach der Kaiserproklamation von Wilhelm I. in Versailles kam man auf die Idee, das neue Kaisertum in die mittelalterliche Tradition zu stellen. Vor diesem Hintergrund ist besonders die **Ausmalung** nach Plänen von **Hermann Wislicenus** (1825 – 1899) zu sehen. In insgesamt 67 Szenen werden die Wände wie von einem Wandteppich bedeckt. Die Hauptszene der Gründung und Verherrlichung des neuen Kaiserreichs wird von Szenen mittelalterlicher Kaisergeschichte umfasst und verklärt: Dornröschen steht symbolhaft für das wiedererwachte Deutsche Reich. Im gleichen Zusammenhang

kann das Erwachen Barbarossas im Kyffhäuser gesehen werden. Stilistisch sind die Bilder in der bereits damals überholten Tradition der Nazarener zu sehen.
An der Nordseite des Gebäudes folgt schließlich ein mit Rundfenstern ausgestatteter jüngerer Anbau, der neben verschiedenen Verwaltungsräumen, darunter das Goslarer Standesamt, eine Sammlung von Zustands- und Rekonstruktionszeichnungen der Pfalz beherbergt.

Herzgrab Heinrichs III.

Ulrichskapelle

Ein historistischer Arkadengang verbindet Kaisersaal und die ehem. Pfalzkapelle St. Ulrich. Im Erdgeschoss steht das aus dem ehem. Dom hierher überführte bemalte Grabmal Heinrichs III. († 1056), in dem sich die vergoldete Kapsel mit seinem Herzen befindet (der Kaiser selbst ist im Dom zu Speyer begraben). Die auf dem Grab ruhende Platte zählt zu den Meisterwerken mittelalterlicher Plastik (um 1250). Hinter der Ulrichskapelle steht die Plastik **»Goslarer Krieger«** des Briten Henry Moore (1898 – 1986).

Die Goslarer Kaiserpfalz – eindrucksvolles Wahrzeichen der Stadt

KAISERPFALZ

Im Mittelalter nahmen die umherziehenden deutschen Herrscher in den Kaiserpfalzen Quartier. Das Goslarer Kaiserhaus, zentrales Element des Pfalzbezirks, ist der größte weltliche Bau der deutschen Romanik. Im 19. Jh. wurde die zerfallene Anlage rekonstruiert.

1 Kaiserhaus
Nur der Kern des um 1045 unter Heinrich III. errichteten Saals ist noch original erhalten.

2 Innenraum (Kaisersaal)
Mit bis zu 7 m hohen Balkendecken und zwei Geschossen von 47 x 16 m Fläche besitzt der Kaisersaal wahrhaft kaiserliche Maße. An der Westwand des Obergeschosses stand der Thron.

3 Ostfassade
Mächtige, unverglaste Fenster im Osten gaben den Blick aus dem Sommersaal über den Pfalzbezirk hinweg auf den (1819 abgerissenen) Dom frei. Die Westseite hingegen war durchgemauert. Blies der Ostwind allzu kalt, sorgte im Erdgeschoss im Wintersaal schon damals eine Warmluftheizung für eine Temperatur von immerhin 16 °C.

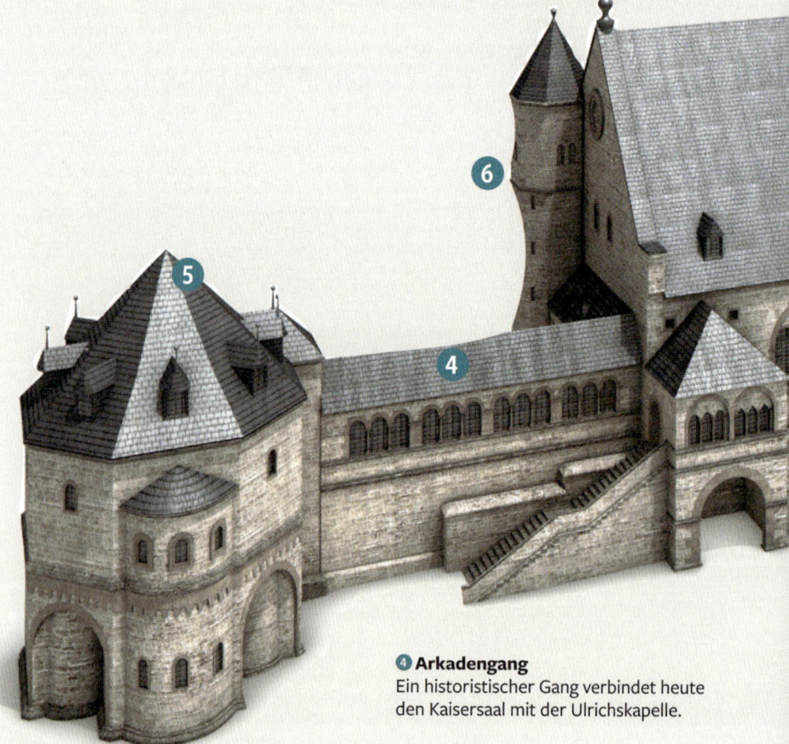

4 Arkadengang
Ein historistischer Gang verbindet heute den Kaisersaal mit der Ulrichskapelle.

5 Ulrichskapelle
Der doppelgeschossige Bau entstand wohl zwischen 1050 und 1150. Sein Erdgeschoss hat die Form eines griechischen Kreuzes, das Obergeschoss ist achteckig – eine in Deutschland einmalige Konstruktion. Im Erdgeschoss steht ein Sarkophag (13. Jh.), dessen Deckplatte Heinrich III. zeigt.

6 Dornröschenturm
Der Turm ist eine Zutat aus Kaiser Wilhelm I. Zeiten, als man die Pfalz zum Nationaldenkmal erhob. Er entsprang der Idee, dass ein deutsches Schloss einen Turm zu haben hat.

Verschwundene Herrlichkeit

Domvorhalle

Von dem 1819 – 1822 wegen Baufälligkeit abgerissenen Dom blieb einzig noch die Domvorhalle erhalten (um 1200). Farbige Pflastersteine auf dem heutigen Parkplatz zeichnen den einstigen Grundriss des Doms nach, dessen Längsachse exakt auf die Mitte der Kaiserpfalz ausgerichtet war. Er war von Heinrich III. als **Stiftskirche St. Simon und Judas** gegründet worden; Baubeginn war 1047. Die Weihe der kreuzförmigen, dreischiffigen Basilika mit Stützenwechsel, Querhaus und zweitürmigem Westbau erfolgte 1050. Um 1144 wurde sie eingewölbt und im Spätmittelalter schließlich gotisch verändert. Die am Westende des ehem. nördlichen Seitenschiffs gelegene Vorhalle wurde zwischen 1150 und 1200 als Eingang zum Dom angebaut.

Ihre Außenfassade öffnet sich in zwei Rundbogenarkaden, mit einer mit reichem plastischen Schmuck überzogenen Mittelsäule, am Kapitell hat sich für die romanische Zeit recht ungewöhnlich der Künstler namens Hartmann verewigt. An der Giebelwand befinden sich zwei Nischenreihen mit farbigen Relieffiguren aus Stuck (v. l. n. r.): Heinrich III. mit einem Modell des Doms, die Kirchenpatrone Simon, Matthias und Judas sowie eine weitere Kaiserfigur, die nicht klar zu identifizieren ist, darüber Maria zwischen zwei Leuchtern und Engeln.

Im Innern der Vorhalle wurden die aus dem Dom geretteten Ausstattungsstücke aufgestellt. Herausragendes Prunkstück des Doms ist der nach dem Vorbild zu Aachen geschaffene **Kaiserstuhl**, Thron der Sailer und Hohenstaufen, ein aus dem 12. Jh. stammender Sandsteinsitz mit durchbrochenen, reich verzierten Bronzelehnen (11. Jh.) – ein Meisterwerk der mittelalterlichen Erzgießereiarbeit.

GOSLAR ERLEBEN

GOSLAR MARKETING GMBH

Markt 1
38640 Goslar
Tel. 05321 7 80 60
www.goslar.de

In der Tourismus-Info kann man übrigens auch den alljährlichen Kalender »Goslarer Blickwinkel« mit eindrucksvollen Goslar-Motiven kaufen: www.goslar.de, www.gleisbergs.de

STADTFÜHRUNG

Täglicher Rundgang »1000 Schritte durch die Altstadt« (10.30 Uhr), versch. Thementouren (u. a. Kunst, Jüdisches Leben, Bierkultur) und Kostümführungen (mit Henker, Mönch oder Frau des Nachtwächters). Geführte Segway-Touren. Infos u. Termine siehe www.goslar.de.

PARKEN

Die kleine Altstadt ist bequem zu Fuß zu durchstreifen. Versch. kleinere

Parkplätze in der Innenstadt. Großparkplatz am Osterfeld (10 min. Fußweg ins Zentrum). Für Wohnmobile geeignet: Füllekuhle, Astfelder Str., ca. 10 Min. Fußweg zum Markt.

Das Schiefer direkt am Marktplatz ist stylischer Treffpunkt mit Restaurant, Lounge und Bar.
Schräg bis rockig geht es in den Musikkneipen Kö (Marktstr. 30) oder Na und… (Hoher Weg 5) zu.

KLEINKUNSTTAGE

Freitag nach Pfingsten bis zum darauffolgenden Wochenende: Tage der Kleinkunst an verschiedenen Spielorten in der Stadt, mit Theater, Kabarett, Musik u. a.

KAISERMARKT

Oktober: Eine Zeitreise ins Mittelalter bietet der Kaisermarkt auf dem Marktplatz.

KAISERRING-VERLEIHUNG

im Oktober (► S. 116)

WEIHNACHTLICHER RAMMELSBERG

3. Adventswochenende: Unter dem Motto Weihnachtlicher Rammelsberg erstrahlt der Roeder-Stollen im Glanz zahlloser Kerzen, mit Bläser- und Zither-Klängen.
www.rammelsberg.de

KUNSTHANDWERK GOSLAR IM GROSSEN HEILIGEN KREUZ

Goldschmiedekunst, Papier- und Glaskunst, Keramik, Leder und Walkloden in historischem Rahmen.
Hoher Weg 7
www.kunsthandwerkgoslar.de

❶ BRAUHAUS GOSLAR €€

Modern-rustikales Brauhaus mit handfester Küche, dazu trinkt man Goslarer Gose, ein wiederentdecktes obergäriges Weizenbier, gebraut nach Rezepten aus dem 12. Jh., oder eine der anderen hier hergestellten Biersorten. Für Gruppen gibt es Führungen mit dem Braumeister.
Marktkirchhof 2
Tel. 05321 68 58 04
www.brauhaus-goslar.de

❷ DIE WORTHMÜHLE €€

Restaurant mit deutscher Küche und Harzer Spezialitäten wie der Beamtenstippe, Wildgerichten und der Rammelsberger Steigerplatte. Man sitzt gemütlich unter Fachwerkbalken in der ehemaligen Mühle von 1540 beim traditionellen Gose-Bier.
Worthstr. 4
Tel. 05321 4 34 02
www.worthmuehle.de

❸ MALTERMEISTER TURM €–€€

Ausflugsrestaurant oberhalb der Stadt mit wunderschönem Blick, beliebter Treff der Drachenflieger. Auf Vorbestellung gibt es ab 10 Personen das »Tscherpermahl« (Platte mit Wurst und Harzer Käse).
Rammelsberger Str. 99
Tel. 05321 48 00
www.maltermeister-turm.de

❹ SOUP & SOUL KITCHEN €€

Frische und leichte Küche in Wohlfühl-Atmosphäre in Goslars Innenstadt. Vegane und vegetarische Speiseauswahl sowie Fischgerichte. Gesunde, kreative, saisonale Küche und aufmerksamer Service.
Petersilienstr. 5
Tel. 05321 7 56 33 41
www.soulkitchen.house
Mo. Ruhetag

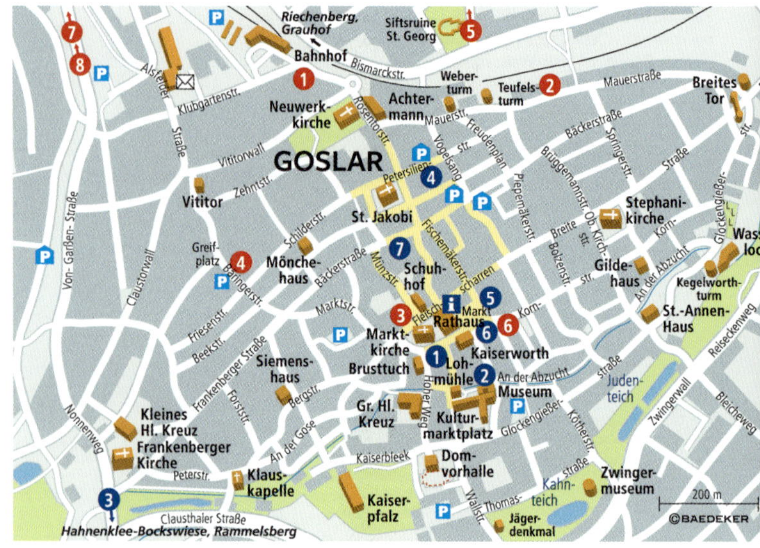

Essen & Trinken

1. Brauhaus Goslar
2. Die Worthmühle
3. Maltermeister Turm
4. Soup & Soul Kitchen
5. Schiefer
6. Café am Markt
7. Veggie Vegan

Übernachten

1. Niedersächsischer Hof
2. Akzent Hotel Villa Saxer
3. Alte Münze
4. Die Tanne
5. Gästehaus zum Georgenberg
6. Gästehaus Schmitz
7. Frauenpension Arleta
8. Klosterhotel Wöltingerode

5 SCHIEFER €–€€

Treffpunkt am Marktplatz mit Lounge-Atmosphäre, mediterraner, klassischer und teils frecher Küche. Stylishes Pizza- und Steakhaus. Romantischer Innenhof, Außenplätze auf dem Markt.
Markt 6
Tel. 05321 3 82 27 00
www.schiefer-erleben.de

6 CAFÉ AM MARKT €–€€

Gemütliches Kaffeehaus mit feinen Torten, leckeren Waffeln, Schokolade und Pralinen aus der hauseigenen Schokoladen Manufaktur. Frühstück und Mittagstisch.
Markt 4,
Tel. 05321 2 06 22

7 VEGGIE VEGAN – SCHNEEWEISS + ROSENROT €

Kleines Bistro mit hausgebackenen Kuchen und Mittagstisch, überwiegend vegetarisch und vegan, kleine Auswahl glutenfreier Backwaren, Bio Kaffee, Öle, Chutneys etc.
Bäckerstr. 105
Tel. 05321 46 92 44
www.veggievegan-goslar.de

1 NIEDERSÄCHSISCHER HOF €€€

1930 erbautes Haus mit modernem Tagungshotel am Bahnhof. Einige der 63 Zimmer sind für Rollstuhlfahrer

geeignet. In Kooperation mit dem Mönchehaus Museum (▶ S. 129) sind überall Werke moderner Künstler zu sehen.
Klubgartenstr. 1–2
Tel. 05321 316-0
www.niedersaechsischerhof-goslar.de

❷ AKZENT HOTEL VILLA SAXER €€€–€€€€

Modernes Hotel mit Wohlfühl-Atmosphäre, herzlicher Gastlichkeit und beliebtem Gourmet-Frühstücks-Buffet in der historischen Altstadt von Goslar. Geräumige und klimatisierte Zimmer und Appartements, Parkplatz mit Ladeplätzen, Hotel-Bar, private Sauna, Massagen. Große Fotowände zeigen Goslar und den Harz. Gemütl. Ferienhaus in den Wallanlagen mit luxuriösem Bad.
Mauerstraße 24–25
Tel. 05321 39 89 90 00
www.hotel-villa-saxer.de

❸ HOTEL ALTE MÜNZE €€–€€€€

Das Viersternehotel befindet sich direkt im Zentrum der Altstadt – und vereint drei Einzeldenkmale zu einem einzigartigen Gebäudeensemble, das zum Träumen einlädt. 44 individuelle Hotelzimmer, zwei Apartments, ein Restaurant, verschiedenste Räume für Veranstaltungen, romantischer Innenhof und zwei Bars.
Marktstr. 1
Tel. 05321 2 25 46
www.hotel-muenze.de

❹ HOTEL DIE TANNE €€–€€€

Der schieferverkleidete Altbau ist zu Fuß nur zehn Minuten vom Marktplatz entfernt. Das Hotel hat 22 Zimmer, 1 App. und eine Sauna.
Bäringer Str. 10
Tel. 05321 3 43 90
www.die-tanne.de

❺ GÄSTEHAUS ZUM GEORGENBERG €€

Familiär geführte, überschaubare Pension in ruhiger Lage mit 7 Zimmern.
Klosterstr. 6
Tel. 05321 1 80 50
www.gaestehaus-zum-georgenberg.de

❻ GÄSTEHAUS SCHMITZ €

Nur ein paar Schritte vom Marktplatz entfernt erwartet Sie hier eine liebevoll geführte Pension in einem verwinkelten Fachwerkhaus. Frühstück gibt es bei der Wirtin in der Küche oder in einem der vielen kleinen Speiseräume.
Kornstr. 1
Tel. 05321 2 34 45
www.schmitz-gaestehaus.de

❼ FRAUENPENSION ARLETA €–€€

Alleinreisende Frauen, Frauenpaare, alleinerziehende Mütter oder Freundinnen finden in Goslar in der kleinen Pension am Waldrand einen besonderen Rückzugsort. Einladend, fröhlich. Als wäre man zu Gast bei einer guten Freundin.
Am Nordberg 7
Tel. 05321 2 53 23
www.frauenpension-arleta.de

❽ KLOSTERHOTEL WÖLTINGERODE €€–€€€

55 Zimmer hinter historischen Klostermauern. Im Restaurant und im Klosterkrug kommen regionale Speisen auf den Tisch. Mit großem Biergarten am Klosterkrug. Auf dem Gelände finden Sie außerdem die Klosterbrennerei und das Lachs-Informationszentrum.
Wöltingerode 3
OT Vienenburg
Goslar
Tel. 05324 77 44 60
www.klosterhotel-woeltingerode.de

Altstadt

Prächtige Holzbaukunst

Fachwerkhäuser

Goslar hat eine romantische Altstadt mit rund 800 historischen Gebäuden aus der Zeit vor 1800, darunter v. a. prachtvoll dekorierte Fachwerkbauten. Der Holzreichtum des Harzes ist sicher mit ein Grund für die Vorliebe für diese Bauweise. Typisch für die Häuser im späten 15. und frühen 16. Jh. sind meist auf Knaggen vorkragende Obergeschosse und die Treppen- und Trapezfriese an den Schwellhölzern. Sehenswerte Beispiele sind das Küsterhaus der Frankenberger Kirche (1504), das Brusttuch im Hohen Weg 1 sowie das Mönchehaus in der Mönchestraße 3. Gotische Steinbauten aus dem 15. und 16. Jh. sind u. a. in der Worthstraße 7 (um 1500), Königstraße 1 a (um 1510) und Königstraße 1 (1514), Marktstraße 1 mit Fassade zur Münzstraße (1517) zu finden.

Bergmannsleid

Klauskapelle

Die Klauskapelle war im 12. Jh. zunächst als Stadttorkapelle erbaut worden. Später wurde sie in die Stadtbefestigung einbezogen. In ihrem Innern ist sie mit einer bemalten Flachdecke (geschmückt mit den Wappen des Herzogs von Sachsen und Goslarer Patrizierfamilien sowie gotischen Rosetten) ausgestattet. Eine Ausstellung erinnert an die **Schicksale der unter Tage Verunglückten**. Auf die als Lauftext über die Kirchenbänke gezogenen Bibelzitate wurden Auszüge aus den Frankenberger Kirchenbüchern der letzten Jahrhunderte gelegt. In nüchternen Worten berichten diese von Bergleuten, die – nachdem sie von einem Erzbrocken unter Tage erschlagen oder vor Erschöpfung im Dunkeln zu Tode gestürzt waren – sechs oder acht unversorgte Kinder hinterließen.

Besichtigung auf Anfrage: Tel. 05321 2 24 64 und 2 25 66; Schlüssel beim Schuhmacher Oberle neben der Kapelle

Ehemals Klosterkirche

Frankenberger Kirche

Am Südwestrand der Altstadt steht die sehenswerte dreischiffige, im 12. Jh. auf kreuzförmigem Grundriss erbaute Frankenberger Kirche, die um 1230 einem neu gegründeten Kloster angeschlossen wurde. Die ursprünglich flach gedeckte Kirche wurde um 1250 eingewölbt. Ende des 13. Jh.s erhielt sie den halbkreisförmigen Chorabschluss. Ende des 15. Jh.s erfolgte die Einbeziehung ihres Westbaus in die Stadtmauer. Die zwei quadratischen Westtürme wurden 1784 abgebrochen und durch den barocken Haubenturm ersetzt. Wandmalereien mit Szenen aus dem Alten Testament (u. a. das Urteil Salomons, Davids Salbung sowie David und Goliath) über den Arkaden im Mittelschiff sind vermutlich um 1230 entstanden; man hat sie Ende des 19. Jh.s freigelegt und auf neuem Putz nachgemalt. Die Malereien der Westwand sind etwas jünger und stellen die Begegnungen Abrahams mit Melchisedek, den segnenden Christus, Abrahams Opfer, Kain und Abel sowie Christus als Weltenrichter dar. Sehenswert sind weiter der Altar (1675), die Kanzel (1698) und die Emporenbrüstung (Arbeiten aus der Werkstatt der Goslarer Bildschnitzerfamilie Jobst Heinrich Lessen d. J. und Heinrich Lessen d. Ä.), der Grabstein eines kaiserlichen Vogts und seiner Frau im südlichen Seitenschiff (um 1260) sowie das Kruzifix (15. Jh.).

Ostern–Herbstferien Mo.–Sa. 15–18, So. nach Gottesdienst bis 18 Uhr

Fachwerkjuwel mit Brunnen

Kleines Hl. Kreuz

Unterhalb der Frankenberger Kirche steht das Kleine Heilige Kreuz. Seine Grundmauern stammen von einem im 14. Jh. gestifteten Hospital und Altenheim. 1668 erhielt es seinen Fachwerkaufbau. An das Kleine Heilige Kreuz schließen das 1505 gebaute **Küsterhaus** und ein Torbogen aus dem Jahre 1510 an (dieser stand bis zu Anfang des 20. Jh.s in der Bergstraße 61). Der Brunnen am Frankenberger Plan ist ein Nachbau des Rathaushofbrunnens von Nürnberg, den Pankraz Labewolf im 16. Jh. schuf. .

Kleines Hl. Kreuz: Besichtigung auf Anfrage Tel. 2 24 64

Wo Siemens seine Wurzeln hat

Siemenshaus

Das 1693 erbaute Stammhaus der Familie Siemens gehört mit seinem Seitenflügel und den Wirtschaftsgebäuden zu den größten und besterhaltenen Bürgerhäusern der Stadt. Deele (Diele), Hof und Brauhaus können im Rahmen von Stadt- und speziellen Themenführungen besichtigt werden.

Schreiberstr. 12 | Besicht. bei Stadtführung um 10.30 Uhr (► S. 120)

Heimstätte für Kranke und Zerbrechliche

Hospiz Großes Hl. Kreuz

1254 stiftete der kaiserliche Vogt Dietrich von Sulinge das ehem. Spital zum Großen Heiligen Kreuz als Heim für alte, kranke und pflegebedürftige Bürger der Stadt (Hoher Weg 7). Es besteht aus mehreren Gebäuden, von denen heute das Eckhaus mit einem großen Portal und einer durchlaufenden Diele im Innern sowie die am Hohen Weg anschließende ältere Kemenate (1225) die bedeutendsten sind. In ihrem Erdgeschoss mit einfachen Rundbogenfenstern befindet sich die St.-Johannis-Kapelle (im Innern stehen ein steinerner Altar aus dem 13. Jh., ein barockes Kruzifix mit versilbertem Körper sowie eine Bibel von 1671). Daneben liegt eine im 16. Jh. überbaute Toreinfahrt. An der Nordseite des Hauptgebäudes wurden um 1650 in zwei Geschossen 18 Kammern für die ehem. Bewohner, die sog. Pfründnerkammern, eingebaut. Eine Galerie führt ins Obergeschoss. Mehrere Kruzifixe aus dem 13. Jh. und ein Triumphkreuz von 1538 hängen links über dem Kapelleneingang. In einer zugemauerten Fensternische an derselben Wand steht die überlebensgroße Figur eines Schmerzensmannes (um 1530).

Aufmarsch der Zinnfiguren

Lohmühle

Von den einst 28 Mühlen entlang der Abzucht, so heißt die innerhalb der Stadt fließende Gose, ist nur die im 16. Jh. erbaute Lohmühle erhalten geblieben. Hier wurde einst aus Baumrinde und Baumfrüchten die Lohe hergestellt, ein für Gerber wichtiger Rohstoff. In den historischen Räumlichkeiten am Goslarer Museumsufer befindet sich heute das **Zinnfigurenmuseum**. Über 100 Schaubilder zeigen Stadt- und Weltgeschichte in Miniatur. Regelmäßige Sonderausstellungen und Veranstaltungen bereichern das Programm.

Am Museumsufer 1 | Di. – So. 10 – 17 Uhr
Eintritt: 4 € (Kombikarte mit dem Goslarer Museum 6 €)
www.zinnfigurenmuseum-goslar.de

Stadtgeschichte und Geologie

Goslarer Museum

Gegenüber dem Zinnfigurenmuseum auf der anderen Seite des Museumsufers steht das Goslarer Museum. Es ist in einem zweigeschossigen Patrizierhaus von 1514, einem anschließenden Fachwerkbau vom Ende des 15. Jh.s sowie einem 1922 – 1933 erbauten Neubau untergebracht. Zu sehen sind Zeugnisse zur Stadtgeschichte; ein Teil der Ausstattung des ehem. Doms St. Simon und Judas, darunter der Krodoaltar, ein bronzener Reliquienschrein aus dem frühen 12. Jh., der von vier knienden Bronzefiguren getragen wird, sowie Glasmalereien aus dem 13. Jh., spätgotische Wandteppiche und eine aus sieben überlebensgroßen Figuren bestehende Kreuzigungsgruppe (um 1520). Gildezimmer, Apotheke und Druckereiraum schildern das Wirtschaftsleben der Stadt. Möbel, Musikinstrumente, Bronze-, Zinn- und Silbergeräte, Glas, Porzellan und Tonwaren lassen Kulturgeschichte lebendig werden. Das Museum ist Sitz eines **Geopark-Informationszentrums**; zu sehen sind eine sehr umfangreiche Fossiliensammlung mit Funden vor allem aus dem westlichen Harz, eine Ausstellung über die »Klassische geologische Quadratmeile am nördlichen Harzrand« (zw. Goslar und Bad Harzburg) sowie eine Ausstellung »Vom Erz zum Metall«, die auf das Rammelsberger Hüttenwesen eingeht.

Di. – So. 10 – 17 Uhr
Eintritt: 4 € (Kombiticket mit Zinnfigurenmuseum 6 €)

Marktplatz

Brunnen für die Freie Reichsstadt

Marktplatz mit Brunnen

Mittelpunkt der schönen Altstadt ist der Marktplatz mit dem Rathaus (an der Westseite), der Kaiserworth und dem Marktbrunnen. Der 1546 aufgestellte Brunnen stammt noch aus dem 13. Jahrhundert. Der im 14. Jh. hinzugefügte vergoldete Reichsadler symbolisierte den Status der Freien Reichsstadt. Neben der Rathaustreppe steht der bronzene **»Nagelkopf«** von Rainer Kriester (1935 in Plauen geboren).

Wo die Goslarer Ratsherren tagten

Rathaus

Das Rathaus ist ein einfacher gotischer und doch repräsentativer Steinbau, der in mehreren Bauabschnitten entstand und bis 2022 aufwendig saniert wurde. Sein Hauptflügel öffnet sich zur Marktseite in fünf breiten Arkaden, die um 1450 entstanden. Zwischen dem vierten und fünften Bogen befand sich einst der Pranger, heute steht hier eine Säule mit einer Nachbildung der Goslarer Normalelle. Sie entsprach etwa einer Unterarmlänge. Die sechs Fenster über den Arkaden sind von 1896, sie werden von spitzen Giebeln bekrönt. An der Südseite führt eine Freitreppe von 1537 in die große Diele (Deele) des Hauptgeschosses. Im Nordwesten schließt sich die 1498 – 1506 errichtete Marienkapelle an.

Hauptsehenswürdigkeit ist der ehemalige Sitzungssaal der Goslarer Ratsherren, der **Huldigungssaal**. Er wurde zwischen 1505 und 1520 eingerichtet. Seine Wände, die Decke und sogar die Fensternischen sind vollständig mit Tafelgemälden eines niedersächsischen Meisters ausgekleidet. Rankenschnitzwerk krönt die einzelnen Wandtafeln. An der kassettierten Decke sind Christi Verkündigung, Geburt, Anbetung und Darstellung im Tempel, umgeben von den vier Evangelisten und zwölf Propheten, dargestellt. An der Ostwand befindet sich die 1506 geweihte, nischenartige Dreieinigkeitskapelle, in der die Ratsherren vereidigt wurden. Zu den Ausstattungsstücken gehören die Kopie des um 1230 entstandenen Goslarer Evangeliars mit schönen, byzantinisch beeinflussten Miniaturen, Silberbecher, eine Silberschale und sakrale Gegenstände. Der restaurierte Saal ist nicht mehr zu begehen. Das historische Goslarer Rathaus beherbergt die Touristeninformation und das neue Infozentrum der Stiftung Welterbe im Harz »Bergwerk Rammelsberg, Altstadt von Goslar und Oberharz Wasserwirtschaft«.

Infozentrum Welterbe: tgl. 10 – 17 Uhr

Reichtum und Kraft

Kaiserworth

An der Südseite des Marktes steht die **Kaiserworth**, die 1494 als Gildehaus der Gewandschneider (Tuchhändler) erbaut wurde (das hohe Satteldach wurde später aufgesetzt; heute Hotel). Das Erdgeschoss des zweigeschossigen Gebäudes öffnet sich mit einer sechsbogigen Arkadenhalle zum Marktplatz. In Nischen über figürlichen Konsolen stehen acht hölzerne Kaiserfiguren aus dem 17. Jh. (daher der Name Kaiserworth; Worth = Wohnhaus) und an der Ostseite noch zwei steinerne Figuren, Abundantia und Herkules (Sinnbilder für nie versiegenden Reichtum und Kraft) darstellend; an der Konsole darunter der bekannte **Dukatenscheißer** (ebenfalls Ausdruck für den Reichtum der Gilde).

Basis für die Himmelsleiter

Marktkirche

Hinter dem Rathaus erhebt sich an der Westseite des Marktes die Marktkirche St. Cosmas und Damian, die ab 1170 an der Stelle eines

OBEN: Schmale Gassen und liebevoll sanierte Fachwerkhäuser prägen die Goslarer Altstadt.

UNTEN: Mit dem Schrägaufzug von 1936 geht es hinauf für einen beachtlichen Ausblick auf die Übertageanlagen des ehemaligen Erzbergwerks Rammelsberg.

Vorgängerbaus als kreuzförmige, dreischiffige Basilika errichtet wurde. 1240 trat an die Stelle der Flachdecke ein spitzbogiges Kreuzgratgewölbe, um 1300 wurde der Chor erweitert, Ende des 15. Jh.s entstanden die beiden äußeren Seitenschiffe. Zu den bemerkenswerten Ausstattungsgegenständen gehören neun spätromanische Glasmalereien mit Szenen aus dem Leben der Kirchenpatrone St. Cosmas und Damian. Sie entstanden um das Jahr 1250 für die Chorfenster der Marktkirche. Im südlichen Querschiff sind Reste spätgotischer Malereien erhalten. Der **Aufstieg auf den Nordturm** wird auch als »Himmelsleiter« bezeichnet. Die Mühen (218 Stufen!) werden mit einem eindrucksvollen Blick über die Dächer der Stadt belohnt.
tgl. 11 - 17 Uhr | Kirchenführungen Mo., Sa. 12.30 Uhr | Nordturm: Jan., März, Nov.: Sa./So. 11 - 17, Apr. - Okt. tgl. 11 - 17, zum Weihnachtsmarkt tgl. 11 - 19 Uhr | www.marktkirche-goslar.de

Butterhanne zeigt's dem Teufel

Brusttuch

Gegenüber dem Westportal der Marktkirche steht im spitzen Winkel zweier Straßen das eigenartigste Goslarer Bürgerhaus: das sog. Brusttuch, erbaut 1521 - 1526 im Auftrag des Hüttenbesitzers Johannes Thalling. Auf einen hohen, steinernen Unterbau folgt ein niedriges gotisches Fachwerkgeschoss mit Erker an der Stirnseite sowie ein steiles, windschiefes Dach. Seinen Namen hat das Haus vermutlich von den »Brosdokern«, den Gewandschneidern, die davor ihre Umschlagtücher anboten. Unter den oberen Fenstern verläuft ein breiter Bogenfries mit geschnitzten biblischen und anderen Bildern sowie derblustigen Darstellungen von Menschen und Tieren des Bildhauers Simon Stappen, darunter die **»Butterhanne«**. Sie zeigt dem Teufel gegenüber ihr Hinterteil, damit der die von ihr gemachte Butter nicht verhext. Im Innern des heutigen Hotels sind schöne Räume mit Schnitzwerk, Balkendecken und Gemälden zu sehen.

 Oberstadt

Aus alt mach neu

Mönchehaus Museum

Aus zwei historisch bedeutenden Gebäudeensembles, der Alten Münze (1509) und dem Ausspann (1640), entstand das Hotel Alte Münze. Für die gelungene Restaurierung gab es 2013 den ersten Preis der Denkmalpflege des Landes Niedersachsen. »Modern Art meets history« - so könnte man das eindrucksvolle Ensemble des Mönchehauses umschreiben. Das 1528 erbaute und aufwendig sanierte Haus gehört zu den schönsten Bürgerhäusern der Stadt. Heute logiert hier ein Museum, das **zeitgenössische Kunst** zeigt in Deele und Kammern, Nebengebäuden, Kellerräumen und dem Garten - eine ungewöhnlich gelungene Synthese von Gegenwart und Geschichte. Zu den sehenswerten Exponaten gehören Werke von

Franz Gertsch, Beuys, Nam June Paik und Robert Longo sowie Rauminstallationen, u.a. von Rebecca Horn und Anselm Kiefer. Der Skulpturengarten zeigt Christos Werk »Package in a Hunt«: der letzte Erz-Förderwagen des Goslarer Bergbaus, künstlerisch verpackt. Der im Mönchehaus ansässige Kunstverein schreibt seit 1975 den Kaiserring aus und initiierte die Aufstellung zahlreicher Skulpturen in Goslar.
Di. – So. 11 – 17 Uhr | Eintritt: 5 € | www.moenchehaus.de

St. Jakobi

Stilvielfalt im Kirchenraum
Unweit nordöstlich befindet sich die älteste noch genutzte Pfarrkirche Goslars, die 1073 erstmals erwähnte Kirche St. Jakobi. Sie entstand im 11. Jh. als flach gedeckte, dreischiffige Pfeilerbasilika. Um 1500 begann der Umbau zur Hallenkirche. Zur Ausstattung zählt das Taufbecken von 1592, die Orgel (um 1650 mit älteren Teilen), das spätgotische Vesperbild, eine 1515 von **Hans Witten** geschaffene Pietà aus Lindenholz, ein Meisterwerk spätgotischer Schnitzarbeit, sowie die mit Flachreliefs geschmückte Kanzel von 1620.

Neuwerkkirche

Stilrein romanisch
Nördlich der Jakobikirche steht die dreischiffige, kreuzförmige Pfarrkirche Neuwerk mit Querhaus und zweitürmigem Westbau. Sie war Klosterkirche eines im 12. Jh. gegründeten Benediktinerinnenklosters und ist heute ein eindrucksvolles Zeugnis romanischer Baukunst. Vom Kloster ist nur die 1173 erstmals erwähnte Neuwerkkirche erhalten. In der ersten Bauphase im 12. Jh. entstanden Chor und Querhaus (1186 Weihe des Hauptaltars), bis 1200 folgten Langhaus und Westbau, dessen Turmspitzen erst im 14. Jh. vollendet wurden.

ÜBER DEN DÄCHERN VON GOSLAR

Der Blick ist grandios! Vom Turm der Marktkirche aus mit der wunderschönen Altstadt Goslars zu Füßen und den Harzer Bergen als Panorama lässt es sich wunderbar staunen. Da lohnt sich der teils beschwerliche Aufstieg über 218 Stufen auf den 66 m hohen Nordturm. Besonders stimmungsvoll ist es in der Adventszeit, wenn die Stadt mit Weihnachtsmarkt und Weihnachtswald in festlichem Licht erstrahlt.

Im Tympanon über dem Hauptportal ist noch eine leider etwas verblasste spätromanische Malerei erhalten, eine thronende **Muttergottes** mit dem Jesuskind. Im Innern der Kirche befinden sich beeindruckende **Wandmalereien** von 1230/1240, die in leuchtenden Farben erstrahlen. Zwischen den Apsisfenstern finden sich vier alttestamentarische Szenen (v. l. n. r.): Jakobsleiter, Abrahams Opfer, Jephtha erschlägt seine Tochter, Judith mit dem Haupt des Holofernes. Die Lettnerkanzel mit Stuckreliefs von 1230 dient als Orgelempore. Für die eigenartigen henkelförmigen Ausbuchtungen an den Halbsäulen im Mittelschiff der Kirche gibt es keine schlüssigen Erklärungen. Dargestellt sind ein menschliches Gesicht, ein Teufelskopf, eine sich in den Schwanz beißende Schlange und ein Kranz. Das Sakramentshäuschen ist von 1484; eine Lindenholz-Pietà am nördlichen Seitenaltar von 1476, am südlichen eine Eichenholz-Pietà (Mitte 15. Jh.).
Im **romanischen Garten** der Neuwerkkirche steht die Granitskulptur »Tor in Goslar« von der Hand des Schweizer Künstlers Max Bill (1908 – 1994). Gleich hinter dem Rosentor steht in der **Rosentorstraße** außerdem das in Bronze gegossene Figurenpaar »Mann mit Stock, Frau mit Regenschirm« des 1932 in Kolumbien geborenen, in New York und Paris lebenden Malers und Bildhauers Fernando Botero.

Rosentorstr. 27 | März – Okt. Mo. – Fr. 10 – 16.30, Sa., So. Hinweisschilder beachten, im Winter nach Gottesdiensten oder nach Vereinbarung
www.neuwerkkirche-goslar.de

Unterstadt

Altenheim mit Tradition

St.-Annen-Haus

Das in einem Garten gelegene St.-Annen-Haus gehörte zum 1488 eingerichteten Spital der Jakobigemeinde und dient bis heute als Altenheim. Der Fachwerkbau wurde 1671 mit großer Diele erneuert, nach Osten schließen sich die Chorkapelle, Küche und Wohnräume an. Bei einem Umbau 1713 wurde die Dielendecke farbig bemalt.

Glockengießerstr. 65 | Sa. 11.30 – 13 Uhr

Christliche Stätten mit reizvollem Blick

Rund um den Petersberg

Östlich vom Breiten Tor liegt der über 30 m hohe Sandsteinfelsen Klus am Abhang des Petersbergs mit einer bereits 1169 erwähnten, in den Felsen gehauenen Kapelle. Auf der Kuppe des 275 m hohen Petersbergs östlich der Altstadt stand einst das 1050 von Heinrich III. gestiftete Chorherrenstift St. Peter. Von oben haben Sie einen schönen Blick auf die Stadt Goslar.

Stadtbefestigung

Wo einst die Fuhrwerke in die Stadt rollten

Breites Tor

Die Stadtbefestigung von Goslar, von der noch eindrucksvolle Reste erhalten sind, stammt aus dem 12. Jh., sie wurde im 15. und 16. Jh. jedoch noch erheblich verstärkt. Die 1,5 m dicke, bis zu 10 m hohe Stadtmauer besaß zahlreiche halbrunde und eckige Wehrtürme, darunter das im Osten gelegene 1443 erbaute Breite Tor, seit etwa 1500 die Hauptzufahrt zur Stadt. Auch der **Werderhof** ist erhalten geblieben. Er war einst die Torkaserne für die Stadtverteidiger und lag zwischen innerem und äußerem Tor (Letzteres wurde abgerissen). Auch Vititor und Claustor waren Teil der Stadtbefestigung. Neben einem der Befestigungstürme steht die Skulptur »Gedenkstätte Goslar«, eine CorTen-Stahlplatte des Amerikaners **Richard Serra** (geb. 1939), Kaiserringträger 1981. In der Mauerstraße stehen der halbrunde Weberturm und der Teufelsturm; der Weberturm ist ein außergewöhnliches Ferienhaus über sieben Etagen.

www.weberturm-goslar.de

Ein Wasserloch als Befestigung

Bauten im Süden

Zwischen Breitem Tor und St.-Annen-Wall im Süden befindet sich das **Wasserloch**, ein Festungsbau über der Gose, die hier die Befestigung durchfließt. Dieser Bereich der Stadtbefestigung war durch ein ausgeklügeltes System von Absperranlagen gesichert. Weiter südlich schließen sich ein Teil der Stadtmauer und der Kegelworth-Turm an. Der mächtige **Zwingerturm** auf dem Thomaswall am Kahnteich von 1517, mit 5,50 m starken Mauern und 24 m Durchmesser, sollte den Rammelsberg und die Ostflanke des Stadtwalls schützen. Bis zu 1000 Menschen fanden hier im Belagerungsfall Schutz.

Eine Ausstellung mit Ritterrüstungen, Belagerungsgeräten und Waffen aus dem Mittelalter ist für Gruppen nach Anmeldung zu besichtigen. Außergewöhnlich: Sie können auch eine »Nacht im Museum« buchen oder auf der Panoramaterrasse im Sternenhimmelbett nächtigen.

Tel. 05321 4 31 40 | www.zwinger.de

Architektur aus vergangenen Zeiten

Bauten im Norden

Von dem Rosentor ist nur noch der Torzwinger erhalten; hier befindet sich das **Hotel Der Achtermann** (1908). Die besondere Architektur erkennt man noch in den Festsälen, Designer-Suiten oder im Restaurant »Altdeutsche Stuben« (www.der-achtermann.de).

Aufsicht für den Holzstapel

Warttürme

Außerhalb befanden sich Warttürme, u. a. auf dem Rammelsberg der Maltermeisterturm und auf dem Sudmerberg die Warte. Vom

Maltermeisterturm, der im 14. Jh. auf halber Höhe des Rammelsbergs errichtet wurde, konnte das Bergwerk überwacht werden. Ab 1578 kündigte die Glocke den Bergleuten Beginn und Ende der Schicht an; 1750 zog hier der sog. Maltermeister ein, der das Grubenbrandholz verwaltete (Malter = Raummaß für Holz; 1 Malter = 1,859 m³). Von der Terrasse des Restaurants hat man einen schönen Ausblick.

 UNESCO-Weltkulturerbe Rammelsberg

Museum und Besucherbergwerk: Bergtal 19
Ausführliche Informationen: www.rammelsberg.de
Öffnungszeiten: April – Okt. tgl 9 – 18, Nov. – März bis 17; letzte Führungen 16.30 bzw. 15.30 Uhr
Eintritt: Museum 9 €, mit Führungen über bzw. unter Tage 16 €
Führungen unter Tage sind nicht für Kinder unter 4 Jahren geeignet. Ca. 70 % der für Besucher zugänglichen Bereiche sind barrierefrei bzw. rollstuhlgerecht ausgelegt.

Erlebnis Bergbau

Berühmte Erzgrube

Der Rammelsberg als eine der bedeutendsten Buntmetalllagerstätten Europas prägte und prägt bis heute nachhaltig das Leben der Menschen in und um Goslar. Begeben Sie sich auf eine Zeitreise zu den authentischen Orten der Bergbaugeschichte des Rammelsberges und der Stadt Goslar. Die eindrucksvollen **multimedialen Ausstellungen und spannende Führungen** unter Tage machen Bergbaugeschichte hautnah erlebbar. Die alte Schlosserei wird zudem zu verschiedenen Terminen zum spannenden Veranstaltungsraum und Konzertsaal.

Museum mit besonderen Maßstäben

Geschichte

Archäologische Funde im westlichen Harzraum lassen vermuten, dass es bereits 1000 Jahre v. Chr. bergbauliche Aktivitäten am Rammelsberg gegeben haben muss. Liegt der genaue Beginn des hiesigen Bergbaus noch im Dunkeln der Geschichte verborgen, ist mit dem 30. Juni 1988 doch immerhin das genaue Datum seines Endes bekannt. Verpackungskünstler Christo wickelte später den letzten Förderwagen in weiße Stoffbahnen – heute ist er im Garten des Mönchehauses zu bestaunen.
1992 wurde der gesamte über- und untertägige Komplex, der in seiner Fläche **eine der größten musealen Anlagen Deutschlands** umfasst, als erste Industrieanlage in Deutschland zusammen mit der Altstadt von Goslar unter den Schutz des UNESCO-Welterbes der Menschheit gestellt. Museum und Besucherbergwerk ziehen gemeinsam jedes Jahr über 100 000 Besucher aus aller Welt in ihren Bann.

3000 JAHRE BERGBAU AM RAMMELSBERG

Der Bergbau am Rammelsberg ist nach neuesten archäologischen Forschungen bis ins 9./10. Jh. nachzuweisen. Das älteste am Berg gefundene Kupferwerkzeug stammt aus der Zeit um 1000 v. Chr. Abgebaut wurden Blei, Zink und Erz. 1987, im Jahr vor der Schließung, wurden immerhin noch 225 000 Tonnen Erz gefördert. Als am 30. Juni 1988 die Grube endgültig stillgelegt wurde, gingen über 3000 Jahre Bergbautradition zu Ende.

▶ **Fördermengen am Rammelsberg**
Die Rammelsberger Lagerstätte ist eine Blei-Zink-Erzlagerstätte (Angaben in Tsd. Tonnen).

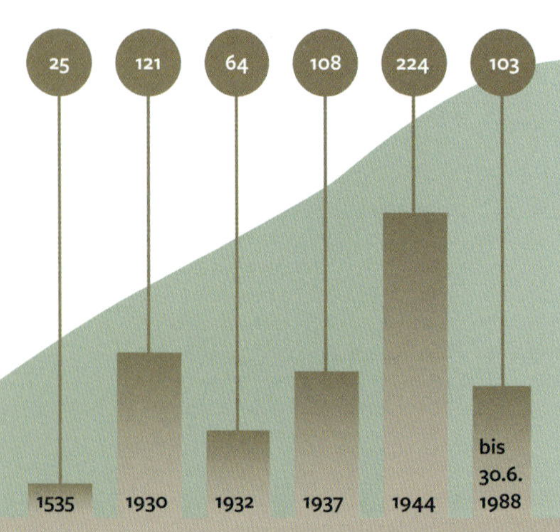

▶ **Otto-Adelheid-Pfennig**
Aus den ersten Silberfunden am Rammelsberg wurde der Otto-Adelheid-Pfennig geprägt. Zu dieser Zeit (um 1000) war er das wichtigste Zahlungsmittel der Region.

▶ **Technik**
Der Bergbaus kennt acht verschiedene Abbaumethoden. Verfahren mit regelmäßigem Vollversatz (Verfüllung aller Hohlräume) wurden am Rammelsberg 1769 eingeführt.
Zwei Beispiele:

Strossenbau

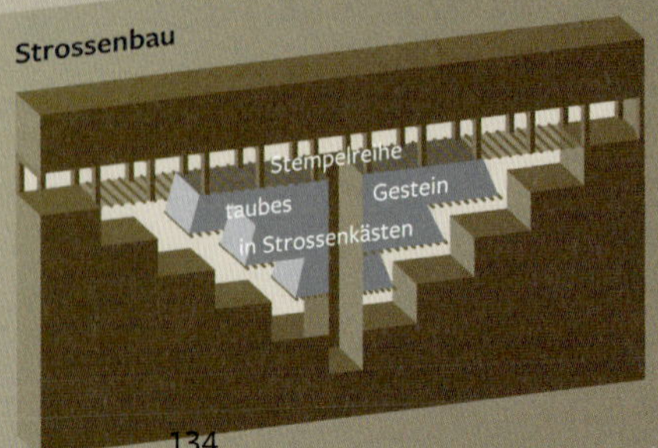

Beim Strossenbau wurde Erz von oben nach unten in so genannten Strossen abgebaut. Die Stempelreihen wurden mit Grubenholz belegt und darauf wurde taubes Gestein aus bereits abgetragenen Ebenen verfüllt. Dafür benötigte man enorme Mengen Holz.

En

Der Ve

Wasserkraft statt Pferdestärken

Lange wurde das Erz mit der Kraft von Pferden ans Tageslicht befördert. Um 1620 löste Wasserkraft diese Methode ab. Kehrräder mit zwei Schaufelkränzen ermöglichten einen Rechts-Links-Lauf, mit dem über eine Welle eine Seiltrommel angetrieben wurde: Auf der einen Seite wurden die vollen Erzkübel hochgezogen, auf der anderen Seite die leeren hinuntergelassen.

. Jh.s löste der Firstenbau den Strossenbau ab. n wurden nun von unten nach oben getrieben. - sehr wichtig als Arbeits- und Transportfläche.

▶ **Weltkulturerbe Rammelsberg**
Seit 1992 sind die Altstadt von Goslar und das Bergwerk Rammelsberg Weltkulturerbe. Das stillgelegte Bergwerk wurde zum Museum umgebaut und informiert über die Bergbaugeschichte am Rammelsberg.
Weitere Infos unter www.rammelsberg.de

Auf den Spuren des Erzes

Führungen übertage

Auf den Führungen können Besucher sich auf verschiedene Weise dem Rammelsberg nähern. Übertage thront die **Erzaufbereitungsanlage**, die sich scheinbar mühelos an den Hang anpasst. Mit dem Schrägaufzug, einer 2014 nach erfolgter Sanierung wieder in Betrieb genommenen originalen Anlage, werden die Besucher hinauf zum höchsten Punkt der Übertageanlage befördert und genießen dabei einen Blick auf das große Gelände. Von hier aus wird dem ehemaligen Weg des Erzes von seiner Förderung bis hin zum hüttenfertigen Konzentrat am authentischen Ort mit originalen Maschinen gefolgt. Die baulichen Anlagen des ehemaligen Bergwerks wurden von den bekannten Industriearchitekten Fritz Schupp und Martin Kremmer entworfen und stellen in ihrer funktionalen und ästhetischen Gesamtheit einen Meilenstein in der Geschichte der Industriekultur dar.

Tief unter der Erde

Führungen untertage

Das bergmännische Leben und Arbeiten am authentischen Ort wird bei einer Führung untertage erlebbar. Mit der Grubenbahn geht es in einer knapp fünfminütigen Fahrt hinein in den Berg. An originalen Bergbaumaschinen zeigen die Grubenführer eindrucksvoll die wichtigsten Tätigkeiten der Bergleute. Weltweit einmalig ist das »Rolli-Mobil« – ein umgebauter Grubenbahnwagen, der es Rollstuhlfahrern ermöglicht, am Untertageerlebnis uneingeschränkt teilzuhaben. Bei einer zweiten Führung unter Tage geht es zu Fuß in den **Roeder-Stollen**. Diese »Befahrung«, wie es im bergmännischen Jargon heißt, führt in das 200 Jahre alte System von Kunst- und Kehrrädern des Rammelsberges. Dem Weg des Wassers folgend – dem einstmals einzigen nutzbaren Energieträger –, geht es tief in den Berg hinein, vorbei an den riesigen Wasserrädern, die der Entwässerung der Grube sowie der Schachtförderung dienten. Am Ende führt eine längere Treppe wieder ans Tageslicht.

Rund um Goslar

Romanischer Klosterschatz

Klosterruine Riechenberg

3 km nordwestlich von Goslar liegen die Reste des 1117 gegründeten und 1803 aufgelösten Augustinerklosters Riechenberg. Von der 1122 geweihten Klosterkirche St. Maria ist nur die vor 1150 angelegte **Krypta** erhalten, die schönste und bedeutendste romanische Krypta Niedersachsens. Die Säulen des dreischiffigen, kreuzgratgewölbten Hallenraumes sind kunstvoll gestaltet. 1150 wurde hier der Mitbegründer des Stifts, Propst Gerhard, beigesetzt.

In der Waschkaue schlüpft man in die Rolle der Bergarbeiter. Die Arbeitskleidung wurde zum Trocknen und Auslüften hochgezogen.

Nordwestlich der Kirche liegt das Klostergut mit Wirtschaftsgebäuden aus der Mitte des 18. Jahrhunderts. Die dort in klösterlicher Gemeinschaft lebende ev. Gethsemanebruderschaft bietet auch Klosteraufenthalte auf Zeit für Männer und Frauen an.
www.gethsemanekloster.de

Barockes Klosterjuwel

Klosterkirche Grauhof

Das Augustinerkloster Grauhof im Stadtteil Jürgenohl war nach der Zerstörung des Vorgängerbaus 1527 auf dem Georgenberg dorthin verlegt worden. Die prächtige Klosterkirche entstand 1711 bis 1717 nach Plänen des Mailänders Francesco Mitta. Seit 1946 wird das Kloster von Franziskanern betreut. Unter der reichen Ausstattung befindet sich der 1717 fertiggestellte Hochaltar. Die 1737 von Christian Treutmann angefertigte Orgel mit 42 Registern und rund 3500 Pfeifen gilt als eine der größten und schönsten deutschen Barockorgeln.
So., Fei. 15 – 17 Uhr

Burg und Bahnhof

Vienenburg

10 km nördlich von Bad Harzburg, am Zusammenfluss von Oker und Radau, liegt Vienenburg, seit 2014 ein Stadtteil von Goslar. Im Norden erhebt sich der 256 m hohe, waldreiche Harlybergzug mit dem Harlyturm; an dessen Fuß erstreckt sich der Vienenburger See. Südlich des Stadtzentrums steht die ehem. Vienenburg, die später zu einem Gutshof umgebaut wurde. Gut zu erkennen ist die einstige Ringform der Burg. Erhalten geblieben sind der 24 m hohe, runde Bergfried aus dem Mittelalter und Fundamente des Palas. Die in Fachwerk ausgeführten Wirtschaftsgebäude stammen aus dem 18. Jahrhundert. 1840 entstand das ehem. Bahnhofsgebäude an der 1843 in Betrieb genommenen Eisenbahnlinie Braunschweig – Bad Harzburg. Heute beherbergt das älteste erhaltene Bahnhofsgebäude in Deutschland ein **Eisenbahnmuseum**.
Eisenbahnmuseum: Do. – So. 15 – 17 Uhr | Eintritt: 3 €
www.eisenbahnmuseum-vienenburg.de

Kloster mit Genussfaktor

Kloster Wöltingerode

Nordwestlich von Vienenburg (über die Oker, an der Straße nach Weddingen) liegt das 1174 gegründete Benediktinerkloster Wöltingerode, das bald darauf zu einem Zisterzienserinnenkloster wurde. Im 13. Jh. war es ein bedeutendes Scriptorium, im 14./15. Jh. ein viel besuchter Wallfahrtsort. 1809 wurde das Kloster aufgelöst. Die Klosterbrennerei destilliert Schnäpse und ausgefallene Liköre, manche davon nach uralten Rezepten, u. a. die Wöltingeröder Kirsch-, Kümmel- und Zimtliköre. Mitte September findet hier das überregional bekannte Hoffest »Wöltingerode unter Dampf« statt.
Schnupperführungen: Di., Do., Sa., So. u. Fei. 14 Uhr |
www.woeltingerode.de

HAHNENKLEE-BOCKSWIESE

Bundesland: Niedersachsen | **Höhe:** 600 m | **Einwohner:** 1200

C/D 2

Auf einer sonnigen Hochebene, umgeben von weiten Wäldern und den Harzer Bergen, ist Hahnenklee ein beliebter Urlaubsort für unterschiedlichste Gruppen: Familien sind begeistert vom Erlebnis am Bocksberg, Aktive erklimmen die Berge mit Mountainbikes und Romantiker wandern auf dem Liebesbankweg.

Aktiv und sportlich

Der heilklimatische Aktivort gehört zum 16 km nördlich gelegenen ▶ Goslar. Ein vielfältiges Angebot an sportlichen und kulturellen Veranstaltungen und die Nähe zu vielen Ausflugszielen machen Hahnenklee zum beliebten Ferienort. Bereits Ende des 19. Jh.s begann hier der Tourismus und ist bis heute Haupteinnahmequelle. Im 14. Jh. haben Mönche in Hahnenklee einen Viehhof angelegt, während v.a. im 16. Jh. die Siedlungen Hahnenklee und Bockswiese durch den Bergbau entstanden sind. Weite Wanderwege und Mountainbikerouten locken zur aktiven Erholung. Im Sommer kühlt man sich ab an der Badestelle am Kuttelbacher Teich – Teil des UNESCO-Welterbes. Ein echtes Highlight und definitiv einen Besuch wert ist der 726 m hohe

Eine nordische Schönheit im Harz: die Stabkirche von Hahnenklee-Bockswiese

HAHNENKLEE-BOCKSWIESE ERLEBEN

HAHNENKLEE TOURISMUS
Kurhausweg 7
38644 Goslar-Hahnenklee
Tel. 05325 5 10 40
www.hahnenklee.de

Walpurgisfest in der Nacht vom 30. April auf den 1. Mai

Der Bikepark bietet 7 Abfahrten und einen Übungsparcours – für Profis und Anfänger Spaß pur. Biker und ihre Räder werden mit dem Bikelift (Sessellift) auf den Bocksberg transportiert; Räder und Zubehör sind ausleihbar.
www.bikepark- hahnenklee.de
www.erlebnisbocksberg.de
Mitte März – Anf. Nov.
tgl. 9 – 17.45 Uhr

HOTEL NJORD €€–€€€
Das helle, lichte, mit skandinavischem Charme ausgestattete Hotel liegt direkt am Kranichsee. Die Zimmer sind klein, aber komfortabel, viele mit Balkon und Seeblick. Vielseitiges Frühstücksbuffet. Moderne Frischeküche im Restaurant Madhus mit Terrasse. Ansprechender Wellnessbereich.
Parkstr. 2
Tel. 05325 52 89 3 70
www.hotelnjord.com

HOTEL HAHNENKLEER HOF €€€
Traditionsreiches Hotel im alpenländischen Stil. 12 EZ, 33 DZ, 4 Suiten, 2 App. in unterschiedlichen Größen mit Balkon, komfortabel und freundlich eingerichtet. Lifte, Schwimmbad, Sauna, Panoramarestaurant mit Sonnenterrasse.
Parkstr. 24 a
Tel. 05325 5 11 10
www.hahnenkleerhof.de

DAS SCHOKO AM KREUZECK €€
Das Schoko Spezial Schnitzel oder auch Riesengarnelen in einer weißen Schokoladen-Chilisauce sind die Spezialitäten des Hauses. Schokolade gehört zu allen Gängen dazu. Kleines, modern-rustikales Restaurant.
Am Kreuzeck 5
Tel. 05325 5 46 31 31
www.restaurantschoko-goslar.de
Mo. und Di. Ruhetag

Hausberg Hahnenklees: Der Bocksberg punktet mit Attraktionen wie Bikepark, Sommerrodelbahn oder Zipline Adventure. Am letzten Juli-Wochenende findet das Hahnenkleer Sommerfest statt.

Wohin in Hahnenklee-Bockswiese?

Stabkirche

Norwegen im Harz
Zwischen Hahnenklee und Bockswiese steht auf einem Hügel die Gustav-Adolf-Stabkirche, benannt nach dem schwedischen König und **in ihrer Art einmalig in Deutschland**. Sie wurde 1907/1908 nach Plänen von Karl Mohrmann ganz aus Holz erbaut. Der Baustil stammt aus

Nordeuropa, wo solche Kirchen schon zwischen 1000 und 1100 nach dem Vorbild der Wikingerschiffe errichtet wurden. Zwölf Masten oder Stäbe bestimmen die Grundkonstruktion. Die Querbalken sind ohne Nägel genutet und gespundet. Im Innern gliedern runde Holzstützen den Kirchenraum und tragen die Emporen. Die holzverkleideten Decken und Wände sorgen für eine einzigartige Atmosphäre.

Nicht nur für Liebende schön

Liebesbankweg

Begeben Sie sich auf eine sinnliche Wanderung auf dem Liebesbankweg! Auf ca. 7 km rund um den Bocksberg führt er durch die Harzer Natur mit schönen Ausblicken. Die liebevoll gestalteten Bänke, Zitatsteine und Verweilzonen haben Liebe, Verlobung und Ehejahre zum Thema. Mit ausgefüllter Liebesbankweg-Stempelkarte erhalten Sie u.a. in der Tourist-Info eine Urkunde. Einkehrmöglichkeiten unterwegs im Café Egerland und in der Bocksberghütte an der Seilbahn.

★★ HALBERSTADT

Bundesland: Sachsen-Anhalt | **Höhe:** 125 m | **Einwohner:** 39 175

Halberstadts Silhouette grüßt weit sichtbar mit den Türmen des Doms, der Liebfrauen- und St. Martinikirche. Die wechselhafte Geschichte des einstigen Bischofssitzes wird in vielen Museen erhalten. Doch Halberstadt punktet nicht nur mit dem Prunk von gestern, sondern auch mit einer lebendigen Kultur- und Kunstszene von heute. Der Ausflug ins Harzvorland lohnt sich!

Mit den Harzer Bergen im Blick ist Halberstadt sowohl für Kulturinteressierte als auch für Harz-Liebhaber ein geeignetes Urlaubsziel. Die kleine, bilderbuchschöne Altstadt unterhalb des Doms lädt zum Bummeln ein, ehe man den Domschatz bestaunt oder sich von ungewöhnlichen Kunstprojekten inspirieren lässt.

Zentrum der Christianisierung und Dichtung

Geschichte

Dank der Lage am Schnittpunkt zweier wichtiger Straßen entwickelte sich eine Siedlung, in der Karl der Große Anfang des 9. Jh. ein Bistum gründete. Halberstadt wurde zu einem Zentrum der Christianisierung, Kunst und Gelehrsamkeit, wovon Dom und Domschatz zeugen. 1108 wurde es erstmals als Stadt bezeichnet. 1387 trat es der Hanse bei und trieb einen ausgedehnten Handel mit den Niederlanden, Flandern und England. Eine Zeit geistig-kultureller Blüte erlebte Halberstadt in der zweiten Hälfte des 18. Jh.s, als der Dichter und Domsekretär **Johann**

6X ERSTAUNLICHES

Überraschen Sie Ihre Reisebegleitung: Hätten Sie das gewusst?

1. GEORGE CLOONEY

Die Dreharbeiten für **»The Monument Men«** fanden zum Teil im Harz statt. George Clooney drehte u.a. in Goslar, Halberstadt und Osterwieck. Der Harz ist beliebt für Filmproduktionen. (▶ **S. 19**)

2. LANGSAMKEIT

Ein Orgelkonzert über **639 Jahre**? In **Halberstadt** wurde John Cages Werk »Organ²/ ASLSP – As slow as possible« wörtlich genommen, und so entstand ein erstaunliches Musik-Projekt. (▶ **S. 152**)

3. MODERN ART

Ein international anerkannter und renommierter Preis für Moderne Kunst wird **in Goslar** verliehen: Der **Kaiserring** ehrt seit 1975 jährlich Künstler aus aller Welt, deren Werke im Mönchehaus Museum ausgestellt werden. (▶ **S. 129**)

4. SCHWINDELFREI ...

...sollten Sie sein, wenn Sie in einer **Gondel mit Glasboden** über das Bodetal schweben. In einigen Gondeln der Seilbahn Thale, die zum **Hexentanzplatz** hinauffährt, erleben Sie den faszinierenden Rundumblick bis tief in den Abgrund. (▶ **S. 267**)

5. SCHATZSUCHE

Gold, Edelsteine und kostbare Textilien. Teils über **1000 Jahre alte Schätze** funkeln in den Vitrinen der Domschätze von Halberstadt und Quedlinburg; im Kopf entstehen Bilder von Kaiserinnen, Königinnen und Prinzessinnen. (▶ **S. 144, 217**)

6. MAMMUT

Ein Mammut im Harz? Ja, vor rund 500 000 Jahren bevölkerten auch diese Riesen die Region. Eindrucksvoller Beweis dafür ist das Skelett eines **Alt-Mammuts im Spengler-Museum** in Sangerhausen. (▶ **S. 233**)

Wilhelm Ludwig Gleim (▶ Interessante Menschen) hier lebte.
Eine Vielfalt aus fünf Jahrhunderten **Fachwerkbau** entdeckt man in der Altstadt zwischen Rosenwinkel und Voigtei. Stolz prangen Kaufmannshäuser an Kulk und Grudenberg. Das moderne Stadtzentrum mit dem Rathaus von 1998 wurde anhand des historischen Stadtkerns behutsam rekonstruiert. Überregional bekannt sind die Halberstädter Würstchen, die bis heute hier hergestellt werden. Die besondere Tradition des **Lebendschachs** lebt im Schachdorf Ströbeck beim Schachfest am letzten Mai-Wochenende auf. Als Kreisstadt und Hochschulsitz liefert in Halberstadt eine kleine, lebendige Kneipen-Szene. Ein besonderes Erlebnis ist die Fahrt mit der historischen Straßenbahn.

★★ Dom St. Stephanus und Sixtus

Dom: April – Okt. Di. – Sa. 10 – 17, So., Fei. 11 – 17, Nov. – März Di. – Sa. 10 – 16, So., Fei. 11 – 16 Uhr | **Domschatz (Museum)**: April – Okt. Di. – So. 10 – 17, Nov. – März Di. – So. 10 – 16 Uhr | Eintritt Domschatz: 8 € | www.dom-schatz-halberstadt.de

Baugeschichte

Der Dom St. Stephanus und Sixtus beherrscht das teilweise historische Zentrum. Nach dem Vorbild französischer Kathedralen errichtet, beeindruckt er durch mittelalterliche Baukunst und eine umfangreiche originale Ausstattung. In den Fenstern leuchten **290 Glasmalereien**.
Die lang gestreckte, kreuzförmige Basilika von großer einheitlicher Wirkung ist ein Meisterwerk der Gotik. Die karolingische Kirche wurde 859 zum ersten Mal erweitert und später noch mehrfach erneuert. Der heutige Bau entstand etwa ab 1236, die Weihe fand 1491 statt. Zuerst wurde die zweitürmige Westfassade errichtet, während der noch in Benutzung bleibende romanische Bau des 11. Jh.s nach und nach abgerissen wurde. Trotz der langen Bauzeit blieben der aus Frankreich übermittelte Baugedanke und die Einheitlichkeit der gesamten Anlage gewahrt. Die entscheidenden, im 13. Jh. festgelegten Maßverhältnisse wurden im Wesentlichen beibehalten. Die obersten Stockwerke der Westtürme mit den achteckigen Spitzhelmen sind nach rheinischem Vorbild 1893 – 1896 errichtet worden. Obwohl er im Zweiten Weltkrieg von Bomben getroffen wurde, blieben wesentliche Teile des Doms erhalten. Die Schäden wurden bis 1959 beseitigt. Seit 1996 befinden sich Dom und Domschatz in der Obhut der Kulturstiftung Sachsen-Anhalt.

Harmonie und Einheitlichkeit

Im Dom

Das Innere der dreischiffigen Basilika spiegelt die **einheitliche stilistische Erscheinung** der Außensicht wider. Die Bündelpfeiler des Langhauses, auf denen Kreuzrippen- und Netzgewölbe ruhen, beeindrucken durch ihre Schlankheit und Eleganz. Am Haupteingang steht ein **Taufbecken** aus Rübeländer Marmor von 1195, das auf vier Löwen ruht. Der prächtige Orgelprospekt an der Westempore ist von 1718 (mit neuem Orgelwerk). Die Skulpturen auf den Pfeilerkonsolen stammen aus dem 14. bis 16. Jh.; an der Westseite des nördlichen Seitenschiffs sieht man Stephanus, an der Decke hängt ein bronzener, einst vergoldeter Radleuchter vom Beginn des 16. Jh.s. Die **Kanzel** stammt von 1592 und verewigt als Denkmal den besonderen ökumenischen Weg des Halberstädter Domkapitels. Ein Jahr nach Einführung der Reformation errichtet, verweisen die Namen und Wappenschilder katholischer und protestantischer Domherren am Schalldeckel auf ihr gemischt konfessionelles Wirken bis zur Säkularisation 1810.

Bedeutsamstes Ausstattungsstück ist die vor 1220 entstandene monumentale **Triumphkreuzgruppe** über dem Lettner, ein Meisterwerk mittelalterlicher Bildschnitzer. Es ist die früheste erhaltene Gruppe mit so komplexem Bildprogramm in Europa. Der im Leid gezeigte Christus wird flankiert von Maria und Johannes. Vierflügige Engel rahmen das Geschehen. Die Glasmalereien der Marienkapelle und des Chorumgangs sind noch original, sie stammen größtenteils aus dem 14. und 15. Jh.; mit Ergänzungen aus dem 19. Jh. Sehenswert sind außerdem die 14 Skulpturen an den Chorpfeilern, die Lichterkrone aus dem 15. Jh. und die Plastiken der hl. Hieronymus (um 1460), Georg mit dem Drachen (1487) und Sebastian (1510) an den Vierungspfeilern sowie mehrere Grabdenkmäler aus dem 15. – 17. Jh.

Rund um den Kreuzgang

Kreuzgang

An die Südseite des Doms schließt sich der zweigeschossige kreuzgratgewölbte Kreuzgang aus dem 13. Jh. an, sein Obergeschoss wurde im 16. Jh. durch den Einbau eines neuen Kapitelsaals verändert. An der Ostseite des Kreuzgangs liegt der alte Kapitelsaal aus dem 12. Jh., an den sich die Stephanskapelle anschließt. Am Westflügel springt die 1501 fertiggestellte Neuenstädter Kapelle in den Kreuzganggarten vor. Vor dem Westflügel liegt der im 12. Jh. erbaute dreigeschossige, zweischiffige Remter (Speisesaal/Refektorium) mit tonnengewölbtem Keller.

Größter mittelalterlicher Domschatz der Welt

Domschatz

Der Halberstädter Domschatz mit über 1200 Exponaten, von denen rund 300 ausgestellt sind, gehört zu den bedeutendsten mittelalterlichen Kirchenschätzen Europas. Die Ausstellung mit einer Fläche von 1200 Quadratmetern befindet sich in den Räumen der Domklausur und wird über den schlichten Neubau am Kreuzgang erschlossen.

Der Domschatz präsentiert sich in der Domklausur

Seit 2008 können die herrlichen Werke angemessen gezeigt werden. Im Domschatz haben sich die Ausstattungen der Domkirchen seit Bistumsgründung bewahrt. Darunter gibt es einige byzantinische Werke, die Bischof Konrad vom 4. Kreuzzug 1205 nach Halberstadt mitbrachte.

Zu sehen sind altchristliche, byzantinische und mittelalterliche Kunstgegenstände, darunter liturgische Gewänder und Geräte des 11. – 16. Jh.s, erlesene Reliquien (etwa ein Stück vom Kreuz Christi, aufbewahrt in einem wertvollen Reliquiar, sowie ein Finger des hl. Nikolaus). Die Ausstellung zeigt ihre ganze Stärke bei der Präsentation der weit ausladenden, vielfarbigen **romanischen Wandteppiche**, nach den auf ihnen dargestellten Personen Abrahams-, Christus- und Karlsteppich genannt. Sie wurden um 1150 und um 1235 für die Chorwände des Doms aus Wolle gewirkt und sind die ältesten Bildwirkereien Europas. Darüber hinaus kann man Elfenbein- und Bergkristallschnitzereien bestaunen, originale Seiden- und Goldgewänder und eine byzantinische Weihbrotschale (11. Jh.). Aus der Liebfrauenkirche stammen ein spätromanischer Stollenschrank (um 1220) und die um 1230 in Eichenholz gefertigte **Halberstädter Madonna.**

HALBERSTADT ERLEBEN

TOURIST INFORMATION HALBERSTADT

Holzmarkt 1
38820 Halberstadt
Tel. 03941 55 18 15
www.halberstadt-tourismus.de

❶ RESTAURANT OLIVE €€ – €€€

Mediterranes Restaurant am Rande der Altstadt. Gemütliches, zeitgemäßes Ambiente und liebevoll zubereitete Speisen. So. u. Mo. Ruhetag.
BakenStr. 1, Tel. 03941 625 55 77
www.olive-halberstadt.de

❷ STEPHANUS CAFÉ UND RESTAURANT €€

Direkt am Domplatz bietet das Haus historisch-klassisches Ambiente und eine saisonale Küche mit regionalen Produkten, teils in Bio-Qualität. Täglich gibt es außerdem frische Torten der hauseigenen Bäckerin. Achtung: Hunde sind im Restaurant nicht erlaubt.
Domplatz 40
Tel. 03941 60 46 43
www.stephanus-restaurant.de
Mo. u. Di. Ruhetag

❸ RESTAURANT CAFÉ HIRSCH € – €€

Jüdische Traditionen pflegt das Café und Restaurant Hirsch der Moses Mendelssohn Akademie. Der Gau-

❶ Restaurant Olive
❷ Stephanus Café und Restaurant
❸ Restaurant Café Hirsch

❶ Halberstädter Hof
❷ Parkhotel Unter den Linden
❸ Hotel Garni am Grudenberg
❹ Landhotel Schäferhof

men wird hier verwöhnt von köstlichen Gerichten der jüdischen Küche, die die unterschiedlichen regionalen Einflüsse spiegeln.
Bakenstr. 57
Tel. 03941 58 32 38
www.moses-mendelssohn-akademie.de, Di.–So. 12–18 Uhr

❶ HALBERSTÄDTER HOF €€
Schöne, verwinkelte, große und kleine Zimmer in einem uralten Fachwerkhaus, das nur einen Steinwurf vom Domplateau am Rande der Altstadt in wunderbar ruhiger Lage residiert. Manche der Eichen für die mächtigen offenen Fachwerkbalken wurden schon im 14. Jahrhundert gefällt. Mit Restaurant und Biergarten.
Trillgasse 10, Tel. 03941 2 70 80
www.halberstaedter-hof.de

❷ PARKHOTEL UNTER DEN LINDEN €€€
Dieser mächtige Sandsteinbau erinnert ganz an ein Landhaus im englischen Stil. Und dazu passt auch die gediegene Atmosphäre im Innern. Die 80 großzügigen Zimmer im Vorderhaus (wegen der Straße leider nicht ganz leise) haben ihr historisches Ambiente behalten. Zu essen gibt es raffinierte Küche mit regionalen Produkten, am besten komplementiert von einem Tropfen aus dem gut sortierten Weinkeller. Kleiner Vitalbereich mit Sauna, Dampfbad, Fitnessgeräten.
Klamrothstr. 2
Tel. 03941 6 25 40
www.parkhotel-halberstadt.de

❸ HOTEL GARNI AM GRUDENBERG €€
Hübsches Hotel in der Altstadt nur wenige Minuten zum Domplatz. Liebevoll saniertes Fachwerkgebäude mit versch. Zimmerkategorien, darunter Hochzeitszimmer und Wellnesszimmer (mit Wasserbett und eigener Sauna).
Grudenberg 10
Tel. 03941 69 12-0
www.hotel-grudenberg.de

❹ LANDHOTEL SCHÄFERHOF LANGENSTEIN €€
Ein Hofladen auf historischem Schäferhof. Das Restaurant tischt Harzer Spezialitäten auf, besonders gut bürgerliche Speisen und Spezialitäten vom Lamm. Außerdem kann man hier bei den Schafen wohnen: auf einem alten Bauernhof mit 21 Zimmern. Passenderweise ist der Merino e. V. hier ansässig.
Quedlinburger Str. 28 a
Langenstein
Tel. 03941 61 38 41
www.schaeferhof-langenstein.de

Rund um den ★ Domplatz

Prächtiger Amtssitz

Ehem. Propstei

Vom Domportal aus links liegt die ehem. Dompropstei, die 1591 bis 1611 im Auftrag von Heinrich Julius, Herzog von Braunschweig und Bischof von Halberstadt, erbaut wurde. Ein steinerner Laubengang trägt ein in Fachwerk ausgeführtes Obergeschoss. Heute gehört das 1956–1960 restaurierte Gebäude zur Hochschule Harz. Nebenan steht das neuromanische Postgebäude mit eindrucksvoll freigelegten Deckenmalereien.

Anmutige romanische Schlichtheit

Liebfrauenkirche

Am anderen Ende des Domplatzes steht die viertürmige Liebfrauenkirche, eine dreischiffige Pfeilerbasilika aus Bruchsteinen und eine der schönsten Kirchen im romanischen Stil in dieser Region. Vermutlich wurde sie 1005 – 1020 erbaut und im 12. Jh. nach Hirsauer Vorbild erneuert (Wiederaufbau 1956 – 1960). Ein rechteckiges Turmpaar überragt das Langhaus im Westen, ein achteckiges im Osten. Der Innenraum ist betont schlicht; Chor und Querschiff wurden im 13. Jh. eingewölbt. Sehenswert sind u. a. die **Chorschranken** mit spätromanischen farbigen Stuckreliefs (um 1200), die die Vierung von den Querhausarmen trennen und zu den hervorragendsten Werken sächsischer Plastik des 13. Jh.s gehören. Die ausdrucksstarken Gebärden der Figuren, Maria und Jesus im Zentrum sowie sechs ihnen zur Seite gestellte Apostel zeugen ebenso vom **Streben nach Wirklichkeitsnähe** wie der bewegte Faltenwurf und die lebensnahen Gesichter. Das Triumphkreuz aus spätromanischer Zeit (um 1230) zählt zu den schönsten sächsischen Monumentalkreuzen. Der **romanische Kreuzgang** westlich der Kirche wurde im 15. Jh. gotisch erneuert. Hier werden Architekturreste von Halberstädter Fachwerkbauten ausgestellt.

Besichtigung: Mai – Sept. Mo. – Sa. 10 – 17, So./Fei. 11 – 17, Okt. – April je nur bis 16 Uhr | Führungen nach Voranmeldung, Tel. 03941 2 42 10 | www.liebfrauenkirche-halberstadt.de | **Kreuzgang:** ganzjährig Mo. – Fr. 10 – 17, Sa./So. 13 – 17 Uhr | www.museum-halberstadt.de

Residenz des Bischofs

Petershof

Schon seit dem 10. Jh. ist der gegenüber der Nordseite der Liebfrauenkirche stehende Petershof (Domplatz 49) die **Bischofsresidenz**. Das heutige Bauwerk mit seinem schönen Renaissanceportal entstand zwischen 1552 und 1555, verlor jedoch bei späteren Umbauten seine charakteristischen Giebel. Die Peterskapelle gehört ebenfalls zum bischöflichen Palast. Der Nordflügel des Petershofs wurde liebevoll restauriert und ist heute Sitz der **Stadtbibliothek**. Sie zählt in ihrer gelungenen Verknüpfung von Alt und Neu zu den schönsten Bibliotheken Deutschlands.

Barockes Zuhause für die Geschichte

Ehem. Spiegel'sche Kurie

Gegenüber dem Nordportal des Doms liegt das **Städtische Museum** (Domplatz 36), untergebracht in der einstigen Spiegel'schen Kurie. Der zweigeschossige Barockbau mit hohem Mansardendach, auffälligem Mittelrisalit, Giebelfeld und Spiegel'schem Wappen stammt von 1782. Das Museum hat Sammlungen zur Ur- und Frühgeschichte des Nordharzer Vorlands und zur Stadtgeschichte. Ausgestellt sind zudem kunsthandwerkliche Objekte, Gemälde und Plastiken aus fünf Jahrhunderten, eine historische Apotheke (1800) und eine Handschuhmacherwerkstatt (18./19. Jh).

In einem Seitenflügel der ehem. Spiegel'schen Kurie liegt das **Museum Heineanum** mit der Vogelsammlung, die Ornithologe Ferdinand Heine (1809 – 1894) seit 1830 anlegte. Gezeigt werden Vögel des Harzes, Vögel der Welt, Welt der Vögel und bedrohte Vogelwelt. Die wissenschaftliche Sammlung umfasst u.a. rund 18 900 Vogelpräparate und 7200 Gelege. Besonders wertvoll: zwei montierte Saurierskelette aus Halberstadt und zwei Modelle des Urvogels Archaeopteryx.
Di. – So. 13 – 17 Uhr | Eintritt: 7 €, letzt. Fr./Monat frei, Rabatt in anderen Museen | www.museum-halberstadt.de, www.heineanum.de

Tempel der Dichterfreundschaften
Im Gleimhaus hinter dem Dom (Chorseite) lebte der Dichter und Domsekretär **Johann Wilhelm Ludwig Gleim** (▶ Interessante Menschen) von 1747 bis zu seinem Tod. Heute ist es eine Forschungsstätte und **Museum der deutschen Aufklärung**. Der seinerzeit vielgelesene Gleim ist heute v. a. als Förderer literarischer Talente und Sammler bekannt. Er pflegte leidenschaftliche Schriftwechsel und Kontakt zu allen großen Dichtern seiner Zeit, u. a. zu Bürger, Goethe, Herder, Klopstock, Lessing, Schiller und Wieland. Sehenswert ist besonders seine Porträtsammlung »Freundschaftstempel« mit 122 Bildnissen berühmter Persönlichkeiten. Das Fachwerkhaus aus dem 16. Jh. und ein Neubau beherbergen ein kostbares Archiv deutscher Nationalkultur mit über 10 000 Originalbriefen, Porträts, Landkarten und Grafiken aus der damaligen Zeit sowie eine wertvolle Bibliothek mit ca. 12 000 Bänden. Wenn es dunkel wird, gibt Gleim – alias André Eisermann – in einer interaktiven Videoinstallation literarische Hits der Aufklärung zum Besten (kostenlos, Start per Smartphone).
Domplatz 31 | Mai – Okt. Di. – So. 10 – 17, Nov. – April nur bis 16 Uhr
Eintritt: 7 € | www.gleimhaus.de

Wohin noch in Halberstadt?

Freie Sicht
Marktkirche St. Martini

Vom Gleimhaus blickt man hinüber zur dreischiffigen Marktkirche St. Martini mit ihren beiden unterschiedlich hohen Türmen, die jahrhundertelang als Wachtürme dienten (damit der auf dem Südturm wohnende Wächter freie Sicht hatte, blieb der Nordturm niedriger) und heute das Wahrzeichen von Halberstadt sind. Mit ihrem Bau wurde im 13. Jh. an der Stelle und unter Einbeziehung einer romanischen Vorgängerkirche nach Hirsauer Vorbild begonnen. Im 14. Jh. wurde sie als gewölbte gotische Hallenkirche weitergeführt. Sehenswert sind ein um 1300 entstandener Bronzekessel, die Kanzel von 1595, der Orgelprospekt von 1596 und der Hochaltar von 1696. Zwischen den beiden Türmen befindet sich eine Aussichtsplattform mit einer kleinen Ausstellung zur Baugeschichte.

Ostern bis Ende Okt. jeden 3. Sa. im Monat 11 – 17 Uhr geöffnet
Eintritt: 4 €, Kinder ab 6 Jahren 2 €

Außen alt, innen neu

Rathaus

Einst war das 1381 begonnene Rathaus der schönste weltliche Bau aus gotischer Zeit der Stadt. Doch leider fiel auch dieses Schmuckstück dem Zweiten Weltkrieg zum Opfer. Im Rahmen der Rekonstruktion des historischen Stadtkerns wurde auch das Rathaus neu errichtet. Hinter der historisch anmutenden, jedoch rekonstruierten Fassade wurde ein moderner Verwaltungssitz geschaffen, in dem auch die Tourist Information zu finden ist. Bruchstücke der wunderschönen Ratslaube von 1663 fanden hier wieder Verwendung.

Zeichen des Reichtums

Roland

Vor dem Rathaus steht ein 4,50 m hoher, steinerner Roland von 1433 (der zweitälteste deutsche Roland nach Bremen). Er versinnbildlicht den städtischen Besitz des Markt-, Münz- und Zollrechts sowie der Gerichtsbarkeit. Weitere Rolandsfiguren sind im Harz u. a. in Nordhausen, Quedlinburg, Neustadt und Questenberg erhalten.

Fachwerk und mehr

Martiniplan

Seit dem 13. Jh. hatte sich auf dem Martiniplan und um den Holz- bzw. Fischmarkt herum allmählich die Altstadt entwickelt, hier standen das 1381 aus Sandstein erbaute ehemalige Rathaus sowie viele prachtvolle Fachwerkhäuser.

Unterstadt

Die meisten erhaltenen, großteils restaurierten Häuser aus dem 15. bis 19. Jh. versammeln sich unterhalb des Domplatzes **in der Unterstadt** sowie in den Straßen rund um die Katharinenkirche. Dazu gehört auch die sogenannte **Weltkugel** an der Ecke der Straßen Westendorf und Grudenberg, ein um 1557 erbautes Gebäude. Aus der zweiten Hälfte des 15. Jh.s ist das Haus Westendorf 25, eines der ältesten Fachwerkhäuser der Stadt. Das Haus Nr. 45 stammt von 1588.
Ebenfalls in der Unterstadt, in der Judenstraße 25/26 sowie in der Klaussynagoge (Rosenwinkel 18), berichtet das **Berend Lehmann Museum** in seiner im Frühjahr 2022 neu eröffneten Ausstellung über jüdische Geschichte und Kultur. Namensgeber Berend Lehmann (1661 – 1730) war als Hofjude Finanzier des preußischen, hannoverschen und vor allem des sächsischen Hofs. Durch sein Mäzenatentum erlebte die jüdische Gemeinde Halberstadts eine Blütezeit. Im **Restaurant Café Hirsch** gibt es Spezialitäten nach alten jüdischen Rezepten (▶ S. 146). Nicht weit entfernt steht die Mitte des 19. Jhs. erbaute Klaussynagoge.

Berend Lehmann Museum: Mai – Okt. Di. – So. 10 – 17, Nov. – April bis 16 Uhr | Eintritt: 7 € | www.moses-mendelssohn-akademie.de

Liegt der Suppenlöffel auch korrekt? Tischkultur um 1900 im Schraube-Museum

Interieur um 1900

Schraube-Museum

Im Hof des Hauses Voigtei 6 (um 1700 mit klassizistischer Haustür) steht ein im 19. Jh. erbauter Holzkran als technisches Denkmal. In der Voigtei 48 zeigt das kleine Schraube-Museum bürgerliche Wohnkultur und Handwerk um 1900 (der Eingang liegt im Innenhof).

Fr.-So. 13-17 Uhr | Eintritt: 7 € (frei bis 18 J.), letzter Fr./Monat frei, Rabatt in anderen Museen | www.museum-halberstadt.de

Eine Kirche für die Hugenotten

St. Moritz und Stadtbefestigung

Nördlich von St. Florian gelangt man zur Kirche St. Moritz, die im 11. Jh. als romanische Pfeilerbasilika errichtet und nach 1238 in eine flach gedeckte Basilika umgebaut wurde (1978 restauriert). Im Innern sind der Mittelschrein eines spätgotischen Flügelaltars, ein Bronzeleuchter, das aus dem 15. Jh. stammende Chorgestühl sowie der Orgelprospekt von 1787 sehenswert (Jesseorgel).

Reste der 1230-1323 errichteten, im 18. Jh. jedoch abgebrochenen Stadtmauer sind in der Schützen- und Schwanebecker Straße erhalten, dazu gehört auch der im Nordosten der Stadt stehende Wasserturm von 1444. Ganz in der Nähe steht die Ruine der **Franzosenkirche** (1713-1718), die an die nach 1685 unter dem Großen Kurfürsten in Brandenburg angesiedelten Hugenotten erinnert.

Höhenzug mit Landschaftspark und Weinfass

Spiegelsberge

Am südlichen Stadtrand liegen die Spiegelsberge, eine 180 m hohe, parallel zum Harz verlaufende Sandsteinklippe der Oberkreide. 1761

ließ Ernst Ludwig Christoph von Spiegel (1711 – 1785) die Landschaft zum **Landschaftspark des 18. Jh.s** umgestalten. Hier steht u.a. der **Aussichtsturm Belvedere**, ein 1769 – 1782 erbautes **Jagdschlösschen** mit Teilen des abgerissenen Schlosses in Gröningen. Im Keller befindet sich das aus dem Gröninger Schloss stammende **»Große Weinfass«**. Es fasst 144 000 l und wurde 1594 von Michael Werner angefertigt, dem Erbauer des Heidelberger Fasses.
Am Fuße der Spiegelsberge liegt das Spiegelmausoleum. Hier befindet sich auch ein 7 ha großer **Tiergarten** (Zugang Kirschallee) mit heimischen Tieren wie Rothirsch, Mufflon, Wildschwein, Fuchs und Dachs. In den Volieren nisten Eulen und Greifvögel. Der Tiergarten wurde für artgerechte Haltung ausgezeichnet.

Tiergarten: ganzjährig tgl. 9 – 16.30 Uhr | Eintritt: 5,50 €

Klangkunstwerk der besonderen Art

St. Burchardi

Das Werk »Organ²/ASLSP – As slow as possible« von **John Cage** wird in der Kirche St. Burchardi 639 Jahre lang bis 2640 aufgeführt. Eine verrückte Idee, die weltweit Beachtung findet. Die Uraufführung 1987 durch den deutschen Komponisten Gerd Zacher dauerte etwas mehr als 29 Minuten, während das Projekt selbst auf mehrere hundert Jahre ausgelegt ist. Der 16. Klangwechsel findet am 5. Februar 2024 statt, der 17. am 5. August 2026. Finanziert wird das Projekt u. a. aus Spenden.

April – Okt. Do. – So. 11 – 17, Nov. – März Do. – So. 12 – 16 Uhr
www.aslsp.org

Rund um Halberstadt

Höhlenbewohner der Neuzeit

Langenstein

In Langenstein, 8 km südwestlich von Halberstadt, haben sich Höhlenwohnungen erhalten, die einst in den Sandstein gegraben wurden und von denen die letzte noch bis 1916 bewohnt war. Die Höhlenwohnungen am **Schäferberg** aus der Zeit um 1855 sind noch originalgetreu eingerichtet und können täglich auf eigene Faust besichtigt werden. Die **Altenburg** auf dem schmalen Bergrücken entstand um 1150, 1644 wurde sie von den Schweden geplündert und 1653 abgebrochen (von oben schöner Ausblick).
Im Langensteiner Park, der um 1858 von dem Gartenarchitekten Pätzold angelegt worden ist, steht ein einstiges **Schloss** (heute Rehabilitationszentrum). Gebaut wurde es 1778 – 1781 für die in Genua geborene Maria von Branconi (1746 – 1793), deren Wappen im Giebelfeld zu erkennen ist. Sie hatte in Italien den Braunschweiger Erbprinzen Karl Wilhelm Ferdinand von Braunschweig-Wolfenbüttel kennengelernt und war ihm nach Deutschland gefolgt. Zahlreiche illustre Besucher waren hier zu Gast, unter ihnen auch Goethe.

4 km östlich von Langenstein befand sich 1944/45 ein Außenlager des **Konzentrationslagers** Buchenwald, **Langenstein-Zwieberge**. Bis zu 7000 Gefangene mussten hier ein Tunnelsystem in den Sandstein graben, das Teile der Rüstungsproduktion der Junkers-Werke aufnehmen sollte. 4500 Menschen starben; an sie erinnert eine Gedenkstätte mit einer Dauerausstellung.

Höhlenwohnungen: Wohnungen am Schäferberg tgl. 9 – 17 Uhr | Führungen für Gruppen: Verein Langensteiner Höhlenwohnungen e. V. über die Tourist Information Halberstadt, Tel. 03941 55 18 15
Langensteiner Park: Der Park ist frei zugänglich.
Führungen im Schloss auf Anfrage | Tel. 03941 5 66 40
KZ Langenstein-Zw.: Freigelände tagsüber frei besuchbar | Dauerausstellung Mo. – Fr. 9 – 15.30, Apr.-Okt. jedes letzte Wochenende im Monat 14 – 17 Uhr | Anmeldung Führungen: Tel. 03941 56 73 25

Ein Höhenzug voller Kulturdenkmale

Huy

Etwa 8 km nordwestlich von Halberstadt beginnt der Huy (der Hohe), ein auf 314 m Höhe ansteigender, etwa 18 km langer, bewaldeter Bergrücken. Neben reichhaltiger Flora und Fauna sind die Flüstergrotte, die Daneilshöhle, der Jürgenbrunnen, die Gletschertöpfe und die Huysburg zu sehen. Letztere ist eine alte Wallburganlage, auf der um 1084 der Halberstädter Bischof Burchard II. **Kloster Huysburg** gründete, ein 1804 aufgelöstes Benediktinerkloster.

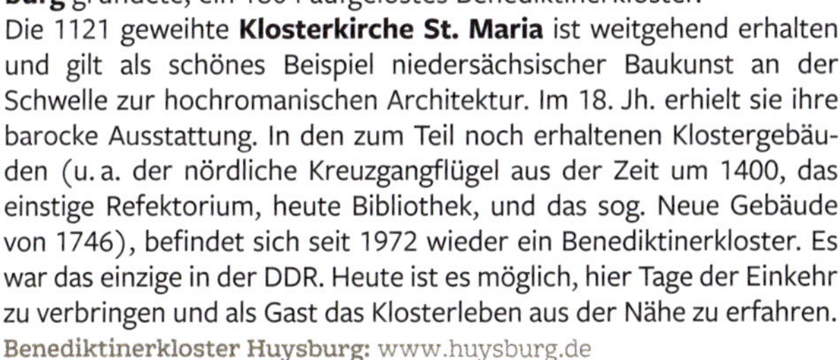

Die 1121 geweihte **Klosterkirche St. Maria** ist weitgehend erhalten und gilt als schönes Beispiel niedersächsischer Baukunst an der Schwelle zur hochromanischen Architektur. Im 18. Jh. erhielt sie ihre barocke Ausstattung. In den zum Teil noch erhaltenen Klostergebäuden (u. a. der nördliche Kreuzgangflügel aus der Zeit um 1400, das einstige Refektorium, heute Bibliothek, und das sog. Neue Gebäude von 1746), befindet sich seit 1972 wieder ein Benediktinerkloster. Es war das einzige in der DDR. Heute ist es möglich, hier Tage der Einkehr zu verbringen und als Gast das Klosterleben aus der Nähe zu erfahren.

Benediktinerkloster Huysburg: www.huysburg.de

★★ HERZBERG

Bundesland: Niedersachsen | **Höhe:** 235 – 300 m | **Einwohner:** 12 750

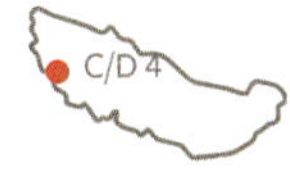

Herzberg liegt an den Ausläufern des Siebertals am Südwestrand des Harzes. Die Stadt wird vom Schlossberg mit dem 960 Jahre alten Welfenschloss überragt. Die Laubwälder in der Umgebung sind vor allem im Frühjahr und Herbst eine Augenweide.

HERZBERG ERLEBEN

TOURISTINFORMATION

Marktplatz 30/32
37412 Herzberg
Tel. 05521 85 21 11
www.touristinformation-herzberg.de

WIRTSHAUS HARZKLAUSE €–€€

Gemütliches, rustikales Wirtshaus mit herzlicher Gastfreundschaft. Traditionsbewusste, bodenständige Küche mit Salaten, Schnitzel und mehr. Kleine vegan-vegetarische Auswahl. Di. Ruhetag..
Fabrikstr. 4
Tel. 05521 99 62 12
https://gaststube.jimdofree.com

ENGLISCHER HOF €€€

Vier-Sterne-Hotel mit 31 Zimmern und Asia-Wellness-Angebot. Im modernen Restaurant Ben werden kreative regionale und internationale Speisen serviert. Erlesene Weinauswahl.
Vorstadt 8 – 10
Tel. 05521 8 96 90
www.englischer-hof.de

HOTEL HARZER HOF €€

Gemütliches Hotel mit 20 Zimmern, ein Restaurant mit regionaler Küche und sogar ein Theater! Das Hotelierspaar selbst steht hier regelmäßig auf der Bühne und zeigt, professionell inszeniert, Komödien (u. a. von Loriot). Gerichte vom Harzer Höhenvieh online bestellen über die Harzer Bioküche (harzer-hof.shop).
Harzstr. 79
OT Scharzfeld
Tel. 05521 99 47 00
www.hotel-harzerhof.de

LANDHAUS SCHULZE €€

Landhotel unterhalb des Herzberger Schlosses (20 Zi.). Gastronomie »Typisch Harz«. Viele regionale Speisen, Wild, frische und kreative Küche.
Osteroder Straße 7
Tel. 05521 8 99 40
www.landhaus-schulze.de

HOTEL GARNI HAUS IRIS €€

Gemütliche Pension, hervorragend geeignet u. a. für Wanderer und Biker.
An der Sieber 102 b
OT Sieber
Tel. 05585 3 55
www.harz-hotel-iris.de

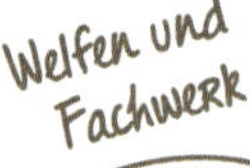

Im Jahr 1029 soll Werner von Lutterberg, Herr zu Osterode und Vogt zu Pöhlde, an der Stelle des heutigen Schlosses ein Jagdhaus erbaut haben. 1157 erwarb es dann Heinrich der Löwe vom Stauferkaiser Friedrich Barbarossa im Tausch gegen die Burg Badenweiler. Bis 1866 blieb das Schloss im Besitz der Welfen, bis 1714 war es fürstliche Residenz. Im Schutze der Burg entstand eine 1337 erstmals erwähnte Siedlung, die 1568 erst das Markt- und 1569 dann das Braurecht erhielt. Im 18. und 19. Jh. entwickelten sich mehrere Betriebe, darunter eine bedeutende Gewehrfabrik. 1929 wurde Herzberg, was ursprünglich Hirschberg bedeutete, schließlich zur Stadt erhoben.

6X DURCHATMEN

Entspannen, wohlfühlen, runterkommen

1. DUFTE IDEEN

Wonach schmeckt Ysop, und wie riecht Minze? Wo wächst eigentlich der Pfeffer, und wie wird Currypulver hergestellt? Der **Kräuterpark in Altenau** bietet eine wunderbare Reise in die Welt der Gewürze, ein Erlebnis für die Sinne. (▶ S. 154)

2. ROSENGARTEN

Vor dem mächtigen Westwerk der romanischen Klosterkirche **Drübeck** blüht es in historischen Klostergärten. Durchatmen im Äbtissinnengarten und Rosengarten! (▶ S. 168)

3. KARIBIKFLAIR

Türkisfarbenes Wasser und strahlender Sonnenschein – an sonnigen Tagen verströmt auch der **Blaue See** bei **Hüttenrode** fast karibisches Flair (bis auf die Temperaturen). (▶ S. 198)

4. PFADFINDER

Kreative Stationen, Kunstobjekte in der Natur, Inspiration und Besinnung ist im Harz zu erleben. So auf dem Besinnungsweg in **Bad Harzburg**, dem Naturmythenpfad in **Braunlage** oder dem RoLigio(R)-Pfad in **Bad Sachsa**. (▶ S. 55, 83)

5. ABGESCHIEDEN

Die Ruine der **Lauenburg** bei Stecklenberg ist nur zu Fuß zu erreichen und ein wahrlich mystischer Ort. Imposante Reste des Mauerwerks, teils mit gigantischem Wurzelwerk einer jahrhundertealten Linde »überdacht«, beeindrucken. (▶ S. 271)

6. KLANGERLEBNISSE

Langanhaltende Klänge, die sich im Gewölbe unter der Erde ausbreiten und deren sanfte Schwingungen die Seele berühren, werden in der **Einhornhöhle** zur Sinneserfahrung. (▶ S. 158)

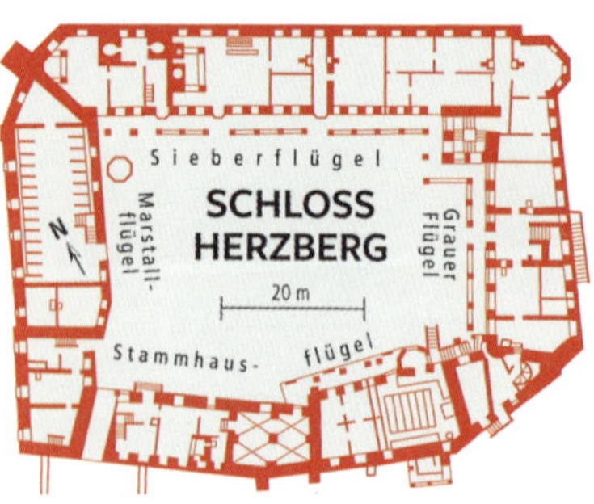

In einer Fachwerk-Region muss natürlich auch ein Schloss entsprechend aussehen: Schloss Herzberg ist eine architektonische Schönheit geworden.

 Schloss Herzberg

April – Okt. Mi. – So. 10 – 16, Dez. – März Mi. – So. 11 – 16 Uhr; Nov., 24./31.12. u. 3.–6. KW geschl. | Schlosshof frei

Meisterwerk des Fachwerkbaus

Schloss Herzberg, im Westen der Stadt auf einem Bergrücken oberhalb der Sieber gelegen, ist die größte in Fachwerkbauweise errichtete Schlossanlage Niedersachsens. Der heutige Bau entstand mit Ausnahme der Kellergewölbe nach einem Brand 1510 als vierflügelige Renaissance-Fachwerkanlage neu und diente bis 1714 als fürstliche Residenz. 1629 kam hier als Sohn von Herzog Georg von Calenberg Ernst August zur Welt, der erste Kurfürst von Hannover und Begründer des englisch-hannoverschen Königshauses. Gegenwärtig befinden sich hier seit 1885 das Amtsgericht, Wohnungen, ein Restaurant mit Terrasse, das Museum Schloss Herzberg und ein Forstmuseum.
Den Hof betritt man durch ein Tor im Stammhausflügel. Erdgeschoss und erstes Obergeschoss sind massiv, das zweite in Fachwerk ausgeführt. Auf der Hofseite kragt es weit vor und liegt auf fünf schlanken Säulen auf. An den Stammhausflügel stößt im Osten der Graue Flügel. Unter Herzog Christian Ludwig erfolgten 1648 – 1660 umfangreiche Umbauten, u. a. entstanden der lang gestreckte Sieberflügel sowie der dreigeschossige Fachwerktreppenturm offener Laterne im Winkel zwischen Sieber- und Grauem Flügel. Sowohl Portale als auch Fachwerkstreben sind mit buntem Schnitzwerk im Knorpelstil verziert.
Das **Museum** Schloss Herzberg liefert Informationen zur Bau- und Schlossgeschichte sowie zu den Welfen in Herzberg und weist außerdem eine stadtgeschichtliche Abteilung auf. An den Stammsitz der Welfen erinnert ein **Faksimile des Evangeliars Heinrichs des Löwen**, das zu den größten Leistungen der Buchkunst im Mittelalter gehört. Geschaffen hat das Original, das sich in der Herzog-August-Bibliothek in Wolfenbüttel befindet, im 12. Jh. der Mönch Herimann in seiner Werkstatt im Kloster Helmarshausen für den Herzog und dessen Ehefrau, die englische Königstochter Mathilde. Ein besonderes Ausstellungsstück ist auch eine bespielbare Orgel von Johann Andreas Engelhardt, der seine Werkstatt in Herzberg hatte.

Rund um Herzberg

Aussichtsturm und verwunschene Burg

Großer Knollen/ Hanskühnenburgklippe

Sowohl Sieber als auch Lonau sind gute Ausgangsorte für Wanderungen, u. a. auf den 687 m hohen Großen Knollen (mit Aussichtsturm und Baudenbewirtschaftung) oder auf die Hanskühnenburgklippe an der Route des Harzer BaudenSteigs. Auf dem 811 m hohen Bergrücken steht ein Quarzitfelsen, der an eine Ruine erinnert und Anlass zur Sage von einer verwunschenen Burg gab. Ganz in der Nähe befindet sich die gleichnamige Waldgaststätte Hanskühnenburg.

Wohnstatt für Einhörner

Einhornhöhle

Besonders fantasievoll wird es beim Besuch der Einhornhöhle 2 km nördlich von Scharzfeld. Der natürliche Hohlraum im über 270 Mio. Jahre alten Zechstein-Dolomit entstand durch Verwitterung. Im Innern der über 600 m langen Höhle herrscht permanent eine Temperatur von 7 °C. Ihre früheste Beschreibung lieferte 1583 der Chronist Johannes Letzner; bekannte Besucher waren Leibniz (1685), Goethe (1784), Rudolph Virchow (1872) und Hermann Löns (Anfang 20. Jh.). Die Führung beginnt und endet am heutigen Zugang, einem schon 1905 an die Höhle aufgefahrenen ebenerdigen Stollen, und führt ca. 300 m zur Blauen Grotte, dem mit Sonnenlicht erfüllten Natureingang zur Höhle. Hier fand man vor Jahrhunderten **fossile Knochen von Großsäugetieren**, u. a. Höhlenbären, – und hielt sie zunächst für Einhornknochen. Prompt entstand ein schwunghafter Handel mit Einhornknochenmehl, dem allerlei heilende Kräfte nachgesagt wurden. Neuere archäologische Ausgrabungen beweisen nicht nur die durchgehende Anwesenheit des heutigen Menschen in der Höhle, sondern auch die des Neandertalers vor über 120 000 Jahren.

April – Okt. Mi. – So. 11 – 16 Uhr | Führungen je zur vollen Stunde, 27.12. bis Ende der Weinachtsferien in NI tgl. bis 16 Uhr | Eintr.: 10 €
Die Höhle ist geeignet für Rollstuhlfahrer | www.einhornhoehle.de

Wo das Wasser sprudelt

Rhumequelle

Ein schöner Spaziergang führt zur 4 km südlich gelegenen, sagenumwobenen Rhumequelle (▶ S. 66). Es handelt es sich nach Aach- und Blautopf (beide in Baden-Württemberg) um die drittstärkste Karstquelle Deutschlands. Der Quelltopf besitzt eine faszinierende grünblaue Farbe. Archäologen konnten nachweisen, dass in der Jungsteinzeit Menschen Opfergaben in die Quelle warfen.

Eine große Portion Fachwerkromantik

Duderstadt

Rund 600 bunte Fachwerkhäuser aus verschiedenen Epochen prägen die Altstadt der 929 erstmals erwähnten Stadt, 20 km südlich von Herzberg. Duderstadt ist Teil der **Deutschen Fachwerkstraße** und mit der historischen Stadtbefestigung, dem malerischen **Rathaus** und den imposanten Kirchen wirklich sehenswert. Bei einem geführten historischen Stadtrundgang wird die Geschichte Duderstadts anschaulich vermittelt. Die schraubenartig gedrehte Spitze des **Westerturms** ist markantes Wahrzeichen des Städtchens. Von der einstigen Nähe zur innerdeutschen Grenze zeugt das **Grenzlandmuseum** und hält die Erinnerung an die deutsche Teilung wach. Das **Heinz Sielmann Natur-Erlebniszentrum Gut Herbigshagen** ist dem bekannten Tierfilmer Heinz Sielmann gewidmet, bietet eine spannende »Expedition ins Tierreich« und viel Wissenswertes rund um Naturschutzprojekte und die heimische Natur.

www.tourismus.duderstadt.de

HETTSTEDT

Bundesland: Sachsen-Anhalt | **Höhe:** 150 – 200 m | **Einwohner:** 13 620

In Hettstedt am östlichen Harzrand kann man im Mansfeld-Museum mit seinem großen Freigelände 800 Jahre Bergbaugeschichte erleben. Abraumhalden prägen die Landschaft.

1046 schenkte Kaiser Heinrich III. den Marktflecken Heiczstete dem Bischof von Meißen. 1199 wurde auf dem Kupferberg Kupferschiefer gefunden, abgebaut und verarbeitet. Das Mansfelder Gebiet war der ergiebigste Kupferbezirk Deutschlands: Zwischen Eisleben und Hettstedt gab es neun größere Hütten. Auf Kupfer beruhte bis ins 20. Jh. – trotz Krieg und Stadtbränden – das wirtschaftliche Leben hier.

Wohin in Hettstedt?

Das alte Hettstedt

Altstadt

Ab 1430 wurde Hettstedt mit einer **Stadtmauer** umgeben. Entlang der Wipper stehen noch Teile der Ringmauer; von den drei Stadttoren sind im Norden das **Saigertor** (1535) und im Osten das Brücktor, der Franzosenturm (1556), erhalten. Ein Bergfried mit Fach-

HETTSTEDT ERLEBEN

STADT HETTSTEDT
Markt 1 – 3, 06333 Hettstedt
Tel. 03476 80 10
www.hettstedt.de

REIT- UND SPORTHOTEL NORDMANN **€€€ – €€€€**
13 km westlich von Hettstedt gelegen, vielseitiges Sportangebot, großzügige Anlage, exklusiv mit schlichter Eleganz und rustikalem Charme ausgestattete Zimmer. Wellnesslandschaft mit Pool. Restaurants mit Spezialität Dry Aged Beef aus eigener Zucht.
Deistr. 23
06456 Arnstein, OT Stangerode
Tel. 034742 95 30
www.nordmannharz.de
Restaurant Bonasus und Restaurant Wildschütz: tgl. offen

WALDCAFÉ HETTSTEDT **€€**
Am grünen Stadtrand gelegenes Traditionshaus. Gutbürgerliche, frische, saisonale Küche, wechselndes Lunch-Angebot, Bockbierfest, Hüttenzauber. Bowlingbahn. 8 Zimmer im gemütlichen, modernen Landhausstil.
Am Kirschweg 21
Tel. 03476 85 10 71
www.waldcafe-hettstedt.de

werkaufsatz erinnert an ein Wasserschloss, das im 13. Jh. zum Schutz des Bergbaus im Süden der Innenstadt entstand. Seit dem 19. Jh. steht hier eine Brauerei. Das jetzige **Rathaus** wurde 1525 erbaut, verlor jedoch 1684, 1879 und 1913 durch Umbauten sein ursprüngliches Aussehen. Die 1418 – 1429 errichtete **Jacobikirche** wurde nach einem Brand 1704 – 1706 wieder aufgebaut. Im Innern besitzt der Chor ein spätgotisches Netzgewölbe, das Langhaus ein Tonnengewölbe von 1706. Sehenswert ist auch die barocke Innenausstattung und die restaurierte Rühlemann-Orgel.

Jahrhundertealter Kupferbergbau

Mansfeld-Museum

Laut Cyriakus Spangenberg (1528 – 1604), dem Mansfelder Chronisten, entdeckten 1199 die zwei Goslarer Bergknappen Nappian und Nauke in Hettstedt Kupfererz. Das Mansfeld-Museum erzählt die rund 800-jährige **Geschichte des Mansfelder Kupferschieferbergbaus**. Das Technikmuseum ist im Barockschloss Burgörner untergebracht, auch Humboldtschloss genannt. Es war einst Landsitz der Familie von Dacheröden, in die Wilhelm von Humboldt einheiratete. Sehenswert sind die zweiläufige barocke Treppe (1726) und der Schöne Saal mit zeittypischer Gutsherrenhaus-Dielung.
Das Museum zeigt Exponate im Haus und im Freigelände: historische berg- und hüttenmännische Werkzeuge, Schrift- und Sachzeugen des Altbergbaus und der Industriezweige, die den Bergbau begleiten, ein Streckenvortrieb mit Streb und Förderanlage sowie eine Revierstube. Ein Höhepunkt ist der funktionstüchtige Originalnachbau der **ersten deutschen Dampfmaschine Watt'scher Bauart**, die 1785 auf dem damaligen König-Friedrich-Schacht in der Flur von Burgörner in Betrieb genommen worden war, um das Sickerwasser aus dem Schacht zu pumpen. Außerhalb des Museumskomplexes liegt das Lichtloch 24 des Mansfelder Schlüsselstollens (ca. 100 m tief).
Schlossstr. 7 | Do. – Fr. 11 – 17, Sa./So. 13 17 Uhr, 1. Wochenende/Monat geschl. | Eintritt: 3 € | www.mansfeld-museum-hettstedt.de

Rund um Hettstedt

Wiege der Frühromantik

Schloss Oberwiederstedt

Schloss Oberwiederstedt liegt 3 km nördlich von Hettstedt zwischen Schlosspark und Novalis-Taufkirche. Hier wuchs der Romantiker **Friedrich von Hardenberg alias Novalis** (1772) auf (▶ Interessante Menschen). Das Schloss beherbergt die **Forschungsstätte für Frühromantik** und das **Novalis-Museum**, das Einblicke gibt in die Kindheit, das Werk und die persönlichen Bande des Dichters, Juristen und Bergbauingenieurs. Blaues Beet, Rosengarten und vielseitige Veranstaltungen laden zum Vergnügen an Natur und Kultur ein.
Schäfergasse 6 | Di. – So. 10 – 16 Uhr | 5 € | www.novalis-museum.de

Wiege der guten Manieren

Burgruine Arnstein

Südöstlich von Harkerode, ca. 10 km von Hettstedt entfernt, erhebt sich über dem Einetal die wuchtige Burgruine Arnstein. Die Burg baute Graf von Arnstein vor 1135, um die Harzrandstraße zwischen Wernigerode und Eisleben zu schützen. 1678 wurde die Herrschaft von Arnstein an die Freiherren von Knigge verpfändet. Von der schon damals verfallenden Anlage sind Reste von Bergfried und Palast zu sehen. Hier schrieb 1788 **Freiherr Adolf Franz von Knigge** (1752–1796) sein berühmtes, fälschlich nur als Erziehungsbuch betrachtetes Werk »Über den Umgang mit Menschen«, kurz »Knigge«.

ILFELD

Bundesland: Thüringen | **Höhe:** 260 – 540 m | **Einwohner:** 2940

Das kleine Örtchen Ilfeld am südlichen Harzrand gehört zur Gemeinde Harztor und ist umgeben von weiten Laubwäldern. Im gepflegten Stadtbild sind hübsche Fachwerkhäuser zu entdecken.

Um 1150 ließen die Bielsteiner Grafen auf dem heutigen Burgberg die Ilburg bauen. Kurz darauf wurde die Burg aufgegeben. Das ehemalige Prämonstratenserkloster (1186) ist heute Sitz der Neanderklinik. Vom Bahnhof aus zuckelt die Harzquerbahn auf den Brocken. Seit 2012 bilden Ilfeld und Niedersachswerfen die Gemeinde Harztor mit 6080 Einwohnern. Ausflüge in die Umgebung führen zu Denkmalen, die teils von der Natur, teils von Menschenhand geschaffen wurden.

Wohin in Ilfeld und Umgebung?

Foto mit Gänseschnabel

Fachwerk

Im Ort stehen mehrere Fachwerkhäuser, u. a. in der Burgstraße, der ältesten Straße Ilfelds. Im einstigen Gasthof »Goldene Krone« übernachtete Goethe 1777 auf seiner ersten Harzreise. Von der Neanderklinik am Bahnhof führt ein Wanderweg am Flüsschen Bere entlang zu drei interessanten **Felsformationen:** Gänseschnabel, Mönch und Nadelöhr. Der rotbraune Porphyrit ist sehr fotogen verwittert.

Mit der Draisine zur Steinkohle

Rabensteiner Stollen

Von 1737 bis 1949 wurde im Rabensteiner Stollen, 2 km von Ilfeld entfernt, Steinkohle abgebaut. Seit 1981 wird hier Mitteldeutschlands einziges Steinkohlen-Besucherbergwerk betrieben. Mit dem offenen Grubenzug geht es zunächst 500 m weit in den Berg durch

die Abbaubereiche der ehemaligen Steinkohlenzeche. Wer mag, fährt ein Teilstück auf der Fahrraddraisine (Hinweis: unter Tage herrscht ganzjährig 8 °C). Stärkung gibt es im Museumsbistro.
April – Okt. tgl. außer Mo. 10 – 17, letzte Führung 15.15 Uhr, Nov. bis 20.12. nur So. um 10.15 und 11.30, 27.12. bis März tgl. außer Mo. und Fr. um 10.15, 11.30 und 12.45 Uhr sowie n. V. | Eintritt: 16 €
Tel. 036331 4 81 53 | www.rabensteiner-stollen.de

Mythisches Naturdenkmal

Lange Wand

Südlich von Ilfeld erstreckt sich am linken Behreufer die rund 100 m lange und bis zu 25 m hohe Lange Wand. Das Naturdenkmal entstand, weil das Flüsschen Behre den Untergrund über lange Zeit wegschwemmte. Die Grenze zwischen Rotliegendem und Zechstein ist hier sehr eindrucksvoll. Auf dem Berg stehen zahlreiche alte Buchen

ILFELD ERLEBEN

GEMEINDE HARZTOR
Ilgerstr. 23
99768 Harztor, OT Ilfeld
Tel. 036331 37 30
www.harztor.de

BURGGASTHOF RUINE HOHNSTEIN €–€€
Deftige Spezialitäten und ein sagenhafter Ausblick bei klarem Wetter weit ins südliche Harzvorland auf das Kyffhäusergebirge und die Gipshänge der südharzer Karstlandschaft.
Neustadt
Tel. 036331 4 90 49
www.burghohnstein.de
Mo. – Di. Ruhetag

ZIEGENALM €–€€
Das Fleisch kommt aus der eigenen Ziegenzucht. Spezialitäten in der Almstube: Lammragout, Lammbraten, Ziegeneis und hausgemachter Kuchen. Auf dem Hof gibt es auch mehrere Ferienwohnungen sowie ein Heuhotel.
Sophienhof 26
Harztor
(ca. 15 km in Richtung Hohegeiß)
Tel. 036331 4 82 35
www.ziegenalm.de
Mo. Ruhetag

LANDHOTEL NEUSTÄDTER HOF €€
Gemütliches Landhotel in großem Fachwerkhaus aus dem 18. Jh. im Zentrum der idyllischen kleinen Fachwerk-Altstadt. Besonders nett sind die Zimmer unterm Dach. Gutes Restaurant.
Burgstr. 17 & 49
Neustadt
Tel. 036331 90 90
www.hotel-neustaedterhof.de

HOTEL HARZPARADIES €€
Freundlich ausgestattetes Hotel mit 24 Zi., Kegelbahn, Biergarten, Wellness (Sauna, Whirlpool, Massagen). Gutbürgerliche Küche und bierselige Gemütlichkeit im Restaurant.
IlgerStr. 8
Tel. 036331 5 05 80
www.hotel-harzparadies.de
Mo. Ruhetag

und Eichen; der Südharzer Mythenpfad macht hier stimmigerweise Station. Das **Besucherbergwerk Lange Wand** erinnert an den Ilfelder Kupferschieferbergbau.

Burgruine mit romantischem Jagdschloss

Neustadt

4 km südöstlich von Ilfeld liegt der von Wäldern umgebene Erholungsort Neustadt. Hauptsehenswürdigkeit ist die oberhalb der Stadt auf einem nach drei Seiten steil abfallenden Bergsporn gelegene Burgruine Hohnstein, die eine prächtige Aussicht verspricht.
Die Anlage bestand aus einer hoch gelegenen Oberburg (Kernburg), die im Süden durch eine tiefer gelegene Unterburg und im Osten durch eine Vorburg mit angrenzendem Bollwerk geschützt war. Sie gehörte zu den größten mittelalterlichen Burganlagen im Harzgebiet und entstand um 1120 im Auftrag von Graf Konrad von Hohnstein. 1413 erwarben die Grafen von Stolberg die Burg und ließen sie zu einem wehrhaften Renaissanceschloss umbauen. Im Dreißigjährigen Krieg brannte sie aus und blieb Ruine. 1908 ließen die Grafen von Stolberg im äußeren Burghof ein romantisches Jagdschloss errichten. Der Burggasthof Ruine Hohnstein lädt dort zur Einkehr ein. Von Neustadt aus erreicht man die Ruine zu Fuß in einer knappen Stunde, sofern man den steilen, aber schönen Aufweg nicht scheut.

ILSENBURG

Bundesland: Sachsen-Anhalt | **Höhe:** 250 – 300 m | **Einwohner:** 9530

Die Nationalparkgemeinde Ilsenburg mit ihrem malerischen kleinen Zentrum rund um den Forellenteich gehört zu den kleineren Urlaubsorten im Harz. Das wildromantische Ilsetal lockt Wanderer und Naturliebhaber. Hier beginnt der wohl schönste Aufstieg zum Brocken, nämlich der über den Heinrich-Heine-Weg.

Der Ort entstand zu Füßen der bereits 995 erwähnten Elysinaburg (Elysinen = Erlen), einer königlichen Jagdpfalz. Der Bischof von Halberstadt ließ sie zu einem Benediktinerinnenkloster umbauen, das 1525 von aufständischen Bauern teilweise niedergebrannt wurde. Nach der Reformation gelangte die Siedlung an die Grafen zu Stolberg-Wernigerode, die 1650 – 1710 hier ihren ständigen Sitz hatten. 1546 ging in Ilsenburg **der erste Hochofen im Harz** in Betrieb. Die Eisenkunstguss-Erzeugnisse wurden berühmt und in viele Länder exportiert. Sie entstanden teilweise nach Modellen großer Künstler, darunter Dürer, Schinkel, Mucha, Thorwaldsen.

ILSENBURG ERLEBEN

TOURISMUS GMBH ILSENBURG
Marktplatz 1
38871 Ilsenburg
Tel. 039452 1 94 33
www.ilsenburg-tourismus.de

Veranstaltungshöhepunkte des Jahres sind das Forellenfest (Juli) und Anfang September der Brockenlauf.
www.brockenlauf.de

GASTHOF VOGELMÜHLE €€
Gasthof mit Pension (8 Zi.) im Gebäude einer 300-jährigen Getreidemühle; gutbürgerliche Küche.
Vogelsang 1 | Tel. 039452 9 92 30

LANDHAUS »ZU DEN ROTHEN FORELLEN« €€€€
Landhaus- und Gourmetrestaurant am Forellensee im eleganten Landhausstil. »ForellenSpa«: Innenpool, Aromadampfbad, Blockhaussauna, Massagen und Beauty-Treatments.
Marktplatz 2
Tel. 039452 93 93
www.rotheforelle.de

NATURRESORT BERGHOTEL ILSENBURG €€€€
In wundervoller Alleinlage mit Panoramablick über Ilsenburg und das Harzvorland. 40 Zi., Wellnessbereich mit Schwimmbad, großzügie Zimmer. Modern-gemütliches Restaurant mit großer Terrasse. Gediegene Hotelbar.
Suental 5
Tel. 05322 95 02 10
www.regiohotel.de

KLOSTER DRÜBECK €€
Im »Haus der Stille« laden Einkehr und Besinnungstage zum erholsamen Schweigen ein. Meditation, Besinnung auf den Glauben und das eigene Leben stehen im Mittelpunkt. Wer es nicht ganz so ruhig mag, ist in den weiteren Gästehäusern des Klosters Drübeck richtig, die modern ausgestattet einen angenehmen Aufenthalt bieten.
Klostergarten 6
OT Drübeck
Tel. 039452 9 43 32
www.kloster-druebeck.de

Wohin in Ilsenburg und Umgebung?

Stimmungsvolles Kloster-Schloss-Ensemble

Kloster Ilsenburg und Schlossanlage

Das bereits 1018 gegründete Kloster Ilsenburg gehörte einst zu den einflussreichsten Benediktinerklöstern des Harzes. Die Stiftung Kloster Ilsenburg mit Unterstützung der »Freunde und Förderer Kloster Ilsenburg e. V.« hat bereits zahlreiche Räumlichkeiten auf dem Gelände wieder hergerichtet. Die bis auf Westflügel und Kreuzgang erhaltenen **Klosterbauten** entstanden zwischen 1120 und 1176. Nach der Reformation ging das Kloster in den Besitz der Grafen zu Stolberg-Wernigerode über, die dort seit 1609 ihren herrschaftlichen Wohnsitz hatten. Graf Botho ließ ab 1861 den

ZWISCHEN ROMANTIK UND INNEHALTEN

Der Harzer KlosterSommer (Juni-Sept.), das heißt magische Momente bei Konzerten, Führungen, Klostermärkten oder genussvollen Abenden. Kloster Brunshausen (Bad Gandersheim), Kloster Burchardi (Halberstadt), Kloster Drübeck (Ilsenburg), Kloster Michaelstein (Blankenburg), ZisterzienserMuseum Kloster Walkenried und das Kloster Wöltingerode (Goslar) sorgen für stimmungsvolle, romantische und andächtige Tage im Harz. Der »Spirituelle Herbst«(Ende Okt./Anf. Nov.) hingegen lädt ein zum Innehalten und Krafttanken (www.harzer-kloester.de).

Schlossflügel umbauen und nahm einige romanische Elemente der Klausur wieder auf. So entstand das Schlossgebäude im neoromanischen Stil.

Außen schlicht, innen faszinierend

St. Peter und Paul

Sehenswert ist die 1078 – 1087 erbaute **Klosterkirche**, die zur Straße der Romanik gehört. Durch Zerstörungen und Umbauten im 16. Jh. zeigt sie sich heute ohne ihre nördlichen Bauteile. Die ursprünglich dreischiffige Anlage besaß eine typische Doppelturmanlage im Westen (heute steht nur noch der Stumpf des Südturms). Um 1200 wurde die flache Holzbalkendecke durch ein Kreuzrippengewölbe, im 16. Jh. durch das heutige Kreuzgratgewölbe ersetzt. Im Innern sind noch Teile des verzierten Fußbodenestrichs (Ende

12. / Anfang 13. Jh.), die reich geschnitzte Altarwand, die Kanzel (beide von Bastian Heidekamp, 1706) und die barocke Grabplatte des Grafen Ernst zu Stolberg-Wernigerode (1710) zu sehen. Im Südflügel liegt das dreischiffige Refektorium (Speisesaal), dessen Gewölbe von zwölf Säulen mit reich verzierten Kapitellen getragen wird; im Ostflügel liegen Sakristei, Kapitelsaal und Dormitorium.
Mai – Okt. tgl. 9.30 – 17 Uhr, Nov. – April tgl. 10 – 15 Uhr
Eintritt: 3 €, mit Führung 5 € | www.kloster-ilsenburg.de

Im Zeichen der Neoromanik

Marienkirche

Auf halbem Weg zwischen Schloss und Ortschaft steht die 1131 als Hospitalkirche des Klosters geweihte Marienkirche, die 1883 im neuromanischen Stil erneuert wurde; der Taufstein stammt aus der Reformationszeit (Jost Wink) und ein Kruzifix aus dem 13. Jahrhundert. Die Kreuzigungsgruppe aus Ilsenburger Kunstguss ist die Nachbildung einer Figurengruppe des Nürnberger Bildhauers Adam Krafft (1460 bis 1508). Nebenan befindet sich die Grabstätte des Malerehepaars **Georg Heinrich und Elise Crola**, den Stiftern der Figurengruppe.

Wo Prinzessin Ilse lachte

Ilsetal

Über den Bergbach, der über das grün bewachsene Granitgestein tost und sprudelt, schrieb **Heinrich Heine** 1824: »Ja, die Sage ist wahr, die Ilse ist eine Prinzessin, die lachend und blühend den Berg hinabläuft.« Nach Heinrich Heine wurde der gleichnamige Weg benannt, der durch das wild zerklüftete Ilsetal zum ▶ Brocken führt (obwohl er ihn in entgegengestzter Richtung ging). Das Ilsetal beeindruckt mit wild-romantischer Schönheit: schroffen Felsen, farbenfrohem Laubwald und eindrucksvollen Landschaftsbildern.

Wie der Wald zur Wildnis wird

Meineberg

In Ilsenburg lädt der 3 km lange **WildnisStieg** am Meineberg zu Entdeckungstouren ein. Wo einst der Borkenkäfer Fichten zum Absterben brachte, wandelt sich der Wald nun zur Wildnis. Das lässt sich wunderbar am Meineberg erleben. Inmitten des Nationalparks Harz darf Natur nämlich Natur sein. Zwischen stehendem und liegendem Totholz entstehen neue, lebendige Strukturen aus Sträuchern und Laubbäumen entsprechend der Höhenlage. Dieser vielfältige Wald ist Lebensraum für viele Tiere und Pflanzen. Die neue Wildnis am Meineberg wird über Infotafeln anschaulich erklärt. Das Nationalparkhaus Ilsetal bietet weiterführende Infos sowie Exkursionen mit dem Nationalpark-Ranger.
Ilsetal 5 | Di. – So. 8.30 – 16.30 Uhr | Tel. 039452 8 94 94
www.nationalpark-harz.de

»Die Ilse ist eine Prinzessin, die lachend und blühend den Berg hinabläuft«, notierte Heinrich Heine 1824.

Wo der Kompass in die Irre führen kann

Ilsestein

Der 474 m hohe Ilsestein ragt etwa 150 m über der Ilse auf. Verwitterte Fundamente erinnern an die sagenumwobene, um 1018 erbaute und 1107 zerstörte Ilsenburg. Der hohe Eisengehalt des Ilsesteingranits bedingt ein Abweichen der Kompassnadel. Vom Ilsestein geht es an der Ilsesteinquelle vorbei zu den 521 m hohen Paternosterklippen, von denen sich ein schöner Blick zum Brocken bietet. Auch das südlich vom Ilsestein gelegene **Waldgasthaus Plessenburg**, einst Jagdschloss der Grafen zu Stolberg-Wernigerode, ist ein lohnendes Ausflugsziel.

Friedliche, geborgene Klosterstätte

Kloster Drübeck

Im 3 km östlich gelegenen Ortsteil Drübeck befindet sich das Kloster Drübeck. Die Klosteranlage mit den historischen Gärten, der romanischen Klosterkirche und dem Haus der Stille ist für viele Pilger ein beliebtes Ziel. Hier vereinen sich Historie, Abgeschiedenheit und Glauben an einem Ort. Bereits 960 wurde das Benediktinerinnenkloster St. Vitus erwähnt. Im Bauernkrieg und während des Dreißigjährigen Kriegs wurden Kloster und Kirche schwer beschädigt. Die heutige Klosterkirche St. Vitus, Teil der Straße der Romanik, entstand im 10. Jahrhundert. Das Innere der einst dreischiffigen Basilika wird durch die flache Balkendecke und den einfachen Stützenwechsel bestimmt. Fünf der sechs **Kapitelle** der Langhaussäulen sind vermutlich älter als die restliche Kirche. Unter der Ausstattung befinden sich ein schöner Schnitzaltar (um 1500), eine Leinenstickerei aus der ersten Hälfte des 14. Jh.s. sowie Reste von Stuckverzierungen. Vor dem heutigen Kircheneingang wurde ein Teil des Fußbodens des Kreuzgangflügels freigelegt. Kloster Drübeck ist übrigens auch eine Station auf dem 95 km langen **Harzer Klosterwanderweg**.

Kloster: tgl. 7 – 19 Uhr | Kloster-Café: Mi. – So. 11 – 17.30 Uhr | Weinstube: auf Anfrage | Klosterführungen: Apr. – Okt. Fr. und Sa. 14, So. 11 Uhr | Kosten: 6,50 € | www.kloster-druebeck.de

★★ KYFFHÄUSER

Bundesland: Thüringen | **Höhe:** bis 474 m

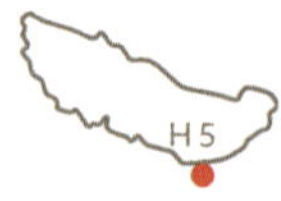

Der sagenumwobene Kyffhäuser mit dem markanten Kyffhäuser-Denkmal erstreckt sich südlich des Harzes. Mit seiner teils schroffen Karstlandschaft und den farbenfrohen Laubwäldern wird er auch als kleines Ebenbild des Harzes bezeichnet. Hier dreht sich alles um die Barbarossa-Legende.

Der bis zu 474 m hohe Höhenzug ist nur 19 km lang und 7 km breit. Der Sage nach schläft hier Kaiser **Friedrich I.**, um eines Tages als Friedenskaiser zurückzukehren. Alle hundert Jahre erwacht er, doch erst wenn keine Raben mehr um den Berg kreisen, wird er aufstehen und sich einer letzten Schlacht zwischen Gut und Böse stellen. Mit etwas Fantasie ist der schlafende Kaiser in der Barbarossahöhle zu entdecken.

Sagenumwobenes Ebenbild des Harzes

Kaiser-Wilhelm-Denkmal und Reichsburg Kyffhausen

Tgl. April - Okt. 9.30 - 18, Nov. - März 10 - 17 Uhr, letzter Einlass 30 min. vor Schließung | Eintritt: 8,50 € | www.kyffhaeuser-denkmal.de

Wo Barbarossa schläft

Geschichte

Der markante Bergrücken des Kyffhäusers trug an seiner Ostflanke einst die größte deutsche Burganlage des hohen Mittelalters. Die erste Burg »Kuffese« (Kuppe) entstand wohl im 10. Jh. Ihr Ausbau zur dreiteiligen Anlage mit Ober-, Mittel- und Unterburg erfolgte unter Heinrich IV. (1056 – 1106), ihre Fertigstellung unter Friedrich I. Barbarossa (1152–1190). Eine ihrer Aufgaben war der Schutz der nahen Königspfalz Tilleda. Sie wurde mehrfach zerstört, aufgebaut und im 15. Jh. aufgegeben. Von der 608 m langen, 60 m breiten Burg sind nur Ruinen geblieben. Doch die beeindruckten nicht nur Goethe, der sie 1776 malte. Sie lieferten wohl auch Stoff für die **Kyffhäuser-Sage**.

Wuchtig ist untertrieben: oben Kaiser Wilhelm, darunter Barbarossa.

KYFFHÄUSER ERLEBEN

TOURIST-INFORMATION
Schlossstr. 13
06567 Bad Frankenhausen
Tel. 034671 7 17 17
www.bad-frankenhausen.de

Fliederfest am 2. Maiwochenende mit großem Umzug. Im September erinnern Mittelaltermarkt und Umzug in historischen Kostümen an den Bauernkrieg.

ALTE HÄMMELEI €–€€
Gastwirtschaft mit Thüringer Küche und schönem Biergarten (auch Weinangebot). Die Zimmer des modernisierten, denkmalgeschützten Hauses sind zum ruhigen Innenhof ausgerichtet. Besonders nett wohnt es sich im zweigeschossigen »Wiekhaus« an der Stadtmauer.
Bornstr. 33
06567 Bad Frankenhausen
Tel. 034671 51 20
www.alte-haemmelei.de

THÜRINGER HOF €€
Mitten im Zentrum Bad Frankenhausens gelegenes Gasthaus. Es bietet 37 helle, freundliche Zimmer und ein gutes Restaurant mit Biergarten.
Anger 15, Bad Frankenhausen
Tel. 034671 5 10 10
www.thueringer-hof.com

HOTEL RESIDENZ €€ – €€€€
Sehr schön und ruhig gelegenes Hotel mit Blick auf Bad Frankenhausen. 87 Zi., hauseigene Therme und Solebad, großes Beauty- und Wellnessangebot mit Römischem Dampfbad und Sauna (auch für Tagesgäste).
Am Schlachtberg 3
06567 Bad Frankenhausen
Tel. 034671 7 50
www.residenz-frankenhausen.de

HOTEL KAISERHOF €€€
Ansprechende Gastlichkeit inmitten des kleinen Städtchens Kelbra am Kyffhäuser. 38 Zimmer und Suiten, Schwimmbad, Sauna, Solarium, Wellness, Restaurant.
Frankenhäuser Str. 1 und 3
06537 Kelbra am Kyffhäuser
Tel. 034651 45 68 50
komforthotel-kaiserhof.de

Kaiser Wilhelm, der Erlöser

Kaiser-Wilhelm-Nationaldenkmal

Schon von Weitem erblickt man auf dem einstigen Gelände der Reichsburg das 81 m hohe Kaiser-Wilhelm-Nationaldenkmal. Es entstand 1890 – 1896 im Auftrag der deutschen Kriegsvereine nach Plänen von Bruno Schmitz. Über einen breiten Aufweg erreicht man die riesige Terrasse mit dem sog. **Felsenhof**: Dort denkt ein in Stein gehauener, mehr als 6 m großer Barbarossa mit wallendem Bart und düsterer Miene über den Lauf der Zeiten nach. Über ihm erhebt sich das stolze **Reiterstandbild Kaiser Wilhelms I.** Er habe 1871 mit der Reichseinigung, so die moderne Legende, Kaiser Barbarossa erlöst. Markantestes Bauteil ist der 57 m hohe Turm. Die 247 Stufen hinauf werden mit einem grandiosen Ausblick auf die Goldene Aue belohnt,

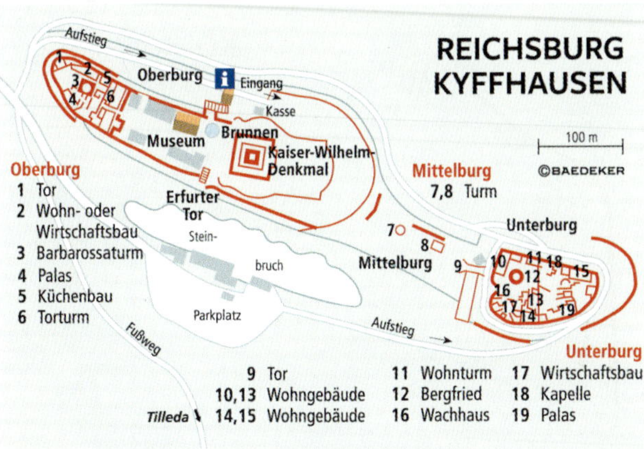

bei gutem Wetter sogar bis zum Brocken im Harz. Eine kleine Ausstellung im Erdgeschoss stellt die **Geschichte des Denkmals** dar – und das Unbehagen, das es unter anderen politischen Vorzeichen hervorrief: Der Nazi-Ideologie entsprach das monarchistische Element nur bedingt und zu DDR-Zeiten plante man, die Krone zu entfernen und das Reiterstandbild zu verschrotten. Stattdessen sollten ein Ruhrkumpel, eine Bauersfrau oder ein Schmied als Flaggschiff dienen. Eine besondere Attraktion ist der mit 176 m **tiefste Burgbrunnen der Welt**. Kinder können sich »Steine« am Automaten ziehen, hineinwerfen und sich von Barbarossa erschrecken lassen. Von der Unterburg sind Teile des Ringwalls und der Burgkapellen erhalten.

Beliebt bei Kaisern und Königen

Königspfalz Tilleda

Auf dem Pfingstberg nahe der gleichnamigen Gemeinde am nördlichen Kyffhäuser stand einst die 972 erstmals erwähnte Königspfalz Tilleda. Zwischen 974 und 1250 hielten hier fast alle deutschen Könige und Kaiser Hof oder gingen auf die Jagd. 1174 bereitete Friedrich I. seinen Feldzug gegen das oberitalienische Alessandria in »Tullede« vor, 1189 beendten **Kaiser Heinrich VI. und Sachsenherzog Heinrich der Löwe** hier den Steit zwischen Staufern und Welfen. Nach 1250 wurde Tilleda aufgegeben. Ab 1935 grub man die Hauptburg, ab 1959 die Gesamtanlage aus.

Tilleda bestand aus einer im 10. Jh. errichteten, 65 x 90 m großen Hauptburg und einer dreimal größeren Vorburg. Die wichtigsten Gebäude waren die Pfalzkirche, der Versammlungssaal und das mit einer Warmluftheizung ausgestattete Wohngebäude. Auch ein Friedhof mit rund 420 Gräbern wurde freigelegt. Noch heute sind in der Hauptburg die Fundamente von Palas, Wohnturm, Kapelle und Tor zu sehen. Zu ebener Zugangsseite nach Westen war die Hauptburg

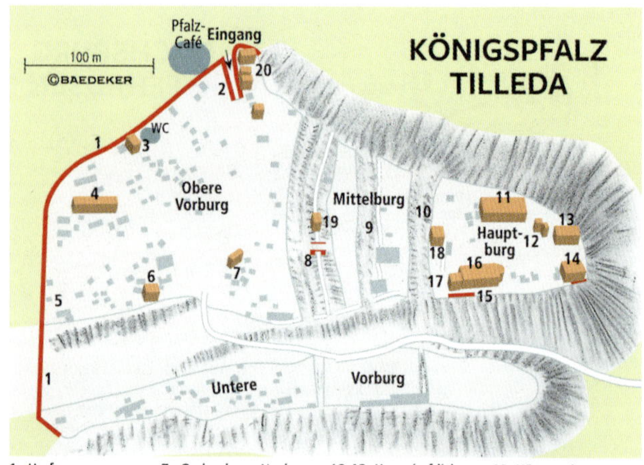

1 Umfassungsmauer
2 Zangentor
3 Ausstellungshaus: Ottonen
4 Ausstellungshaus: Handwerker
5 Mörtelmischer, Handwerker
6 Aussichtspunkt
7 Grubenhaus, Hochgärten, Feuerstelle, Bauernhaus, Backofen
8 Tor, Vorderwall
9 Mittelwall »Spanische Reiter«
10 Hauptwall
11 Holzpfostenbau, Königshalle
12,13 Herrschaftliche Steingebäude
14 Saalbau mit Heißluftheizung
15 Südliche Umfassungsmauer
16 Pfalzkapelle
17 Turm
18 Kammertor
19 Häuserruine, Ausgrabungsstätte für Kinder
20 Ausstellungshäuser: Leben der Pfalzbewohner, Geschichte der Ausgrabung, Pfalzmodell

durch drei hintereinanderliegende Wälle und Gräben gesichert. An dieses Verteidigungssystem schloss sich die ausgedehnte Vorburg an. In ihr wohnten und arbeiteten die hörigen Handwerker und Personen des erweiterten Hofstaates. **233 Gebäude** unterschiedlicher Größe und Bauform wurden entdeckt: Wohnhäuser aus gestampftem Lehm mit Herdstelle oder Backofen, Wirtschaftsgebäude zur Eisen-, Elfenbein-, Knochen- und Geweihverarbeitung. Nach Westen und Nordwesten hin sicherte eine 1,20 bis 2,50 m starke Umfassungsmauer die Vorburg. Erhalten sind davon auch die Reste einer großen Toranlage, die von der Mauer aus 30 m trichterförmig in die Vorburg hineinragte. Bei den Ausgrabungen wurden Hausrat und Werkzeug gefunden, ja sogar ein Spielwürfel.

März – Nov. tgl. 10 – 18 Uhr, Dez. – Feb. geschl.
Eintritt: 5 € | www.pfalz-tilleda.de

 Bad Frankenhausen und Umgebung

Weißes Gold und rebellische Bauern

Salzstadt

Das Städtchen (8730 Einw.) am Südhang des Kyffhäusers wurde um 300 von Franken gegründet. 998 ist erstmals von den Salzpfannen die Rede: Salzgewinnung sowie Solequellen bildeten die wichtigsten Grundpfeiler der Wirtschaft des Orts; Letzteres hat ihm 1927 das Prädikat »Bad« eingetragen. Ins Licht der Geschichte rückte Frankenhausen 1525: Beim **Bauernaufstand** wurde hier die letzte Schlacht geschlagen. **Thomas Müntzer** führte die auf dem Schlachtberg versammelten Bauern an. Doch die Erhebung wurde von den Fürsten blutig niedergeschlagen, es kam zu einem beispiellosen Gemetzel. Müntzer wurde gefangen genommen, gefoltert, zum Widerruf gezwungen und enthauptet. In der DDR bewertete man ihn anders und setzte ihm auf dem Schlachtberg ein monumentales Denkmal: das Panorama-Museum.

Stadt der Türme und Salzsieder

Oberstadt

Alter Kern der Stadt ist die Oberstadt mit der **Kirche »Unserer Lieben Frau«** (14. Jh.) und dem schiefen Turm. In der Nähe steht der nicht weniger auffällige **Hausmannsturm**, Rest einer 998 erwähnten Burg. Unterhalb des Turmes treten die Salzquellen aus. Wo einst Siedehütten für Wohlstand sorgten, dehnt sich heute der **Kurpark** aus. Im nachgebauten **Salzsiedehaus** erfährt man, wie früher die Salzsiederei funktionierte.

Therme und Sauna: tgl. 9 – 21 Uhr
www.kyffhaeuser-therme.de

»Sixtina des Nordens«

Panorama-Museum

Bad Frankenhausen darf sich für eines der größten Tafelgemälde der Welt rühmen. Es misst stolze 123 x 14 m und ist im **Panorama-Museum** ausgestellt, das sich völlig unbescheiden die »Sixtina des Nordens« nennt. Von 1983 bis 1987 malten **Werner Tübke** (1929 bis 2004) und 15 Assistenten an dem Werk mit dem Titel »Frühbürgerliche Revolution in Deutschland«. In historisierender, realistischer Darstellung zeigt es die Bauernkriegs-Schlacht 1525 mit rund 3000 Personen, darunter Luther, Cranach d. Ä., Dürer und den Künstler. Tübke ging es aber nicht allein um die Darstellung des Schlachtengetümmels, er wollte vielmehr das Bild einer ganzen Epoche zwischen Mittelalter und Neuzeit schaffen.

Di. – So. und feiertags 10 – 17, 31. Dez. 10 – 15 Uhr, 24. Dez. geschl.
Eintritt: 8 € | www.panorama-museum.de

Schönheit in Gips

Barbarossa-Höhle

Die **einzige Gips-Anhydrit-Schauhöhle Europas** befindet sich in der Nähe von Rottleben, 6 km nordwestlich von Bad Frankenhausen. Sie ist eine geologische Rarität, gibt es doch weltweit nur zwei Schauhöhlen im Anhydritgestein. Mystisch ausgeleuchtet fasziniert ihre schroffe Schönheit, die durch Auswaschungen im Gips entstanden ist.

April – Okt. tgl. 10 – 17, Nov. – März Di. – So. 10 – 16 Uhr, nur mit Führung
Eintritt: 8,50 € | https://barbarossahoehle.de

Der Bauernheld

Heldrungen

In Heldrungen, wenige Kilometer östlich der Thüringer Pforte und 13 km südöstlich von Bad Frankenhausen, wurde 1525 **Thomas Müntzer** nach der Schlacht von Frankenhausen auf der **Wasserburg** gefangen gehalten. Die Anlage geht auf eine mittelalterliche Burg (12. Jh.) zurück. Umfangreich umgebaut wurde sie zwischen 1664 und 1668 nach Plänen des sächsischen Baumeisters Johann Moritz Richter. Heute ist sie eine Jugendherberge.

LANGELSHEIM

Bundesland: Niedersachsen | **Höhe:** 210 m | **Einwohner:** 11 160

Umgeben vom Naturpark Harz liegt die kleine Industriestadt Langelsheim am nördlichen Harzrand. Bereits 1972 als Zusammenschluss mehrerer Gemeinden entstanden, sind touristisch vor allem die kleinen Teilorte Lautenthal und Wolfshagen im Harz bekannt als schöne Ausgangsorte zum Wandern, Mountainbiken und für Ausflüge in das nahe gelegene Goslar.

Kleine Urlaubsorte

Wohin in Langelsheim und Umgebung?

Langelsheim

Im nördlichen Stadtteil erhebt sich die 1754/1755 errichtete Pfarrkirche. Ihr barocker **Kanzelaltar** wurde 1755 aus zwei älteren Stücken zusammengesetzt, die Jobst Heinrich Lessen d. Ä. 1675 geschaffen hat, zwei Meisterwerke der Holzschnitzkunst im Knorpelstil. Von den **Fachwerkhäusern** sind der Große Hof (Braunschweiger Str.; 1557) und das ehem. Amtshaus von 1552 erwähnenswert.

Stausee mit hohem Freizeitwert

Innerstetalsperre

Südwestlich von Langelsheim erstreckt sich die 1964 – 1966 erbaute Innerstetalsperre, 32 m hoch und 750 m lang. Sie fasst bis zu 20 Mio. m^3 Wasser und ist ein beliebtes Ausflugsziel (für den Wassersport freigegeben; Motorboote sind nicht zugelassen). Ein rund 7 km langer asphaltierter und ebener Rundweg ist ideal für Spaziergänge auch mit Kinderwagen, für Radtouren oder Inline-Skaten.

Ein Klang geht um die Welt

Wolfshagen

Zwischen der Granetal- und der Innerstetalsperre, umgeben von Bergen, liegt das ehemalige Holzhauer- und Köhlerdorf Wolfshagen, heute Stadtteil von Langelsheim. Hier kam 1797 **Hans Heinrich Engelhard**

LANGELSHEIM ERLEBEN

TOURIST-INFORMATION LAUTHENTAL

38685 Langelsheim
Kaspar-Bitter-Str. 7 b
Tel. 05325 44 44
www.lautenthal-harz.de

TOURISTINFORMATION WOLFSHAGEN

38685 Wolfshagen im Harz
Im Tölletal 21
Tel. 05326 40 88
www.wolfshagen.de

HARZER SCHNITZELKÖNIG XXL €€ – €€€

Weit über die Region hinaus bekannt ist das XXL-Restaurant Harzer Schnitzelkönig in Lautenthal. Abgesehen vom 1-kg-Schnitzel oder von der 2-m-Currywurst gibt es hier auch normale Portionen einer leckeren und vielseitigen Speiseauswahl. Reservierung an den Wochenenden empfehlenswert.
Wildemanner Str.9 (Lautenthal)
Tel. 05325 5 88 79 70
www.harzer-schnitzelkoenig.de
Di. Ruhetag

HOTEL IM TANNENGRUND €€

36 helle, freundliche Zimmer, Hallenbad, Sauna. Freibad nebenan. Restaurant mit Biergarten.
38685 Wolfshagen
Am Borbergsbach 80
Tel. 05326 99 80
www.hotel-im-tannengrund.de

PENSION ROSENECK €

Frühstückspension, ruhig und direkt im Grünen gelegen. Liebevoll eingerichtete Zimmer und herzliche Gastfreundschaft.
38685 Langelsheim
Rohrwiese 36
Tel. 05326 97 86 26
www.pension-roseneck.harz.de

FERIENHAUS BREILER €

Ein hübsches kleines Fachwerkhaus, passend für 2 – 4 Personen, ruhig gelegen im Ortsteil Astfeld. Gemütlich und komfortabel eingerichtet. Garten mit Sitzgelegenheit. Nur 5 km bis Goslar.
An der Pulvermühle 7 b
Tel. 05326 24 11
www.ferienhaus-breiler.de

Steinweg zur Welt, der zunächst das Orgelbauhandwerk erlernte, sich 1825 in ▶ Seesen niederließ und mit Erfolg Klaviere baute. 1850 wanderte er nach New York aus, wo er mit seinen Söhnen eine eigene Firma gründete, die bald zu den besten der Welt zählte: Steinway & Sons. Er starb 1871. An ihn erinnert der Steinway-Trail, ein Wanderweg von Wolfshagen nach Seesen (15 km, www.steinway-trail.de).

Wilder Ritt auf dem Hexenbesen

Walpurgis

Der Teufel ist los in der Walpurgisnacht. Dann feiert die Wolfshäger Hexenbrut, eine lustige Gruppe schriller Frauen (▶ Das ist ... S. 26), mit mehreren Tausend Gästen die Nacht der Nächte im Harz.

Ländliche Idylle rund um Langelsheim

Rund ums Wasser

Granetalsperre

Die Granetalsperre 6 km östlich dient der Trinkwasserversorgung (kein Wassersport). Eine »Wasser«-Ausstellung informiert über Trinkwasser und Wasserwirtschaft. Der Rundweg, etwa 16 km lang, ist ein breiter Forstweg und nur in Teilen asphaltiert. Er schlängelt sich in einem stetigen Auf und Ab um den Stausee und bietet wunderschöne Ausblicke. Als Radtour oder Wanderung zu empfehlen. Keine Einkehrmöglichkeiten.

Lautenthal

Reich und arm durch Silber

Geschichte

Die alte Bergstadt mit 1600 Einwohnern liegt in einem sonnigen Tal zwischen Langelsheim und Wildemann. Hier wurden schon im 13. Jh. Erze verarbeitet. Silbererzfunde am Kranichsberg im 15 Jh. führten zu einer Blütezeit des Bergbaus und zu einem wirtschaftlichen Aufschwung. Als 1871 in Deutschland – wie in vielen anderen Ländern auch – von der Silber- auf die Goldwährung umgestellt wurde, verlor die Silbergewinnung jedoch ihre Bedeutung. Fortan wurde in Lautenthal Werkblei aus Clausthal raffiniert. Der Bergbau endete durch die Weltwirtschaftskrise 1931 bzw. nach einer kurzen Wiederaufnahme endgültig 1967.

Per Handarbeit unter Tage

Bergwerk Lautenthals Glück

Das historische Besucherbergwerk »Lautenthals Glück« befindet sich am nordwestlichen Ortsausgang. Es entstand ab 1975 auf dem Gelände des 1600 eröffneten Bergwerks »Lautenthals Glück« und umfasst den rund 1 km langen Tiefen Sachsenstollen, der 1549 – 1612 bis zu einer Tiefe von 1000 m vorgetrieben wurde, sowie Teile anderer Grubenfelder. Ein Besuch vermittelt ein lebendiges Bild vom Wandel des Oberharzer Berg- und Hüttenwesens.

Der Haupteingang liegt in einem Schachthaus mit einem 22 m hohen hölzernen Förderturm. Mit der Grubenbahn gelangen die Besucher in den Tiefen Sachsenstollen bis zum Hauptschacht der Grube Lautenthals Glück. Es schließt sich ein Rundgang durch drei Sohlen (Etagen) des Bergwerks an (bei 8 °C). Ein Höhepunkt ist die eigenhändige Untertagefahrt mit einem Erzkahn auf einem rekonstruierten, 150 m langen **Wasserlösungsstollen**. Auf den flachen Kähnen wurden die Erze abtransportiert.

Wildemanner Str. 15 – 17 | Öffnungszeiten variieren, aktuelle Infos siehe Webseite | Eintritt: 11 € | Tel. 05325 44 90
www.lautenthals-glueck.de

★ LUTHERSTADT EISLEBEN

Bundesland: Sachsen-Anhalt | **Höhe:** 128 m | **Einwohner:** 22 525

Hier wurde der Reformator Martin Luther geboren und hier starb er unerwartet. Das Städtchen, das seinen Aufschwung dem Kupfererzbergbau verdankte, steckt voller Erinnerungen an ihn.

1229 nahmen die Mansfelder Grafen Besitz von Eisleben, das dank der Entdeckung, dem Abbau und der Verhüttung von Kupferschiefer einen raschen Aufschwung erlebte. Nachdem der Dreißigjährige Krieg zum Zusammenbruch von Bergbau, Landwirtschaft, Handel und Gewerbe geführt hatte, kam es unter Kurfürst Georg von Sachsen, der den Bergbau 1671 zur unabhängigen Nutzung freigab, zu neuer Blüte. Zum 400. Todestag Luthers am 18. Februar 1946 erhielt Eisleben offiziell den Zusatznamen »Lutherstadt«In den letzten Jahren der DDR wurde der Kupferschieferbergbau nur noch betrieben, um Devisen für Importkupfer zu sparen. Mit dem Ende der DDR schlossen im Mansfelder Land die letzten Bergwerke. Die **Lutherstätten** wurden 1996 von der UNESCO in die Liste des Welterbes der Menschheit aufgenommen.

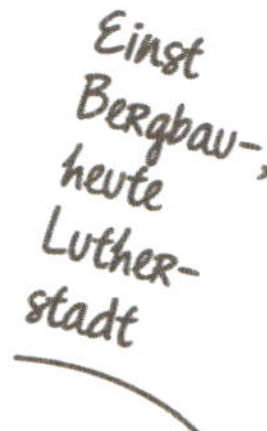

An Luthers Taufkirche vorbei geht der Blick auf eine der typischen Abraumhalden im Mansfelder Land.

Wohin in Lutherstadt Eisleben?

Bürger und Grafen

Marktplatz

Im Kern von Eisleben liegt der lang gestreckte Markt, umgeben von schönen alten Bürgerhäusern. Das 1883 zum 400. Geburtstag aufgestellte Lutherdenkmal von Rudolf Siemering erinnert an den Reformator; Reliefs mit Szenen aus seinem Leben schmücken den Sockel. Dahinter steht das **spätgotische Rathaus** mit einem steilen, dreigeschossigen Satteldach. Es wurde 1519 – 1530 mit einer doppelläufigen Freitreppe an der Nordseite erbaut, 1874 wurde der zweigeschossige Vorbau angefügt. Der steinerne Kopf mit Lilienkrone an der Nordostfassade soll den »Knoblauchkönig« Hermann von Salm-Luxemburg darstellen, der 1081 zum Gegenkönig von Heinrich IV. gewählt wurde. Um den Markt liegen auch die ehem. Stadtsitze der drei verschiedenen Mansfelder Grafenfamilien: für die Linie Mittelort (Markt 34; von 1601, heute Mohrenapotheke) sowie für die Linien Vorder- und Hinterort (Markt 56 und 58). In Letzterem befindet sich ein wappengeschmückter Rittersaal aus der Erbauungszeit.

Luthers letzter Predigtort

St. Andreas

Hinter dem Rathaus steht die St.-Andreas-Kirche mit einem mächtigen Nordturm sowie zwei achteckigen Türmen an der Westfassade. Sie geht auf einen Vorgängerbau aus dem 13. Jh. zurück, der im zwei-

LUTHERSTADT EISLEBEN ERLEBEN

TOURIST INFORMATION LUTHERSTADT EISLEBEN

Markt 22
06295 Lutherstadt Eisleben
Tel. 03475 60 21 24
https://lutherstaedte-eisleben-mansfeld.de

Jedes Jahr im September lockt das größte Volksfest in Sachsen-Anhalt, der Eisleber Wiesenmarkt, bis zu 500 000 Besucher. An die Geschichte des »Oktoberfests des Ostens« erinnert ein Umzug zur Eröffnung, krönender Abschluss ist ein Feuerwerk.
www.wiesenmarkt.de

SCHIFFSGASTSTÄTTE SEEPERLE €€

Seit über 40 Jahren dient der einstige Schaufelraddampfer als Schiffgaststätte am Ufer des Seeburger Sees, 13 km östlich der Lutherstadt Eisleben. In besonderem Ambiente mit Blick auf See und Ufer genießen Sie saisonale Speisen, heimische Produkte und Weine aus der Region.
Nordstrand 4 Seeburg / Seegebiet Mansfelder Land
Tel. 034774 2 82 14
www.seeperleseeburg.de

DECKERTS HOTEL AM KATHARINENSTIFT €€

Kleines Hotel direkt im Zentrum mit stilvoll eingerichteten 19 Zi. St. Andreaskirche, Luthers Sterbehaus und der Markt sind nur wenige Gehminuten entfernt. Im zweiten Hotel, ca. 1 km entfernt, befindet sich auch ein Restaurant.
Sangerhäuser Str. 12/13
Tel. 03475 63 26 70
www.deckerts-hotel.de

HOTEL GRAF VON MANSFELD €€-€€€

Übernachten am historischen Ort In diesem Haus imZentrum von Eisleben ist jüngeren Forschungen zufolge Martin Luther gestorben. Heute bietet es 43 helle, geschmackvoll-elegant eingerichtete Zimmer. Das Restaurant Grafenresidenz rundet das Gesamtbild ab.
Markt 56
Tel. 03475 663 00
https://hotel-graf-von-mansfeld.jimdosite.com

ten Viertel des 15. Jh.s gotisch verändert und nach einem Stadtbrand 1498 als dreischiffige Hallenkirche erneuert wurde. Damals entstanden auch die spätgotischen Netz- und Sterngewölbe.
Unter der sehenswerten Ausstattung befindet sich ein **gotischer Flügelaltar** (um 1520), der zu den bedeutendsten Werken mittelalterlicher Sakralkunst zählt; im Zentrum ist die Marienkrönung dargestellt, rechts davon sind Andreas und im Flügel Nikolaus, links Stephanus und im Flügel Barbara und Katharina zu sehen. Der Altaraufsatz ist von Joseph Wackerle. Auf der Lutherkanzel (Anfang 16. Jh.) predigte der große Reformator zwei Tage vor seinem Tod zum letzten Mal. Unter den zahlreichen Grabdenkmälern aus dem 13.

bis 17. Jh. ist die **Tumba für Graf Hoyer VI. von Mansfeld** (▶ Abb. S. 308) hervorzuheben. Die Liegefigur des Verstorbenen schuf Hans Schlegel 1541, sie gilt als Meisterwerk mitteldeutscher Renaissanceplastik. Die Bronzebüsten Luthers und Melanchthons in der Vorhalle schuf Gottfried Schadow 1817.

Am falschen Ort

Luthers Sterbehaus

Am 28. Januar 1546 kam Martin Luther (▶ Interessante Menschen) noch einmal in seine Heimatstadt zurück, um bei einem Erbstreit zwischen den Mansfelder Grafenbrüdern mit den Stadtvätern von Eisleben als Schlichter aufzutreten. Doch in der Nacht zum 18. Februar verstarb er im Alter von 62 Jahren. Von Eisleben aus überführte man Luthers Leichnam nach Wittenberg und setzte ihn in der Schlosskirche bei. Fälschlich wurde das 1514 errichtete zweigeschossige **Bürgerhaus am Andreaskirchplatz 7** als Sterbeort angenommen. Tatsächlich starb er jedoch im Gebäude **Markt 56**, heute Hotel Graf von Mansfeld. 1894 wurde im vermeintlichen Luther-Sterbehaus, ergänzt durch einen modernen Neubau, eine Gedenkstätte eingerichtet. In einem weitgehend barrierefreien Rundgang sind alle Räume zu besichtigen. Zentrale Themen sind Luthers Sterben und Tod sowie die Todesvorstellungen im Mittelalter. Gezeigt werden u. a. Luthers Totenmaske sowie die Einrichtung des Sterberaums.

Andreaskirchplatz 7 | April – Okt. tgl. 10 – 18, Nov. – März Di. – So. nur bis 17 Uhr | Eintritt: 5 € | www.luthermuseen.de

Gedenken an Kindheit und Jugend Luthers

Luthers Geburtshaus

Der verstärkte Kupferabbau im 15. Jh. lockte viele Bergleute in die Region, darunter auch den Bergmann und Schieferhauer Hans, Luthers Vater. Er bezog mit seiner jungen Frau ein recht ansehnliches Haus in der Langen Gasse, der heutigen Lutherstraße 16, und am 10. November 1483 wurde hier ihr Sohn Martin geboren. Wenige Monate später zog die Familie in das benachbarte ▶ Mansfeld.

In den Räumen des 1689 bei einem Brand teilweise zerstörten und erneut aufgebauten Hauses wurde die Luther-Armenschule gegründet und 1693 ein **Luther-Museum** eingerichtet. Nach einer umfassenden Erweiterung und Sanierung wurde das Gebäude mittlerweile mit fünf Architekturpreisen ausgezeichnet.

Die Ausstellung widmet sich Luthers Herkunft, zeigt seine Kindheit und Jugend bis zum Eintritt ins Erfurter Augustinerkloster 1505. Zu den originalen Räumen aus jener Zeit gehört eine Küche mit einem nach oben offenen Kamin; nachgebaut wurde die Wohnung der Familie Luther. Ein Schwerpunkt widmet sich der intensiven Spiritualität und Frömmigkeit des Mittelalters. In der Ausstellung befinden sich u. a. spätmittelalterliche sakrale Kunstwerke, Kopien der beiden Gemälde der Eltern Luthers, die 1527 von Lucas Cranach d. Ä. gemalt wurden (die Originale sind auf der Wartburg), ferner die Koberger Bibel von

Luthers Geburtshaus ist heute Museum. Es heimste Architekturpreise ein.

1483, eine vorreformatorische Bibel, sowie die Weimarer Gesamtausgabe der Werke Luthers von 1883. Auch die Stadt Eisleben ist Thema: Ein Modell zeigt, wie die Stadt zu Luthers Zeiten aussah.

Lutherstr. 15, April – Okt. tgl. 10 – 18, Nov. – März Di. – So. 10 bis 17 Uhr
Eintritt: 5 € | www.luthermuseen.de

Taufkirche des Reformators

St.-Petri-Pauli-Kirche

Am Ende der Seminarstraße, südlich von Luthers Geburtshaus, steht die St.-Petri-Pauli-Kirche, eine spätgotische, dreischiffige Hallenkirche, in der Martin Luther am 11. November 1483 auf den Namen des Tagesheiligen getauft wurde. Ihr Westturm wurde 1447 – 1474 erbaut; das Kirchenschiff mit seinem Sternnetzgewölbe und dem einschiffigen Chor folgte 1486 – 1513. Unter den Ausstattungsgegenständen befinden sich einige Gemälde aus der Mitte des 16. Jh.s, u. a. Luthers Eltern und Luther mit seiner Frau sowie der vergoldete Schnitzaltar, der aus der Erbauungszeit der Kirche stammt.

Bibelschmuckstück aus Steinbildern

St. Annen

Im Westen steht etwas erhöht die 1513 gestiftete Pfarrkirche St. Annen der 1511 als Bergmannssiedlung gegründeten Neustadt. Die

Maßwerkfenster des 1514 – 1516 fertiggestellten Chores verweisen auf die Gotik, während das Gewölbe mit dem Hängewerk nach italienischem Vorbild mit Voluten, Löwenköpfen und musizierenden Putten bereits im Renaissancestil gehalten ist. Das Langhaus, die daran westlich anschließende Grabkapelle für die Mansfelder Grafen und der Nordturm entstanden 1585 – 1608.
Zur Ausstattung gehört die **Steinbilder-Bibel**, so benannt nach den 29 Relieffeldern der Chorgestühlbrüstungen. Sie wurden 1585 von Hans Thon Uttendrup nach Vorlagen des Nürnberger Kupferstechers Virgil Solis geschaffen. In den aus Sandsteinblöcken gehauenen Reliefs werden Szenen aus dem Alten Testament dargestellt. Sehenswert sind die Frührenaissance-Glasmalereien, der Schnitzaltar (um 1510) und die Kanzel (1608).

Rund um Lutherstadt Eisleben

Hort weiblicher Gelehrsamkeit

Helfta

Helfta liegt am Rande der Lutherstadt Eisleben. 1229 wurde hier ein Zisterzienserinnenkloster gegründet. Als Mitte des 13. Jh.s Mechthild von Magdeburg (▶ S. 23), Mechthild von Hakeborn und Gertrud die Große hier lebten, wurde das Kloster zu einem Zentrum **mittelalterlicher Frauenbildung**. Der Ort selbst verlor jedoch mit dem Erstarken Eislebens wieder seine Bedeutung. Das Kloster zog 1346 nach Eisleben um und wurde schließlich 1525 aufgelöst. Nach dem Wiederaufbau der Klosterkirche und des Kreuzgangs leben und arbeiten hier seit Ende der 1990er-Jahre wieder Nonnen
www.kloster-helfta.de.

Toskana des Ostens

Süßer See

Eine reizvolle Gegend mit kleinen Weinbergen, gemütlichen Straußenwirtschaften und Obstplantagen finden Sie rund um den Süßen See, etwa 10 km östlich von Eisleben. Die sogenannte **Mansfelder Mulde**, ein etwa 3 km breites und 16 km langes Gebiet zwischen Eisleben und Seeburg, liegt rund 130 m tiefer als die anschließende Hochfläche. An den tiefsten Stellen entstanden zwei Seen, der Salzige und der Süße See, auch die »blauen Augen« des Mansfelder Landes genannt. Die günstigen geografischen und klimatischen Bedingungen machen hier Obst- und Weinanbau möglich. Das liebliche Landschaftsbild ist ein Gegensatz zum eher schroffen, rauen Harz. Während der 840 ha große Salzige See 1891 – 1895 in die Schächte des Kupferschieferbergbaus »verschwand« und heute nur noch rund 15 % der ursprünglichen Größe hat, ist der rund 250 ha große, 8 – 12 m tiefe Süße See geblieben und heute **Naturschutzgebiet** und Heimat von über 120 Vogelarten. Am Nordufer »ankert« die Seeperle, eine **Schiffsgaststätte**, hier erstreckt sich auch ein großer Campingplatz. In den Sommermonaten lohnt ein Abstecher zu den kleinen Straußenwirtschaften entlang der 25 km langen **Weinstraße Mansfelder Seen**. Sie führt zwischen Zappendorf im Saalkreis und Unterrißdorf im Mansfelder Land durch **Deutschlands nördlichstes Weinanbaugebiet** (www.weinstrasse-mansfelder-seen.de). Rechts und links von der Weinstraße laden Rad- und Wanderwege ein, die Schönheiten in der »Toscana des Ostens« kennenzulernen.

MANSFELD

Bundesland: Sachsen-Anhalt | **Höhe:** 200 – 250 m | **Einwohner:** 8480

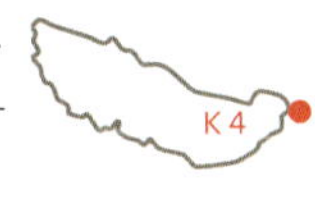

Rund 800 Jahren Kupferbergbau vom 12. bis ins 20. Jh. verdankt Mansfeld seinen einstigen wirtschaftlichen Aufschwung. Hier lebte der Reformator Martin Luther 13 Jahre lang. Der noch erhaltene Bereich seines Elternhauses ist nun Teil eines Museums..

Im 11. Jh. belehnte Kaiser Heinrich IV. die Mansfelder Grafen mit dem Land, dessen Name auf folgende Begebenheit zurückgehen soll: Der Kaiser hatte dem Stammvater des Mansfelder Geschlechts so viel Land versprochen, wie dieser mit einem Scheffel Gerste umsäen könne. Da füllte der Graf die Gerste aus dem Scheffel in einen Sack, in den er ein kleines Loch schnitt. Als dank dieses Tricks das mit Gerste markierte Gebiet größer war, als alle erwartet hatten, sprach man von Betrug. Doch der Kaiser soll gesagt haben: »Es ist gesagt, und kaiserliches Wort muss wahr bleiben. Das ist des Mannes Feld und bleibt es!« Durch die reichen Kupfererzvorkommen stiegen die **Mansfelder Grafen** zu einem der wichtigsten Adelsgeschlechter auf. Erst 1967 wurde der Kupferabbau um Mansfeld beendet, nach Sangerhausen verlagert und dort dann 1990 endgültig eingestellt.

Wohin in Mansfeld?

Hoch oben

Schloss Mansfeld

Das malerische Schloss thront auf einem 266 m hohen, von Wald umgebenen Felssporn östlich der Stadt. In dem renovierten und umgebauten Gebäude befindet sich eine **christliche Jugendbildungs- und Begegnungsstätte**. Es ist nur am Tag des offenen Denkmals zugänglich. Gruppen können auch Schlossführungen buchen. Das Schlosscafé befindet sich im Gewölbekeller der ehemaligen Wächterstube. Hier ist auch eine kleine Ausstellung zu sehen. Die Schlosskirche ist zu den Öffnungszeiten des Cafés zu besichtigen.

Das Schloss war Stammsitz des einst mächtigen, 1780 ausgestorbenen Grafengeschlechts. Die erste Burg wurde um 1050 erbaut. Nach einem Kupferstich von Matthäus Merian bestand die Anlage um 1650 aus drei unabhängigen Renaissanceschlössern. Die Mittel für ihre Baufreude zogen die Mansfelder Grafen aus dem Abbau von Kupfer und Silber. Der Bergbau geriet jedoch ab 1536 in eine Krise; 1568 mussten die Grafen den mansfeldischen Bergwerksbetrieb in kursächsische Verwaltung abtreten; 1570 wurde sogar die Grafschaft unter Zwangsverwaltung gestellt. Damals begann auch der bauliche Verfall. Nur Schloss Vorderort wurde in Stand gehalten und blieb auch nach dem Aussterben der Mansfelder Grafen bewohnt. 1859 erwarb Freiherr von der Recke die Reste der Anlage. Er ließ auf dem 1509 – 1518 für Graf Hoyer erbauten Vorderort das neugotische Schloss errichten.
Die gotische **Schlosskirche** entstand zu Beginn des 15. Jh.s und ist der einzige erhaltene Bau der mittelalterlichen Anlage. Um 1480 erhielt sie ihr Kreuzrippengewölbe. Den Innenraum beleben drei Steinemporen in reich bewegten Formen. Wertvollstes Ausstattungsstück ist der Flügelaltar, der vermutlich aus der Werkstatt Lucas Cranachs d. Ä. stammt. Im Mittelteil zeigt er die Kreuzigung Christi, in der Predella die Grablegung, links die Höllenfahrt und

MANSFELD ERLEBEN

TOURIST-INFORMATION MANSFELD
Junghuhnstr. 2
06343 Stadt Mansfeld
Tel. 034782 9 03 42
https://lutherstaedte-eisleben-mansfeld.de

SCHLOSS MANSFELDS CHRISTLICHE JUGENDBILDUNGS- UND BEGEGNUNGSSTÄTTE €€
Preiswerte Übernachtungen in einem Bildungs- und Begegnungshaus des CVJM im renovierten Schloss
Schloss 1
Tel. 034782 2 02 01
www.schloss-mansfeld.de

FORELLENHOF MÖLLENDORF €€
Traditionsgaststätte mit Biergarten und Gastraum mit Gewölbe. Frische, gesunde Küche, viele Fischgerichte und auch vegane Speisen. Neu errichtete Bungalows und Zimmer.
Traueweg 1
Tel. 034782 2 14 00
www.forellenhof-moellendorf.de

PENSION SCHLOSSBLICK €
Mitten in Mansfeld liegt diese kleine Pension in einem historischen Gebäude aus dem Jahr 1560. Alle Zimmer sind gefliest und verfügen über Fußbodenheizung, auch Betten und Matratzen sind allergikergeeignet.
Junghuhnstr. 4
Tel. 0162 4 15 16 34
www.mansfeld-pension.de

rechts die Auferstehung. Sehenswert sind auch der spätgotische Taufstein (1522), das Sakramentshäuschen (1537) und das Epitaph für den 1526 gestorbenen Grafen Günther von Hans Schlegel, eines der ersten Werke der voll entwickelten Frührenaissanceplastik im mitteldeutschen Raum.

Tel. 034782 2 02 01 | www.schloss-mansfeld.de |
Café Wächterstube: April - Okt. Mi. - So. 13 - 18 Uhr, Nov. - März Fr. - So. 13 - 17 Uhr.

Mosaikstein zu Luthers Leben

Luthers Elternhaus

Von Martin Luthers Elternhaus steht nur noch ein Teil des Hauptgebäudes, dem ein moderner Museumsbau gegenüber gestellt wurde. Die Ausstellung **»Ich bin ein Mansfeldisch Kind«** präsentiert seine Kindheit und Jugend mit Funden, die bei Grabungen auf dem Grundstück entdeckt wurden, u. a. Murmeln, mit denen Luther einst spielte. Die Biografie des Reformators ist nun – im Zusammenspiel der Gedenkstätten in Eisleben, Mansfeld und Wittenberg – in Gänze erlebbar. Die Lutherschule (Junghuhnstr. 2, ggü. der Kirche St. Georg) ist auf Anfrage beim Pfarramt (Tel. 034782 90 99 29) zu besichtigen.

Lutherstraße 29 | April - Okt. tgl. 10 - 18, Nov. - März Di. - So bis 17 Uhr | Eintritt: 5 € | www.luthermuseen.de

Kleinod aus dem 16. Jahrhundert

St. Georg

Die St.-Georgs-Kirche auf einem Hügel mitten in der Stadt wurde 1497 – 1520 an der Stelle eines romanischen Vorgängerbaus errichtet. Die heutige Turmhaube und die Uhr stammen von 1929/1930, als die Kirche restauriert wurde. Beachtenswert sind die hölzernen Hufeisenemporen mit 49 im 17. Jh. gemalten Bildtafeln, die Szenen aus der Bibel darstellen, ein kostbarer, spätgotischer Flügelaltar im Chor sowie zwei weitere Schnitzaltäre. Der achteckige Taufstein entstand um 1520. Ein Bild zeigt Luther um 1540; das Gemälde »Auferstehung Christi« um 1545 stammt aus der Werkstatt Cranachs d. Ä.

NORDHAUSEN

Bundesland: Thüringen | **Höhe:** 180 – 250 m | **Einwohner:** 41 760

Die über 1000-jährige ehemalige Freie Reichs- und Hansestadt liegt hoch über dem Tal der Zorge auf einer Ebene zur Goldenen Aue hin. Am Ende des Zweiten Weltkriegs wurde sie stark zerstört. Was erhalten blieb, wird liebevoll gepflegt. Seit 1490 gibt es in Nordhausen Brennereien: Weit über die Stadtgrenzen hinaus bekannt ist der Nordhäuser Doppelkorn.

NORDHAUSEN ERLEBEN

STADTINFORMATION
Markt 1
99734 Nordhausen
Tel. 03631 6 96-797
www.nordhausen.de

❶ RISTORANTE-PIZZERIA RUSTICA €
Italienische Küche, gute Pizza, schöne Terrasse mit Blick auf den schiefen Turm der Blasii-Kirche.
Barfüßerstr. 36
Tel. 03631 99 41 80
www.ristorante-rustica.de

❷ IRODION THEATERRESTAURANT €–€€
In Griechenland wurde das Theater erfunden, da ist es nicht verkehrt, wenn sich das Theater Nordhausen ein Restaurant mit klasischer grichischer Küche zulegt.
Käthe-Kollwitz-Str. 15
Tel. 03631 419 99 97
https://theaterrestaurant-irodion.business.site

❸ FELIX €€
Modernes Ambiente in malerisch saniertem Fachwerkhaus in der Nordhäuser Altstadt. Frische Küche. Fleisch vom lokalen Lieferanten.
Barfüsserstr. 12 – 13
Tel. 03631 60 22 00
www.felix-nordhausen.de
So. u. Mo. Ruhetag

❹ KNEIFF-GARTEN €€
Nouvelle Cuisine und gutbürgerliche Küche inmitten von Nordhausen: Man kann sich mit Harzer und Thüringer Spezialitäten verwöhnen lassen oder die leichte, neue Art des Kochens genießen.
Gerhart-Hauptmann-Str. 6
Tel. 03631 47 49 05
www.restaurant-kneiffgarten.de
Mo. Ruhetag

❶ HOTEL NORDHÄUSER FÜRSTENHOF €€–€€€
Das Design-Hotel im Stil der 1920er-Jahre liegt zentral in der Nähe des Bahnhofs. Im angeschlossenen Restaurant lässt sich gut speisen, im Panoramabad in der 4. Etage famos entspannen.
Bahnhofstr. 12 – 13
Tel. 03631 62 50
www.nordhaeuser-fuerstenhof.de

❷ ZUR GOLDENEN AUE €
Moderner, rustikal eingerichteter Landgasthof mit Kachelofen in »Omas Küche«, Kaminzimmer, Terrasse, Biergarten und eigenem Restaurant.
Nordhäuser Str. 63
Nordhausen-Bielen
Tel. 03631 60 30 21
www.hotel-zur-goldenen-aue.de

❸ KIDOGO €
Hinter diesem Namen verbirgt sich ein ehemalige Café mitten im Zentrum von Nordhausen. Kaffee und Schokolade, wofür es bekannt war, gibt es nicht mehr, denn es ist zu einer 40 m² großen Nichtraucher-Ferienwohnung passend fürzwei Personen. geworden. Auch keine schlechte Idee.
Rosengasse 10
Tel. 03631 97 49 40
www.ferienwohnung-rosengasse.de

Zum Schutz einer bereits im 8. Jh. entstandenen Siedlung ließ König Heinrich I. um 910 eine Burg und einen Königshof errichten. 961 gründete seine Ehefrau Mathilde in der Burg ein Nonnenkloster, das bereits 962 Markt-, Münz- und Zollrecht erhielt. Im Laufe der Auseinandersetzungen zwischen Friedrich Barbarossa und Heinrich dem Löwen wurde der Ort 1180 zerstört, erholte sich jedoch aufgrund seiner verkehrsgünstigen Lage wieder und entwickelte sich zu einem wichtigen Handelsplatz. 1220 wandelte Kaiser Friedrich II. das Kloster in ein weltliches Chorherrenstift um und machte Nordhausen zur Reichsstadt. Im 14. und 15. Jh. erlebte Nordhausen seine Blütezeit. 1523 setzte sich die Reformation durch. Um 1750 entwickelte sich die Kautabakverarbeitung. Mit dem Anschluss an das Eisenbahnnetz ab 1866 setzte in Nordhausen die Industrialisierung ein.

Doppelkorn und Roland

Unter den Nationalsozialisten wurde Nordhausen ein Zentrum der Rüstungsindustrie. Im nahen **KZ Mittelbau Dora** wurden die V2-

Waffen produziert, was Nordhausen zum bevorzugten Ziel alliierter Bombenangriffe machte. Entsprechend prägen das heutige Stadtbild unterschiedliche Baustile: liebevoll sanierte Fachwerkhäuser ebenso wie moderne Gebäude.

Wohin in Nordhausen?

Kirchenkunst aus früher Zeit

Dom zum Hl. Kreuz

Der Dom zum Hl. Kreuz mit seinen Doppeltürmen ist das bedeutendste sakrale Baudenkmal von Nordhausen. Er geht auf das 961 von Mathilde gegründete Damenstift zurück. Von der 1130 – 1200 innerhalb der Burg erbauten romanischen Klosterkirche blieben die Untergeschosse der Osttürme (heute Kapellen) und die dreischiffige Krypta mit halbrunder Apsis erhalten. Deren Gewölbe ruht auf Säulen mit verzierten Würfelkapitellen, die vermutlich von Hirsauer Baumeistern angefertigt wurden. Nach der Umwandlung des Klosters in ein Kanonikerstift begannen Bauleute aus ▶ Walkenried und Maulbronn 1227, den Chor in frühgotischem Stil zu erneuern (1267 geweiht). Das dreischiffige Langhaus wurde um 1340 angefügt; Anfang des 16. Jh.s begann man mit seiner Einwölbung.
Zur sehenswerten Ausstattung gehören ein romanischer Taufstein, sechs lebensgroße **Stifterfiguren** an den seitlichen Chorwänden (um 1270) – sie stellen Heinrich I., Mathilde, Otto I. und Adelheid, Otto II. und Theophanu dar –, und das 1370 bis 1400 gefertigte Chorgestühl mit Szenen aus der Legende des Eustachius, der Auferstehung Christi sowie der Kirchengründung. Von den ehemaligen Stiftsgebäuden ist nur der spätgotische Westflügel, der Kreuzgang mit dem Kapitelhaus, erhalten geblieben.

Erhaltener Schutzring

Stadtmauer

Bedeutende Teile der nach 1180 erbauten und im 14./15. Jh. mehrfach erweiterten Stadtmauer sind entlang der Promenade, am Petersberg und westlich des Doms bis zur Rautenstraße erhalten. Der 62 m hohe **Petriturm** auf dem Petersberg ist das Wahrzeichen der Stadt und erinnert an die 1372 erbaute und 1945 zerstörte Petrikirche. Um den **Judenturm** von 1460 erstrecken sich grüne Terrassen, von denen man eine weite Aussicht genießt.

Beschützt vom Roland

Altes Rathaus

Von der einstigen Bebauung am Marktplatz steht nur noch das stattliche, 1360 erstmals erwähnte Rathaus. Der dreigeschossige Bau mit einem vorspringenden achteckigen Treppenturm entstand 1610 im Stil der Spätrenaissance. Die Arkaden im Erdgeschoss waren offen, hier boten Kaufleute ihre Waren an. Auf der Westseite steht der 1717 angefertigte, gut 3 m hohe farbig gefasste **Roland**, das Symbol der

Stadtfreiheit, dessen bereits 1441 bezeugter Vorgänger bei einem Brand zerstört wurde. Die **steinerne Stele** von Bildhauer Jürgen von Woyski vor dem Rathaus erinnert an die 8800 Opfer des Luftangriffs im April 1945.

Türme mit Individualhöhe

St. Blasii

Die zwei ungleich hohen spätromanischen Achtecktürme der 1490 geweihten dreischiffigen Hallenkirche St. Blasii stammen von einem 1234 errichteten Vorgängerbau. Sehenswert sind eine schöne, 1591/1592 vom damaligen Bürgermeister Cyriakus Ernst gestiftete steinerne Kanzel und sein Epitaphbild von Lucas Cranach dem Jüngeren.

Mehr als nur Tabak

Museum Tabakspeicher

Das Museum im Alten Tabakspeicher (18. Jh.) zeigt Ausstellungen zu Handwerk, Gewerbe, Industrie und Archäologie. Nordhausen war bis nach dem Zweiten Weltkrieg ein wichtiger Standort des Kautabakanbaus und seiner Verarbeitung. Das Museum informiert über den Anbau und die Verarbeitung des Rohstoffs. Die Fernmeldetechnik aus verschiedenen Jahrzehnten und der Kinosaal mit seinen alten Vorführgeräten laden dazu ein, selbst aktiv zu werden.

Bäckerstr. 20 | Di. - So. 10 - 17 Uhr

Große Kunst

Kunsthaus Meyenburg

Die 1907 erbaute Jugendstilvilla, umgeben von einer wunderschönen Parkanlage, zeigt Kunst und Kultur im Harz, darunter eine Kollektion von Möbeln aus dem 14. bis 19. Jahrhundert. Kern der Ausstellung ist eine Sammlung von Druckgrafiken des 19. und 20. Jh.s, darunter Werke von Matisse, Feininger und Picasso. In Sonderausstellungen werden Werke regionaler und überregionaler Künstler zu bestimmten Themen gezeigt. Vortragsabende und Konzerte bereichern das Angebot.

Alexander-Puschkin-Str. 31 | Di. - So. 10 - 17 Uhr | https://kunsthaus-foerderverein.de

Im Schnapsparadies

Brennerei-Museum

Die 1908 im Jugendstil erbaute ehemalige Kornbrennerei Seidel (heute Echter Nordhäuser Traditionsbrennerei) beherbergt das Firmenmuseum der inzwischen letzten Brennerei der Stadt. Es erzählt die Geschichte des Branntweins, der Schnapsstadt Nordhausen und wie aus Gerste und Weizen Alkohol entsteht, wie das Getränk gärt und in Eichenfässer abgefüllt wird. Anschließend können Sie ausgewählte Liköre oder einen »Klaren« probieren und sämtliche Produkte von »Echter Nordhäuser« erstehen.

Grimmelallee 11 | Di. - So. 10 - 16, Führungen 14 Uhr | Eintritt: 8 € inkl. Verkostung | www.traditionsbrennerei.de

Erinnerungsort für Motorenfans

IFA-Museum

1992 stellten die IFA-Motorenwerke nach knapp 90 Jahren ihren Betrieb ein. Was der ehemals größte ostdeutsche Hersteller von Dieselmotoren und Schleppern produzierte, zeigt das 2011 eröffnete Museum. Auch die Rolle des Werks im Nationalsozialismus ist Thema.

Montaniastr. 13 | Di., Do. 10 – 17, jeden 2. und 4. Sa. im Monat 10 bis 16 Uhr | Eintritt: 5 € | www.ifa-museum-nordhausen.de

Rund um Nordhausen

Leistungsstarke Quelle

Salzaquelle

An der Zorgebrücke im Norden der Stadt beginnt ein ausgeschilderter Wanderweg zur Quelle der Salza, die südlich von Nordhausen in die Helme mündet. Am Salza-Quellbad vorbei gelangt man zum Salza-Spring, einem sehr beeindruckenden, 2500 m² großen und 50 – 70 cm tiefen Quellteich, in den sich durchschnittlich 700 l Wasser in der Sekunde ergießen. Die größte Karstquelle Thüringens schüttet allerdings sehr unterschiedlich.

Erzwungenes Leiden für die Vergeltung

★ Gedenkstätte Mittelbau Dora

Etwas entfernt vom 304 m hohen Kohnstein befand sich das **Konzentrationslager Mittelbau Dora**, ein Außenlager des KZ Buchenwald. Unter dem Kohnstein liegen rund 50 unterirdische Fabrikhallen, die eine Stollenlänge von etwa 12 km ergeben. Hier wurde von 1943 bis April 1945 die sog. Vergeltungswaffe V2 hergestellt. Die Gefangenen mussten zuerst die Stollen in den Berg treiben, dann tief im Berg die V2-Raketen montieren. Rund 20 000 der insgesamt etwa 60 000 Lagerinsassen kamen dabei ums Leben (▶ Abb. S 312).
Nach Kriegsende bauten Amerikaner die Produktionsanlagen größtenteils ab und überführten sie in die USA. Nach dem Besatzungswechsel übernahmen die Sowjets die noch verbliebenen Anlagen und sprengten 1948 einen Teil des Stollensystems.
Auf dem ehem. KZ-Gelände eröffnete bereits 1964 eine **Gedenkstätte**, die 2006 neu konzipiert wurde mit Lern- und Dokumentationszentrum, das u. a. mit Filmmaterial und Zeitzeugen-Interviews die Geschichte aufarbeitet. Heute kann man rund ein Zehntel des mehr als 2 km langen Stollensystems besichtigen sowie die KZ-Außenanlagen mit Krematorium, Häftlingsbaracken und dem Appellplatz, wo die Hinrichtungen stattfanden. Kinder sollten erst ab 12 Jahren die Gedenkstätte besuchen. Im Stollen ist es recht kalt, daher entsprechende Kleidung nicht vergessen. Die Bronzeplastik vor dem Krematorium stammt von Jürgen von Woyski.

Gedenkstätte: Okt. – Feb. Di. – So. 10 – 16, März – Sept. bis 18 Uhr
Führungen Stollen: Di. – Fr. 11, 14, Sa., So., Fei. 11, 12, 14 u. 15 Uhr
Kohnsteinweg 20 | www.dora.de

OBEN: Im Brennereimuseum wird erklärt, wie der echte Doppelkorn gemacht wird.
UNTEN: Wie er riecht, probiert man selbst aus.

★★ OBERHARZ AM BROCKEN

Bundesland: Sachsen-Anhalt | **Höhe:** 475 – 560 m | **Einwohner:** 9930
Ortsteile: Benneckenstein, Elbingerode, Elend, Hasselfelde, Königshütte, Neuwerk, Rotacker, Höhlenort Rübeland, Sorge, Stiege, Susenburg, Tanne, Trautenstein

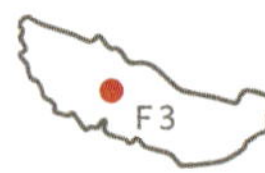

Zwischen Wiesen, Wäldern und den Harzer Bergen haben es sich die 13 Ortsteile der Stadt Oberharz am Brocken in einer malerischen Landschaft bequem gemacht. Die kleinen Bergdörfer und Urlaubsorte haben alle ihren eigenen Charme. Hier verbringen Sie typischen Harz-Urlaub mit Wandern, Mountainbiken, Naturerlebnissen, Bergbautradition und viel Ruhe.

Weit verstreut

Seit 2010 bilden Benneckenstein, Elbingerode, Elend, Hasselfelde, Königshütte, Neuwerk, Rotacker, Höhlenort Rübeland, Sorge, Stiege, Susenburg, Tanne und Trautenstein die Stadt Oberharz am Brocken. Ein eigentliches Stadtzentrum gibt es nicht. Die Ortsteile erstrecken sich über eine Gesamtfläche von rund 271 km² und bieten unterschiedlichste Erlebnisse, beispielsweise im **Grenzmuseum** mit Freigelände in Sorge, in der **einzigartigen Stabkirche** in Stiege oder auf einer **Alpaka-Wanderung** rings um Tanne.

Wohin in Oberharz am Brocken?

Lebendige Bergbaugeschichte

Elbingerode

Elbingerode ist ein ruhiger Erholungsort mit über 1000-jähriger Bergbaugeschichte und Verwaltungssitz der Stadt Oberharz am Brocken. Das Stadtbild prägen einige Fachwerkhäuser. Eingebettet zwischen Wiesen und Wäldern lässt sich die Harzer Natur bei Wanderungen, Mountainbike- oder Skitouren erleben. Das **Naturbad Elbingerode** mit kleinem Sandstrand ist vor allem bei Familien beliebt. Angeln kann man an zwei Teichen im Ort und an den Gewässern der »Pachtgemeinschaft Bodetalsperren e.V.« (Angelschein und Gastkarte erforderlich). Der **Elbingeröder Bergbaulehrpfad** erklärt an 16 Stationen lebendig den bis 1970 aktiven Eisenerzbergbau.
2 km nordöstlich von Elbingerode erinnert das Schaubergwerk **Büchenberg** an die mehr als 1000-jährige Bergbaugeschichte im Mittelharz und die Arbeit in den Gruben. Zu bestimmten Terminen oder für Gruppen findet das gesellige Tzscherperessen unter Tage statt.
Schaubergwerk: tgl. offen (außer 24./25./26. Dez. u. 1. Jan.), Führung 10.30, 12, 14, 16 Uhr | Eintr.: 10 € | www.schaubergwerk-elbingerode.de

STADT OBERHARZ AM BROCKEN ERLEBEN

TOURIST-INFORMATION ELBINGERODE

Markt 3
38875 Stadt Oberharz am Brocken, OT Elbingerode
Tel. 039454 8 94 87
www.oberharzinfo.de

TOURIST-INFORMATION BENNECKENSTEIN

Bahnhofstr. 21 b
38877 Oberharz am Brocken, OT Benneckenstein
Tel. 039457 26 12

TOURIST-INFORMATION ELEND

Hauptstraße 19
38875 Stadt Oberharz am Brocken OT Elend
Tel. 039455 3 75

TOURIST-INFORMATION HASSELFELDE

Breite Str. 17
38899 Oberharz am Brocken, OT Hasselfelde
Tel. 039459 7 13 69

Zu den traditionellen Festen gehören der Tanner Kuhball (So. vor Christi Himmelfahrt), das Finkenmanöver Benneckenstein (Pfingstmontag) und Grasedanz in Neuwerk (Juli). Auf der Waldbühne Benneckenstein wird alljährlich im Sommer das Theaterfestival THEATERNATUR durchgeführt. Im Winter locken Schlittenhunderennen in Benneckenstein und Hasselfelde (▶ Das ist der Harz, S. 16 ff.).
www.theaternatur.de

Kurz vor dem Start. Die Disziplinen beim Finkenmanöver heißen Schönheits-, Distanz- und Starksingen.

CRUDE
Offroad-Erlebnis mit Ziesel, Spaß auf dem Stieger See mit Ruderboot, Stand-up-Paddle o. Wasser-Fahrrad.
OT Stiege, Kirchstr. 31a
Tel. 0152 53 58 98 94
www.crude-harz.de

EISCAFÉ NASCHKÄTZCHEN €
Hausgemachtes Speiseeis in leckeren Varianten und hausgebackener Kuchen für die Naschkatzen. Über 60 Jahre Tradition in diesem Café.
OT Elbingerode, Lessingstr. 2
Tel. 039454 4 22 64

HOTEL ZUR KRONE €€
Deutsche Küche und Harzer Spezialitäten, im Sommer im Biergarten.
Hasselfelde, Breite Str. 22
Tel. 039459 7 39 80
http://hotel-hasselfelde.com

HARZKÖHLEREI STEMBERGHAUS €
Gemütliche Gastlichkeit in einer großen, rustikalen Köhlerhütte, stilecht in Nachbarschaft der Meiler. Von April bis Oktober wird »Echte Harzer Buchenholzkohle« erzeugt. Das **Köhlereimuseum** (das einzige in Deutschland) und der Köhlerladen halten die Tradition lebendig. Diverse Veranstaltungen (Köhlerfest, Köhlerweihnacht, Frühschoppen etc.).
Stemberghaus 1 (an der B 81 von Hasselfelde ca. 5 km Richtung Blankenburg)
Tel. 039459 7 22 54
www.harzkoehlerei.de,
tgl. 11 – 17 Uhr, Eintr. Museum 2€

STEAKHAUS UND HOFCAFÉ €€
Bio-Hof von Brockenbauer Thielecke. Das schön gestaltete Restaurant mit Bio-Fleischerei und Hofladen bietet die Spezialitäten des Harzer Roten Höhenviehs und des Angler Sattelschweins aus eigener Zucht an, außerdem eine kleine vegetarische Auswahl. Typisch Harz-zertifiziert, als Slow-Food-Restaurant empfohlen. Hofführungen!
OT Tanne, Schierker Weg 13
Tel. 039457 33 12
www.brockenbauer.de

PENSION BLECHLEPPEL €
Im beschaulichen Ort Benneckenstein ganz in der Nähe des Bahnhofs der Harzer Schmalspurbahn befindet sich diese Pension. Auf drei Etagen befinden sich gemütliche Einzel-, Doppelzimmer und Apartments. Auf Wunsch Frühstück und Halbpension. Haustiere auf Anfrage.
OT Benneckenstein
Bahnhofstr. 22, Tel. 039457 97 30
www.blechleppel-pension.de

TINYHOUSE MIT INDIANERZELT €
Nicht ganz am Ende der Welt, dafür mitten in der Natur befindet sich diese besondere Unterkunft. Mobilheim (35 qm) mit Wohnzimmer, Küche, Schlafzimmer für zwei Erwachsene und zwei Kinder, Bad mit Dusche und skand. Trocken-/Trenntoilette, Kaminofen, Terrasse, 6-Meter-Holztipi mit Lagerfeuerstelle.
OT Benneckenstein
Oderbruch 22b
Tel. 039457 16 90 66
www.survivaltours-abenteuer.de

HOTEL & RESTAURANT GOLDENER ADLER €
Kleines, gemütliches Hotel mit 10 einfachen Zi. in der Ortsmitte Elbingerodes. Restaurant mit gutbürgerlicher Küche und Harzer Gerichten (Wild, Forelle) sowie vegetarisches Angebot. Riesen-Windbeutel.

OT Elbingerode, Rohrbachstr. 3
Tel. 039454 4 26 08
www.goldeneradler-elbingerode.de

GRÜNE TANNE €€

Wellnesshaus mit 23 Zi., Sauna, Massagen, Kosmetik, Reiki-Behandlungen, Akkupunktur, Schröpfen mit Saugglocken und weitere Gesundheitsangebote. Das familiengeführte Haus liegt in der Nähe der Mandelholztalsperre direkt am Wald. Mit organisierten Kabarett-, Musik- und Gesprächsabenden haben die Gäste ein abwechslungsreiches Veranstaltungsprogramm.
OT Elend
Mandelholz 1 (an der B 27)
Tel. 039454 4 60
www.mandelholz.eu

APARTMENTS »ELI LENTI« €

Liebevoll eingerichtete, allergikergerechte 3 DZ, 3 FeWo und 1 App. zum Wohlfühlen im kleinen Urlaubsort Elend.
OT Elend
Hauptstr. 24
Tel. 039455 5 89 70
www.eli-lenti.de

WESTERNSTADT PULLMAN CITY HARZ € – €€

Das Highlight für Western-Fans und Familien mit Kindern. Einmal in einem Fort, in einer Trapperhütte oder in einem Ranch House übernachten. Den wilden Westen im Harz erleben.
OT Hasselfelde
Am Rosentale 1
Tel. 039459 73 10
www.pullmancityharz.de

PENSION RASTSTÜBL €

Gemütliche Frühstückspension am Waldrand mit fünf Zimmern und Ausblick auf die Harzquerbahn.
OT Sorge
Köhlerbergstr. 3
Tel. 039457 32 73
www.pension-raststuebl.de

HOTEL & FERIEN-APPARTEMENT-ANLAGE TANNENPARK €€ – €€€€

Ferienanlage am Waldrand im kleinen Urlaubsort Tanne. 8 moderne Zi. und 37 App. sowie 12 Ferienhäuser für bis zu 12 Personen. Hallenbad, Whirlpool, Saunen, Massagen, Beautyanwendungen, Tennisplatz. Restaurant mit saisonalen/regionalen Speisen.
OT Tanne, Schierker Weg 16
Tel. 039457 4 08 08
https://tannenpark.com

WALDHOTEL AUSZEIT €€

Kleines Wohlfühlhotel (einst Hotel Zum Brockenbäcker) mit 14 behaglichen DZ in ruhiger Ortsrandlage in Waldnähe. Familiäre Atmosphäre und herzliche Gastfreundschaft der jungen Betreiberfamilie. Café mit leckeren Torten des Brockenbäckers täglich von 14.30 – 17 Uhr geöffnet.
OT Tanne, Lindenwarte 20
Tel. 039457 97 60
www.waldhotel-auszeit.de

SCHLOSS STIEGE €

Großzügige Ferienwohnung im Westflügel des Schlosses mit vier Schlafzimmern, Terrasse und Garten. Eingerichtet ist sie mit einer Mischung aus modernen und klassischen Möbeln. Teils kleine, verwinkelte Zimmer. Kaffee und Kuchen im Schloss Café.
OT Stiege, Kirchstr. 31
Tel. 039459 7 34 64
www.schloss-stiege.de

DOMÄNE STIEGE € – €€

Jede Menge Auswahl: Gästehaus, Ferienwohnung, Wanderhütten und Campingplatz am Ortsrand von Stiege. Sehr familiäre, freundliche Atmosphäre. Ideal auch für Gruppen (Motorradfahrer, Biker), Quartier für Wanderreiter.
OT Stiege, Domäne 1
Tel. 039459 7 03 33
www.domaene-stiege.de

In Elend steht Deutschlands kleinste Holzkirche.

Alles andere als ein Elend

Elend

Der kleine Erholungsort Elend liegt in einem weiten Talkessel der Kalten Bode, 10 km westlich von Elbingerode. Mönche aus Ilsenburg machten auf ihrem Weg nach Rom auf der Elendsburg Rast. Aus dieser Zeit leitet sich der Ortsname ab (»ali lant« oder »eli elendi« = fremdes Land). Von der Elendsburg aus dem 14. Jh. sind noch Gräben und eine Zisterne zu sehen. Im Ort steht die 1897 erbaute, wohl **kleinste Holzkirche Deutschlands** mit fünf bleiverglasten Fenstern mit schönen Malereien. Elend ist Ausgangsort reizvoller Wanderungen, u. a. zum Brocken, zu den Schnarcherklippen (5 km nordwestlich), zum Ottofelsen (9 km nordöstlich) und zum Ahrensklint (9 km nordwestlich von Schierke).
Auch einen Ausflug wert: die ebenfalls hölzerne, charmante **Stabkirche im Ortsteil Stiege**, der einzige Sakralbau in Deutschland im Drachenstil. Und eine der wenigen Kirchen, die man per Musterkatalog bestellen konnte und die in den letzten Jahren umgezogen ist!

Von Köhlern und Cowboys

Luftkurort Hasselfelde

Auf einem Hochplateau, inmitten bunter Bergwiesen, liegt Hasselfelde, etwa 17 km südöstlich von Elbingerode. Durch die Anbindung an die Selketalbahn kann man hier täglich Dampfloks sehen. Ganz in der Nähe liegen die Rappbode-Talsperre und die Westernstadt **Pullman City** Harz. Auch der Harzer-Hexen-Stieg führt durch Hasselfelde.

Vom Ort bis zur Harzköhlerei führt der Köhlerweg mit interessanten Informationen zum traditionellen Handwerk. Außer beim Wandern und Mountainbiken lässt sich hier auch beim Angeln, Reiten, Bogenschießen oder Ballonfahren ein aktiver Urlaub verbringen. Die St. Antoniuskirche, eine dreischiffige gotische Basilika, erbaut 1841-1851, gilt als Wahrzeichen des Harzorts. Die nach Plänen des Schinkelschülers und braunschweigischen Baumeisters Ottmer erbaute und 1851 eingeweihte klassizistische **St.-Antonius-Kirche** beherbergt ein Altarbild von Hofmaler Quensen.

Wasseraufbereitung mit Erholungseffekt

Hasselvorsperre

Am nordwestlichen Ortsrand von Hasselfelde liegt die Hasselvorsperre und bei Trautenstein die **Rappbodevorsperre** (je ca. 1,5 Mio. m^3 Wasserinhalt). Um die beiden etwa 4 km langen Stauseen führen Wanderwege mit Aussichtspunkten. Hier brüten Fischreiher und andere Wasservögel. Im Frühjahr blühen Orchideenarten, Trollblumen und viele andere seltene Pflanzen. Ein Wanderweg führt vom Ort entlang der Hasselvorsperre zum Naturdenkmal **Wilder Rabenstein** mit der Großen und Kleinen Rabensteinklippe, ein Aussichtspunkt liegt direkt über dem Stausee der Rappbodetalsperre.

Adrenalinschub garantiert

★★ Rappbodetalsperre

Die Rappbodetalsperre wird von der Warmen und Kalten Bode, Rappbode (die südlich von Benneckenstein entspringt), Bode und Hassel gespeist. Sie ist mit ihren Ausläufern 8 km lang und der größte Stausee im Harz, die Staumauer ist mit 415 m Länge und 106 m Höhe **das höchste Staubauwerk in Deutschland**. Das 1952 – 1959 erbaute Rappbodetalsperrensystem besteht aus mehreren kleineren Stauseen. Den schönsten Blick über die Rappbodetalsperre hat man von dem neuen, 39 m hohen Aussichtsturm Solitair oberhalb der Staumauer. Hier liegt auch der Einstieg auf die Fußgänger-Hängebrücke, die mit 458,50 m die weltweit längste ihrer Art ist, sowie der Startturm der **Megazipline, der größten Doppelseilrutsche Europas** (▶Abb. S. 8/9). Wem das nicht genug Abenteuer ist, der kann sich auch am Gigaswing 70 m in die Tiefe fallen lassen, beim Wallrunning kopfüber den Aussichtsturm hinab laufen oder sich mit dem Ultrashot in die Höhe katapultieren lassen.

Hängebrücke (6 €) und Solitair (5,50 €): tgl. 8 – 21.30 Uhr | Öffnungszeiten, Preise und Buchung der Events siehe Webseite
www.harzdrenalin.de

Die schönsten Tropfsteinhöhlen Mitteleuropas

Rübeländer Tropfsteinhöhlen

Was empfand Goethe 1777 wohl, als er zum ersten Mal die Baumannshöhle in Rübeland erkundete? Als die bizarren Felsformationen im flackernden Kerzenlicht zu tanzen begannen und sich nach einiger Zeit plötzlich ein dunkles Loch auftat? Der 40 x 60 m große

Wer nicht per Zipline über die Rappbodetalsperre und die Bode sausen möchte,

Hohlraum des heutigen »Goethesaals« war seinerzeit im schummrigen Licht wohl kaum zu erfassen. Goethe war offenbar so angetan, dass er seinen Besuch 1783 und 1784 wiederholte.

Der kleine **Höhlenort Rübeland** liegt 4 km östlich von Elbingerode. Entdeckt wurde die über 1 Mio. Jahre alte Baumannshöhle im 16. Jh. vom Bergmann Friedrich Baumann; bereits seit 1646 finden hier organisierte Führungen statt. Erst 1866 stieß Wilhelm Angerstein beim Straßenbau auf ein zweites Höhlenlabyrinth.

Die rund 3 km lange **Hermannshöhle** ist Heimat des Grottenolms, eines Schwanzlurchs, der bis zu 100 Jahre alt werden kann. Baumannshöhle und Hermannshöhle gehören zu den schönsten Tropfsteinhöhlen in Mitteleuropa. Der Zugang zur **Baumannshöhle** liegt auf dem linken Bodeufer an der Blankenburger Straße, der Zugang zur Hermannshöhle auf dem rechten Bodeufer unterhalb des Felsens mit dem Höhlenbären. Die Baumannshöhle ist reicher an Stalagmiten, die Hermannshöhle weist dagegen ausgedehntere Kalzitkristalle auf und besitzt Hohlräume in drei Etagen. In der Baumannshöhle entdeckten Höhlenforscher versteinerte Knochen, denen als Einhornknochen Heilkraft zugesprochen wurde, bis man sie 1734 als Bärenknochen identifizierte. Außerdem fanden sich Tonscherben und Werkzeug aus der Jungsteinzeit. Von den Höhlen sind es nur 3 km nach Osten zum versteckten **Blauen See bei Hüttenrode**.

Tgl. ab 9.30 Uhr | Öffnungszeiten, Preise und Tickets variieren, siehe Webseite | www.harzer-hoehlen.de

kann es doch auf einer der längsten Fußgänger-Hängebrücken der Welt versuchen.

Nicht nur ein Stein

Erholungsort Benneckenstein

Benneckenstein liegt rund 17 km südwestlich von Elbingerode. Der Ortsname geht laut einer Sage auf ein schwer beladenes altes Weiblein zurück, das sich erschöpft auf dem Boden niederließ und einschlief. Ein junger Jäger setzte sich versehentlich auf sie. Die auf diese Art unsanft Geweckte schrie erbost: »Ben – eck – en – Stein?« Der Ort liegt am Rand einer Hochfläche und ist von Wiesen, Wäldern und bewaldeten Bergen umgeben, darunter die 602 m hohen Buchenköpfe und der 571 m hohe Rehkopf. Benneckenstein ist die zweithöchste Station der **Harzquerbahn** (► S. 38, 357) und lockt auch im Winter mit Sportmöglichkeiten.

1645 kam hier der Komponist, Organist und Musiktheoretiker **Andreas Werckmeister** zur Welt († 1706), der die gleichschwebende Stimmung (Temperatur) erfand. Er teilte den Oktavenraum in zwölf gleiche Halbtöne ein und schuf so die Voraussetzung dafür, dass jede Melodie in jede beliebige andere Tonart transponiert werden kann. Eine Gedenktafel erinnert in der Unterstadt 34 an das Wirken des Musikers.

Zu einer ostalgischen Zeitreise lädt das **Ostdeutsche Fahrzeugmuseum** im ehemaligen VEB Berufsbekleidung Benneckenstein ein. Erinnerungen an 40 Jahre DDR hält Familie Tänzer in ihrem privaten Museum lebendig. Trabbis, Simsons, Wohnwagen, Spielzeug sowie Ausstellungsstücke des Eisenbahnmuseums und vieles mehr sind im großzügigen Innen- und Außenbereich zu sehen. Außerdem

Höhlenbären lebten in der Baumannshöhle.

zeigt es ausrangierte Militärtechnik wie U-Bootturm und die einzige erhaltene Abhörkuppel vom Brocken. Wer mag, kann auch, Panzer, LKW oder (Ost-)Jeep fahren.

Fahrzeug- und Industriemuseum: Wernigeröder Str. 10
April – Okt. Mo., Do. – So. 10 – 16 sowie nach Vereinbarung
Eintritt: 9 €, Kinder bis 6 Jahre frei | http://mts-oldtimermuseum.de

★ OKERTAL

Bundesland: Niedersachsen

Eine schroffe Schönheit ist das Okertal zwischen Altenau und Goslar. An den steilen Hängen ragen schroffe Felsformationen empor. Vorbei an dicken Felsbrocken sucht sich das Wasser seinen Weg. Unterhalb des Romkerhaller Wasserfalls führt ein teils abenteuerlicher Pfad entlang des Flusslaufs. Das schmale Tal ist beliebt bei Wanderern, Motorradfahrern, Felskletterern und Wildwasserkanuten.

Der rasche Gesteinswechsel führte im Okertal zu den verschiedensten Felsformen. Unterhalb der Okertalstaumauer bilden besonders auf dem linken (westlichen) Ufer devonische Kalke (auch Kramenzelkalke genannt) schroffe Abstürze wie die Rabenklippen und die östlich gelegenen Felsen des Romkerhaller Wasserfall. Auf dem rechten Ufer zwischen Romkerhalle und Oker und an den gegenüberliegenden Adlerklippen herrscht Granit vor, der auf den rundkuppigen Höhen Felsklippen auftürmt und von Alpinkletterern geschätzt wird oder in gewaltigen Blöcken in dem aus Hornfels oder Grauwacke bestehenden Flussbett liegt.

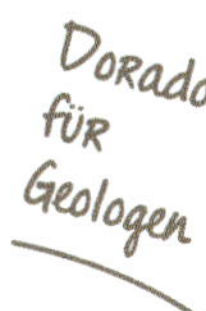

Wohin im Okertal?

Für jeden Aktivurlauber das Passende

Aktiv

Die Talsperre und das Okertal bieten viele Möglichkeiten für Sportbegeisterte. Windsurfer, Segler, Schwimmer und Taucher kommen auf ihre Kosten. Auf den rund um die Talsperre laufenden, teilweise asphaltierten Strecken trainieren Inline-Skater und Skiroller oder Mountainbiker. Kletterer versuchen sich an den bizarren Felsgesteinen, geübte Kanuten nutzen die Oker für Wildwasserfahrten. Aufgrund des Betriebs des Wasserkraftwerkes bietet die Oker als einziger Fluss Norddeutschlands ganzjährig Wildwasser bis 3+ / 4-.

Tourist-Information Altenau | Tel. 05328 80 20 | www.oberharz.de
Betriebszeiten Oker: www.harzwasserwerke.de/kanu.html

Mit dem Boot über den Stausee

Okertalsperre

Im Oberlauf der Oker wurde 1956 die mehrarmig verzweigte Okertalsperre fertiggestellt – und dafür wurde sogar das Örtchen Schulenberg überflutet. Die 75 m hohe, 260 m lange Staumauer im Norden kann bis zu 47 Mio. m³ Wasser stauen und dient vor allem der Energieerzeugung und Wasserregulierung. Die **»MS AquaMarin«** lädt zu Bootsrundfahrten auf dem Stausee ein; zu bestimmten Terminen werden auch Brunch, Krimidinner und andere Veranstaltungen angeboten.

Bootsfahrten: Anf. April – Anf. Sept. tgl., Anf. Sept. – Anf. Nov. Mo. Ruhetag; außerhalb der Saison nur eingeschränkter Fahrplan
1,5 Std. Rundfahrt kosten 17 €, Teilstrecken sind möglich
Tel. 05329 8 11 | www.okersee.de

Autos bleiben draußen

Wanderung

Eine in ▶ Altenau beginnende, 21 km lange Wanderung in Richtung Norden endet in Goslar, kann jedoch auch in verschiedene Abschnitte zerlegt werden. Sie führt teilweise am rechten, teilweise am linken Flussufer entlang. An der Ostseite des Stausees verläuft von Altenau aus ein 8,5 km langer, asphaltierter, für Autos jedoch verbotener

Wildwasserfreuden auf der Oker

Wanderweg bis zur Staumauer. Unmittelbar vor seinem Ende führt ein steiler Pfad ins tief eingeschnittene Okertal hinab. Von hier aus gelangt man auf einem rund 5 km langen Uferweg – stellenweise handelt es sich um einen schmalen, zwischen Fluss und Felsen verlaufenden Pfad – bis Romkerhall(e). Dieses gemeindefreie Gebiet wird auch als »kleinstes Königreich der Welt« bezeichnet. Die Kraftwerksturbinenhalle der Harzwasserwerke kann leider nur auf Anfrage von Fachpublikum besichtigt werden. Von hier wiederum wird über den 7,3 km langen, 1968–1970 angelegten Oker-Grane-Stollen Okerwasser in die Granetalsperre zur Trinkwasseraufbereitung eingeleitet.

Ein Ausflugsziel nördlich des Stausees ist der 1863 in königlichem Auftrag angelegte **Romkerhaller Wasserfall**, der gegenüber dem »Königreich Romkerhall« (ein Hotel) 60 m tief hinabfällt. Ein 2 km langer, steiler Abstecher führt von hier über die Feigenbaumklippe und die Mausefalle – wo ein gewaltiger, tonnenschwerer Felsblock auf einer dünnen Granitsäule ruht – zu den vielbesuchten, 605 m hohen **Kästeklippen**, von denen man eine großartige Aussicht genießt. Im Tal führt ein teils abenteuerlicher Wanderweg entlang der Oker bis in den gleichnamigen Stadtteil. Am Ortseingang zweigt eine asphaltierte, autofreie Straße ab, die oberhalb des Ortes Oker nach Westen bis Goslar führt.

OSTERODE

Bundesland: Niedersachsen | **Höhe:** 200 – 300 m | **Einwohner:** 21 320

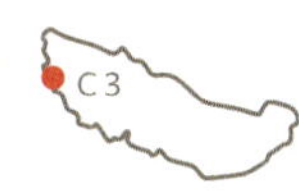

Osterode, das »Tor zum Südharz«, liegt landschaftlich sehr schön am Südwestrand des Harzes. Wegen der gut erhaltenen Altstadt mit prächtigen Fachwerkhäusern sowie dem nahe gelegenen Sösestausee wird die Stadt gern besucht.

Osterode gehörte, worauf der Name hinweist, zu den im 9./10. Jh. im südwestlichen Harzvorland entstandenen Rodeorten. Im Laufe einer Fehde zwischen Heinrich dem Löwen und dem Markgrafen Albrecht dem Bären wurde 1152 der damals schon blühende Ort (Villa opulentissima) zerstört. Die nordöstlich der Altstadt auf einem Bergsporn gelegene Burg (heute Ruine) war vermutlich zum Schutz dieser Siedlung errichtet worden.

Die Stadt an der Kreuzung zweier wichtiger Straßen war ein wichtiger Handelsort, erhielt 1293 das Goslarer Stadtrecht und trat der Hanse bei. Zu ihrem Wohlstand trugen vom 14. bis 17. Jh. auch die in der Umgebung betriebenen Eisen-, Hammer- und Hüttenwerke bei. Nach dem Zweiten Weltkrieg erwies sich die Zonenrandlage als wirtschaftlicher Standortnachteil.

Berühmtester Einwohner war der in Heiligenstadt im Eichsfeld geborene Holzschnitzer **Tilman Riemenschneider** (1460 – 1531). Er verbrachte hier seine Jugend, bis die Familie Osterode verlassen musste, weil angeblich der Vater beim Münzprägen zu viel billiges Metall ins Silber gemischt haben soll.

Wohin in Osterode?

Im Herzen von Osterode

Kornmarkt

Seit dem Mittelalter ist der von malerischen Fachwerkhäusern umgebene Kornmarkt Mittelpunkt und Hauptplatz der Stadt. An seiner Nordseite steht das um 1610 erbaute Rinnesche Haus, der sog. Englische Hof, in dem Heinrich Heine 1824 übernachtete (Kornmarkt 12). Auf zwei massiven Steingeschossen ruhen zwei weitere Fachwerkgeschosse. Über dem alten Torbogen erinnert ein Wappen an den Erbauer Andreas Cludius.

Im Nordosten beherrscht die Marktkirche **St. Ägidien** mit ihrem gewaltigen Bruchsteinturm aus dem 13. Jh. den Kornmarkt, das Kirchenschiff entstand nach dem Stadtbrand von 1545. Im Innern befinden sich eine sehenswerte bemalte Holzdecke (16. Jh.), ein schöner barocker Kanzelaltar von Andreas Duder, ein Taufbecken (1589) sowie im Chor die Grabplatten mit lebensgroßen Darstellungen der

OSTERODE ERLEBEN

TOURIST-INFORMATION
Aegidienstr. 16, 37520 Osterode
Tel. 05522 31 83 33
www.osterode.de

❶ CAFÉ AM ALTEN KINO €
Klein, stylish, nett, vor allem entspannt. Superleckere Kuchen, frische Speisen wie Flammkuchen.
Brauhausstr. 7
Tel. 05522 31 58 89
Mo. geschl., Di.–Fr. 9–18, Sa. 9–14, So. 10–17 Uhr

❷ DA CAPO €€
Stilvolles Restaurant mit abwechslungsreicher Speisekarte (auch vegan oder vegetarisch).
Dörgestr. 28
Tel. 05522 9 16 80 44
www.dacapo-osterode.de

❸ CHRISTELS CUISINE €€€
Privatdinner für bis zu 10 Personen an mehreren Terminen monatlich. Kreatives 6-Gänge-Menü und interessante Begegnungen am großen Esstisch im Privathaus. Voranmeldung notwendig!
Pfingstanger 52
OT Förste
Tel. 05522 8 39 56
www.christels-privatdinner.de

❹ BISTRO HØLMEN €
Hyggeliges kleines Schweden-Café mit leckerem Frühstück, Kuchenauswahl, kleinen Gerichten, Cocktails und mehr. Diverse Veranstaltungen.
Scheerenbergerstr. 6
Tel. 05522 7 55 22

❶ HOTEL SAUERBREY €€
Das Haus ist seit 1850 in Familienbesitz und verbindet Harzer Gastlichkeit mit zeitgemäßem Komfort.
OT Lerbach (5 km von Osterode)
Friedrich-Ebert-Str. 129
Tel. 05522 50 93-0
www.hotel-sauerbrey.de

❷ GÄSTEHAUS BÜNDGE €
Gemütliche Appartements für Kurzaufenthalte oder längeren Urlaub.
OT Kamschlacken, Lange Wiese 15
Tel. 05522 41 20
https://gaestehaus-buendge.jimdofree.com

❸ HOTEL ZUM RÖDDENBERG €€€
Behagliches Hotel mit 25 Zi., barrierefrei, beliebt bei Wanderern u. Motorradfahrern. Bier-Erlebnis mit Biersommelier, Weinlädle, Restaurant.
Steiler Ackerweg 6
Tel. 05522 90540
www.hotel-zum-roeddenberg.de

Herzöge von Braunschweig-Grubenhagen, die zwischen 1289 und 1596 hier residierten.
Das bereits 1388 als »Wordhaus« erwähnte **Alte Rathaus** wurde 1552 neu aufgebaut. Freitreppe und Säulenhalle sind von 1843. Die Schnitzereien des Fachwerkgiebels wurden im 18. Jh. mit Goslarer Schiefer verkleidet. Einziger Schmuck ist ein Füllhorn mit dem »O« aus dem früheren Stadtwappen. Die Walfischrippe über dem Haupteingang soll das Haus vor Überflutungen durch die Söse schützen.

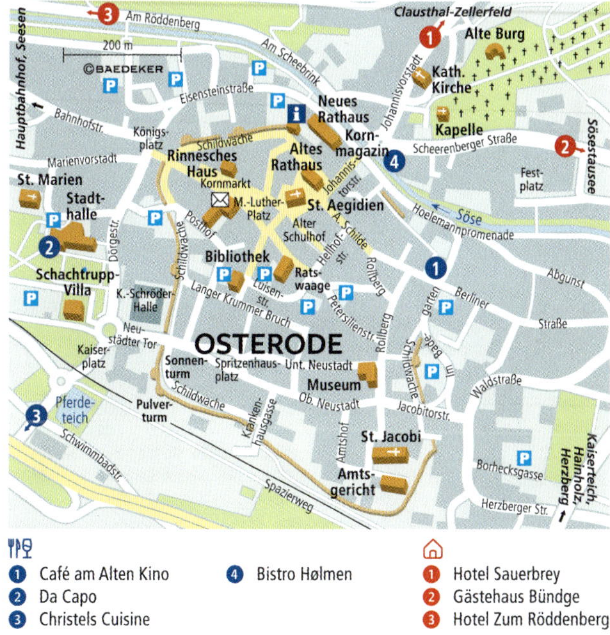

Im Nordosten der Altstadt steht auf einem Bergsporn zwischen den Tälern des Lerbachs und der Söse die 1130 als **Reichsburg** erwähnte Burgruine. Anfang des 16. Jh.s scheint sie bereits aufgegeben und später als Steinbruch benutzt worden zu sein. Erhalten haben sich die Reste eines runden Bergfrieds, dessen westliche Hälfte zwar abgetragen, die östliche hingegen noch 34,5 m hoch ist.

Von der Urgeschichte bis zum Feuerwehrauto

Museum im Ritterhaus

Um 1640 wurde das dreigeschossige, reich verzierte Ritterhaus erbaut, in dem heute das gleichnamige Museum untergebracht ist. An seinem Eckpfosten steht eine als Roland gedeutete Ritterfigur, Sinnbild für den Besitz städtischer Rechte. In elf Abteilungen wird über die Ur-, Früh- und Stadtgeschichte sowie das Handwerk unterrichtet. Sehenswert sind auch eine Sammlung sakraler Kunst, Kopien von Werken Tilman Riemenschneiders, Mineralien und eine Ausstellung zur Forst- und Weidewirtschaft des Raums. Im Erdgeschoss lädt die Heimatstube Osterode/Ostpreußen zu einem Besuch ein. Im sehenswerten Innenhof des Museums befinden sich Teile einer historischen Schmiede und alte Feuerwehrwagen.

Rollberg 32 | Di. - Fr. 10 - 13 und 14 - 17, Sa., So. 14 - 17 Uhr | Eintritt frei (außer Sonderausstellungen) | www.museum.osterode.de

Goslarer Schiefer legt sich im Giebel des Osteroder Rathauses schützend übers Fachwerk.

Erst Kloster-, dann Schlosskirche

St. Jacobi

Am Schlossplatz steht an der Stelle einer älteren Marktkapelle die 1218 erstmals als Zisterzienserklosterkirche erwähnte Kirche St. Jacobi. Nach der Auflösung 1540 wurden das Kloster zum Schloss und die Kirche zur Schlosskirche umgebaut. In der 1751/1752 veränderten Kirche sind die Kanzel und ein Altar sehenswert, seine Seitenflügel mit den Apostelfiguren entstanden um 1420.

Maria zu Ehren

Marienkirche

In der westlich gelegenen Marienvorstadt befindet sich die gleichnamige Kirche, die 1659 ihren Fachwerkaufsatz sowie den achteckigen Dachreiter und damit ihr heutiges Aussehen erhielt. Seit 1258 dient sie als Pfarrkirche. Im Innern steht ein wertvoller Marienaltar des Göttinger Bildschnitzers Berthold Castrop von 1517.

Rund um Osterode

Auf dem Hexenweg zur guten Tat

Harzer-Hexen-Stieg

Osterode ist der Start- oder Zielort des Harzer-Hexen-Stiegs, dem beliebten Qualitätswanderweg und Top Trail of Germany, der quer

über den Harz bis nach Thale führt. Einmal im Jahr wird hier auch der Harzer Hexen Trail durchgeführt, bei dem Teams für einen guten Zweck unterwegs sind und gemeinsam 60 km am Stück wandern.
www.harzer-hexentrail.de

Wandern durch den Karst

Karstlandschaften

Rund 4 km südlich von Osterode liegen die Naturschutzgebiete Hainholz, Bollerkopf und Beierstein. Sie umfassen eines der wertvollsten, noch unbeeinflussten Gipskarstgebiete in Europa mit zahlreichen Erdfällen und größeren und kleineren Höhlen, u. a. die 160 m lange und bis zu 15 m hohe **Jettenhöhle**. Von Förste bei Osterode bis Pölsfeld bei Sangerhausen verbindet der über 230 km lange Karstwanderweg diese besondere Landschaft.

Indian Summer im Harz

Sösestausee

Der ca. 3 km lange, 600 m breite Sösestausee liegt im Dreieck Osterode, Lerbach und Riefensbeek-Kamschlacken. Er wurde 1928 bis 1931 v.a. zum Regulieren des Hochwassers der Söse erbaut und versorgt über eine 200 km lange Wasserleitung die Städte Bremen und Göttingen mit Trinkwasser. Alle Wassersportarten außer Angeln sind daher verboten. Besonders malerisch ist es hier im Herbst, wenn die umliegenden Laubwälder ein Indian-Summer-Feeling vermitteln.

OSTERWIECK

Bundesland: Sachsen-Anhalt | **Höhe:** 120 m | **Einwohner:** 11 020

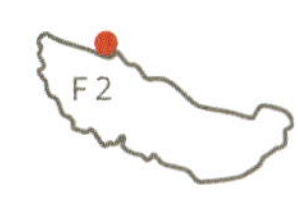

Neben namhaften Fachwerkstädten wie Quedlinburg, Goslar oder Wernigerode ist Osterwieck ein malerisches, weniger bekanntes Kleinod. Rund 400 Fachwerkhäuser, häufig aufwendig saniert, bilden den historischen Stadtkern.

Der Ort lag an der Handelsstraße von Braunschweig nach Halberstadt und bekam schon 974 durch Otto II. die Münz- und Zollrechte verliehen. Der heutige Name Osterwieck wurde 1073 zum ersten Mal erwähnt (Wiken = Stapelplätze reisender Kaufleute, aus denen sich oft Marktsiedlungen entwickelten). Im Dreißigjährigen Krieg war Osterwieck eine starke Festung, die zwar mehrfach besetzt, jedoch von keiner der Kriegsparteien zerstört wurde. Im 18. und 19. Jh. blühte die Handschuhindustrie. Heute ist Osterwieck ein schöner Ausgangsort für ausgiebige Wanderungen durch den Fallstein oder Radtouren auf dem »Grünen Band«. Aus 20 Ortschaften und Ortsteilen in der Umgebung besteht die Einheitsgemeinde Stadt Osterwieck.

OSTERWIECK ERLEBEN

TOURIST- UND STADTINFORMATION

Am Markt 10
38835 Osterwieck
Tel. 039421 79 35 55
www.tourismus-huy-fallstein.de

HOTEL & SPA WASSERSCHLOSS WESTERBURG €€€–€€€€

Edles Schlosshotel in einer Wasserburg mitten in einem großen Park, ca. 17 km von Osterwieck entfernt Richtung Halberstadt. 57 stilvolle Zimmer und Suiten für einen unvergesslichen Urlaub. Wellnessangebote in historischem Ambiente. Im Restaurant »Prinzessin Marie Pauline mit Brau- und Ritterkeller gibt es auf Bestellung mittelalterliche »Tafeley« mit Gauklern oder ein Gänse-Essen im Herbst/Winter. »Westerburger Kultursommer« mit Konzerten und Theater.
Westerburg 34
38836 Huy
Tel. 039422 9 55-0
www.hotel-westerburg.de

FALLSTEIN GÄSTEHAUS €€€

Traditionelle Gastlichkeit im stilvoll eingerichteten Gästehaus mit 5 App. auf dem Gelände der Manufaktur und Brennerei; Führungen und Verkostungen sind möglich.
Fallstein Destillerie
Östernstr. 1
Osterwieck
OT Rohrsheim
Tel. 039426 86 48 00
www.fallstein-gaestehaus.com

HOTEL BRAUNER HIRSCH €€€

Traditionsreiches, familienfreundliches Hotel in einem liebevoll sanierten Fachwerkhaus im historischen Stadtkern Osterwiecks. 24 behagliche Zimmer mit 53 Betten, Saal, Gewölbekeller und Restaurant. 2022 Teilsanierung/Renovierung (u.a. Zimmer, Restaurant).
Stephanikirchgasse 1–2
Tel. 039421 69 97 77
www.braunerhirsch-osterwieck.de

WALDHAUS OSTERWIECK €–€€

Auf dem kleinen Höhenzug Fallstein gelegen inmitten der Natur. Beliebtes Ausflugsziel für Wanderer. Gutbürgerliche und internationale Speisen, frische Kuchenauswahl und große Eiskarte. Biergarten und Kaffeeterrasse.
Im Fallstein 1
Tel. 039421 61 80
www.waldhaus-osterwieck.de
Mo. u. Di. Ruhetag, saisonale Öffnungszeiten

Wohin in Osterwieck?

Wo Fachwerkhäuser plaudern

Fachwerkstadt

Lust, die sprechenden Fachwerkhäuser in der Innenstadt von Osterwieck zu entdecken? An rund 40 Häusern sind Inschriften zu lesen, mit denen die Bürger in der Reformationszeit ihren Glauben ausdrückten. Zwischen Stephanikirche und Nikolaikirche, am Markt, im Hagen, in der Kapellen- oder in der Mittelstraße sind Fachwerkhäuser aus dem 15. bis 18. Jh. zu sehen.

Sie zeigen die Entwicklung des Fachwerks von Gotik bis Klassizismus. Am Markt 14 steht ein Gebäude von 1570, errichtet im niedersächsischen Stil. Kunstvolle Schnitzereien entdeckt man an vielen Häusern.

Am bekanntesten und am ältesten

Eulenspiegelhaus

Das Eulenspiegelhaus in der Schulzenstraße 8 (1534) ist das **bekannteste Fachwerkhaus** der Stadt. Seinen Namen verdankt es den Figuren auf der oberen Saumschwelle. Über dem Torbogen wacht der Schankwirt mit Bierkrug und Eule. Die Schere lässt vermuten, dass es einst das Gildehaus der Gewandschneider war. Die Bildschnitzereien werden dem Braunschweiger Meister Simon Stappen zugeschrieben, der auch das Brusttuch in ▶ Goslar verziert hat.
Das **älteste Haus** von Osterwieck in der Kapellenstraße 34 ist von 1450. Der ehem. Schäfers Hof (Kapellenstraße 27) gehört zu den ältesten Bauernhöfen in Sachsen-Anhalt (1527 datiert). Ein restauriertes Renaissance-Fachwerkhaus (1610) steht in der Kapellenstraße Nr. 42. Ferner sind die Häuser Nr. 30 in der Nikolaistraße von 1580 und Nr. 7 – 9 in der Rosmarinstraße eine Besichtigung wert.

Luthers Werke und Inflationsgeld

Heimatmuseum

Das 1554 erbaute historische Rathaus beherbergt heute das Heimatmuseum mit Sammlungen zur Ur- und Frühgeschichte, einer spindellosen Wendeltreppe aus Eichenholz von 1580, Luthers Werken in acht Bänden von 1575 und zahlreichen Exponaten der Handwerksgilden

Die hübsche kleine Fachwerkstadt Osterwieck aus der Vogelperspektive.

und Gewerke vergangener Jahrhunderte sowie der Industrialisierung. Auch Osterwiecker Ledergeld von 1922/1923 gibt es zu bestaunen.
Am Markt 1 | Informationen unter Tel. 039421 79 35 55

Reiches Schnitzwerk

Stephanikirche

In der ersten Hälfte des 12. Jh.s wurde im Westen der Stadt die romanische Stephanikirche erbaut, von der noch die beiden 53 und 54 m hohen Türme stammen. Die jetzige gotische Hallenkirche wurde ab 1552 neu errichtet. Beachtenswert sind der auf einem romanischen Steinaltar stehende Schnitzaltar, der vermutlich Ende des 15. Jh.s entstand, sowie das Chorgestühl (1620). Die ebenfalls mit Schnitzereien verzierte Kanzel wurde um 1620 geschaffen. In der 1262 erstmals erwähnten Nikolaikirche befindet sich ebenfalls ein sehenswerter Schnitzaltar (erste Hälfte 15. Jh.), er wird dem Einfluss des Halberstädter Meisters Konrad von Soest zugerechnet.

Rund um Osterwieck

Hotel mit steinzeitlicher Vorgeschichte

Westerburg

Die karolingische Westerburg 17 km nordöstlich von Osterwieck ist eine bestens erhaltene Wasserburg an der Straße der Romanik. Urkundlich belegt ist, dass Karl der Große mit seinem Heer am Elm lagerte und die Westerburg als Verteidigungsanlage ausbauen ließ. Die seit der **Steinzeit** existierenden Ringwälle wurden mit Palisaden und Steinmauerwerk befestigt. Im 11. Jh. bekam die Burg den heutigen Bergfried und starke Ringmauern. Im 16. Jh. wurde die Anlage als Stall und Scheune genutzt. Der Innenhof der Wohnburg ist von mächtigen viergeschossigen Gebäuden umschlossen. In der restaurierten Burg befindet sich heute das Hotel & Spa Wasserschloss Westerburg.

QUEDLINBURG

Bundesland: Sachsen-Anhalt | **Höhe:** 122 m | **Einwohner:** 23 520

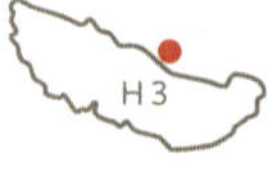

Vielleicht die schönste und stimmungsvollste der Fachwerkstädte ist die Welterbestadt Quedlingburg im nördlichen Harzvorland. Ihre schmalen Gassen säumen über 2000 Fachwerkhäuser – mal klein und windschief, mal imposant und erhaben. Die Altstadt am Fuß des alles überragenden Stiftsbergs mit seinem prächtigen Schloss und der Stiftskirche wirkt wie aus einem Bilderbuch und ist doch absolut lebendig.

Quedlinburgs spannende und bewegte Geschichte hat der Stadt nicht nur den Welterbe-Titel eingebracht. Sie lässt sich auch bis heute in jeder Gasse erleben und ersteht immer wieder auf in Ausstellungen, Theaterstücken und Veranstaltungen. Schon 922 wurde Quedlinburg erstmals in einer Urkunde König Heinrichs I. erwähnt. Als Sachsenherzog soll er am Finkenherd unterhalb des heutigen Stiftsbergs 919 die Königskrone empfangen haben. 936 wurde er auf eben diesem Stiftsberg begraben und seine Witwe Mathilde gründete mit ihrem Sohn, Otto dem Großen, ein freiweltliches Damenstift, um die Aufgabe der Memoria für den verstorbenen König zu erfüllen. So wurde Quedlinburg ein besonderer Erinnerungsort für die ottonischen Herrscher, zur wichtigen Pfalz und zu einem Zentrum der Reichspolitik im Mittelalter. Neben der Pflege des Totengedenkens wurden im Damenstift auch Töchter des Hochadels und Königshauses ausgebildet und auf ihre spätere Rolle im Leben vorbereitet. Das bedeutende Damenstift bestand fast 900 Jahre. Die fürstlichen Äbtissinnen des Stifts verwalteten ein eigenes großes Herrschaftsgebiet, zu dem lange Zeit auch Quedlinburg am Fuß des Bergs gehörte, das sich in Abhängigkeit vom Stift zu einer blühenden mittelalterlichen Stadt entwickelte.

Mittelalter auf Schritt und Tritt

Dass die historische Substanz Quedlinburgs erhalten blieb, ist **Glück** und dem **Engagement der Bürger** zu verdanken. Obwohl seine kulturelle Bedeutung auch in der DDR anerkannt war, wurde wenig zum Erhalt der Gebäude getan – es war sogar der Abriss geplant. Nach der Wiedervereinigung wurde die Altstadt nach und nach mit viel privatem Engagement restauriert und zu dem heutigen Schmuckstück herausgeputzt. Historische Aufnahmen in einigen Häusern lassen erahnen, wie verheerend der Zustand der Gebäude vor 30 Jahren war. 1994 erhielt die Stadt dank der hohen historischen Bedeutung ihres Stiftsbergs und der flächendeckend erhaltenen mittelalterlichen Stadtbebauung den Titel **UNESCO-Weltkulturerbe**.

Stiftsberg

Aufstieg zum Kern der Geschichte

Damenstift

Der Stiftsberg, ein markanter Sandsteinfelsen, war bereits in vor- und frühgeschichtlicher Zeit besiedelt. Heute ist er das erklärte Wahrzeichen der Stadt. Hier wird die große Geschichte des Orts spürbar. Kleine verwinkelte Fachwerkhäuser schmiegen sich an den Hang und bilden eine pittoreske Kulisse zu Füßen der imposanten Stiftsbergbebauung. Über Kopfsteinpflaster geht es steil hinauf.

Heinrich I. hatte mit den bis nach Sachsen vordringenden Ungarn einen neunjährigen Waffenstillstand vereinbart. Während dieser Zeit wurde die Quitilingaburg ausgebaut und avancierte zum **Lieblingssitz des Königs**. Von dieser Palastanlage sind noch zwei gewölbte

Auf dem Stiftsberg wird Geschichte spürbar.

QUEDLINBURG ERLEBEN

Quedlinburg Tourismus
Marketing mbH
Markt 4
06484 Quedlinburg
Tel. 03946 90 56 24
www.quedlinburg-info.de

Der jährlich zu Ostern und Pfingsten inszenierte »Kaiserfrühling« erinnert mit feierlichen Prozessionen, bunten Historienspielen, einer Kaisertafel, dem Schauhandwerkermarkt und der Nachgestaltung der großen Reichsversammlung von 973 an die Zeit, als Quedlinburg noch die »Hauptstadt« Deutschlands war.

BÜTTNER SCHMUCK

Außergewöhnlicher Korkschmuck, Schmuck nach der Himmelsscheibe von Nebra und Silberschmuck mit ausgesuchten Besätzen werden in der Gold- und Silberschmiede Büttner Schmuck hergestellt.
Grünstr. 25, OT Bad Suderode
www.buettner-schmuck.de
Werksverkauf in der Brinkstr. 4: Mo – Fr. 15 – 17.30, jeden ersten Sa. im Monat: 10 – 12 Uhr

BUNTE STUBE

Den einzigartigen bunten Quedlinburger Holzschmuck fertigt Jürgen Gröger in der »Bunten Stube« .
Altetopfstr. 3
www.bunte-stube-quedlinburg.de

SENF-MANUFAKTUR

Produkte aus dem Harz verarbeitet Simone Seiboth zu Senf, Kräutersalzen und scharfen Teufelssaucen. Führungen in der Senf-Manufaktur und Kurse in der Senf-Werkstatt auf Anfrage.
Neuer Weg 22/23
www.quedlinburger-senf.de

1 CAFÉ ZUM ROLAND €

Café in sieben verwinkelten Fachwerkhäusern hinter dem Rathaus. Hier gibt es Harzer Spezialitäten wie Kraftbrot, Harzer Stippe sowie leckere Kuchen.
Breite Str. 1 – 3
Tel. 03946 45 32
www.cafe-roland.de

2 PFANNKUCHENCAFÉ & RESTAURANT KAISER €

Das Café serviert leichte, regionale Küche wie die Harzer Knieste, von beiden Seiten angebratene Kartoffelhälften mit rohem Zwiebelmett, Salz, Pfeffer, Kümmel und selbst gemachtem Kräuterdip. Berühmt ist das Traditionscafé für seine 30 Waffelarten.
Am Finkenherd 8
Tel. 03946 51 55 52
www.pfannkuchencafe.de
Mo. Ruhetag

3 CAFÉ VINCENT €

Hier gibt es 131 verschiedene Sorten Käsekuchen – einmalig in Deutschland – und eine schöne Aussicht.
Schlossberg 13
Tel. 03946 81 19 70
www.kaesekuchenbaeckerei.de

4 PRINZ HEINRICH € – €€

Gemütliches Restaurant auf zwei Ebenen in den Gassen zwischen Altstadt und Neustadt. Regionale Speisen werden im Sommer auch auf der Terrasse direkt am Mühlgraben serviert.
Pölle 29
Tel. 03946 37 07
www.prinz-heinrich.de

5 BRAUHAUS LÜDDE €€

Preiswerte Harzer Spezialitäten wie Bierfleisch, selbst gebraute Quedlinburger Bierspezialitäten wie das süßliche »Pubarschknall« oder das würzige Braunbier »Knuttenforz«.
Blasiistr. 14
Tel. 03946 70 52 06
www.hotel-brauhaus-luedde.de

6 WEINSTUBE AM BRÜHL €€€

Die beste Küche der Stadt befindet sich in ehemaligen Stallungen, die gekonnt umgebaut wurden. Neben ausgefallenen Kreationen offeriert das junge Küchenteam regionale Gerichte, darunter Fisch und Wild. Für eine Weinstube selbstverständlich: die große Weinauswahl.
Romantik Hotel am Brühl
Billungstr. 11
Tel. 03946 9 61 82 90
www.hotelambruehl.de
tgl. um 17.30 Uhr und 20 Uhr, Reservierung empfohlen

7 WIRBELWIND CAFÉ & BISTRO €

Café mit leidenschaftlichen Gastgeberinnen am Rande der Altstadt. Snacks, kleine Mittagskarte, Kuchen in Eigenkreation – alles frisch und handgemacht. Kaffeespezialitäten. Frühstücksbuffet, Bücherauswahl, Spielekiste.
Bockstr. 13 (Wipertihof)
Tel. 03946 8 19 11 80
www.cafe-wirbelwind.de
Do. – Fr. 9 – 15, Sa./So. 9 – 13 Uhr

8 SAMOCCA

Café und Kaffeerösterei auf dem Weg zum Stiftsberg im ältesten Teil der Stadt. Feine Kaffeekreationen, selbstgebackener Kuchen und kleine kulinarische Köstlichkeiten in behaglicher Atmosphäre.
Lange Gasse 30
Tel. 03946 9 81 05 50
http://samocca.business.site

9 HEILEMANN'S FACHWERQ €

Bruschetteria & Latte Art Café ganz in der Nähe des Marktplatzes mit Blick auf die Marktkirche. Außer Bruschetta Pasta, hausgemachte Kuchen , Parfaits.
Marktstr. 10
Tel. 03946 5 19 80 51
www.fachwerq-quedlinburg.de
Di. u. Mi. Ruhetag

1 HOTEL THEOPHANO €€ – €€€

Charmantes Hotel in denkmalgeschützten Gebäuden direkt am Markt. 42 individuelle Zimmer, 2 Juniorsuiten auf mehreren Etagen (kein Fahrstuhl, 1 behinderteng.

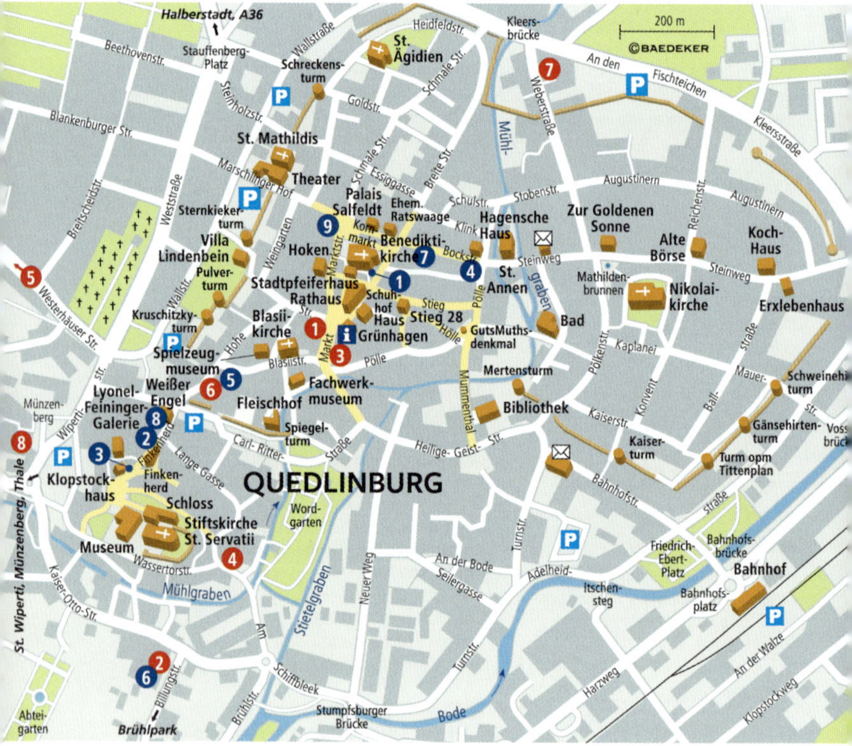

1 Café Zum Roland
2 Café-Restaurant Kaiser
3 Café Vincent
4 Prinz Heinrich
5 Brauhaus Lüdde
6 Weinstube am Brühl
7 Wirbelwind Café & Bistro
8 Samocca
9 Heilemann's Fachwerq

1 Theophano
2 Am Brühl
3 Zum Bär
4 Garni Maria Aurora
5 Family Club Harz
6 Adelheid Hotel Garni
7 Pénsion Ingrid
8 Ferienhaus »Tor zum Münzenberg

Zimmer). Restaurant, u.a. mit regionalen Produkten. Kleine Sauna mit Dachterrasse.
Markt 13/14
Tel. 03946 9 63 00
www.hotel-theophano.de

2 ROMANTIK HOTEL AM BRÜHL €€€ – €€€€

Das Hotel in einem großen Fachwerkhaus liegt direkt unter dem Stiftsberg, seine 45 Zi. sind mit stilvollen Möbeln aus hellem Holz eingerichtet. Im Innenhof sitzt man zwischen liebevoll renovierten Fachwerkscheunen und dem Jugendstilgebäude der ehemaligen Harz-Geist-Likörfabrik bei einem guten Glas Wein aus der Region. Und nachts hört man die Nachtigallen im Stadtwäldchen nebenan.
Billungstr. 11
Tel. 03946 9 61 80
www.hotelambruehl.de

3 HOTEL ZUM BÄR €€€

Familiärer Charme in einem 250 Jahre alten Hotel mit Blick auf den Quedlinburger Marktplatz. Die 50 Zi. sind im Stil unterschiedlicher Epochen teilweise mit antiken Möbeln eingerichtet; auch WLAN ist in dem historischen Gemäuer verfügbar.
Markt 8–9
Tel. 03946 77 70
www.hotelzumbaer.de

4 HOTEL GARNI MARIA AURORA €€

Kleines Hotel garni mit 18 Zimmern in einem liebevoll restaurierten Fachwerkhaus mit sagenhaft schiefen Wänden und heller Inneneinrichtung. Liegt ruhig und etwas versteckt nahe der Innenstadt. Ein rollstuhlgerechtes Zimmer. Maisonettezimmer über zwei Etagen. Kein Fahrstuhl. Frühstücksbüfett unter gemütlichen, offenen Fachwerkbalken. Ein Schmuckkästchen!
Im Wasserwinkel 1 a
Tel. 03946 81 01 50
www.maria-aurora.de

5 FAMILY CLUB HARZ €€€€

Großzügige Ferienanlage mit 22 Familienapp. im Haupthaus und 15 Ferienhäusern auf 40.000 qm Naturgelände. Innenpool mit Babybecken, Außenpool mit Planschbecken, Rahmenprogramm »Jeden Tag ein neues Abenteuer«, Schwimmschule u.v.m. All-Inclusive alkoholfrei.
Westerhäuser Str. 43
Tel. 03946 7 72 20
www.familyclub.de

6 ADELHEID HOTEL GARNI €€€

Ein kleines, familiäres Haus, in dem jedes der 10 Zimmer anders eingerichtet ist. Beim Renovieren wurden die Original-Holzdielen des Fachwerkhauses restauriert. Dabei fand man Originalauszüge des Quedlinburger Schlossregisters aus dem 16. Jahrhundert.
Hohe Str. 15
Tel. 03946 91 99 75
www.adelheid-hotelgarni.de

7 HOTEL-PENSION INGRID € – €€

Zwei denkmalgeschützte Villen, eine aus der Zeit des Jugendstils und eine des Klassizismus, in einer ruhigen Seitenstraße nur wenige Schritte von der Altstadt entfernt. Mit Gaststätte und Kellerbar. Im Sommer Liegewiese im großen Garten.
Weberstr. 30/31
Tel. 03946 28 07
www.hotel-pension-ingrid.de

8 FERIENHAUS »TOR ZUM MÜNZENBERG« €€€

Liebevoll saniertes und eingerichtetes Fachwerkhaus (100 m²) auf dem Münzenberg: 2 Schlafzi. im OG (enge Treppe, niedrige Durchgangshöhe), Wohnzi., Esszi., Küche, modernes Bad im EG, Sonnenterrasse.
Münzenberg 36
Tel. 0173 621 74 22
www.ferienhaus-klosterkueche.de

Räume im **Schlossmuseum** erhalten. Weitere Burgbauten wie Tor und Zwinger sind im 15. Jh. erneuert worden.
Zwischen Schloss und Mauer führt ein Weg durch zwei Tore zum mittleren Hof hinauf. Das heutige Schlossgebäude ist eine Dreiflügelanlage, die vom 16. bis 18. Jh. zum großen Teil auf Mauern romanischer Vorgängerbauten errichtet wurde. Das Schlossmuseum wird derzeit baulich instandgesetzt und neu konzipiert. Voraussichtlich Ende 2023 ist die Eröffnung der 2300 qm großen, barrierearmen Ausstellung, die mit einem besonderen Blick auf die starken Frauen von Quedlinburg die große Geschichte vom Damenstift und der Stadt erzählt. Auch der berühmte **Raubgrafenkasten**, in dem der Regensteiner Graf Albrecht II. (1310-1348) einer Legende zufolge gefangen gehalten worden sein soll, wird dann wieder zu sehen sein.
Wg. Neukonzeption bis vorauss. Ende 2023 geschlossen

Stiftskirche St. Servatii

In jeder Hinsicht ein Schatz
Romanische Baukunst und byzantinische Kostbarkeiten, edle Reliquien und einzigartige Handschriften sind in der Stiftskirche St. Servatii vereint. Ein faszinierendes Ensemble mittelalterlicher Historie!
Die Stifts- oder auch Schlosskirche geht auf die karolingische Missionskapelle und die nachfolgende ottonische Pfalzkapelle zurück (▶ Baedeker Wissen, S. 218). Noch zu Lebzeiten Heinrichs I. hatte man die Burgkapelle als **königliche Begräbniskirche** zur dreischiffigen St.-Petrus-Basilika erweitert, in der 936 der von Memleben überführte Leichnam Heinrichs I. beigesetzt wurde (Krypta). Doch das Bauwerk erwies sich bald als zu klein für die vielen Gäste, die am Grabe ihres Ahnherrn an Festgottesdiensten teilnahmen. So ließ die Äbtissin Mathilde (nicht die Ehefrau, sondern eine gleichnamige Enkelin Heinrichs I.) den Bau erweitern. Ein 1021 geweihter geräumiger Neubau ist auf Äbtissin Adelheid I. zurückzuführen. Der Ostteil dieser Kirche wurde als Krypta mit Hochchor angelegt.
Mit dem Bau der heutigen dreischiffigen Basilika wurde um 1070 begonnen, die Weihe folgte 1129. Der Innenraum wird durch den niedersächsischen Stützenwechsel von vier freistehenden Pfeilern und zwölf Säulen gegliedert. Im Westen schließt die Kaiserloge an den sakralen Raum an. Der Chor über der Krypta wurde 1300 und 1320 gotisch umgeformt und 1938 bis 1940 »re-romanisiert«, als die Kirche von Heinrich Himmler zur SS-Weihestätte umfunktioniert wurde. Aus dieser Zeit stammt die Treppenanlage in den Hohen Chor und zu den Schatzkammern. Von den beiden Westtürmen war zunächst nur der Nordturm ausgeführt worden, der Südturm folgte 1863 bis 1882. Die hohen Turmhelme aus dem 19. Jh. wurden 1947 – 1959 verkürzt, damals erhielten sie ihre heutigen Zeltdächer.
Die dreischiffige Krypta unter dem Hohen Chor (zwischen 1070 und 1129 erbaut) ist die **Grablege Heinrichs I. und seiner Frau, der heiligen Mathilde** – ein katholischer Wallfahrtsort in der evangeli-

STELLDICHEIN MIT UMBERTO ECO

»Der Name der Rose« war Umberto Ecos Welterfolg und hat ihn berühmt gemacht. Eine besondere Inszenierung erfährt sein Lebenswerk einmal im Jahr in Quedlinburg. Dann wird eine der imposanten Stiftskirchen zu einer Benediktinerabtei gemacht und ins Ligurien des 14. Jh.s versetzt. Spätestens bei den gregorianischen Klängen ist Gänsehaut garantiert. (www.harztheater.de)

schen Kirche. Ihre beiden Steinsärge sieht man durch ein Gitter im Boden. Die Krypta birgt Reste romanischer Wandmalereien, die zu den ältesten Deutschlands zählen. Die Grabsteine Quedlinburger Äbtissinnen entstanden zwischen dem 11. und 13. Jh.. Die drei wertvollsten aus der Zeit um 1130 – Meisterwerke deutscher romanischer Bildhauerkunst – stehen an der Südwand der Krypta.

Kirche, Domschatz: Di. – So. 10 – 18 Uhr | Eintritt Dom, Domschatz und Krypta: 6 € | www.domschatzquedlinburg.de

Sakrale Schatzkiste

Domschatz

In den beiden Schatzkammern, kleinen Einbauten von 1170, befindet sich einer der kostbarsten Kirchenschätze des Mittelalters (Öffnungszeiten siehe oben). 1993 waren die wertvollsten Teile nach einer Zahlung von umgerechnet 3 Mio. Euro »Finderlohn« an ihren Ursprungsort zurückgekehrt. Ein US-Leutnant hatte 1945 zwölf Teile des Domschatzes gestohlen und per Feldpost nach Texas geschickt. Als seine Erben 1989 das **Samuhel-Evangeliar** (ein um 840 mit Goldtinte verfasster karolingischer Codex, der Buchdeckel entstand um 1225) auf dem internationalen Kunstmarkt zu Geld machen wollten, griff die deutsche Kulturstiftung zu. Tatsächlich wurden weitere neun Kunstwerke sichergestellt, die übrigen blieben jedoch bis heute verschollen. Besondere Beachtung verdienen mehrere **Reliquienschreine** aus Gold, Edelsteinen und Elfenbeinschnitzereien, ein Kamm Heinrichs I., der mit verzierten Goldblechen beschlagene **Servatiusstab**, vermutlich ein Geschenk von Kaiser Otto III. im Jahre 999 an seine Schwester Adelheid I., Äbtissin in Quedlinburg, und das um 1000 entstandene **Adelheid-Evangeliar**, dessen Vorderdeckel ein byzantinisches Elfenbeinrelief des 8. Jh.s umschließt.

In der »Teppichkammer« über dem Kassenbereich werden die Reste eines um 1200 von der Äbtissin Agnes II. gestifteten **Knüpfteppichs** ausgestellt. Auf den fünf erhaltenen Teilen ist die Vermählung der Phi-

STIFSKIRCHE ST. SERVATII

Die kreuzförmige, flach gedeckte Basilika mit sächsischem Stützenwechsel (auf einen Pfeiler folgen zwei Säulen) gehört zu den bedeutendsten Architekturdenkmälern der Hochromanik in Deutschland.

❶ Kapitelle und Pfeiler
Gesimse und Würfelkapitelle der Säulen sind reich verziert. Berühmt sind die Adlerkapitelle, andere zeigen Wölfe, Bären, Menschen oder auch Fabelwesen. Aufgrund der Stilmerkmale wird vermutet, dass hier oberitalienische Bildhauer am Werk waren.

❷ Krypta
Reste einer hochromanischen Deckenmalerei (12. Jh.) zieren die dreischiffige Krypta. In ihrem Ostteil liegen die Gräber von Heinrich I. († 936, Gebeine verschollen) und seiner Frau, der heiligen Mathilde († 968), sowie seiner Enkelin Mathilde, der ersten Äbtissin des Stifts († 999).

❸ Confessio
Die Betkammer (Confessio) der Königin, ein halbrunder, vertiefter Raum, ist vor 997 unter dem Hauptaltar der damaligen Kirche angelegt worden.

❹ Domschatz
Oberhalb der Krypta ist im Querschiff der Domschatz ausgestellt. Über 50 Kunstwerke sind hier versammelt.

❺ Ostchor und Treppen
SS-Chef Heinrich Himmler ließ die Treppen anlegen und den Chor romanisch umgestalten. Er hielt hier »Zwiesprache« mit Heinrich I. und ließ bis 1944 an dessen Todestag 2. Juli »Heinrichsfeiern« in St. Servatii abhalten.

BAEDEKER
WISSEN

OBEN: Ein berühmter Teil des Domschatzes: der Quedlinburger Knüpfteppich (um 1200). Die geistliche Gewalt (Sacerdotum) weist auf Frömmigkeit (Pietas) und Gerechtigkeit (Justitia). UNTEN: Zu den 1993 zurückgekehrten Stücken gehörte das Samuhel-Evangeliar.

lologie, der Königin der Wissenschaften, mit Merkur dargestellt (nach einer enzyklopädischen Schrift des Martianus Capella vom Anfang des 5. Jahrhunderts).

Quedlinburger Gartenträume

Brühl

Südlich des Stiftsbergs erstreckt sich eine 15 ha große Parkanlage. Als einen von 40 Parks und Gartenlandschaften hat das Land Sachsen-Anhalt diesen Quedlinburger Brühl in die **»Gartenträume – Historische Parks in Sachsen-Anhalt«** aufgenommen. Der **barock-englische Landschaftspark** in Form eines Jagdsterns war ursprünglich im Besitz des freiweltlichen Damenstifts Quedlinburg. 1817 ging er an die Stadt über und wurde 1866 durch den Gartenarchitekten Eduard Petzold um einen landschaftlichen Bereich erweitert. Benachbart ist der ehemalige Abteigarten.

Wandlungen eines Königshofs

St. Wiperti

Das Gebiet südwestlich des Stiftsbergs, nahe der Straße nach Thale, war auch schon in der Jungsteinzeit besiedelt. Hier befand sich nach der Wahl Heinrichs I. der Königshof, in den 936, nach der Gründung des Damenstifts auf dem Burgberg, das Kanonikerstift St. Wigbertus verlegt wurde. Baubeginn der kreuzförmigen Basilika war um 950. Um 1000 folgte der Einbau der Krypta mit einem Tonnengewölbe und dem lombardischen Stützenwechsel (Pfeiler – Säule – Pfeiler).

Nach der Umwandlung des Stifts in ein Prämonstratenserkloster kam es unter Erhalt von Chor und Krypta 1148 zu einem Kirchenneubau. Reformation und Bauernkrieg führten zur Schließung des Klosters, das 1547 in ein Vorwerk verwandelt wurde. Ab 1816 war die Kirche Scheune. 1955 – 1957 wurde sie restauriert, damals wurde in die Südwand des Langhauses ein Säulenportal (um 1220) aus der Klosterkirche St. Marien vom Münzenberg eingebaut. Im Tympanon findet sich eine Darstellung der Anbetung Mariens. An der Südseite des **Wipertifriedhofs** sind in den Fels gehauene Familiengrabgewölbe zu sehen.

Neuendorf 4 | Mai – Okt. Mo. – Sa. 10 – 12, 14 – 17, in der übrigen Zeit nach Vereinbarung | Tel. 03946 91 50 82 | www.wiperti.de

 Fachwerkstadt

Lang und breit

In Quedlinburg blieben vollständige Straßenzüge und Plätze mit über 2000 Fachwerkhäusern aus sechs Jahrhunderten erhalten (► Fachwerk im Harz, S. 314). Bemerkenswerte Fachwerkstraßen sind u. a. die Lange Gasse (besonders sehenswert Nr. 29 von 1614 und Nr. 33), Breite Straße (s. u.), die Hölle (für den Namen gibt es unterschiedliche Deutungen, eine besagt, dass die leicht ansteigende Straße zum Licht, also ins »Helle«, führe), Stiftsberg und Steinweg (s. u.).

In den Gassen und Gässchen kann man sich verlieren. Hübsche Läden warten.

Besuch in der Dichterstätte

Klopstockhaus

Steigt man vom Stiftsberg hinab, gelangt man zunächst zum Schlossplatz. Hier steht das im 16. Jh. erbaute und im 17. Jh. veränderte Geburtshaus von Friedrich Gottlieb Klopstock (1724 – 1803). In dem Museum werden u. a. Sammlungen zum Leben und Schaffen des bedeutendsten Dichters des Sturm und Drang sowie zeitgenössische Möbel und Wohnkultur des 18. Jh.s gezeigt. Auch andere große Persönlichkeiten des 18. Jh.s wie Dorothea Christiane Erxleben (▶ Int. Menschen) und Johann Christoph Friedrich GutsMuths werden gewürdigt.

Schlossberg 12 | Mi.-So. 10-17 Uhr, an Feiertagen auch Mo. und Di. geöffnet | Eintritt 3,50 € | www.quedlinburg-info.de

Kleiner Ort, große Geschichte

Finkenherd
▶ Abb. S. 45

Nicht weit Richtung Nordosten folgt die Finkenherd genannte kleine Häuserzeile, die wie eine Insel zwischen den Straßen liegt. An dieser Stelle soll der Sage nach 919 der Sachsenherzog Heinrich I.,als er ge-

rade auf Vogelfang war, von seiner **Wahl zum König** des Ostfränkischen Reichs erfahren und die Reichsinsignien mit der Krone erhalten haben. In einem Gedicht von Johann Nepomuk Vogl, das Carl Loewe vertonte, heißt es:

»
Herr Heinrich sitzt am Vogelherd
recht froh und wohlgemut …
«

Ein Ort für Feininger

Lyonel-Feininger-Galerie

Der deutsch-amerikanische Maler und Grafiker Lyonel Feininger (1871 – 1956) hatte am Dessauer Bauhaus unterrichtet, bis er 1936 vor den Nationalsozialisten aus Deutschland fliehen musste. Die Galerie, die auf der umfangreichen Sammlung des Quedlinburgers Dr. Hermann Klumpp basiert, zeigt u. a. Feiningers Druckgrafiken, Radierungen und Aquarelle aus den Jahren 1906 – 1937.

Schlossberg 11 | tgl. außer Di. 10 – 18 Uhr
Eintritt: 8 € | www.feininger-galerie.de

Konzerte unterm Kirchendach

St. Blasii

Östlich der Hohen Straße steht in der Blasiistraße, die zum unteren Ende des Marktplatzes führt, die gleichnamige Kirche. Ihr Westquerturm stammt aus dem 11. Jahrhundert, sein spätromanisches Glockengeschoss ist nach 1200 aufgesetzt worden. Schiff und Chor entstammen ebenso wie die Ausstattung der Kirche dem ersten Drittel des 18. Jahrhunderts. Heute wird die Kirche als Konzert- und Veranstaltungssaal genutzt.

Fachwerkkunst auf der »Insel«

Fachwerkmuseum

Das **älteste Fachwerkhaus** der Stadt steht südlich der Blasiikirche in der Wordgasse 3 (das niederdeutsche »Word« stand für ein inselartig erhöhtes Gebiet). Bei diesem Anfang des 14. Jh.s errichteten Hochständerbau ruhen die Ständer genannten hölzernen Pfosten auf niedrigen Grundmauern und streben ohne Unterbrechung bis zum Dach, das von ihnen getragen wird. Bis 1965 war das Fachwerkhaus bewohnt. Seit seiner Rekonstruktion beherbergt es ein Museum, in dem die Vielfalt der Fachwerkbaukunst präsentiert wird.

Wordgasse 3 | Fr. – Mi., Fei. April – Okt. 10 – 17, Nov. – März geschl.
Eintritt: 3 €

Auf dem Dreieck des Marktplatzes

Rathaus

Mittelpunkt der Altstadt ist der im 10. Jh. angelegte dreieckige **Marktplatz**, auf den insgesamt acht Straßen münden. Er wird vom 1310 erstmals erwähnten Rathaus beherrscht, das bei einem Umbau 1616 – 1619 seine Renaissancefassade erhielt und um 1900 auf der Nordseite vergrößert wurde. An seiner westlichen Ecke steht ein sechseckiger Erkerturm mit spätgotischem Maßwerk. Eine Freitreppe führt zum schönen Eingangsportal.

Sehenswert ist im Innern der **Festsaal** mit einem hölzernen Tonnengewölbe, seine Wände sind mit Darstellungen aus der Stadtgeschichte (von Otto Marcus) geschmückt. Links vor dem Rathaus steht der 1427 zum ersten Mal aufgestellte, 1477 entfernte und 1869 wieder auf seinen alten Platz zurückgebrachte steinerne Roland. Die 1979 auf dem Marktplatz aufgestellte **Münzenberger Musikantengruppe** hat Wolfgang Dreysse geschaffen.

Eisenbahnen und Puppen

Eisenbahn- und Spielzeugmuseum

Als eine der schönsten Modelleisenbahnausstellungen im deutschsprachigen Raum wird die Sammlung in Quedlinburg bezeichnet. Kuriosität des Eisenbahn- und Spielzeugmuseums ist die einzige russische Modelleisenbahn mit großer Spurweite. Die Puppensammlung, Puppenstuben, Teddybären lassen nicht nur Kinderaugen leuchten.

Blasiistraße 22 | April – Okt., Dez. Mo. – Sa. 10 – 17, So., Fei. 11 – 16, Nov., Jan. – März jeweils nur bis 16 Uhr | Eintritt 7 €, Kinder 2,50 €
www.eisenbahn-spielzeug-museum.de

Die Münzenberger Musikanten spielen am Marktplatz auf.

Repräsentative Unterkünfte

Weitere Fachwerkhäuser

Schräg gegenüber vom Rathaus, an der Einmündung der Breiten Straße (Markt 2), steht das **Haus Grünhagen**, ein Barockhaus von 1701, das 1780 verändert wurde. Am Markt 5 befindet sich das ehem. **Gildehaus der Tuchmacher** von 1545, gegenüber das der Lohgerber (Markt 13 – 14; Ende 17. Jh.). Links vom Rathaus finden sich in der Marktstraße Fachwerkhäuser, die als »Budenhäuser« zu verstehen sind. Im Westen der Stadt verläuft parallel zur Marktstraße der bedeutendste Teil der erhaltenen Stadtmauer. Den **Kornmarkt** umgeben mehrere repräsentative Häuser, u. a. die 1562 errichtete ehem. Ratswaage (1616 umgebaut), daneben die Adlerapotheke von 1615 sowie das von 1737 stammende Palais Salfeld (von 1815 bis zur Wende als Gerichtsgebäude genutzt, seit 1997 im Besitz der Deutschen Stiftung Denkmalschutz).

Prächtige Ausstattung

St. Benedikti

Südlich vom Kornmarkt erhebt sich die 1252 erstmals erwähnte Marktkirche St. Benedikti, eine gotische Hallenkirche, die durch ihre Turmkomposition aus Walmdach, barockem Dachreiter und gotischem Spitzhelm eine reizvolle Ergänzung des Marktplatzes darstellt. Unter ihrer sehenswerten Ausstattung befinden sich zwei kostbare spätgotische Schnitzaltäre, zwei Kruzifixe vom Ende des 15. Jh.s, eine 1595 von dem Quedlinburger Bildschnitzer Georg Steyger angefertigte Holzkanzel und schließlich der prächtige Hochaltar von 1700. Er wurde nach Plänen des Architekturtheoretikers Leonhard Christoph Stumpf von verschiedenen Künstlern ausgeführt.

Die Trompete am Erker

Markt-kirchhof

Zwischen Kornmarkt und Rathaus liegt der Marktkirchhof. Von den Gräbern und Mausoleen ist nur die Gruftkapelle von 1727 für die Familien Gebhardt und Goetze erhalten. Heute wird hier **Fachwerkgeschichte** vorgeführt: Das stark vorspringende Gebäude ist aus dem 15. Jh., das anschließende mit den rollenförmigen Balkenköpfen aus dem 16. Jahrhundert. Das Stadtpfeiferhaus wurde 1688 errichtet, hier lebte u. a. der Stadtpfeifer, dessen Standessymbol, die Trompete, am Erker angebracht ist. Zuletzt folgen ein Haus aus dem 17. Jh. mit Diamantschnitt sowie ein für das 18. Jh. typisches, schmuckloses Fachwerkhaus. Ebenfalls am Marktkirchhof findet man Häuser in der Halle'schen Monolith-Bauweise Typ Quedlinburg (HMBG). Mit diesen Plattenbauten im Fachwerkdekor füllte die DDR Lücken in der Altstadt.

Bei den Schumachern und Gerbern

Breite Straße

In der am Marktplatz beginnenden Breiten Straße steht das 1554 erbaute, 1714 erneuerte Gildehaus der Schuhmacher und Gerber (Breite Str. 51/52) mit einem kleinen Durchgang zum **Schuhhof**, wo sich im 13. Jh. die Schuhmacherbuden befanden. Das Gildehaus zur Rose (Breite Str. 39) ist von 1612 und heute die einzige Tanzkneipe in der Quedlinburger Innenstadt. Von der Breiten Straße geht der Klink ab, hier steht das 1561 für Christian von Hagen erbaute, 1695 erneuerte **Hagen'sche Freihaus**. Der unweit von hier gelegene Alte Klopstock (hier wohnte ein Verwandter des Dichters; Stieg 28) besteht aus drei miteinander verbundenen, sehr schönen Fachwerkhäusern aus der zweiten Hälfte des 16. Jahrhunderts.

»Zur Goldenen Sonne«

Steinweg

Bereits um 1300 war der Steinweg als befestigte Straße über sumpfigem Untergrund angelegt worden, hier stehen noch einige sehenswerte Häuser, u. a. der direkt am Neustädter Marktplatz gelegene historische Gasthof »Zur Goldenen Sonne« von 1621 (Steinweg 11/12) und die 1683 erbaute Alte Börse (Steinweg 23). Im Steinweg 51 befindet sich das 1683 erbaute **Geburtshaus der Dorothea Christiane Erxleben** mit modernisiertem Dachhäuschen, das zum Harzklinikum Dorothea Christiane Erxleben gehört.

Kreuzpfeiler und Kreuzgewölbe

St. Nikolai

Südlich des Steinwegs erhebt sich die dreischiffige gotische Hallenkirche St. Nikolai mit ihren zwei schlanken, 72 m hohen Türmen über die einstige Neustadt. Die Reste ihres romanischen Vorgängerbaus sind im Ostteil erhalten, sehenswert sind ihr Säulenportal im Westen und das mit Kreuzpfeilern und Kreuzgewölben gestaltete Innere. Ältestes Stück ist ein Sandsteintaufbecken aus dem 13. Jh., beachtenswert sind der Barockaltar, die hölzerne Kanzel und die hölzerne Orgelempore.

Turmreiches Quedlinburg

Stadtbefestigung

Bereits 1150 wird eine Mauer um Quedlinburg erwähnt. Die heute noch zu großen Teilen erhaltene Stadtmauer entstand ab 1310. Während im 19. Jh. die Stadttore geschleift wurden, blieben zahlreiche **Wachtürme und Bastionen** erhalten. Sehenswert sind u. a. der 40 m hohe Schreckensturm nahe der St. Ägidienkirche, der Kruschitzky-Turm (Hohe Straße) und der Pulverturm (alle drei an der Westseite der Altstadt gelegen) sowie der Schweinehirten- und der Gänsehirtenturm in der Neustadt, der Turm op'n Tittenplan (= säugende Kälber; alle drei in der Gasse Hinter der Mauer) und der Kaiser- und Martinsturm (beide verändert).

Fachwerkromantik und ein überraschendes Museum

Münzenberg

107 Stufen führen weit in die Geschichte Quedlinburgs. Vor 1000 Jahren stand auf dem Münzenberg gegenüber dem Stiftsberg das Marienkloster. In dessen Ruinen zogen nach der Reformation Menschen, die in der Stadt nicht erwünscht waren, etwa Tagelöhner, Kesselflicker und Musikanten. Heute macht das Gewirr winziger Fachwerkhäuser den besonderen Charme des Münzenbergs aus. Seine Geschichte und die erstaunlichen Überreste des Klosters werden im **Münzenbergmuseum** gezeigt (freier Eintritt).

Museum: Fr. – Mo. 10 – 17 Uhr | www.klosterkirche-muenzenberg.de

★ SANGERHAUSEN

Bundesland: Sachsen-Anhalt | **Höhe:** 158 m | **Einwohner:** 25 560

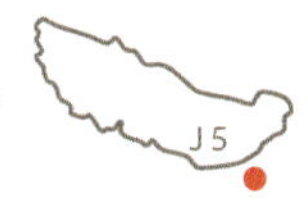

Rosen über alles: Sangerhausen ist international bekannt für das Europa-Rosarium mit der größten Rosensammlung der Welt. Auf ihre Art eindrucksvoll sind aber auch die charakteristischen Abraumhalden des Silber- und Kupferbergbaus, die wie ägyptische Pyramiden aus der Ebene aufsteigen.

Sangerhausen entstand 991 als Fronhof des Klosters Memleben, der im 11. Jh. in den Besitz der Thüringer Landgrafen überging. Ludwig der Springer stiftete 1110 die Ulrichkirche. In den folgenden Jahrhunderten war Sangerhausen eine wechselhafte Geschichte beschieden: einst von den Markgrafen von Brandenburg gekauft,

SANGERHAUSEN ERLEBEN

TOURIST-INFORMATION SANGERHAUSEN AM ROSARIUM

Am Rosengarten 2a
06526 Sangerhausen
Tel. 03464 1 94 33
www.sangerhausen-tourist.de

TOURISTINFORMATION WIPPRA

Anger 3
06543 Wippra
Tel. 034775 81 62 08
www.wippra-harz.de
Mo. – Fr. 9 – 12 Uhr

Jährlich findet am letzten Juni-Wochenende das Berg- und Rosenfest statt.

AUSFLUGSFAHRT

Zwischen Wippra und Klostermansfeld verkehrt von Juni–Okt. an Wochenenden und Feiertagen täglich im Zwei-Stunden-Takt die Wipperliese. Die kleine, 1920 eingeweihte Bahn folgt dem Flüsschen Wippra. Unterwegs kann man zum Wandern oder Radfahren aussteigen und an einem anderen Bahnhof wieder weiterfahren.
www.wipperliese.de

1 KONDITOREI-KAFFEEHAUS KOLDITZ €

Die Zeit scheint hier 1935 stehen geblieben zu sein. Schlichte weiße Wände mit dunklem Holz vertäfelt, Lampen aus der Bauhaus- und Art-

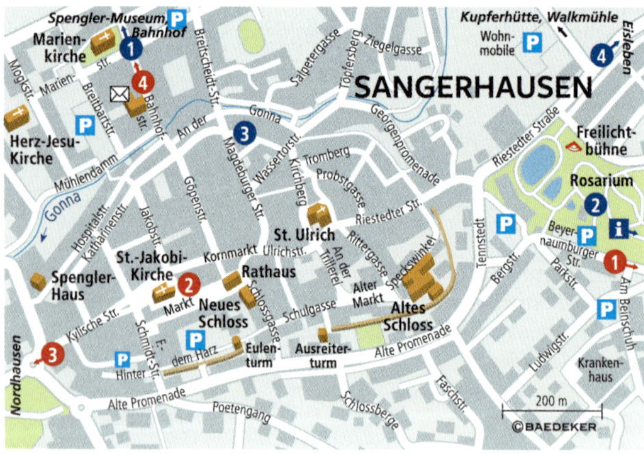

1 Kaffeehaus Kolditz	1 Am Rosarium
2 Rosencafé	2 Pension Marktblick
3 Harzrockcafe Crazy	3 Schlosshotel Wallhausen
4 Markls Pferdestall	4 Gut Drebsdorf

déco-Zeit. Das Café Konditorei Kolditz gibt es seit 1888 als Familienbetrieb, mittlerweile in der 5. Generation.
Bahnhofstr. 44
Tel. 03464 57 23 97
www.kaffee-kolditz.de
Sa., So. geschl.

2 ROSENCAFÉ IM EUROPA-ROSARIUM €€

Mittagsimbiss oder einfach nur gemütlich Kaffee und Kuchen mit schönem Blick auf das Europa-Rosarium.
Am Rosengarten 2 a
Tel. 03464 5898292
www.europa-rosarium.de

3 HARZROCKCAFE CRAZY €–€€

Im Herzen der Altstadt Sangerhausens betreibt der KULT-UR-HAUS e.V. diese rockige Location. Steaks, Burger, Cocktails und lokale Biere, dazu Live-Musik und Veranstaltungen.
Vorwerk 8
Tel. 0172 3 41 80 00
https://harzrockcafe-crazy.business.site
Do.–Sa. ab 19 Uhr

4 MARKLS PFERDESTALL €€

Ungarische und internationale Spezialitäten, im Sommer auch im Biergarten, nördlich von Sangerhausen, in Richtung Wettelrode.
Walkberg 1
Tel. 0171 497 32 61
www.markls-pferdestall.de
Mo. u. Di. geschl.

1 HOTEL-PENSION AM ROSARIUM €€

Schöne, große Zimmer und dazu ein schöner Blick auf die Felder oberhalb von Sangerhausen. Die Pension liegt etwas versteckt in einer kleinen Siedlung in der Nähe des Europa-Rosariums, etwa 2 km vom Zentrum.
Finkenstr. 24
Tel. 03464 57 82 73
www.hotel-am-rosarium.de

2 PENSION MARKTBLICK €€

Zentral: Zehn mit hellem Holz schön renovierte Zimmer in einem mehr als 400 Jahre alten Bürgerhaus am Marktplatz.
Markt 18 Tel. 03464 6 15 97 12
www.pension-marktblick.de

3 SCHLOSSHOTEL WALLHAUSEN €€€

Gediegene Schlosshotelatmosphäre kombiniert mit der Leichtigkeit moderner Kunst, 8 km westlich von Sangerhausen. Im Gewölbe-Café oder im Kaiser-Otto-Saal werden kreative Gerichte serviert.
Schloss 1
Wallhausen
Tel. 03465 620239
www.schlosswallhausen.de

4 GUT DREBSDORF €

Reiterhof mit 8 FeWo für bis zu 25 Personen, 15 km westlich von Sangerhausen gelegen.
06528 Südharz, OT Drebsdorf
Tel. 034656 56 00
www.gut-drebsdorf.de

---

an das Herzogtum Braunschweig vererbt und schließlich in den Besitz der Wettiner übergegangen. Im 17. und 18. Jh. nutzten die Herzöge von Sachsen-Weißenfels das durch **Kupfer- und Silberbergbau** zu etwas Wohlstand gekommene Sangerhausen zeitweilig als Residenz. 1815 fiel die Stadt an Preußen. Der im 19. Jh. zunächst aufgegebene Bergbau wurde zu DDR-Zeiten in den 1950er-Jahren noch einmal mit großem Aufwand reaktiviert. Doch seit 1990 stehen die Förderräder der Schachtanlagen still, Sangerhausen gilt als eine der wirtschaftlich schwächsten Regionen Deutschlands. Die aufwendig und liebevoll sanierte historische Innenstadt, das einzigartige Europa-Rosarium und die liebliche Landschaft sind für Urlauber attraktiv. Die Buchenwälder und Streuobstwiesen im Südharz sowie die vorgelagerte Gipskarstlandschaft gehören seit 2009 zum **Biosphärenreservat Karstlandschaft Südharz**, einer besonderen Natur- und Kulturlandschaft.

ROSE TRIFFT KUNST

Von Anfang Juli bis Mitte August wird die einzigartige Rosensammlung im Rosarium Sangerhausen zur duftend-malerischen Kulisse einer großen Kunst-Ausstellung. Mehr als 300 Objekte nationaler und internationaler Künstler zieren das große Parkgelände. Krönender Abschluss ist die Finissage am dritten Samstag im August mit dem stimmungsvollen »Lichterglanz im Rosenpark«.

Wohin in Sangerhausen?

Duftfülle und Farbenpracht

★ Europa-Rosarium Sangerhausen

Wer ein Faible für die Blume der Liebe hat, darf einen Besuch im Europa-Rosarium nicht verpassen – am besten zwischen Mai und Juli, wenn Tausende Rosenblüten ihren betörenden Duft verströmen und den Park zum Erlebnis für alle Sinne machen. Das Rosarium ist mit mehr als 8700 Rosenarten und -sorten die **größte Rosensammlung der Welt**. Der landschaftlich schön gelegene und ansprechend gestaltete Park mit rund 80 000 Rosenstöcken auf 13 ha lädt ein zum Bummeln und Genießen. In verschiedenen Schaubereichen werden auch historische und vom Aussterben bedrohte Rosensorten erhalten. Rund 300 seltene Baum- und Straucharten ergänzen das Bild, so wird das Rosarium zu einem wunderbaren farbenfrohen Ort. Auch außerhalb der Blütezeiten ist es ein beliebter Erholungsort. Jährliche Veranstaltungshighlights sind das Berg- und Rosenfest (Ende Juni) und die Open-Air-Kunstausstellung »Rose trifft Kunst« (Juli/Aug.).

tgl. Mai, Sept., Okt. 9.30 – 17 Uhr (Eintritt 6 €), Jun. – Aug. 9.30 – 19 Uhr (Eintritt 12,50 €), Nov. – Apr. 10 – 16 Uhr (Eintritt frei)
www.europa-rosarium.de

Von Spätgotik bis Renaissance

Marktplatz

Um den rechteckigen, kopfsteingepflasterten Marktplatz gruppieren sich zahlreiche alte Bürgerhäuser mit massiven Untergeschossen und sehenswerten Fachwerkaufsätzen, die zumeist aus dem 16. und 17. Jh. stammen. Das spätgotische **Rathaus** am östlichen Ende des Marktplatzes wurde 1431 – 1437 aus Bruchstein errichtet. Eine achteckige Laterne krönt das hohe Satteldach. An der Nordseite ist der Sandsteinkopf einer mittelalterlichen Rolandsfigur zu erkennen. An der Südseite des Marktes steht das Neue Schloss, ein dreigeschossiger Renaissancebau aus dem 16. Jh., das heutige Gerichtsgebäude.

Der »Schiefe Jacob«

St. Jacobi

An der Südwestseite des Marktes steht die 1457 – 1542 erbaute spätgotische Hallenkirche St. Jacobi mit ihrem 61 m hohen achteckigen Westturm (1516 – 1542), dem »Schiefen Jacob«. Innen erklingt die Orgel einer der bedeutendsten mitteldeutschen Orgelbauer des Barock, Zacharias Hildebrandt. Er wirkte 1727 – 1731 in Sangerhausen und Umgebung. Chor und Langhaus entstanden nach einem Brand 1971 neu. Im Sommer finden hier Ausstellungen und Konzerte statt.

Mai – Okt. Mo. – Sa. 10 – 12, 14 – 16, So. 14 – 16 Uhr
www.jacobigemeinde-sangerhausen.de

Das alte Schloss als feste Burg

Vom Markt geht es am Neuen Schloss rechts in die Schlossgasse und dann wieder links in die Schulgasse. Am Ende des sich anschließenden Alten Markts steht das **Alte Schloss**. Es entstand im 13. Jh. als gut befestigte Burg, als nach dem Aussterben der Thüringer Landgrafen Heinrich der Erlauchte 1249 Sangerhausen als Grenzfeste der Wettiner ausbauen und über der Stadt die Burg errichten ließ. Noch heute zeugen dicke Außenwände, stabile Gewölbe auf starken Pfeilern und schmale Fenster vom wehrhaften Charakter der Burg. Nach dem Bau des Neuen Schlosses am Markt diente das Alte Schloss nur noch als Getreidelager und Gefängnis. 1946 brannte der langgestreckte Palas nieder. Nach seiner Wiedererrichtung beherbergt er die Kreismusikschule. Im Konzertsaal finden gelegentlich öffentliche Konzerte statt, der Schlosshof wird als Freilichtbühne genutzt.

Station auf der Straße der Romanik

St. Ulrici Durch die Rittergasse gelangt man zu der an der Ecke Ulrichstraße/Kirchberg stehenden Ulrichkirche. Die romanische und kreuzförmige Pfeilerbasilika entstand vermutlich 1116 – 1123 als **Zisterzienserklosterkirche** und besitzt baugeschichtlich interessante Kreuzpfeiler, Arkaden und Gewölbeformen. Der achteckige Vierungsturm ist gotisch. Im Innern ist das im nördlichen Querschiffarm eingemauerte Tympanon mit Stifter und Schutzpatron der Kirche sehenswert, eine Reliefarbeit aus dem 12. Jahrhundert. Links ist vermutlich Ludwig der Springer, rechts der hl. Ulrich abgebildet. Die Nonnenempore

Ein Schmuckdetail an der Kirche St. Ulrici

wurde 1270 eingebaut. Die Bronzetaufe ist von 1369, der Flügelaltar mit einer Darstellung der Passion Christi von 1570. Die Ulrichkirche ist eine Station auf der Straße der Romanik.
Mai – Okt. Mo. – Sa. 10 – 12, 14 – 16, So. 14 – 16 Uhr

Platz 2 unter den ältesten Gebäuden
Die 1367 erstmals erwähnte **Marienkirche**, einst die Pfarrkirche der nördlichen Vorstadt, als gilt das zweitälteste Gebäude in Sangerhausen. Der überhöhte Chor stammt aus der ersten Hälfte des 15. Jahrhunderts. Das Denkmal von Gerhard Geyer (1956) an der Außenseite des Chors erinnert an die Opfer des Faschismus.

Die Entdeckung des Mammuts
★ Spengler-Museum

Das im Norden der Stadt in der Nähe des Bahnhofs gelegene Spengler-Museum (Bahnhofstraße 33) zeigt die heimatkundliche Sammlung des Sangerhäuser Tischlermeisters Gustav Adolf Spengler (1869 – 1961). Er hatte 1930, nur 6 km südlich der Stadt in einer Kiesgrube bei Edersleben, das **Skelett eines Alt-Mammuts** entdeckt, es ausgegraben und in jahrelanger Kleinarbeit wieder zusammengesetzt. Das (etwa 6 m lange, 4 m hohe und 8 t schwere) Tier, das wie Riesenhirsch, Nashorn und Marabu vor 500 000 Jahren im Helmetal lebte, ist vermutlich in den Gletschern der Eiszeit umgekommen und später in Tonschichten konserviert worden. In weiteren Ausstellungsräumen wird über die Ur- und Frühgeschichte der Region und der Stadt Sangerhausen sowie über die Gewinnung des Kupferschiefers im einstigen Sangerhäuser Revier unterrichtet. Das Museum erinnert auch an Einar Schleef, den in Sangerhausen geborenen und verstorbenen Theatermacher, Maler, Autor und Fotografen (1944 – 2001).
Di. – So. 13 – 17 Uhr | Eintritt Spengler-Museum & Spengler-Haus: 5 €
www.spengler-museum.de

Extravagante Tapete

Auch das Wohnhaus (Hospitalstraße 56) von Gustav Adolf Spengler ist zu besichtigen. Neben dem »Millionenzimmer«, das Spengler mit Inflationsgeld tapeziert hat, informiert eine Ausstellung über die Geschichte der Familie des Heimatforschers und Mammutausgräbers.
So. 13 – 17 Uhr und nach Voranmeldung | Eintritt Spengler-Museum & Spengler-Haus: 5 € | www.spengler-museum.de

Rund um Sangerhausen

Fahrt ins Innere der Erde

Einzigartig im Harz ist die Fahrt im Förderkorb hinab in die Tiefe des Berges. Das **ErlebnisZentrum Bergbau Röhrigschacht Wet-**

telrode, 6 km nördlich von Sangerhausen, bietet ein faszinierendes Abenteuer unter Tage. Die letzten 30 Jahre bis zu seiner Stilllegung 1990 diente der Röhrigschacht als Wetterschacht für den Thomas-Münzer-Schacht Sangerhausen. Heute wird ein Teil des Grubenfeldes als **Schaubergwerk und Museum** genutzt, das über die Entstehung des Kupferschieferflözes, die Lagerstätten und die 800-jährige Kupferschiefergewinnung unterrichtet. Auf dem Freigelände stehen Großgeräte, hier zeigt ein nachgebildeter Streckenvortriebsort, wie die Lagerstätten erschlossen wurden. Im Förderkorb geht es in den rund 300 m tief gelegenen Schacht; unter Tage folgt eine Fahrt mit der Grubenbahn und ein Spaziergang, in dessen Verlauf die Abbauentwicklung des Kupferschiefers von 1200 bis 1990 vorgeführt wird. Die 145 m hohe Pyramide **Hohe Linde** besteht aus dem tauben Gestein des ehemaligen Thomas-Müntzer-Schachtes.

Museum, Schaubergwerk: Mi. – So. 10 – 16 Uhr
Seilfahrten: 10.30, 11.45, 13, 14.15 Uhr | Tel. 03464 58 78 16
Eintritt Museum: 3,50 €, mit Untertageseilfahrt 16 €
www.roehrigschacht.de

Entlang an Bergbau-Spuren

Wettelrode ist ein guter Ausgangsort für Wanderungen: Hinter dem Schaubergwerk führt der **Karstwanderweg** entlang, den man hier in zwei Bergbaulehrpfade einbezogen hat; vorbei an vielen bergbaulichen Spuren – Kunstteiche, Gräben zum Wassersammeln, Stollen u. a. – geht es nach Morungen (4 km westlich) oder zur Grillenburg (3 km östlich).

Geburtsort eines Minnesängers

Burgruinen Morungen

Im 10 km nordwestlich von Sangerhausen gelegenen Morungen (300 Einw.) stehen die Ruinen der Burgen Alt-Morungen (11. Jh.) und Neu-Morungen (13. Jh.). Hier kam 1150 der Minnesänger Heinrich von Morungen zur Welt († 1222), der mit Walther von der Vogelweide und Wolfram von Eschenbach zu den Vollendern der mittelhochdeutschen Liedkunst gehört. Im Ort selbst ist ein nach 1876 errichtetes neogotisches Schloss mit Schlosspark sehenswert.

Von Otto dem Großen zum Malkurs

Wallhausen

Schloss Wallhausen, 10 km westlich von Sangerhausen, in seiner heutigen Form entstand im Wesentlichen 1606 – 1615 auf den romanischen Grundmauern einer Wasserburg, auf der vermutlich 912 Otto der Große geboren wurde. Heute sind hier Künstlerateliers, ein Skulpturenpark und im Kellergewölbe ein kleines Restaurant-Café untergebracht. Es finden Kunstausstellungen und im Sommer Mal- und Holzbildhauerkurse statt (mit Übernachtungsmöglichkeiten).

Tel. 034656 2 02 39 | www.schlosswallhausen.de

Betreten leider verboten: die Rammelburg über dem Wippertal

Perle des Wippertals

Wippra

Der von bewaldeten Hängen und schönen Wiesen umgebene Ort, der zu den ältesten Siedlungen des Harzes gehört, wird auch »Perle des Wippertals« genannt. Die **St.-Marien-Kirche** ist ein Fachwerkbau, der 1775 – 1780 an der Stelle eines älteren Vorgängerbaus errichtet wurde. In einem 1700 errichteten ehem. Wohnhaus in der Fleckstr. 42 befindet sich das **Heimatmuseum**. Sehenswert ist die Rauchküche mit offenem Kamin und einem gemauerten Herd; an den Türen befinden sich noch die originalen Riegelschlösser. Bereits seit Anfang des 15. oder 16. Jh.s wird in Wippra Bier gebraut. Die Museumsbrauerei Wippra hält die Tradition aufrecht und braut noch Edel-Biere. Führung, Verkostung oder Kurse nach Vereinbarung.

Etwa 5 km nordöstlich von Wippra thront stolz über dem Tal der Wipper die heute leerstehende **Rammelburg** aus dem 13. Jh.; sie kann allerdings nicht besichtigt werden.

Museumsbrauerei: Bottchenbachstr.1 | www.wippra-bier.de

Rasantes Vergnügen

Sommer-rodelbahn

Zum Freizeitangebot in Wippra gehört die Harzer Sommerrodelbahn am Ortsrand. Die fest auf Schienen verankerten Schlitten werden 250 m den Berg hinaufgezogen und sausen dann mit bis zu 40 km/h über 8 – 10 % Gefälle 1 km weit den Berg hinunter. Dazu kommen Kletterpark- und Kletterfelsen.

Fahrtzeiten: Mitte März – Okt. tgl. 10 – 18 Uhr (Zeiten variieren je nach Wetterlage) | Fahrt: 3,80 € | https://wipperia-funpark.de

★ SANKT ANDREASBERG

Bundesland: Niedersachsen | **Höhe:** 500 – 900 m | **Einwohner:** 1600

Sankt Andreasberg liegt mitten in den Bergen. Umgeben von bunten Bergwiesen und weiten Wäldern erstreckt sich das Stadtgebiet über Berg und Tal. Teils verwinkelte Gassen und steile Straßen verleihen dem Ortsteil von Braunlage einen besonderen Charakter. Es ist die höchstgelegene der sieben Bergstädte im Harz und ist bei Wanderern und Wintersportlern gleichermaßen beliebt. Die Grube Samson gehört zum UNESCO Welterbe Oberharzer Wasserwirtschaft.

Erzgebirger Zungenschlag

Wahrscheinlich wurde schon um 1200 nach Erz geschürft, die ältesten Zeugnisse stammen aber aus dem Jahr 1487. Im 16. Jh. erließen die Grafen von Hohnstein **Bergfreiheiten** (▶ Bergbau), um Bergleute vor allem aus dem sächsischen Erzgebirge nach Sankt Andreasberg zu locken. 1912 wurde der Hüttenbetrieb endgültig eingestellt. Die Tradition der Bergleute lebt in vielen Veranstaltungen, im Bergwerk Grube Samson und in der **Oberharzer Mundart** weiter. Letztere beschreibt einen Dialekt, der von Bergleuten aus dem sächsischen und böhmischen Erzgebirge eingeführt wurde, aber auch Elemente aus Tirol und Franken enthält und im Oberharz als Kulturgut gepflegt wird. Heute lebt Sankt Andreasberg vor allem vom Tourismus. Die Nationalpark-Gemeinde ist umgeben von faszinierender Natur und lockt so Aktivurlauber und Erholungssuchende an. Besonders schön ist es in den Sommermonaten, wenn die umliegenden Bergwiesen in voller Blüte stehen.

 Historisches Bergwerk Grube Samson

Führungen: April – Okt. tgl. 11 u. 14.30 Uhr, Nov. Betriebsferien, Dez. – März Mo. geschlossen, einzelne Schließtage siehe Internet
Eintritt: 9 € | www.grube-samson.de

Höhen und Tiefen einer Grube

Geschichte

Die 1521 angelegte Grube Samson gehörte bis 1896 zu den tiefsten Bergwerken weltweit. Ihre 42. Sohle lag bei 810 Metern. Reiche Silbererzfunde bescherten ihr eine fast 400 Jahre währende, jedoch wechselvolle Betriebsgeschichte. Am 31.03.1910 wurde die Grube Samson endgültig stillgelegt; u. a. wegen des gefallenen Silberpreises. Heute kann sie ebenso wie die in unmittelbarer Nachbarschaft liegende Grube Catharina Neufang besichtigt werden. Im Pochwerk sind ein Muse-

SANKT ANDREASBERG ERLEBEN

TOURIST-INFORMATION

Am Kurpark 9
37444 Sankt Andreasberg
Tel. 05582 80 33
www.sanktandreasberg.de

ALLERLEI FILZEREI

Vom Lesezeichen bis zum Hexenhut fertigt Brigitte Rieger Filzprodukte.
Katharina-Neufang-Str. 42 B
www.allerlei-filzerei.de

SPEISERESTAURANT FISCHER €€

Das helle, freundliche Restaurant trumpft mit guter regionaler Küche, u. a. leckerer Harzer Forelle und Wildgerichten.
Dr.-Willi-Bergmann Str. 6
Tel. 05582 7 39, Mi. u. Do. geschl.
www.speiserestaurant-fischer.de

ODERTALER SÄGEMÜHLE €–€€

Die gemütliche Gaststätte mit Herberge und großer Terrasse organsiert auch Open-Air-Veranstaltungen! Nicht nur dank der Lage direkt an der B27 ist sie ein beliebter Treff für Biker und Oldtimer-Fans.
Odertaler Sägemühle 1
Tel. 05582 99 99 09
odertaler-sägemühle.de

RESTAURANT MYTHOS €€

In einer einstigen Kapelle genießen Sie in außergewöhnlichem Ambiente griechische Gastfreundschaft. Mit Sommerterrasse. Mo. Ruhetag.
Herrenstr. 12
Tel. 05582 27 00 978
https://mythos-sanktandreasberg.de

WALDGASTSTÄTTE RINDERSTALL € – €€

Die urige Waldgaststätte liegt inmitten des Nationalparks Harz und ist Ziel für Wanderer, Mountainbiker und Skifahrer. Auf den Tisch kommt stärkende Wanderkost. Praktisch ist die Ladestation für E-Bikes.
Rinderstall 1, Tel. 05582 7 40
www.gaststaette-rinderstall.de
Restaurant Mo – Fr 10.30 – 17 (Mai – Okt bis 17.30), Sa./So. Fei. geschl.
SB-Raum tgl. 9 – 20 Uhr (im Sommer; im Winter bis 18 Uhr)

HOTEL GARNI VIER JAHRESZEITEN €€€

Das Haus am Hang bietet 10 moderne Zimmer mit Balkon oder Gartenzugang.
Quellenweg 3
Tel. 05582 5 21
www.vier-jahreszeiten-harz.de

NOVASOL PANORAMA PARK €€

Vom Feriendorf mit 32 Ferienhäusern im skandinavischen Stil in Hanglage hat man einen Panoramablick über die Harzer Berge.
Braunlager Straße
www.novasol.de

DIE ALMHÜTTE €€€–€€€€

Das alleinstehende Ferienhaus für 4 Personen hat es sich inmitten der Bergwiesen bequem gemacht. Auf dem umzäunten Grundstück steht eine Fasssauna für abendliche Wellnesmomente.
Am Gesehr 15
info@herzhausen-harz.de
www.herzhausen-harz.de

um (s. u.) sowie das Harzer Roller-Kanarien-Museum (▶ S. 240) eingerichtet.

Not macht erfinderisch: Leben und Arbeiten der Bergleute

Erfindung der Fahrkunst

Auf den geführten Rundgängen durch die Grube Samson stehen neben dem Arbeitsalltag der Bergleute die gravierendsten Probleme des historischen Bergbaus im Fokus. Deren Lösung führte zu weltweit bedeutenden Erfindungen wie dem Drahtseil durch Oberbergrat Julius Albert 1834. Die Frage nach Energie war schon im Oberharzer Bergbau entscheidend. Von der Bedeutung der **Wasserkraft** zeugen noch heute die 9 und 12 m hohen Wasserräder in der Grube Samson. Bis in die Gegenwart wird das Wasser im Schacht des Bergwerks genutzt: zur regenerativen Stromgewinnung.
Eine weitere Herausforderung war der beschwerliche Arbeitsweg der Bergleute, denn jahrhundertelang mussten sie auf rutschigen Fahrten (Leitern) in die Schächte ein- und wieder heraufsteigen. So benötigten sie z. B. für den morgendlichen Abstieg in die Grube Samson 1,5 und für den Aufstieg 2,5 und mehr Stunden. 1833 entwickelte der Zellerfelder Oberberggeschworene **Georg Ludwig Dörell** auf der Grundlage der Pumpengestänge die Fahrkunst, ein Aufzugsystem, das das Ein- und Ausfahren erleichterte und verkürzte. Das weltweit letzte noch funktionsfähige Fahrkunstexemplar befindet sich in der Grube Samson.
Das besuchenswerte **Bergwerksmuseum** zeigt u. a. Modelle und Computeranimationen von Bergwerkseinrichtungen und eine Fahrkunstsimulation.

April – Okt. tgl. 10 – 15.30 Uhr (letzter Einlass), Nov. Betriebsferien, Dez. – März Mo. geschl., einzelne Schließtage | Eintritt: 4 €

Rund um Sankt Andreasberg

Wasser marsch!

Sommerrodelbahn

Ein schöner Spazierweg führt über den Rehberger Graben zum Oderteich (7 km nördl., ▶ Tour 1, S. 34), der lange Zeit größten Talsperre Deutschlands. Sie wurde 1715 – 1722 erbaut und gehört zum Welterbe Oberharzer Wasserwirtschaft (Fassungsvermögen: 1,7 Mio. m³). Über die 18 m hohe Staumauer führt heute die Harzhochstraße (B 242). Das Wasser wird in dem 1722 angeschlossenen, 7,23 km langen, teils überdeckten Rehberger Graben nach Sankt Andreasberg geleitet. Einst trieb es bis zu 88 Räder der Gruben und Pochwerke an, heute wird es im Samsonschacht zur Stromgewinnung genutzt.

Hier irrte Goethe

Goetheklippen

Etwa 15 Gehminuten vom Rehberger Grabenhaus Richtung Oderteich entfernt liegen die Goetheklippen mit dem Goetheplatz. 1783

OBEN: Wie beschwerlich die Arbeit der Bergleute war, zeigt das Bergwerksmuseum in der Grube Samson.

UNTEN: Während der Führung in der Grube Samson wird ein Kunstrad auch in Bewegung gezeigt.

GEFIEDERTE LEBENSRETTER?

Man kennt die Geschichte: Bergleute nahmen Kanarienvögel mit unter Tage und wenn sie aufhörten zu zwitschern, war das ein Zeichen, dass die Luft knapp wurde – und die Bergleute den Stollen verlassen sollten. In den Kohlegruben Englands retteten Kanarienvögel Leben. Im Harz und besonders in St. Andreasberg wurden sie aber vor allem wegen des schönen Gesangs gezüchtet. Hier gab es unter Tage keine hochgiftigen oder brennbaren Gase.

Tiroler Bergbauspezialisten hatten die ersten Kanarienvögel um 1740 in den Harz gebracht. Die Sankt Andreasberger begannen Anfang des 19. Jh.s damit, die damals sehr wertvollen Vögel zu züchten und an die Bergleute und später an reiche Familien als Haustiere zu verkaufen. Dazu brachten sie ihnen das Singen bei, indem sie den kleinen Küken so lange Melodien vorpfiffen, bis diese die Töne nachzwitscherten.
1895 berichtete ein Reiseführer von 300 Sankt Andreasberger Familien, die Kanarienvögel züchteten und damit 300 000 Reichsmark (heute etwa 3 Mio. €) erwirtschafteten. Viele Frauen fertigten in Heimarbeit Käfige für die gelben Vögel. Auch ganze Tischlereien lebten vom Bau der Vogelkäfige, die sie zum Teil im Stil von Schlössern und Palästen verzierten. Heute gibt es nur noch einen Rentner, der in Sankt Andreasberg die wegen ihres kehligen Gesangs Harzer Roller genannten Kanarienvögel züchtet und die singfreudigen Männchen verkauft.
Über der Grube Samson erinnert das weltweit einzige Kanarienvogelmuseum an die Geschichte der Kanarienvogelzucht in der freien Bergstadt. Und in einer Bergmannsküche zwitschern die kleinen, gelben Vögel genauso wie vor 150 Jahren.
Das **Harzer-Roller-Museum** zeigt die Geschichte der Kanarienvögel seit 1485, ihre Zucht und Haltung.
April - Okt. tgl. 10 – 15.30 Uhr (letzter Einlass), sonst s. Webseite | Eintritt: 3 €
Am Samson 2 | www.grube-samson.de

besuchte Johann Wolfgang Goethe einen Aufschluss am Rehberger Graben, den ihm der Zellerfelder Berghauptmann Friedrich von Trebra unbedingt zeigen wollte. Granit und dunkler Hornfels stoßen hier direkt aneinander, und Goethe kam zur irrigen Ansicht, Granit sei ein »neptunisches Urgestein«, also aus dem Meerwasser hervorgegangen, und werde von allen anderen Sedimenten überlagert. Somit gehörte er im damals herrschenden Gelehrtenstreit um die Entstehung der Gesteine zu den »Neptunisten«. Tatsächlich drang aufgeschmolzener Brockengranit in die Klüfte der umliegenden Sedimente ein und veränderte diese Grauwacken zu Hornfels.

Im Reich der Fledermaus

Nationalparkhaus

Das Nationalparkhaus Sankt Andreasberg entführt in seiner interaktiven Ausstellung auf eine Zeitreise in die Natur- und Kulturlandschaft des Harzes. Die natürlichen und kulturellen Besonderheiten der Region wecken Verständnis für die Verwandlung der Landschaft von gestern, heute und morgen. Ein weiterer Ausstellungsschwerpunkt ist das Fledermaus-Reich, eine besondere Nachtinszenierung mit kunstvoll gestalteten Dioramen und Originalpräparaten.

Erzwäsche 1 | April - Okt. Mo. - Fr. 9 - 17, Sa., So., Fei. 10 - 17, Nov. - März Di. - So. 10 - 17 Uhr
www.nationalparkhaus-sanktandreasberg.de

SCHIERKE

Bundesland: Sachsen-Anhalt | **Höhe:** 580 - 640 m | **Einwohner:** rund 540

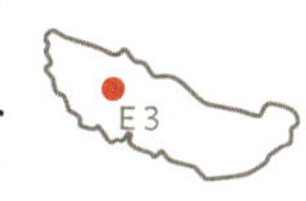

Am Fuße des Brockens befindet sich der beliebte Urlaubsort Schierke, ein Ortsteil der Stadt Wernigerode. Erleben Sie von hier aus die sagenumwobene Bergwildnis des Nationalparks Harz mit seinen schroffen Granitklippen, verwunschenen Wäldern und malerischen Bachläufen. Als »St. Moritz des Nordens« galt Schierke Anfang des 20. Jahrhunderts. Historische, liebevoll sanierte Villen zeugen von dieser Zeit.

Schierke blickt auf eine bewegte Geschichte zurück, lag es doch zu DDR-Zeiten im militärischen Sperrgebiet. Doch in den Jahren nach der Wiedervereinigung wurde viel in die Infrastruktur investiert und so die Attraktivität wiederhergestellt. Von hier aus starten Tausende Wanderer im Jahr ihren Weg hinauf zum Brocken. Nur noch wenige harztypische Holzhäuser sind erhalten, das Ortsbild wird von im

SCHIERKE ERLEBEN

TOURIST-INFORMATION SCHIERKE

Brockenstr. 10
38879 Wernigerode, OT Schierke
Tel. 039455 86 80
www.schierke-am-brocken.de

NATIONALPARKHAUS SCHIERKE

Brockenstr., westl. Ortsausgang
Tel. 039455 4 77, tgl. 8.30 – 16.30 Uhr
www.nationalpark-harz.de

Winterspiele & Winterwoche im Februar; am 30. April feiert Schierke Walpurgis und am letzten Samstag im September den Schierker Kuhball.

ZUM BROCKENBÄCKER

Rustikaler Backshop mit Café. Stets frische Auswahl von Brot, Brötchen, Torten und Kuchen aus eigener Herstellung (über 40 versch. Sahnetorten und 50 versch. Kuchensorten werden vom Brockenbäcker hergestellt). Klassiker: die Brockentorte.
Brockenstr. 17 a
Tel. 039455 5 88 78
www.brockenbaecker.de

ZUM HOLZFÄLLER €€

Rustikal-gemütliche Gaststätte, gutbürgerliche Küche mit großer Auswahl für den kleinen und großen Hunger. Apartments und kleine Doppelzimmer
Brockenstr. 24
Tel. 039455 5 88 99
www.holzfaeller-schierke.com

BROCKENBLICK FERIENPARK € – €€

Modern eingerichtetes Appartementhotel mit Sauna und Massagen sowie einem rustikalen Restaurant.
Alte Wernigeröder Str. 1 – 2
Tel. 039455 57 50
www.brockenblick-ferienpark.de

SCHIERKER WALDPERLE €€

Modernes, gemütliches Ambiente in einer historischen Villa in ruhiger Lage am Wald. 10 DZ, 1 EZ, Loungebereich, Gruppenräume mit Küche, Wellnessbereich mit Whirlpool und Sauna.
Schierke | Barenberg 7
Tel. 0151 70 14 98 08
www.schierker-waldperle.de

DAS SCHIERKE HARZRESORT €€€€

Ferienhausanlage mit 36 Ferienhäusern, darunter zwei Kuschelhütten für zwei Personen sowie Einzel- und Doppelhäuser für bis zu 6 Pers. und ein Teamhaus für 12 Pers. Alle Häuser mit Kamin und eigener Sauna. Restaurant Luis mit gutbürgerlicher Küche, Terrasse und Kinderspielplatz.
Alte Dorfstr. 1
Tel. 039455 82 55 50
www.schierke-harzresort.de

FERIENANLAGE ZUM WILDBACH €

Ruhig gelegene, kleine, familiäre Ferienanlage (19 FW, 3 DZ) nahe am Wald. Kinderspielplatz und Grillplatz. Zwei behindertengerechte Ferienwohnungen. Sauna, Massage- und Kosmetikangebot, Fitnessraum, Frühstück auf Wunsch, Fahrrad- und E-Bike-Verleih u. v. m.
Barenberg 15 f,
Tel. 039455 58 99 70
www.zum-wildbach.de

19./20. Jh. erbauten **Villen, Pensionen und Hotels** geprägt. Die alte Kirche am Kirchberg wurde 1691 geweiht; 1876–1881 folgte die **neugotische Kirche**, in der ein von der Ilsenburger Hütte gestifteter gusseiserner Ofen steht. Seine mit einem reichen Figurenprogramm versehenen Platten sind Nachgüsse älterer Platten (▶ Ilsenburg). In der Apotheke gegenüber dem Rathaus erfand 1924 der **Apotheker Drube** den Schierker Feuerstein, einen berühmten Kräuterlikör, der heute in Bad Lauterberg produziert wird.

Wohin in Schierke?

Auf Schienen zum Brocken

Brockenbahn

In Schierke beginnt ein 4,5 km langer Naturlehrpfad. Von hier führen gut ausgeschilderte **Wanderwege auf den ▶ Brocken**. Zum Gipfel starten auch Pferdekutschen oder Segway-Touren. Besonders bequem lässt sich der Brocken mit der Bahn erreichen (Fahrtzeit 30 Min). Der **Bahnhof** der Harzer Schmalspurbahn liegt außerhalb des Orts (mit Parkhaus »Am Winterbergtor«; zum Bahnhof sind es ca. 2,5 km Fußweg). Der Einstieg zu den Brockenwanderwegen ist nach ca. 800 m erreicht.

Fahrplan Brockenbahn: www.hsb-wr.de

Schnarchen und Blasen

Feuerstein- und Schnarcherklippen

Hinter dem Bahnhof erheben sich die bis zu 760 m hohen Feuersteinklippen (mit gutem Schuhwerk zu erwandern), südlich des Ortes (in Richtung Elend), am 696 m hohen Barenberg, erheben sich die Schnarcherklippen, denen **Goethe im »Faust«** folgenden Vers widmete: »Und die Klippen, die sich bücken/ Und die langen Felsennasen/ Wie sie schnarchen, wie sie blasen!« (das »Schnarchen« wird durch den Wind erzeugt).

Radeln, klettern, gleiten

Natur aktiv erleben

Die raue Natur rund um Schierke lockt zu ausgiebigen Wanderungen und Mountainbiketouren. Mit dem Ranger gibt es geführte Touren in den Nationalpark. Wichtige Informationen für eine Wanderung auf den Brocken sind im Nationalparkhaus Schierke erhältlich. Familien mit Kindern können auf den Spuren des weißen Rehs den Berg erklimmen. Die schroffen Felsen der Feuerstein- und Schnarcherklippen sind beliebte Klettergebiete (Mai–Okt., Kletterausrüstung erforderlich; Infos: Tourist-Information Schierke). Im Winter werden rund 66 km Loipen gespurt. Die zur modernen Multifunktionsarena umgebaute **Schierker Feuerstein Arena** wird von November bis Ostern für Eislauf, Eisdisco und Eishockey genutzt. Im Sommer finden hier Konzerte, Theater, Veranstaltungen und ein buntes Sommerprogramm für Kinder statt.

SEESEN · BAD GANDERSHEIM

Bundesland: Niedersachsen | **Höhe:** 209 m | **Einwohner:** 19 210

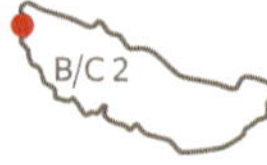

In Seesen am westlichen Harzrand wird einmal im Jahr das Mittelalter lebendig. Das Sehusa Fest ist weit über die Region hinaus bekannt. Andenken an Wilhelm Busch und den berühmten Klavierbauer Steinway bereichern das Stadtbild.

Eintauchen ins Mittelalter

Die über 1000-jährige Stadt am Harz entstand als Burgsiedlung am Kreuzungspunkt mehrerer Fernwege. Zum ersten Mal erwähnt wird Sehusa 974 in einer Schenkungsurkunde Ottos II. Der Kaiser übertrug darin seinen Besitz mit einer dazugehörenden Burg an das Stift Gandersheim. Im Laufe der Zeit entwickelten sich im Norden und Süden der Burg zwei Siedlungen, die später zusammenwuchsen. Seit dem 13. Jh. besaßen die welfischen Herzöge die Vogteirechte über

SEESEN ERLEBEN

STADTMARKETING SEESEN EG

Jacobsonplatz 1
Tel. 05381 98 41 77
www.stadtmarketing-seesen.de

SEHUSA -FEST

Freiwillig und unbezahlt hämmern und sägen die Seesener zu Hunderten, bis ihr Städtchen aussieht wie Tillys Heerlager im Dreißigjährigen Krieg. Ein Ingenieur hat nach einer briefmarkenkleinen Vorlage eine Steinschleuder aus dem Jahr 1428 nachgebaut. Ein Soldat in Blau und Rot schiebt eine Kanone aus dem 17. Jh. auf den Platz. Das Sehusa-Fest am ersten Septemberwochenende ist Norddeutschlands größtes Historienspektakel.

KONDITOREI CAFÉ KIENE €

Traditionelle Konditorei u.a. mit hausgemachten Tortenkreationen und rund 40 selbstgemachten Eissorten. Frühstücksangebot und Mittagssnacks.
Jacobsonstr. 29
Tel. 05381 33 75
www.konditorei-kiene.de

HOTEL-RESTAURANT WILHELMSBAD €€

Gute deutsche Küche in einem alten Fachwerkhaus. 14 Zi., teilw. zur Hauptstraße gelegen, Kegelbahn.
Frankfurter Str. 10
Tel. 05381 10 35
www.hotel-wilhelmsbad.de
So. Ruhetag

Seesen, das 1428 die Stadtrechte zugesprochen bekam. 1442 gelangte die Stadt an das Haus Braunschweig-Wolfenbüttel. Im 16. und 17. Jh. wurde Seesen mehrfach zerstört und entstand 1673 auf dem heute noch erkennbaren rechtwinkligen Grundriss neu. Mit der Einrichtung eines ersten Badehauses 1812 setzte der Fremdenverkehr ein.

Wohin in Seesen?

Von der Welfenburg zum Sitz des Amtsgerichts

Burg Sehusa

Die Burg Sehusa mitten in der Stadt war eine ursprünglich 1282 erstmals erwähnte Welfenburg. Das heutige Hauptgebäude wurde vermutlich 1592 fertiggestellt, dieses Datum steht auf dem Wappen des Herzogs Heinrich Julius von Braunschweig-Wolfenbüttel am Eingang des viergeschossigen Treppenturms. Die Seitenflügel stammen aus den Jahren 1870 und 1885. Heute ist die Burg Sitz des Amtsgerichts, Besichtigungen sind nicht möglich. Die kreuzförmige **Andreaskirche** mit hohen Segmentbogenfenstern nordöstlich der Burg entstand 1695 – 1702 als Schlosskirche nach Plänen des Festungsbaumeisters Caspar Völker. Die Emporen, der Kanzelaltar sowie der Orgelprospekt sind barock; der Altar stammt vermutlich aus der Werkstatt Tilman Riemenschneiders.

Konservendosen und Klaviere

Städtisches Museum

Das ehemalige Jagdschloss der Herzöge von Braunschweig, ganz in der Nähe der Burg Sehusa, ist der Sitz des Städtischen Museums. Der zweigeschossige Fachwerkbau mit seitlichen Risaliten und drei flachen Dreiecksgiebeln entstand 1707. Neben der mehr als 1000-jährigen Stadtgeschichte Seesens wird u. a. die Geschichte der deutschen Konservendosenindustrie erklärt. Nachdem ein Franzose die Konservendose erfunden hatte, wurde sie von dem Seesener Klempnermeister Fritz Züchner weiterentwickelt. Ein Ausstellungsschwerpunkt widmet sich der Klavierbauer-Familie Steinweg bzw. den beiden Gründer der berühmten **Klavierfirma Steinway & Sons**. Ihnen ist auch der **Steinway Trail** gewidmet, ein Wanderweg von Wolfshagen nach Seesen (www.steinway-trail.de).

Wilhelmsplatz 4 | Di – So. 14 – 17 Uhr und nach Vereinbarung
www.museum-seesen.de

Max und Moritz allerorten

Und sonst in Seesen

Der 1592 als Brau- und Hochzeitshaus erbaute Ratskeller diente zeitweise sogar als Rathaus (Wilhelmsplatz 5). Von der im 13. Jh. erbauten **Vituskirche** in der Unterstadt steht seit 1849 nur noch der Turm (St.-Vitus-Turm am Ende der Opferstraße). **Wilhelm Busch**, Schriftsteller, Zeichner und Karrikaturist, lebte von 1898 bis

Beim Sehusafest geraten die Zeiten etwas durcheinander: Ritterturniere gab es im Dreißigjährigen Krieg nicht mehr, Landsknechte jeden Alters sehr wohl.

zu seinem Tod 1908 im heutigen Seesener Ortsteil Mechtshausen. Das Wilhelm-Busch-Haus, ein niedersächsisches Fachwerkhaus, erinnert an sein Schaffen. Eines seiner beiden Zimmer ist noch im Originalzustand erhalten. Wechselnde Ausstellungen, Veranstaltungen und Konzerte halten das Andenken lebendig. Skulpturen von Max und Moritz entdeckt man in der Stadt an einigen Orten.

Wilhelm-Busch-Haus: Pastor-Nöldeke-Weg 7
März – Okt. Do. – So. 15 bis 17, sonst nur Sa., So. 14 – 16 Uhr
www.wilhelm-busch-haus.de

 Bad Gandersheim

Stiftskirche

Das Stadtbild beherrscht die Doppelturmfassade der Stiftskirche – zusammen mit den angrenzenden Gebäuden bildet sie den Mittelpunkt von Bad Gandersheim (9440 Einw., 15 km südwestlich von Seesen). Der erste Bau wurde schon um 881 geweiht. Der heutige Bau, eine flach gedeckte Basilika mit östlichem Querhaus und Westriegel, entstand im Wesentlichen unter Äbtissin Adelheid II. (1063 – 1094). Mitte des 12. Jh.s wölbte man Chor, Querhaus und die Seitenschiffe ein und erbaute die beiden Westtürme, im 14. und 15. Jh. wurden die gotischen Seitenkapellen an der Süd- und Nordseite angefügt. Einige der früheren Ausstattungsstücke befinden sich im Herzog-Anton-Ulrich-Museum in Braunschweig. Im Zuge der Reformation wurden 1543 zahlreiche Ausstattungsstücke der Stiftskirche zerstört. Erhalten blieben zwei gotische Retabeln. Der Dreikönigsaltar (um 1490) hat seinen Platz auf dem Hohen Chor und gehörte einst zum Inventar der alten Moritz- oder Mauritiuskirche. Der Marienaltar (1521) befindet sich zusammen mit einer lebensgroßen romanischen Holzfigur des Stifters Liudolf in der Antoniuskapelle. Der große fünfarmige Bronzeleuchter (vor 1430) zeigt im Relief u.a. die Stiftsheiligen Anastasius und Innocentius.

Dreierelei Orte

Portal zur Geschichte

Das »Portal zur Geschichte« präsentiert an drei Orten die Geschichte des Gandersheimer Frauenstifts. In der **Stiftskirche** sieht man den lange verschollenen Kirchenschatz, u. a. eine »Heilig-Blut«-Reliquie im 1000 Jahre alten Flakon aus Bergkristall. Im Fokus der Ausstellung »Starke Frauen – Feine Stiche« in der **Klosterkirche Brunshausen** (1 km nördl.) stehen die starken Gandersheimer Frauen sowie die Sammlung historischer Textilien. Gemälde, Wandmalereien und Bücher im **Sommerschloss Brunshausen** spiegeln barocke Sammelleidenschaft und fürstliches Selbstverständnis des 18. Jh.s.

Alle Ausstellungsorte: Di. – So., März – Okt. 11 – 17, Nov. – Febr. 12 – 16 Uhr | Eintritt: Stiftskirche 8 €, Klosterkirche Brunshausen & Sommerschloss 6 €, Kombikarte 10 € | www.portal-zur-geschichte.de

Spaziergang durch die Zeiten

Noch mehr in Bad Gandersheim

Kreuzgang, Paradiesvorhalle und Konventsgebäude wurden im 19. Jh. abgebrochen. Im Untergeschoss des Renaissancebaus der Abtei ist die heutige Marienkapelle, ihr baugeschichtlich ältester erhaltene Teil. Sehenswert ist der sich an die Stiftskirche anschließende barocke Flügel der Abtei von 1736. Der sog. Kaisersaal liegt im Obergeschoss (mit Führung zugänglich). Westlich der Stiftskirche steht eines der schönsten Renaissance-Rathäuser Niedersachsens.

Sole für die Gesundheit

Heilbad

Bereits 1932 erhielt Bad Gandersheim den Namenszusatz »Bad« wegen seiner Solequellen, die auch heute als Heilmittel in dem kleinen, staatlich anerkannten Heilbad dienen. Im Vitalpark (Kurmittelhaus) werden Sole-Bewegungsbäder und Wannenbäder angeboten. Die Heilquellen sind in Kombination mit dem angenehmen Klima wohltuend bei Erkrankungen des Bewegungsapparats, der Haut, der Atemwege oder rheumatischer Erkrankungen.

★★ SELKETAL · HARZGERODE

Bundesland: Sachsen-Anhalt | **Einwohner:** 7600 (Harzgerode)

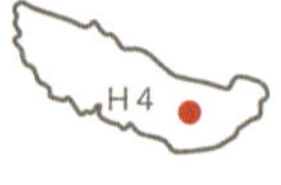

Das Selketal zeigt unterschiedliche Gesichter. Zwischen Alexisbad und Mägdesprung eher schroff, im weiteren Verlauf ein weites, liebliches Wiesental, gehört dieses Naturschutzgebiet zu den schönsten Tälern im Harz. Mit der Selketalbahn lässt es sich auf nostalgische Weise erleben. Wanderwege und Radwege führen durch die Region mit Harzgerode als größtem Ort.

Wo das Silber zu Hause war

Harzgerode entstand vermutlich im Zusammenhang mit der 975 im Selketal gegründeten Propstei Hagenrode. Das Gewinnen und Verarbeiten der Silber- und Eisenerze prägten nachhaltig die weitere Geschichte. In der Alten Münze wurde 1539 aus der Ausbeute des Birnbaumschachts bei Harzgerode der **erste anhaltische Silbertaler** geprägt. Namen wie Silberhütte, Drahtzug, Stahlhammer, Erster bis Vierter Hammer erinnern daran, dass früher von Straßberg bis hinter Mägdesprung Bergbau betrieben wurde. 1893 wurde der Bergbau im Harzgeroder Revier beendet. Für Wanderer, Mountainbiker und Familien ist die Stadt mit ihren vielen Ortsteilen, darunter Mägdesprung, Alexisbad und Silberhütte, ein gern gewähltes Ferienziel.

Wasserrauschen und Waldesgrün beruhigen im Selketal wohltuend alle Sinne.

Wohin in Harzgerode?

Fachwerkcharme und Fürstenloge

Markt

An dem von schönen Fachwerkhäusern umgebenen Marktplatz steht auch der 1901 eingeweihte **Rathausneubau**, der auf den Grundmauern eines Vorgängerbaus von 1639 errichtet wurde. Auf einem massiven Erdgeschoss mit großen Rundbogenfenstern erheben sich zwei Fachwerkgeschosse mit einem Erker und einem hübschen Turm. Der gegenüberliegende ehemalige **Roedersche Hof** (Markt 8) wurde Anfang des 17. Jh.s und die frühere **Bergfaktorei** (Markt 5) in der ersten Hälfte des 18. Jh.s erbaut.

An der Ostseite des Marktes befindet sich die dreischiffige Sankt-Marien-Kirche, die 1698 auf den Resten eines romanischen Vorgängerbaus errichtet wurde. Bemerkenswert ist die Innenausstattung der tonnengewölbten Kirche mit einer dreistöckigen Empore sowie einer reich gestalteten barocken Fürstenloge von 1699, die die ganze Ostseite einnimmt.

Vielfältige Sammlungsobjekte

Schloss

An der Stelle einer 1326 erstmals erwähnten Burg steht das 1549 bis 1552 erbaute dreigeschossige Renaissanceschloss. Der restaurierte Ostflügel kann über den Wendelstein betreten werden. Hier

SELKETAL ERLEBEN

STADTINFORMATION
Schlossplatz 3
06493 Harzgerode
Tel. 039484 74 76 123
www.harzgerode-tourismus.de

Jedes Jahr in der ersten Oktoberwoche kommt das Mittelalter zurück auf die größte Burg des Harzes: Gaukler, Musikanten, Ritter und »allerley Speis« entführen in die Zeit, als auf Burg Falkenstein Geschichte geschrieben wurde.

Die von Quedlinburg oder Gernrode kommende Selketalbahn folgt ab Mägdesprung dem Lauf der Selke. Sie ist die älteste Strecke der Schmalspurbahnen des Harzes (► S. 38).

SCHLOSSKELLER €
Deutsche Küche in einem über 300 Jahre alten Kellergewölbe.
Schlossstr. 3
Tel. 039484 22 43
www.schlosskeller-harzgerode.de

SELKETALER WALDGASTHOF €€
Wunderschöner Waldgasthof im malerischen Selketal gelegen. Eine alte Scheune wurde zum Gasthof umgebaut. Café mit Garten, Restaurant mit vegetarischen und veganen Speisen, Backstube, Ferienwohnungen und Zimmer.
4. Hammer 33
OT Mägdesprung
Tel. 039484 27 15
www.harz-ferienwohnungen.com

HARZHOTEL GÜNTERSBERGE €€–€€€
Gemütliches kleines Hotel, Biker-freundlich, Sauna, Fastenwandern, Privatkino.
Marktstraße 24
06493 Harzgerode,
OT Güntersberge
Tel. 039488 7 92 40
www.harzhotel-guentersberge.de

PENSION WOLFSHOF €€
Gemütliche Pension mit Café in einem liebevoll sanierten Fachwerkhaus aus dem 17. Jh. gegenüber Schloss Harzgerode.
Schloßberg 2
Tel. 039484 22 04
www.harzer-pension.de

---

wurde die **Heimatstube** u. a. mit Sachzeugen zur Entwicklung des Harzgeröder Bergbaus und der Gießerei-Industrie eingerichtet. Der früher als Rittersaal genutzte Festsaal besitzt einen Parkettfußboden aus 18 im Harz vorkommenden Holzarten. Im Wehrgang sind Kunstgussobjekte aus der Sammlung Carl Horn ausgestellt. Die Ölgemälde in einer Fensternische der heutigen Bibliothek vermitteln den Zeitgeschmack der fürstlichen Bewohner im ausgehenden 17. Jahrhundert.

Tgl. 10 – 16, Sa., So. 11 – 16 Uhr

Selketal

Durch Wiesen und Täler

Viele Gäste besuchen das Selketal, um zu wandern. Der Weg von Meisdorf bis Mägdesprung dauert ca. 4 Stunden, empfehlenswert ist eine Kombination mit einer Fahrt mit der Selketalbahn. In ca. drei Tagesetappen führt der 67 km lange **Selketal-Stieg** vom Bahnhof in Stiege aus bis in die UNESCO-Welterbestadt Quedlinburg. Teile der Strecke kann man auch mit der Selketalbahn der HSB zurücklegen (Infos: www.selketalinfo.de).

Durch das Selketal

Zwischen Güntersberge und Alexisbad schlängelt sich die Selke durch ein von sanften Hängen begrenztes Wiesental. Ab Alexisbad muss sich der Fluss durch enge Felsmassen zwängen. Erst hinter dem Scheerenstieg rücken die Talhänge weiter auseinander und fallen sanfter ab. Im Folgenden wird das Selketal von seinem Quellgebiet in der Nähe von Güntersberge bis zu seinem Austritt aus dem Harz bei Meisdorf beschrieben.

Flora, Fauna und Kuriositäten

Güntersberge, ein 1000 Einwohner zählender Ferien- und Wintersportort, liegt am linken Ufer der Selke, zwischen den Hochflächen des Rambergs und des Auerbergs, an der Selketalbahn. Der 1281 erstmals erwähnte Ort entwickelte sich im Schutz der auf dem Kohlberg stehenden Güntersburg, an die heute nur wenige Mauerreste erinnern. Das Stadtbild bestimmen schöne Fachwerkhäuser aus dem 17./18. Jahrhundert. Die Pfarrkirche St. Martini wurde um 1870 nach einem Brand neu erbaut. Das Rathaus aus dem 17. Jh. war früher Hauptgebäude einer Domäne der Fürsten von Anhalt. Oberhalb des Ortes erstreckt sich der 7 ha große Mühlteich.

Güntersberge

Am Winkel beginnt ein 2 km langer **Naturlehrpfad** durch den Güntersberger Forst, Teil des Landschaftsschutzgebietes Unterharz. Er bietet Einblick in Geologie, Fauna und Flora des Harzes.

Rund um Wühlmauskanonen, Galgenfallen, in denen unsere Vorfahren sieben Mäuse auf einen Streich erdrosseln konnten, Wolpertinger und Keuschheitsgürtel geht es im **Mausefallen- und Kuriositäten-Museum**.

Mausefallen-Museum: Klausstr. 38 (B 242), Güntersberge
Führungen Sa., So. 14 und 15 Uhr
www.mausefallenmuseum.de

Neu- und altzeitlicher Bergbau

Der weiter flussabwärts gelegene kleine Ort **Straßberg** geht auf eine alte Bergarbeitersiedlung zurück; darauf verweisen auch die vielen Teiche der Umgebung sowie das **Besucherbergwerk und Bergbaumuseum Glasebach**. Die Übertageanlage dokumentiert den neuzeitlichen Bergbau der Nachkriegszeit; der Untertagebereich bezieht sich auf

Durch das Selketal

den Altbergbau des 18. Jahrhunderts. Besondere Bedeutung kommt den noch vorhandenen Teilen der **»Straßberger Schwingkunst«** zu (riesiges Wasserrad, um die Wasserkraft in Bewegung zu setzen).
Glasebacher Weg | Di.-So. 9.30-16 Uhr Führungen stündl. 10-14 Uhr
Eintritt über Tage: 5 €, unter Tage 12 € | www.grube-glasebach.de

Eingebettet in die Natur

Alexisbad

Das von Alexius von Anhalt-Bernburg 1810 gegründete Alexisbad ist ein Ortsteil des 3 km südöstlich gelegenen ▶ Harzgerode und liegt in einem waldigen Kesseltal. Wegen seiner eisen-, mangan- und schwefelhaltigen Quellen entwickelte Alexisbad sich im 19. Jh. zu einem beliebten Kur- und Badeort. Zu den Badegästen gehörten u. a. Neidhardt von Gneisenau, Rahel und Karl August Varnhagen von Ense und Ludwig Tieck. Hier wurde 1856 auch der Verein Deutscher Ingenieure gegründet. Viele Wanderwege führen zu reizvollen **Aussichtspunkten** in das Selketal, z. B. an die Verlobungsurne auf dem Habichtstein, an die Köthener Hütte oder an das Eiserne Kreuz an der **Mägdetrappe**. An glanzvolle Zeiten erinnert auch die Kapelle im Selketal, die 1815 als herzoglicher Teepavillon nach Plänen von **Friedrich Schinkel** errichtet wurde. Hier finden Konzerte statt.
Unweit flussabwärts liegt die **Klostermühle**. Hier kreuzt die Wanderroute entlang der Wege deutscher Kaiser und Könige des Mittelalters das Selketal. Das Kloster Hagenrode war eine Propstei des 970 gegründeten Benediktinerklosters Thankmarsfelde, dem 993 das Markt- und Münzrecht erteilt wurde, das es in Harzgerode ausübte. Der auf dem rechten Selkeufer, hinter dem Selkebahn-Haltepunkt Drahtzug, in einer Talweitung gelegene **Stahlhammer** erinnert an die einst hier betriebene Erzbearbeitung.

Meisterhafter Kunstguss

Mägdesprung

In der nächsten Talweitung liegt der Ort Mägdesprung (4 km nordwestlich von Harzgerode). Der Ortsname leitet sich von einer Quelle namens Meidesprunk ab (seit 1828 Erna-Brunnen). 1812 errichtete Herzog Alexius zu Ehren seines Vaters Fürst Friedrich Albrecht von Anhalt-Bernburg aus 14 m langen eisernen Platten einen **Obelisken**, der das gießtechnische Können verdeutlichte und später zur Schutzmarke der Kunstgussprodukte wurde. In dem 1781 eingerichteten Modellkabinett entstanden Kunstgüsse nach Werken berühmter Meister. Zwischen 1843 und 1878 modellierte hier Johann Heinrich Kureck v. a. Tierplastiken, u. a. die auf dem Hüttenplatz aufgestellte Großplastik »Der besiegte Hirsch« (1862).
Das einstige Eisenhüttenwerk Carlswerk mit seinem Baubestand aus dem 18. Jh. ist nicht zugänglich. Jedoch kann man in der »Neuen Maschinenfabrik« – einem prägnanten baulichen Beispiel frühindustrieller Architektur (um 1860) – anhand einer Dokumentation die **industriegeschichtliche Bedeutung des Standorts** nachvollziehen.

OBEN: Selbstverständlich gibt es auf Burg Falkenstein auch eine Falknerei.

UNTEN: Eike von Repgow (1180 – 1233) lebte zeitweise auf der Burg. Er hielt in seinem »Sachsenspiegel« das bis dahin nur mündlich überlieferte sächsische Gewohnheitsrecht schriftlich fest.

BURG FALKENSTEIN

BAEDEKER WISSEN

Die Burg gehört zu den besterhaltenen Anlagen in Deutschland. Gegründet in der Mitte des 11. Jahrhunderts, vereint der Falkenstein Bauten von der Romanik bis zum Historismus.

Apr.-Okt. Di.-So. 10-18 Uhr, Nov.-März Di.-So. 10-16.30 Uhr | Eintritt: 6,50 € | Falknerschau: April-Okt. Di.-So. je 11.30 u. 15 Uhr | www.burg-falkenstein.de

❶ Bergfried

Ungewöhnlich ist der »tropfenförmige« Grundriss des Turms. Die Aussichtsplattform liegt 23 m über Hofniveau.

❷ Schildmauer

Die vorgelagerte Schildmauer ist bis zu 4,5 m stark. Im OG, dem »Schießgang«, sieht man freigelegte Wurflöcher.

❸ Südzwinger

Von den Toren 2 und 3 begrenzt, bildete der Zwinger ein wichtiges Element der Verteidigung.

1 Schildmauer
2 Bergfried
3 Küche mit Wirtschaftsgebäuden
4 Dirnitz
5 Westflügel mit Wohngebäuden
6 Burgkapelle
7 Palas
8 Alte Hofstube mit Treppenturm (17. Jh.)
9 Zisterne
10 Zwinger
11 Ostbastion
12 Altan
13 Vorburg
14 1. Burgtor
15 2. Burgtor
16 3. Burgtor, Krummes Tor
17 4. Burgtor, Schalenturm
18 6. Burgtor
19 7. Burgtor

4 Innenhof
Im Hof der Kernburg befindet sich eine etwa 22 m tiefe Zisterne.

5 Krummes Tor
Das 3. Tor bildet den Zugang zur Vorburg. Die Krümmung des Weges – als Schutz vor Rammböcken – gab ihm seinen Namen.

6 Südflügel
Im Erdgeschoss liegt die spätgotische »Alte Küche«, im zweiten Obergeschoss der sogenannte Rittersaal.

Klassizismus in freier Natur

Zeugnisse des Bergbaus

Bei einer Wanderung im Selketal kommt man an weiteren Zeugnissen des Bergbaus vorbei: den vier Friedrichshämmern, ehem. Hammermühlen. An der Einmündung des Schiebeckbachtals ist der klassizistische Mundlochportikus des **Herzog-Alexius-Erbstollens** (5,2 m hoch, 4,45 m breit, gusseiserne Säulen tragen ein Gebälk aus Eisenguss mit einem Tympanon) ein weiteres Beispiel für die Mägdeburger Eisenhüttenproduktion 1830. Flussaufwärts Richtung Alexisbad lockt das gemütliche Scheunencafé Drahtzug zur Einkehr (Fr.–So, 13–17 Uhr).

Stammburg der Anhaltiner

Burgruine Anhalt

Südlich der Selkemühle erhebt sich über dem rechten Ufer die 386 m hoch gelegene Burgruine Anhalt, die Graf Esico von Ballenstedt im 11. Jh. errichten ließ. Nach seinem Tod 1059 soll Otto der Reiche den Weiterbau veranlasst haben. 1140 wurde die Anlage zerstört, jedoch bereits 1150 unter Albrecht dem Bären als Stammburg der Anhaltiner neu erbaut. Sie scheint Ende des 15. Jh.s bereits verlassen gewesen zu sein. Bei Grabungen wurden die Fundamente eines gewaltigen runden Wohnturms (18 m Durchmesser) aus dem 11. Jh. freigelegt. Von dem zweiten Bau, einer zweigeteilten Kernburg mit Wall und Graben, die Ende des 13. Jh.s um eine weitläufige Zwinger-Unterburg erweitert wurde, sind der untere Teil des Bergfrieds und Mauerreste vom Palas und anderen Gebäuden erhalten.

Eine der eindrucksvollsten Burgen im Harz

Burg Falkenstein

... erhebt sich über dem Selketal: Auf dem Weg flussabwärts führt aus dem Tal ein steiler Anstieg direkt ans erste Tor der Burg Falkenstein. Die gewaltige Schildmauer mit dem darüber thronenden Bergfried bildet ein unverwechselbares Panorama. Steil abfallende Hänge, eine umlaufende Ringmauer, sechs von ursprünglich sieben Toren, Zwinger und eine Vorburg verdeutlichen die Wehrhaftigkeit der Anlage.

Im 12. Jh. ließen die Herren von der Konradsburg den Falkenstein errichten und nannten sich fortan nach dem neuen Familiensitz. Im 13. Jh. soll – so die Legende – Eike von Repgow im Auftrag des Grafen Hoyer II. hier den **»Sachsenspiegel«** verfasst haben, das wohl berühmteste deutschsprachige Rechtsbuch.

1332 schenkte der letzte Falkensteiner Burg und Herrschaft dem Bistum Halberstadt. Mit der Übernahme des Besitzes als bischöfliches Lehen durch die Herren von der Asseburg im Jahr 1437 erfuhr die Burg vom 15. bis 18. Jh. umfangreiche Um- und Ausbauten, die ihr Erscheinungsbild bis heute prägen. 1840 erlangte Ludwig I. von der Asseburg-Falkenstein die Grafenwürde und die Erhebung der Herrschaft zur Grafschaft.

Schon seit der Romantik für Besucher zugänglich, öffnete 1946 auf dem Falkenstein ein Museum. Liegenschaft und Museumsbetrieb sind heute Teil der Kulturstiftung Sachsen-Anhalt. Neben den romanischen Teilen der Anlage zählen die gotische Burgkapelle mit dem hochmittelalterlichen Glasfenster, die neogotischen Königszimmer und die Burgküche zu den eindrucksvollsten Räumen des Museums. Der »Rittersaal« als Festsaal, der Kleine Salon und die Herrenstube geben einen Eindruck vom Ambiente der Zeit. Von der Aussichtsplattform des Bergfrieds schweift der Blick über das Selketal und entschädigt für die Mühsal des Aufstiegs.

Burg, Falknerschau: ▶Baedeker Wissen, S. 254/255

★★ STOLBERG

Bundesland: Sachsen-Anhalt | **Höhe:** 222 – 576 m | **Einwohner:** 9180 (Gemeinde Südharz)

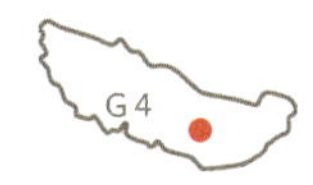

Ein malerisches Kleinod ist Stolberg im Südharz. Eingebettet in schmale Täler mit einem wunderschönen mittelalterlichen Stadtbild und dem eindrucksvollen Schloss hoch über der Stadt trägt sie zu Recht den Beinamen »Perle des Südharzes«. Liebevoll sanierte Fachwerkbauten aus Spätgotik und Renaissance säumen die Gassen. Hier können Sie der Hektik des Alltags entfliehen.

Noch einmal Fachwerkpracht im Städtchen Stolberg

STOLBERG ERLEBEN

TOURIST-INFORMATION

Niedergasse 17
06547 Südharz, OT Stolberg
Tel. 034654 4 54
www.tourismus-suedharz.de

Stolberg erkundet man am besten zu Fuß; Parkmöglichkeiten gibt es z. B. am nördlichen Ortsausgang Richtung Breitenstein oder am Bahnhof.

GASTHAUS KUPFER €€

Hier gibt es Stolberger Spezialitäten aus eigener Schlachtung. Das über 450 Jahre alte Haus hat auch Gästezimmer. Familie Dübner betreibt zudem das Hotel »Zum Kanzler« und das Gästehaus »Zur Post« am Markt.
Am Markt 23, Tel. 034654 4 22
www.gasthaus-kupfer.de
Mo. Ruhetag

GUSTO –CAFÉ, BAR, RESTAURATION €€

Gemütliches Ambiente mit liebenswerten Details im historischen Fachwerk. Frische Küche mit mediterranem Touch, u. a. vegetarische Speiseauswahl und Fischgerichte.
Niedergasse 74
Tel. 034654 290
www.gusto-stolberg.de
Mo. u. Di. Ruhetag

ROMANTIK HOTEL »FREIWERK« €€€€

Markantes Fachwerkhaus oberhalb Stolbergs im Thyratal mit neuem Anbau und insg. 31 Zimmern. Individuell gestaltete Zimmer, im Anbau mit Panoramafenstern. Märchenhaftes Turmzimmer. Restaurant mit Bergterrasse, Bar und Bibliothek. Moderne Küche mit authentischem Stil und hohem Qualitätsbewusstsein.
Thyrahöhe 24
Tel. 034654 85 90-0
www.hotel-freiwerk.de

STOLBERGER HOF €€€

Traditionsreiches Haus mit 28 Zi. In der Gaststube, im Gewölbekeller oder im Biergarten werden Speisen nach Slow Food serviert.
Markt 6
Tel. 034654 3 20
www.stolberger-hof.de

NATURRESORT SCHINDELBRUCH €€€€

Das erste klimaneutrale Hotel Mitteldeutschlands verbindet Wellness, Luxus und Naturerlebnis in einzigartiger Weise. 98 stilvoll eingerichtete Zimmer und Suiten, große Wellnessoase mit Saunadorf, Schwimmbäder und Badehaus sowie eine erlesene, regional inspirierte Küche lassen keine Urlaubswünsche offen. Etwas oberhalb von Stolberg am Auerberg mitten in einem Buchenwald gelegen. Hier wird großer Wert auf Ökologie und Nachhaltigkeit gelegt.
Schindelbruch 1
Tel. 034654 80 80
www.schindelbruch.de

ALTE POSTHALTEREI €

Der Erlebnishof bietet zwei Ferienwohnungen und ein Gästezimmer, eine Bäckerei und einen Hofladen mit Spezialitäten und Geschenkideen aus der Region; Fahrten mit einer Postkutsche und Wanderungen.
Niedergasse 50
Tel. 034654 85 61 90
https://erlebnis-suedharz.de

Füllhorn für Kaiser und Könige

In Stolberg wurde um 1489 Thomas Müntzer geboren (▶ Interessante Menschen), der evangelische Reformator, Bauernkriegsanführer und Gegenspieler Martin Luthers. Hier lebte auch der Schriftsteller Johann Gottfried Schnabel (1692 – 1750), dessen Roman »Wunderliche Fata einiger See-Fahrer« – besser bekannt als »Die Insel Felsenburg« – ein Hauptwerk der Frühaufklärung in Deutschland ist. In dem 794 erstmals erwähnten Stolberg wurden bereits vor 1000 Jahren Eisen, Zinn, Kupfer und Silber gefördert, mit denen die deutschen Könige und Kaiser ihre Schatztruhen füllten. Daher entstand bereits im 10. Jh. auf einem Bergsporn zwischen Lude und dem Kalten Tal eine Burg. Um 1210 sind erstmals die Grafen von Stolberg erwähnt, die hier bis ins 19. Jh. hinein residierten. Schon im 13. Jh. entstand der Grundriss des um 1300 mit dem Stadtrecht ausgestatteten Stolberg, der bis heute ohne wesentliche Veränderungen erhalten geblieben ist. Im 15. und 16. Jh. ließen sich zahlreiche Handwerker in der Stadt nieder, die mit ihren Erzeugnissen schwunghaften Handel betrieben. In dieser Zeit entstanden die prächtigen Fachwerkhäuser der Spätgotik und Renaissance, die heute noch das Stadtbild prägen. Landschaftsmaler wie Ludwig Richter und Richard Thierbach machten Stolberg in der zweiten Hälfte des 19. Jh.s bekannt und lockten erste Feriengäste an.

Wohin in Stolberg?

Fürstlicher Veranstaltungsort

Schloss

Das Renaissanceschloss auf einem nach drei Seiten abfallenden Bergsporn ist das Wahrzeichen der Stadt. Es steht an der Stelle einer Burg aus dem 10. Jahrhundert. Als diese 1539 – 1547 und 1690 zu einem repräsentativen Wohnschloss umgebaut wurde, blieben von der Burg der nördliche Rundturm und ein Wohnturm erhalten. Nach wechselhafter Geschichte wurde das Schloss 2002 von der Deutschen Stiftung Denkmalschutz übernommen und wird seither aufwendig saniert. Der Fürstenflügel im zentralen Mittelbau ist bereits hergerichtet und beherbergt das Haus des Gastes. Im Kleinen Kirchzimmer werden Ausstellungen gezeigt, u.a. zu Leben und Werk des Schriftstellers Johann Gottfried Schnabel (»Die Insel Felsenburg«). Ein Teil des Barockflügels mit dem Blauen Salon ist Sitz der Ausstellung »Buchen musst du suchen«. Vom wunderschönen Schlossgarten auf der Südterrasse, er gehört zu den Gartenträumen Sachsen-Anhalts, genießt man einen eindrucksvollen Blick über Stadt und Umland.

www.tourismus-suedharz.de

Luther versus Müntzer

St. Martini

Unterhalb des Schlosses ragt die dreischiffige spätgotische Hallenkirche St. Martini auf, deren älteste Bauteile wie der Glorm aus dem 12. bzw. aus dem 13. Jh. stammen. Ende des 15. Jh.s entstand der heutige Bau. Im April 1525 predigte hier Martin Luther und verurteilte die Bauernerhebungen unter Thomas Müntzer. Im Innern der Kirche sind das um 1500 in Erfurt entstandene Beweinungsrelief, die vermutlich in der Nürnberger Werkstatt Peter Vischers gefertigten Bronzegrabplatten für Elisabeth von Stolberg († 1505) und den Pfarrer Ulrich Rispach († 1488; in der Sakristei im südlichen Choranbau), der Taufstein von 1599 sowie der 1701 – 1703 von Johann Georg Papenius geschaffene Orgelprospekt zu sehen.

Markt

Rathaus ohne Treppen

Der Marktplatz mit seinen bunten Fachwerkhäusern der Spätgotik und Renaissance gehört zu den schönsten Plätzen in Deutschland. Hier steht auch das über asymmetrischem Grundriss errichtete prachtvolle, dreigeschossige Rathaus, ein architektonisches Kuriosum, mit dessen Bau um 1454 begonnen wurde. Da die untere Etage als Handelshaus genutzt wurde, verzichtete man, um Lagerplatz zu sparen, auf den Einbau von Treppen. Die beiden oberen Stockwerke erreicht man nur über die Außentreppe, die östlich am Rathausgiebel vorbei vom Markt zur Martinikirche hinaufführt. Die reich gegliederte Fassade wies zwölf Türen für die Anzahl der Monate und 52 Fenster entsprechend der Anzahl der Wochen im Jahr auf; 365 Fensterscheiben standen für jeden Kalendertag. Durch spätere Änderungen sind es heute über 400 Scheiben.

Vor dem Rathaus steht ein 1989 eingeweihtes Thomas-Müntzer-Denkmal von Klaus Messerschmidt. Der in Stolberg geborene Prediger, Theologe und Bauernführer Müntzer ist mit entblößtem Rücken dargestellt, die zweite, vermummte Figur könnte stellvertretend für die alte Gesellschaft stehen, die den Ideen des Reformators nichts abgewinnen konnte. Bei den vier Ecksäulen handelt es sich um Abgüsse von Säulen mit geschnitzten Heiligenfiguren aus dem Geburtshaus des Bauernführers und Theologen, das bei einem Brand 1851 weitgehend zerstört wurde. Eine Gedenktafel in der Niedergasse 2 erinnert an seinen einstigen Standort.

Das **Museum Alte Münze** im ehemaligen Konsistorium dokumentiert das Leben und Wirken Thomas Müntzers.

Museum: April – Okt. 10 – 17 Uhr, Nov. – März 10 – 16 Uhr
Eintritt: 4 €

Großer Auerberg

Harz soweit das Auge reicht

Auf dem 5 km östlich von Stolberg gelegenen, 579 m hohen Großen Auerberg steht das eiserne **Josephskreuz**. Das nach seinem Auftraggeber, dem Grafen Joseph von Stolberg, benannte, 22 m hohe Doppelkreuz war 1833/1834 nach Entwürfen des Klassizisten **Karl Friedrich Schinkel** aus 365 Eichenbohlen errichtet und 1880 durch einen Blitzeinschlag vernichtet worden. 1896 wurde ein neues, diesmal eisernes Kreuz aufgestellt. Am Fuße des Aussichtsturmes von 38 m

OBEN: Weit geht der Blick hinaus vom Doppelkreuz auf dem Großen Auerberg.

UNTEN: Das Große Kirchzimmer in Schloss Stolberg strahlt wieder im alten Glanz.

6X GUTE LAUNE

Das hebt die Stimmung.

1. MARKTTREIBEN

Statt Fischmarkt in Hamburg gibt es den Oberharzer **Bergbauernmarkt** in ▶ Clausthal-Zellerfeld. Leiser und in den Abendstunden. Ein Treffpunkt für Jung und Alt, Gäste und Einheimische, Kunsthandwerker, Bergbauern und Co. auf einer liebenswerten Bummelmeile. (▶ **S. 97**)

2. KURIOS

Mit Witz und Charme werden in Güntersberge Mausefallen, Nachttöpfe und allerlei Kuriositäten präsentiert. Das **Mausefallen- und Kuriositätenmuseum** lockt zum Schmunzeln und Staunen (▶ **S. 251**).

3. STRASSE DER LIEDER

Mit einem fröhlichen Lied auf den Lippen wandert es sich umso leichter. In Stolberg führt die »Straße der Lieder« hinauf auf den **Auerberg**. Gotthilf Fischer hatte die Idee, 14 Liederstationen mit Texttafeln aufzustellen. (▶ **S. 260**)

4. HUNDEFANS

Der **Hundewald bei Wildemann** hat sich zu einem Treffpunkt für Hundeliebhaber entwickelt. Ihre Hunde haben hier freien Auslauf. (www.harzer-hundewald.de)

5. MANÖVERKRITIK

Wer singt am lautesten, am weitesten und vor allem am schönsten? Beim **Finkenmanöver** treten die Singvögel in diesen drei Disziplinen gegeneinander an. (▶ **S. 193**)

6. WINTERZAUBER

Der Harz ist zu jeder Jahreszeit schön, doch ganz besonders **auch im Winter.** Frühe Abende, hell erleuchtete Fenster hinter Fachwerkgemäuern, stille Wälder, Und mit etwas Glück rieselt leise der Schnee.

Höhe befindet sich eine gut besuchte Ausflugsgaststätte. Rund 200 Stufen führen zur **Aussichtsplattform** hinauf, von der man einen prächtigen Blick über den Harz hat. Bei guter Sicht reicht er vom ▶ Kyffhäuser (Süden) bis zum ▶ Brocken im Norden.

April - Okt. Di. - So., Fei. 10 - 17, Nov. - März bis 16 Uhr | Eintritt: 4 €

Höhle aus Gips

Heimkehle

Die Heimkehle befindet sich am westlichen Hang des Thyratales, zwischen Rottleberode und Uftrungen, 10 km südlich von Stolberg. Die 1357 als »Heymelnkelle« erstmals erwähnte Höhle ist eine der größten Gipshöhlen in Deutschland. 1920 wurde das über 2 km lange und bis zu 22 m hohe Höhlensystem für den Fremdenverkehr erschlossen. Zugänglich sind jedoch nur 750 m. Im März 1944 wurde in der Höhle ein Rüstungsbetrieb eingebaut, in dem Häftlinge des Konzentrationslagers Dora (▶ Nordhausen, Umgebung) Fahrgestellteile für das Kampfflugzeug JU 88 herstellen mussten. Seit 1954 ist die Höhle für Besucher wieder zugänglich. Im Ausgangsstollen befindet sich eine kleine Ausstellung zur Höhlenforschung. Im »großen Dom« wird eine Musikdarbietung mit Lichteffekten gezeigt. Kinder unter 3 Jahre dürfen nicht in die Höhle.

Di. - So. 10 - 17, Nov. - März 11 - 16 Uhr | Eintritt: 5,50 €
www.hoehle-heimkehle.de

Kuppel auf acht Ecken

Schwenda

6 km südöstlich von Stolberg liegt Schwenda mit seiner sehenswerten barocken Kirche St. Cyriakus, die 1736 nach Plänen George Bährs errichtet wurde, dem Erbauer der Dresdner Frauenkirche. Die Bauleitung hatte der Stolberger Johann Friedrich Penther. Das achteckige Bauwerk mit hoher Kuppel ruht auf einem Rund von acht massiven Pfeilern. Die Ausmalung des Gewölbes ist von 1938; der hölzerne Kanzelaltar von 1735.

★★ THALE

Bundesland: Sachsen-Anhalt | **Höhe:** 150 - 450 m |
Einwohner: 17 050

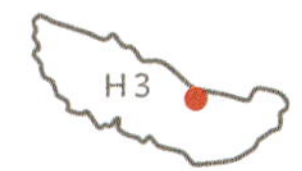

Hexen, Mythen, magische Plätze und das schroffste Felsental nördlich der Alpen: Wo die Bode aus dem Gebirge tritt und eine tiefe Schlucht gegraben hat, liegt Thale. Auch wenn der Ort selbst wenig Verhextes an sich hat, die faszinierende Landschaft verzaubert bei Wanderungen durchs Bodetal, zur Roßtrappe oder zum Hexentanzplatz.

THALE ERLEBEN

BODETAL-INFORMATION
Bahnhofstr. 1
06502 Thale
Tel. 03947 77 68 00
www.bodetal.de

Nicht nur zur Walpurgisnacht am 30. April ist der Hexentanzplatz Anziehungspunkt für alle, die sich auf den Spuren von Hexen, Teufeln, Gnomen und Feen bewegen wollen.

Die Bühne reicht bis zum Himmel, der Blick über Schauspieler und Kulissen hinweg bis nach Magdeburg. Die Karten für das 100 Jahre alte **Harzer Bergtheater** auf dem Hexentanzplatz hoch über Thale sind begehrt (► S. 18, Umbau bis 2024).
Tel. 03947 7 76 80 50,
www.bodetal.de

Im **Klubhaus Thale** gibt es ein lebendiges Kulturangebot mit Konzerten von klassisch bis rockig, Theater oder Lesungen.

Hat ein kräftiger Pferdetritt die Roßtrappe geschaffen?

JAGDSCHLOSS WINDENHÜTTE €€ – €€€

Inmitten der weiten Mischwälder des Bodetals befindet sich das ehemalige herzogliche Jagdschloss Windenhütte. In uriger, gastlicher Atmosphäre werden vor allem Harzer Wild- und Fischgerichte serviert. Ausflugsziel für Wanderer und Mountainbiker. 9 gemütlich eingerichtete Gästezimmer laden zum Urlaub inmitten der Natur ein.
Schlossweg 1
Tel. 039456 2 33
www.jagdschloss-windenhuette.de
Mo. Ruhetag (außer Fei.)

GASTHAUS ZUM WASSERRIESEN €€

Gutbürgerliche, traditionelle und saisonale deutsche Küche in gemütlicher Atmosphäre. Im Sommer große Außenterrasse mit Blick auf die Seilbahn, die Berge und die Natur. Gehört zum Hotelpark Bodetal.
Hubertusstr. 9 – 11
Tel. 03947 77 66 13
www.hotelpark-bodetal.de/index.php/gasthaus.html

BERGHOTEL ROSSTRAPPE €€

1819 eröffnetes, traditionsreiches Hotel über dem Bodetal mit gemütlichen 22 DZ und 5 EZ. Regionale Speisen im Restaurant oder im Biergarten (teils mit Panoramablick).
Roßtrappe 1
Tel. 03947 30 11
www.berghotel-rosstrappe.de

GASTHAUS KÖNIGSRUHE € – €€

Hier, direkt an der Bode, wohnt es sich besonders idyllisch. Die Autos müssen unten im Ort bleiben. Der Wirt holt Gäste und Gepäck mit dem Lieferwagen ab. Lecker: Am Wochenende gibt es frisch gebackenes Bauernbrot aus dem hauseigenen Ofen mit Harzer Wurstspezialitäten oder selbst geräucherter Bodeforelle. Draußen sitzt man in einem traumhaften Garten unter alten Bäumen direkt an der Bode.
Hirschgrundweg 1
Tel. 03947 27 26
www.koenigsruhe.de

FERIENPARK MERKELBACH € – €€

Wohnen direkt am Elchgehege inmitten der Natur im Ortsteil Friedrichsbrunn. Ferienhausanlage mit dem größten Blockhaus-Restaurant der Welt. Ruhig, gemütlich, rustikal, naturnah und komfortabel.
Am Bergrat Müllerteich
OT Friedrichsbrunn
Tel. 039487 75 30
www.ostharz.de

FERIEN HOTEL FORELLE €€

Das Haus ist bekannt für sein Restaurant mit über 30 verschiedenen Variationen der Forelle, Mufflonbraten und weiteren regionalen Gerichten. Direkt an der Bode gelegen. 32 komfortable Zi.
Ortsstr. 28
OT Treseburg
Tel. 039456 56 40
www.hotel-forelle-harz.de

HOTEL & RESTAURANT ZUR LUPPBODE € – €€

Kleines Hotel im sanierten Fachwerkhaus mit individuell eingerichteten Zimmern, ruhig gelegen im Ortsteil Treseburg. Niederländische Gastfreundschaft und lockere Atmosphäre. Gutbürgerliche frische Küche mit vielfältigen Speisen, auch vegane Gerichte. Sonnenterrasse direkt an der Luppbode.
Ortsstr. 26
OT Treseburg
Tel. 039456 5 67 51
www.luppbode.de

Bereits im 8. Jh. stand wohl auf dem linken Bodeufer eine karolingische Burg, in deren unmittelbarer Nähe die ostfälische Herzogstochter Gisela um 830 das **Nonnenkloster** (»winitohus«, Haus an geweihter Stätte) gründete. Im Schutze des Klosters entwickelte sich ein als »Dorp to dem Dale« bezeichnetes Dorf.
1686 entstand am Eingang des Bodetals eine kleine Hammerschmiede, aus der sich das spätere **Eisen- und Hüttenwerk** entwickelte. Das Kloster wurde 1525 durch aufständische Bauern zerstört, 1540 wurde es Rittergut. 1835 gründete der Oberförster Karl Daude das Hubertusbad, Thale entwickelte sich zu einem Heilbad. Der Anschluss an die Eisenbahnlinie nach Halberstadt 1862 brachte Scharen von Ausflüglern und Feriengästen nach Thale. Heute gehören Hexenbegegnungen zur Tagesordnung, doch besonders wild wird es zur Walpurgisnacht.

Wohin in Thale?

Vom Damenstift zum Gschichtszentrum

Kloster Wendhusen

Der historische Kern von Thale liegt in der Unterstadt rund um das um 825 gegründete Kanonissenstift Wendhusen, eines der ersten Damenstifte Deutschlands. Von den **karolingischen Bauten** sind Reste vom Fundament der Saalkirche mit hufeisenförmiger Apsis und das Mitte des 12. Jh.s erbaute mächtige Westwerk erhalten. Die Wirtschaftsbauten folgten vom 17. bis 19. Jh., das ehem. Herrenhaus in der 2. Hälfte des 18. Jh.s. Seit 2007 hat die Nordharzer Altertumsgesellschaft e.V. den Klosterkomplex zum Zentrum für lebendige Geschichte gemacht. Veranstaltungen widmen sich historischem Lagerleben, traditionellem Bogenschießen oder altem Handwerk. Die Geschichte des Kanonissenstifts wird in einer Ausstellung im **Klostermuseum** im Herrenhaus gezeigt (mit Klostercafé).

Klostermuseum, Kanonissengarten: Mi. – So. 14 – 17 Uhr | Eintritt 3 €
www.nag-history.de

Die Erfindung des Emaillegeschirrs

Hüttenmuseum

Das Hüttenmuseum in der Walther-Rathenau-Str. 1 zeigt die technische Entwicklung der Eisen- und Hüttenwerke von Thale von 1686 bis zur Stilllegung 1990. In Thale wurde um 1800 mit der Herstellung von Schwarz- und Weißblechen begonnen und 1831 die erste eiserne Wagenachse Deutschlands geschmiedet. Im 19. Jh. entstand das erste emaillierte Kochgeschirr, und im Ersten Weltkrieg wurden hier Stahlhelme produziert. In einem ehem. Wohnhaus werden die wichtigsten und zum Teil heute noch angewandten Produktionsverfahren vorgestellt; in der 1856 erbauten ehem. Hüttenkapelle finden Sonderausstellungen statt.

April – Okt. Di. – So. 10 – 17, Nov. – März Mi. – So. 11 – 16 Uhr
Eintritt 4 € | Tel. 03947 77 85 72 | https://hüttenmuseum-thale.de

Auf dem Hexentanzplatz versammelt der Chef aller Hexen seinen Anhang um sich.

Tor zum Wanderparadies

Friedenspark

Der 1862 in der Oberstadt als Bahnhofspark angelegte Friedenspark ist **Ausgangspunkt fast aller Ausflüge in die Umgebung**. Hier liegen der Bahnhof, das ehemalige **Hotel Zehnpfund**, in dem Theodor Fontane (1819 – 1898) Quartier nahm, und die 1904 – 1906 erbaute neugotische **Petrikirche**, neben der ein alter Wasserturm steht. Folgt man der Bode flussaufwärts, gelangt man in das schluchtenreiche Naturschutzgebiet des Bodetals, durch das ein 10 km langer Wanderweg bis nach Treseburg führt (▶ Bodetal). Eine Besonderheit ist das Schauwasserkraftwerk mit dem weltweit größten Zellenwasserrad. Bis 128 kWh werden täglich produziert, damit könnten 160 Haushalte versorgt werden.

Vergnügungsort für Hexen

Hexentanzplatz

Der 451 m hohe, steile Felsen erhebt sich südlich von Thale und ist ein stets gut besuchtes und deshalb sehr trubeliges Ausflugsziel. Die **Seilbahn** überwindet den Höhenunterschied von 250 m in 4 Min. Zu Fuß erreicht man ihn u. a. über einen steilen Zickzackweg, den **Hexen-Stieg**, der am Kleinen Waldkater abzweigt, oder über den Sachsenwallweg. Auch per Auto kommt man nach kruvenreicher Anfahrt hinauf (genügend Parkplätze). Wie zahlreiche Bodenfunde beweisen, war der Hexentanzplatz in vorchristlicher Zeit eine **Kult- und Opferstätte**. Da die heidnischen Götter in christlicher Zeit als Hexen- oder Teufelswerk gedeutet wurden, entstand die Legende von

VON HEILIGEN UND HEXEN

Bis zum 12. Jh. bekämpfte die Kirche Dämonenglauben und Zauberei als heidnischen Aberglauben und sanktionierte Übertretungen mit Kirchenbußen. Mit dem Aufflammen der Ketzerbewegung setzte sich die Lehre des Augustinus von einem Pakt zwischen Mensch und Dämon durch. »Zauberische« Handlungen wurden als Häresie verurteilt.

Die europäischen Hexenverfolgungen wurzeln zwar im Mittelalter, ihr massenhaftes Vorkommen datiert hingegen in die frühe Neuzeit. Der **Höhepunkt** wird zwischen 1580 und 1650 erreicht. Rund 60 000 Menschen wurden Opfer des Hexenwahns, davon rund 40 000 im Deutschen Reich. Der Anteil der Frauen betrug etwa 80 %. 1714 leitete ein Edikt Friedrich Wilhelms I. von Preußen das Ende der Hexenprozesse in Deutschland ein.
Warum es zu den Massenverfolgungen kam, wird kontrovers diskutiert. Vielleicht handelt es sich hierbei um das komplexe Krisenphänomen einer Epochenwende, die mit Klimaverschlechterungen, Kriegen, Krankheiten und tiefer religiöser Verunsicherung einherging. In Deutschland wurde die systematische Hexenverfolgung durch die **Bulle Papst Innozenz' VII.** von 1484 gefördert. Er beauftragte die Inquisitoren Heinrich Kramer, genannt Institoris, und Jakob Sprenger, Zauberer und Hexen auszuspähen und zu bestrafen, soweit das in den unterschiedlichen Landesherrschaften möglich war.

Der Hexenhammer

1486 veröffentlichte Insistoris auf Latein eine Art Handbuch, den »Hexenhammer« (»Malleus Malefcarum«). Hierbei wurde die Hexerei eindeutig auf das weibliche Geschlecht projiziert. Dieses Regelwerk für das Erkennen, Überführen und Bestrafen von Hexen erlebte bis 1669 noch 30 Auflagen, damit gehörte es zu den meistgedruckten Büchern der Frühzeit des Buchdrucks. Im dritten Teil ist das Gerichtsverfahren festgelegt: Es fußt im Wesentlichen auf **Denunziation**, dann durfte der Richter anfangen zu inquirieren. Allerdings hatte der Hexenhammer lediglich empfehlenden Charakter. Erst mit der Aufnahme der Hexenverfolgung in das deutsche Strafrecht, der Peinlichen Halsgerichtsordnung Karls V. von 1532 (**»Carolina«**), wurde Hexenverfolgung eine staatliche Angelegenheit. Jedoch durfte eine verdächtige Person nicht willkürlich, sondern nur aufgrund einer Anzeige/Denunziation verhaftet und nur nach Abschluss eines geordneten Verfahrens verurteilt werden. Geständnisse konnten aber unter der **Folter** erzwungen werden. Widerstand die Angeklagte trotz mehrfacher Folterphasen, war sie freizulassen, wurde aber in der Regel des Landes verwiesen. Konnte die Hexe »überführt« werden, war ihr der Feuertod sicher. Der Prozess wurde minutiös schriftlich festgehalten und folgte strengen Regeln.

Hexenkundliches

Der Begriff Hexe geht auf das althochdeutsche »hagazussa« (Hag = Wald, Hecke) zurück und bedeutet »Zaunreiterin«. Vermutlich ist damit der magische Flug auf einem Zaunstecken gemeint, aus dem später der Hexenbesen wurde. Bei den **Germanen** waren die-

se Frauen als Zauberinnen angesehen, die ihre Kräfte eher zu Heilzwecken und zum Wahrsagen einsetzten. Den »christlichen« Hexen schrieb man indes ausschließlich Schadenszaubereien zu. In den deutschsprachigen Gerichtsakten taucht der Begriff »Hexe« 1419 das erste Mal auf.

Hexen im Harz

Auch im Harz loderten die Scheiterhaufen, die Region bildete laut Dr. Monika Lücke/Universität Halle sogar einen Schwerpunkt der Verfolgung in Mitteldeutschland. Hier greift einerseits das Phänomen der territorialen Zersplitterung, andererseits liegt hier der **Brocken**: In den Prozessakten taucht der Berg immer wieder als Schauplatz des Hexensabbats in der Walpurgisnacht auf, weil der Flug dorthin einer der Bestandteile eines Geständnisses war, um verurteilen zu können. Dass der höchste Berg Mitteldeutschlands noch bis ins 16. Jh. in vollkommen undurchdringlicher Wildnis lag, machte ihn zum idealen Schauplatz für finsteres Treiben.

Bereits um 1540 machte eine »Hexe« aus Elbingerode Angaben über die »rechten zauberschen«, sie pflegen in »Walpurgen nacht auf den Brocken zu fahren ...«. 1573 wurde eine Anna Beringers aus Nordhausen wegen Zauberei verbrannt. Auch unter Herzog Heinrich Julius von Braunschweig (1566 – 1613), Bischof in Halberstadt, wurden Hexen verfolgt. Der damalige Amtmann Peregrinus Hünerkopf zu Westerburg legte einen großen Eifer bei der Verfolgung armer, unglücklicher Weiber an den Tag. Aus Quedlinburg und Wernigerode sind mehrere Verurteilungen bekannt. Das dortige Schloss ist einer der erhaltenen Schauplätze der Verfolgung. Katholische und reformierte Regionen unterscheiden sich übrigens nicht bzgl. der Verfolgungsintensität; **Luther** selbst stellte klar: »Mit Hexen und Zauberern soll man keine Barmherzigkeit haben!«
Lektüre: Monika Lücke, Dietrich Lücke: »Ihrer Zauberei halber verbrannt. Hexenverfolgungen in der Frühen Neuzeit auf dem Gebiet Sachsen-Anhalts.« Mitteldeutscher Verlag, 2011

der Walpurgisnacht, heute Anlass für ein traditionelles Volksfest auf dem Hexentanzplatz und in zahlreichen Harzorten.
In der 1901 erbauten **Walpurgishalle** sind Wandgemälde von Hermann Hendrich nach Motiven aus Goethes »Faust« und anderen Walpurgis-Sagen ausgestellt. Im Vorraum steht ein münzenübersäter sächsischer Opferstein, der in der Umgebung gefunden wurde
Vom Hexentanzplatz kann man mit dem **Harzbob** rund 1000 m ins Steinbachtal hinabsausen (mit einem Lift geht es wieder hinauf). Neun Kurven und vier Jumps sorgen für Fahrspaß mit bis zu 40 km/Std. Im Hexenhaus ragen Bäume mit den Wurzeln aus der Erde und mitten drin ein Fachwerkhaus, das Kopf steht. In der Heimat der Hexe Wartelinde soll ein Zauberspruch fehlgeschlagen sein, was zu dieser verrückten Erlebniswelt geführt hat
Seilbahn: www.seilbahnen-thale.de
Hexenhaus: www.hexenhaus-thale.com

Roßtrappe

Gegenüber dem Hexentanzplatz erhebt sich die 403 m hohe Roßtrappe. Ein Sessellift überwindet die 240 m Höhenunterschied in 6 Minuten. Zu Fuß folgt man entweder dem Präsidentenweg, der an der Talstation des Sessellifts beginnt, oder dem Zickzackweg über die steile Schurre, der an der Teufelsbrücke anfängt. Fundstücke und Reste von Wallanlagen zeigen, dass der Felsen seit der Steinzeit als Kultplatz und Fluchtburg diente. Hier befindet sich auch der **sagenhafte angebliche Hufabdruck** von Brunhildes Riesenpferd, der für den Namen verantwortlich ist. Im Sagenpavillon neben der Bergstation wird die Geschichte unterhaltsam erzählt (Eintritt 1 €).

Stausee mit Adrenalinausschüttung

Altenbrak und Wendefurth

Der »Perle des Bodetals« genannte Kurort Altenbrak (370 m) liegt am Ufer der Bode, umgeben von Laub- und Nadelwäldern, zwischen der Rappbodetalsperre und Treseburg. 1729 legten schwäbische Bergleute oberhalb des Dorfs die Ludwigshütte an, die zusammen mit dem Eisenwerk 1875 stillgelegt wurde. 3 km flussaufwärts liegt Wendefurth am gleichnamigen Stausee unterhalb der Rappbodetalsperre. Auf dem Wendefurther Stausee wird Wassersport und Forellenzucht betrieben. Der Talsperrenbetrieb bietet in der Wendefurther Talsperre Führungen auch in der Sperrmauer an. Für Adrenalinschübe an der Rappbodetalsperre sorgen das Wallrunning, die Megazipline, der Gigaswing und die längste Fußgänger-Hängebrücke ihrer Art (► S. 197).
www.talsperren-lsa.de

Harzer Katzenauge

Treseburg

Das kleine Örtchen Treseburg liegt in einer Flussschlinge an der Einmündung der Luppbode in die Bode. Zwischen dem 15. und 19. Jh. wurden hier Bergbau und Hüttenwesen betrieben. Heute ist der

Luftkurort, der von bis zu 500 m hohen Bergen umgeben ist, ein schöner Ausgangspunkt für Wanderungen im Bodetal. In der Umgebung finden sich die Harzer Katzenaugen, ein mit grüner Hornblende durchwachsener Quarz, der geschliffen als Schmuckstein verwendet wurde. Einen schönen Blick auf Treseburg genießt man vom **Weißen Hirsch**, dem 414 m hohen Felsvorsprung östlich des Ortes. Ein Fußweg beginnt jenseits der Bodebrücke und führt über die Luppbode in rund 30 Min. hinauf.

Ruinenreiches Stecklenburg

Lauenburg

Etwas östlich von Thale befindet sich der Ortsteil Stecklenberg mit Chlor-Calcium-Quelle, gepflegtem Kurpark und zwei Burgruinen. Die nahe gelegene **Stecklenburg** wurde vermutlich im 11. Jh. in einen vor- und frühgeschichtlichen Wall hinein- und im 12. Jh. ausgebaut. Erhalten sind Grundmauern und Reste des Bergfrieds, des Palas sowie der südlichen Ringmauer. Die größere, 1164 erstmals erwähnte **Lauenburg** entstand wohl unter Heinrich IV. und war bis Ende des 15. Jh.s bewohnt. Obwohl sie später als Steinbruch verwendet wurde, sind noch beeindruckende Reste erhalten.

Bundesland: Niedersachsen | **Höhe:** 280 – 350 m | **Einwohner:** 4320

Die Spuren der Zisterzienser und ihre wirtschaftlichen Aktivitäten im Mittelalter werden im historischen Kloster bei Walkenried anschaulich inszeniert. Die Gründung des Zisterzienserklosters 1127 war eine der ersten in Deutschland. Von der Kirche sind nur noch Reste übrig, doch die gotischen Klausurgebäude sind fast vollständig erhalten. Integriert in die historischen Anlagen wurde ein modernes, multimediales ZisterzienserMuseum, das den »weißen Konzern« darstellt. Seit 2010 ist das Kloster Walkenried Teil des UNESCO-Welterbes »Bergwerk Rammelsberg, Altstadt von Goslar und Oberharzer Wasserwirtschaft«.

Vom burgundischen Citeaux, wo 1098 das Stammkloster der Zisterzienser gegründet wurde, breitete sich der neue Orden in Europa aus. 1127 stiftete Adelheid von Walkenried, Ehefrau von Volkmar von Thüringen, das dritte Kloster der »Weißen Mönche« im deutschsprachigen Raum. Der erste Konvent des neuen Ordens traf 1129 in

KLOSTER WALKENRIED
REKONSTRUKTION

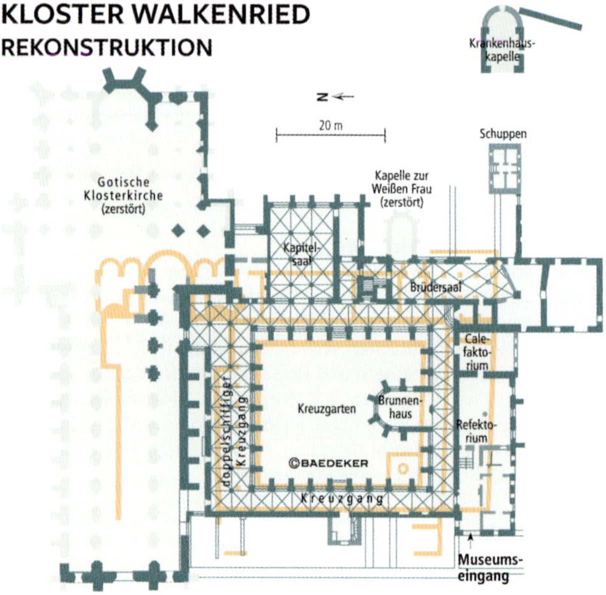

Gotische Klosteranlage

nicht mehr vorhanden

noch vorhanden

noch vorhandene nachmittelalterliche Gebäude und Mauern

Romanische Klosteranlage

Romanische Bauteile, Mauern und Mauerreste durch Grabungen nachgewiesen

KLOSTER WALKENRIED ERLEBEN

ZISTERZIENSERMUSEUM KLOSTER WALKENRIED

Der Kapitelsaal ist während Gottesdiensten und Veranstaltungen nicht zu besichtigen. Für Familien mit Kindern gibt es die KlosterRallye und auf Kinder zugeschnittene Audioguides

Steinweg 4a
Besucherservice
Tel. 05525 - 95 99 064
April - Okt. Di. - So., Fei. 10 - 17,
Winter Mi. - So., Fei. 10 - 17 Uhr
Eintritt: 7 €, Audioguide plus 2 €,
kostenlose Museums-App
www.kloster-walkenried.de

TOURIST-INFORMATION WALKENRIED

Steinweg 4, 37445 Walkenried
Tel. 05525 998 90 00
www.walkenried-tourismus.de

Auftakt des Veranstaltungsjahres ist die **»Nacht der Offenen Pforte«** am Abend des Ostersonntags. Von Mai bis Oktober finden die Walkenrie-

der **Kreuzgangkonzerte** statt mit einem Spektrum von Jazz bis Klassik. Besonders eindrücklich sind die Klosterführungen nach Einbruch der Dunkelheit bei Kerzenlicht. Am letzten Wochenende im September bieten zahlreiche Klöster ihre Produkte auf dem **Klostermarkt** an.
www.kloster-walkenried.de

HARZER HOLZART
Ahorn, Linde, Holunder und Holz von Obstbäumen verarbeitet Hans-Jörg Schult zu Holzschmuck, Skulpturen, Wasserspeiern, Pflanzgefäßen und sogar Grabmalen.
Alte Poststr. 7
Ellrich, OT Rothesütte
www.holzart-harz.de

JAGDSCHLOSS WALKENRIED €€€€
Ehemalige Jagdresidenz des Herzogs August Wilhelm von Braunschweig, gelegen in einem 1,6 ha großen Schlosspark. 8 helle, freundliche Zimmer bieten modernes Schlosshotel-Ambiente. Die gediegene Empfangs- und Aufenthaltshalle mit zwei offenen Kaminen wiederum sorgt für mehr Behaglichkeit.
Schlossstr. 15
Tel. 05525 6 38
www.jagdschloss-harz.de

KLOSTERCAFÉ WALKENRIED €
Im Refektorium, dem ehemaligen Speisesaal des Klosters, werden hausgebackener Kuchen, selbstgemachte Torten und köstliche Kleinigkeiten aus der herzhaften Küche gereicht. Dazu gibt es Kaffee aus der Rösterei Schnibbe Bad Lauterberg. Besondere vegetarische Genussmomente erwarten Sie schließlich beim Themendinner (auf Anmeldung) im Restaurant Wolke 7.
Café: Mi.–So. 11–17 Uhr
Steinweg 4A
Tel. 05525 13 16
www.klosterhotel-walkenried.com/general-6

Walkenried ein, 1137 fand die Weihe der ersten, rund 50 m langen romanischen Klosterkirche statt. Großzügige Schenkungen und die Arbeit der Mönche machten das Kloster Walkenried bald zum **angesehensten und reichsten Stützpunkt dieses Ordens in Norddeutschland**. Die Weihe einer größeren gotischen Klosterkirche erfolgte 1290, nach 80-jähriger Bauzeit.

In seiner Glanzzeit Ende des 13. Jh.s war das Kloster mit rund 80 Mönchen und über 180 Laienbrüdern besetzt. Die Mönche verwandelten die sumpfigen Niederungen der Helme in die fruchtbare Goldene Aue. Auch an der Entwicklung des Harzer Montanwesens hatte das Kloster großen Anteil: Es besaß u. a. ein Viertel des Erlöses aus der Erzgewinnung im Rammelsberg. Erste Krisen des Bergbaus, Wassernot, die Pest, Veräußerungen von Ländereien und Veränderungen im Konvent ließen das Kloster bis 1519 auf 12 Mönche und einen Abt schrumpfen.

1525 plünderten aufständische Bauern nach Predigten von Thomas Müntzer (► Interessante Menschen) das Kloster und beschädigten die Kirche schwer. 1546 trat der Konvent zur Reformation über, 10 Jahre später wurde im Kloster eine Lateinschule gegründet. 1648

Im Kreuzgang finden die bekannten Konzerte statt.

wurde das Kloster aufgelöst, 1668 die Klosterschule geschlossen. Ab 1672 wurde die gotische Klosterkirche dann 150 Jahre lang als Steinbruch genutzt. Die »Wiederentdeckung« der Kirchenruine und des Kreuzgangs durch zahlreiche Künstler der Romantik verhinderte den weiteren Abbruch der Kirchenruine.

Seit 2006 begeistert das **ZisterzienserMuseum Kloster Walkenried** als eines der größten, innovativsten Klostermuseen Europas. Das Kloster ist seit 2010 Teil des UNESCO-Welterbes »Bergwerk Rammelsberg, Altstadt von Goslar und Oberharzer Wasserwirtschaft«.

Umfassend über das UNESCO-Welterbe informiert

Welterbe-Infozentrum Walkenried

Das Welterbe-Infozentrum wurde 2020 im sogenannten Herrenhaus der ehemaligen Klosterdomäne eröffnet. Herzstück der kostenfreien Ausstellung ist ein 3D-Landschaftsmodell mit einer Videoprojektion, die einen spannenden Überblick über 3000 Jahre Bergbaugeschichte im Harz vermittelt.

Di.–So., Fei. 10–17 Uhr

Gotik in großem Stil

Baugeschichte

Stilgeschichtlich ist Walkenried ein **hervorragendes Zeugnis der Gotik** im thüringisch-sächsischen Gebiet und trotz der Zerstörungen auch heute noch beeindruckend. Die 1290 geweihte gotische **Kirche** hatte einst eine Länge von über 90 m und eine Scheitelhöhe von 23 m.

Auch wenn die Kirche nur als Ruine erhalten ist: Allein die Dimensionen der heute noch stehenden (oder wieder aufgestellten) Teile, die hoch aufragende Westfassade mit Portal und Fenster, der Chor und die südlichen Mittelschiffarkaden vermitteln immer noch einen Eindruck ihrer einstigen Größe und Bedeutung.
Im Unterschied zur Kirche blieben die Klausurgebäude fast vollständig erhalten. Der schwerwiegenste Eingriff war der Abriss von Teilen der Klausur ab 1682, darunter des Westflügels mit den Räumen für die Laienmönche.

Meisterwerk gotischer Baukunst

Rundgang durch die Klausur

Die Besichtigung der Klausur beginnt im gotischen **Kreuzgang**, der erst 1330–1340 vollendet wurde. Er wurde in etwa über dem Grundriss des romanischen Vorgängerbaus errichtet. Die großen Spitzbogenfenster wurden schon zur Zeit der Mönche verglast. Eine Besonderheit ist der mit einem Rippengewölbe überspannte **nördliche Kreuzgangflügel**, der von elf farbigen, schlanken und mit reichen Blattkapitellen geschmückten Muschelkalksäulen, die noch vom romanischen Vorgängerbau stammen, **in zwei lichtdurchflutete Schiffe** geteilt wird. Ihn nutzten die Mönche einst als Lesegang und zur allabendlichen gemeinschaftlichen Lesung. Heute finden hier die Walkenrieder Kreuzgangkonzerte statt.
Zum Ostflügel gehört der dreischiffige **Kapitelsaal** (einst Versammlungsraum der Mönche, seit 1570 evangelische Kirche). Beachtenswert sind hier eine spätromanische »piscina« (ursprünglich ein Reinigungsbecken für die Altargefäße, heute Taufbecken), ein kleines Retabel von 1557 und eine barocke Kanzel, die um 1667 von Konrad Bonifatius geschnitzt wurde. Im Anschluss an den Kapitelsaal folgt der Brüdersaal, der ehem. Arbeitsraum der Mönche. Auch die um 1240 geweihte **Johanniskapelle** mit spätromanischen Kapitellen ist noch erhalten. Ein neuer Aufgang führt in das **Dormitorium** (Schlafsaal der Mönche). Dem Südflügel ist das Refektorium (Speisesaal) und das Calefaktorium (Wärmestube) angeschlossen.

Unternehmen Zisterzienserkloster

Museum

Das **ZisterzienserMuseum** informiert multimedial über das Leben und Wirtschaften in mittelalterlichen Zisterzienserklöstern. Die Mönche waren nicht nur tiefgläubig, sondern erwiesen sich als begnadete Geschäftsleute. Führungsteams aus Abt, Prior und Cellerar lenkten ihre Klöster wie Unternehmen. Man spricht heute vom **»Weißen Konzern«**. Anhand eines fiktiven Jahresberichts der »Walkenried AG« aus dem Jahr 1306 werden Parallelen zu heute deutlich, aber auch Unterschiede: So erhielten die Mönche keine Gewinnausschüttungen – sie hatten sich der Armut verpflichtet –, der Gewinn konnte konsequent reinvestiert werden. Auch an anderen Stellen wird ein Gegenwartsbezug hergestellt.

★★ WERNIGERODE

Bundesland: Sachsen-Anhalt | **Höhe:** 225 – 315 m | **Einwohner:** 32 050

Schmale Gassen, bunte Fachwerkhäuser und hoch über der Stadt ein Märchenschloss: Wernigerode, die »bunte Stadt am Harz«, gehört zu den beliebtesten Reisezielen im Harz und ist überregional bekannt. Vor allem Verliebte zieht es zum Ja-Wort in das wunderschöne Rathaus. Kunst, Kultur und Genuss finden sich hier wunderbar vereint.

Bunte Stadt am Harz

1121 erstmals erwähnt und seit 1229 mit dem Stadtrecht versehen, schaut Wernigerode auf eine bewegte Geschichte zurück. Am Schnittpunkt zweier wichtiger Handels- und Heerstraßen entstand im Mittelalter hier eine Marktsiedlung. Die Blütezeit Wernigerodes lag im 14. und 15. Jh., als der **Handel mit Tuchen, Bier und Branntwein** die Stadt wohlhabend machte. Im 16. Jh. sank mit mehreren Pestepidemien und dem Dreißigjährigen Krieg ihre Bedeutung und die einstige Hansestadt wurde zu einer Ackerbürgerstadt. 1714 ging Wernigerode in preußischen Besitz über, und seit 1806 gehörte die Stadt zum neu gegründeten Königreich Westfalen. Ende des 18. und im 19. Jh. setzte der Aufschwung ein. Gerbereibetriebe, Tuch- und Leinenweberei, Industriebetriebe, v. a. der Holz, Stein und Metall verarbeitenden Industrie, siedelten sich an. Mit dem Anschluss an die Eisenbahn zum Ende des 19. Jh. begann auch der Tourismus in der Stadt zu florieren. Zu den ersten »Sommerfremden« zählten u. a. Theodor Fontane und Hermann Löns. Letzterer gab der Stadt ihren Beinamen »Bunte Stadt am Harz«. Auch zu DDR-Zeiten gehörte Wernigerode zu den beliebten Urlaubszielen.

In Wernigerode wurde als Sohn eines Schneiders **Martin Heinrich Klaproth** (1743 – 1817) geboren. Er arbeitete u. a. als Apotheker in Quedlinburg und später in Berlin, wo er sich als Chemiker weiterbildete. Er entdeckte die Elemente Uran, Zirconium und Cer.

Wohin in Wernigerode?

Wo Kaufleute und Taglöhner wohnten

Altstadt

Der etwas erhöht gelegene Klint ist der historische Stadtkern Wernigerodes. Hier hatten im frühen Mittelalter der Adel und die hohe Geistlichkeit ihre Wohnsitze (entlang der Marktstraße, der ehem. Ritterstraße); die Häuser der wohlhabenden Kaufleute und Handwerker säumten die Breite Straße, den Mittelpunkt der ehemaligen

Der Brunnen vor dem Rathaus ehrt verdiente Wernigeroder Bürger.

WERNIGERODE ERLEBEN

WERNIGERODE TOURISMUS GMBH

Marktplatz 10
38855 Wernigerode
Tel. 03943 5 53 78-35
www.wernigerode-tourismus.de

HARZER SCHMALSPURBAHN

Die Harzer Schmalspurbahnen fahren von Wernigerode und Westerntor nach Nordhausen sowie über Drei Annen Hohne und Schierke (▶ Touren). Lohnenswert ist ein Besuch im Bahnbetriebswerk am Bahnhof Westerntor und in der Gläsernen Dampflokwerkstatt (eröffnet 2023). Werkstattführung Fr. 13.45 Uhr, in den Ferienzeiten (Sachsen-Anhalt, Niedersachsen, Thüringen) auch Mi. 15.15 Uhr | Eintritt: 8 € Erw., 5 € Ki. | www.hsb-wr.de

Glas-, Kupfer-, Ton- und andere Waren wie Harzer Holzspielzeug findet man u. a. im Wernigeröder Kunst- und Kulturverein.
Marktstr. 1
Tel. 03943 63 26 30

1 Orchidea Huong
2 Baumkuchenhaus
3 Zeitwerk/Pietsch
4 Wiecker am Markt

1 Gothisches Haus
2 Schlossberg Hotel Garni
3 Hotel am Anger
4 Hasseröder Ferienpark
5 Der Kräuterhof

1 ORCHIDEA HUONG €€ – €€€
Gehobene asiatische Küche: Im »Lan« gibt es vietnamesische Gerichte, im »Hanazono« japanische. Gourmetkalender mit bunten Buffets zu den Festen Vietnams, Japans und Deutschlands. Reservieren!
Klintgasse 1, Tel. 03943 62 51 62
www.orchidea-huong.com

2 BAUMKUCHENHAUS €
Täglich selbst gebackener Baumkuchen, auf Wunsch mit Aprikosen, Marzipan oder Nougat gefüllt. In einem kleinen Ausstellungsraum gibt es einen digitalen Einblick in die Geschichte, Herstellung und Verarbeitung des Harzer Baumkuchens.
Neustadter Ring 17
Tel. 03943 63 27 26
www.harzer-baumkuchen.de

3 ZEITWERK/PIETSCH €€€€
Junge, experimentierfreudige, exklusive Küche bieten das Zeitwerk (»Wohnzimmer-Restaurant« mit 24 Plätzen) und das Pietsch (»Tresenrestaurant« mit 14 Plätzen), jeweils mit einem Michelin Stern ausgezeichnet. Reservierung erforderlich.
Große Bergstr. 2 a
Tel. 03943 6 94 78 84
https://robin-pietsch.de
So. – Di. Ruhetag

4 WIECKER AM MARKT €
Mit Blick auf den malerischen Marktplatz genießen Sie hier in angenehmer Atmosphäre Köstlichkeiten. Michael Wiecker, Landesinnungsmeister der Konditoren, und sein Team sind für die feine Auswahl an Torten und Gebäck bekannt. Frühstücksbuffet, Sonntagsbrunch, diverse Speisen.
Marktplatz 6 – 8
Tel. 03943 26 16 9-0
www.cafe-wiecker.de
tgl. ab 8 Uhr geöffnet

1 TRAVEL CHARME HOTEL GOTHISCHES HAUS €€€€
Zwei mächtige gotische Fachwerkhäuser am Marktplatz, verbunden mit einer Glaspassage. Modern und stilvoll eingerichtete Räume (116 Zi.).
Marktplatz 2, Tel. 03943 6 75-0
www.travelcharme.com

2 SCHLOSSBERG-HOTEL GARNI €€ – €€€
16 Zi. in zwei denkmalgeschützten Gebäuden unterhalb des Schlosses. Individuelle Zimmer, Waldgarten, Blick über die Stadt bis zum Brocken.
Burgberg 9 a/b
Tel. 03943 5 45 90
www.schlossberg-hotel-wernigerode.de

3 HOTEL AM ANGER €€€
Ruhig gelegenes Hotel in der Altstadt. 40 liebevoll im Landhausstil eingerichtete Zimmer. Frühstücksterrasse im Sommergarten. Zwei Restaurants im Haus. Tipp: Das Louisen-Café bietet Kaffeegenuss abseits des Trubels.
Breite Str. 92 – 94
Tel. 03943 92 32-0
www.hotel-am-anger.de

4 HASSERÖDER FERIENPARK €€€
145 FeWo und -häuser mit freiem Zugang zum Spaß- und Erlebnisbad.
Nesseltal 11
Tel. 03943 55 70-0
www.hasseroeder-ferienpark.de

5 DER KRÄUTERHOF €€
9 km von Wernigerode, Harzhaus von 1898 gegenüber dem Bahnhof der Harzer Schmalspurbahn. 40 Zimmer, 17 Appartements. Wanderwege und Loipen beginnen direkt vor der Tür.
38875 Drei Annen Hohne
Tel. 039455 8 40
www.hotel-kraeuterhof.de

Kaufmannssiedlung (wo nun eine Bronzeplastik die »Kiepenfrauen« ehrt; ▶ S. 23) . Zwischen Ring- und Westernstraße lag die Hörigensiedlung mit den bescheidenen Häusern der Tagelöhner und Kleinbauern. An der in der ehem. Neustadt gelegenen Grünen Straße steht heute noch eine fast geschlossene Doppelreihe von Fachwerkbauten der einstigen Ackerbürger. Von der ehem. **Stadtbefestigung** sind nur Überbleibsel erhalten, z. B. das 36 m hohe, um 1250 erbaute Westerntor, einige Mauerabschnitte sowie zwei Schalentürme. Belebter Mittelpunkt der Altstadt ist der von farbenprächtigen Häuserfassaden umgebene Marktplatz.

Rathaus

Vergnügliches Rathaus

An der Südseite des Marktplatzes steht das Rathaus, 1277 als »Spelhus« erstmals erwähnt. Neben der Nutzung als Gerichtsstätte fanden hier Vergnügungen statt wie Bälle und Hochzeiten oder Auftritte von Gauklern und Possenreißern. Bis 1427 befand sich das Spelhus in gräflichem Besitz, dann ging es als Schenkung an die Stadt über. Vermutlich wegen der Brandgefahr wurde es 1427 – 1450 in Bruchstein umgebaut. 1494 – 1498 erhielt der Unterbau ein Fachwerkgeschoss, die Pläne stammten zunächst von Thomas Sprengel, später von Thomas Hilleborch, von dem auch die beiden Erkertürme sind. Der Umbau des Spelhuses zum Rathaus fand 1539 – 1544 nach den Plänen von Simon Hilleborch statt, dem Sohn Thomas Hilleborchs. Er verlängerte die Erkertürme um ein Fachwerkgeschoss, verlegte die Freitreppe zum Festsaal im Obergeschoss von der Westseite auf die Vorderseite und gab der Fassade damit ihr heutiges Aussehen. Außergewöhnlich ist der **Figurenschmuck**. Auf den Knaggen, den Stützbalken unter den Balkenköpfen, befinden sich 33 holzgeschnitzte Figuren, die Heilige, Narren, Gaukler, Spielleute oder Tänzer darstellen. Die Moriskentänzer an der Ratswaage entstanden 1430 – 1450. Die zweite und dritte Gruppe setzt sich vor allem aus Heiligengestalten zusammen (1492 – 1498, 1539 – 1544; darunter die Figuren über dem Portal der Rathausfassade). Die Figuren an der Ostseite des Rathauses und am ehemaligen Gebäude der Sparkasse wurden erst 1939 angebracht. Über dem Eingangsportal steht der stadtbekannte Spruch:

»
Einer acht's, der andere betracht's,
der dritte verlacht's, was macht's.
«

Der südwestliche Rathaus-Anbau auf der rechten Seite hinter dem Rathaus Richtung Klintgasse entstand als Ratswaage 1480. Hier wurden die Kaufwaren amtlich gewogen; heute beherbergt es die Stadtverwaltung. An der Ostseite des Rathauses entstand ab 1939 der in seinem Aussehen der Rathausfront angepasste Neubau.

Fachwerk wohin das Auge blickt in Wernigerode

Erinnerungsort Brunnen

Der Marktbrunnen wurde 1848 in der Ilsenburger Eisenkunsthütte gegossen. Die Wappenschilder am oberen Becken verweisen auf Adlige, die Namen am mittleren Becken erinnern an Bürger, die sich um das Wohl der Stadt verdient gemacht haben. Ganz unten wird an **Oberst Gustav Petri** (1888–1945) erinnert. Er wurde 1945 standrechtlich erschossen, da er als Stadtkommandant kurz vor Beendigung des Zweiten Weltkrieges den Befehl zur Verteidigung Wernigerodes verweigert hatte und so die Stadt vor der Zerstörung rettete.

Marktbrunnen

Aus dem Lot geraten

Durch die schmale Gasse westlich vom Rathaus gelangt man auf den Klint (Bezeichnung für einen Abhang), den **ältesten Stadtteil** Wernigerodes. Alte Häuser säumen die Klintgasse, das Haus Klintgasse 3 entstand um 1580 und beherbergt einen der Escape Rooms in Wernigerode; in der Klintgasse 5 steht die 1680 erbaute Teichmühle, deren Grundmauern von dem Wasser des Mühlgrabens so lange unterspült wurden, bis sich der Fachwerkbau stark neigte. Heute ist es Wernigerodes **»Schiefes Haus«**. Hier ist so ziemlich alles aus dem Lot geraten: Böden, Wände, Treppen. Nach einer aufwendigen Sanierung werden in diesem Schmuckstück wechselnde Fotoausstellungen, Werke Harzer Künstler sowie Modelle von Wasserrädern gezeigt.

Klint

Klintgasse 5 | Di.–So. 11 –17 | Eintritt: 2 €
www.museum-schiefes-haus.de

Fachwerk und Folklore

Harzmuseum

Das **älteste Fachwerkhaus** Wernigerodes steht in der Hinterstraße 48, ein Ständerbau aus der ersten Hälfte des 15. Jh.s. Ebenfalls auf dem Klint liegt das naturkundliche Museum. In einem klassizistischen Fachwerkhaus von 1840 führt es in die Landschafts- und Siedlungsgeschichte des Harzes, seines Vorlandes und in die Wernigeröder Stadtgeschichte ein. Sehenswert ist die mineralogische und naturkundliche Sammlung, die u.a. kreidezeitliche Pflanzenfossilien enthält. In weiteren Räumen wird die Fachwerkbauweise erläutert (die, wie das »Schiefe Haus« im Stadtteil Klint eindrucksvoll zeigt, recht strapazierfähig und bewährt ist) und Harzer Folklore vorgestellt.

Klint 10 | Di. – Sa. 10 – 17, So. 11 – 16 Uhr | Eintritt: 4 €
www.wernigerode.de

Geistesleben hinter schmuckvollen Fassaden

Rund um die Sylvestrikirche

Nicht weit von dem Museum entfernt steht die **Sylvestrikirche** (Oberpfarrkirchhof), eine dreischiffige gotische Basilika von 1230, die wenig später zur Klosterkirche und Grablege der Wernigeröder Grafen umgebaut und zuletzt 1833 – 1885 verändert wurde. Damals entstand der Westturm, der die Doppelturmfront ersetzte.

Die schmale Gasse um die Kirche herum ist gesäumt von alten **Häusern aus dem 16. und 17. Jh.**, darunter das im 15. Jh. erbaute, 1582 aufgestockte Haus Gadenstedt (Oberpfarrkirchhof 13). Haus Nr. 12 wurde um 1680 im Quedlinburger Stil errichtet, die Bezeichnung leitet sich von dem diamantschnittförmigen Abschluss der Balkenköpfe ab, eine v. a. in Quedlinburg verbreitete Form. Goethe besuchte am 3. Dezember 1777 den in diesem Haus lebenden jungen Pfarrerssohn Viktor Leberecht Plessing, um mit ihm inkognito über seinen Roman »Die Leiden des jungen Werthers« zu sprechen.

Das Haus Oberpfarrkirchhof 7 entstand 1730 als städtisches Gymnasium, das u. a. auch der Dichter **Johann Wilhelm Ludwig Gleim** besuchte (▶ Interessante Menschen); die Oberpfarre (Oberpfarrkirchhof 6) gehört zu den **schönsten barocken Fachwerkhäusern** der Stadt und wurde 1718 erbaut.

Auf kleinem Raum

Kleinstes Haus

Über einen kleinen Durchgang gelangt man zur Johann-Sebastian-Bach-Straße, der man bis zur Kochstraße folgt. Hier steht das 1774 erbaute kleinste Haus der Stadt (Kochstraße 43). Das barocke Fachwerkhaus misst bis zur Dachtraufe nur 4,20 m, ist 2,95 m breit und hat eine 1,70 m hohe Tür. Der einzige Raum des Hauses ist die 8 m² groß.

Geschichtsbuch am Haus

Krummelsches Haus

Zu den schönsten Häusern der Stadt gehört das **Krummelsche Haus** (Breite Str. 72), dessen Fassade überreich verziert ist. Es wurde 1674 für den Berliner Kaufmann Heinrich Krummel errichtet

(1875 durch den Ladeneinbau im Erdgeschoss verändert). In den zehn Kassettenfeldern unter den Fensterbrüstungen der beiden Obergeschosse sind eindrucksvolle plastische Geschichtsdarstellungen und Allegorien zu sehen.

 Schloß Wernigerode®

Mai - Anfang Nov. tgl. 10 - 18; März, April Mo. - Fr. 10 - 17, Sa. u. So. bis 18; Anfang Nov. bis 23. Dez. Di. - Fr. 10 - 17, Sa. u. So. bis 18 Uhr
Eintritt: 8 € | www.schloss-wernigerode.de

Märchenschloss mit Fernwirkung

Eine echte Marke

Wie ein Märchenschloss thront die einstige Residenz der Grafen zu Stolberg und Wernigerode auf dem 350 m hohen Agnesberg über der Stadt. Das Schlossensemble ist über einen kurzen, jedoch steilen Fußweg erreichbar. Bequemer wird der Aufstieg mit der Kutsche oder den beiden Bimmelbahnen, die von der Innenstadt aus starten. Von der Terrasse vor dem Schlosstor erwartet die Besucher ein eindrucksvoller Blick über die Stadt hinweg auf die Harzer Berge. Der malerische Innenhof wird in den Sommermonaten zur Kulisse für Musicals und Konzerte. Schloß Wernigerode® ist eine eingetragene Marke.

Erfolgreiches Grafen- und Fürstengeschlecht

Geschichte

Um 1110 hatte sich Heinrich V.auf seinem Jagdweg von der Kaiserpfalz in Goslar am nördlichen Harzrand mehrere Burgen anlegen lassen: die Ilsenburg, die Sudburg und die kleine Festung auf dem Agnesberg über Wernigerode. Immer wieder ließen die Landesherren die Burg umbauen, bis 1429 **Graf Botho zu Stolberg** die Geschicke der ausgestorbenen Wernigeröder Grafen übernahm. Die Familie heißt seither zu Stolberg-Wernigerode. Ihre Nachfahren wurden ab 1890 die Fürsten zu Stolberg-Wernigerode, denen das Schloss bis zur Bodenreform 1945 gehörte.

Graf Ernst zu Stolberg-Wernigerode ließ die zwischendurch fast verfallene Festung 1671 - 1676 in ein **Barockschloss** umbauen. Seine heutige Gestalt mit Erkern, Türmchen und verspielten Figuren erhielt es Ende des 19. Jh.s, als Graf Otto zu Stolberg-Wernigerode (1837 - 1896; ▶ Interessante Menschen) den Familiensitz nach Plänen des braunschweigischen Schlossbaumeisters Carl Frühling in ein historistisches Märchenschloss mit 250 Räumen verwanden ließ. So entstand ein **Leitbau des norddeutschen Historismus**. Keine Fensterreihe und keine Fassade gleicht der anderen; die unterschiedlichen Stilepochen brachten dem Schloss den Namen »Neuschwanstein am Harz« ein. Jeder Raum hat einen anderen Grundriss, eine andere Decke, eine andere Wandbespannung. Alle Wege zu den zwei Schlossrundgängen führen noch heute durch die romantische Kirche, die der tief religiöse Graf Otto als Zentrum des Schlosses bauen ließ.

Sowohl Land- als auch eingetragene Marke: Schloß Wernigerode®

Raum für Kunst und Geschichte

Schauräume

In den rund 50 zugänglichen Schlossräumen erhalten Sie einen Eindruck vom Wohnstil der reichen Adligen in der Gründerzeit. Auch das Wirken der Grafen und späteren Fürsten zu Stolberg-Wernigerode wird vorgestellt. Zu DDR-Zeiten war im Wernigeröder Schloss ein Museum zur Geschichte des Feudalismus eingerichtet. Seit 1998 entwickelt sich das Museum zu einem Zentrum für die Kunst- und Kulturgeschichte des 19. Jh.s. Dafür wurde u. a. ein Großteil der Räume möglichst in den Originalzustand der vorletzten Jahrhundertwende versetzt. Höhepunkt neben der **Schlosskirche** ist der **Festsaal** mit reichlich gedeckter Tafel. Ein Gästezimmer mit Möbeln aus dem 19. Jh. ist ebenso präsentiert wie Original-Bettwäsche auf dem Himmelbett in den Wohnräumen der Fürsten. Die Rote Henrichskammer zeigt Gemälde von Jakob Philipp Hackert, vom französischen Revolutionsmaler Robert Hubert sowie von Josef Rottenhammer, dazu Originalmobiliar aus der Renaissancezeit. Gemälde, Zeichnungen und Grafiken der deutschen Romantik ergänzen die Bildersammlung, u. a. von Carl Spitzweg. Im **Frühlingsbau** finden hochwertige Sonderausstellungen zu Kunst und Zeitgeschehen des 19. Jh.s statt. Der geometrische **Terrassengarten** unmittelbar am Schloss, der im Stil englischer Landschaftsparks umgestaltete **Lustgarten** und der mit den Bergen verschmelzende **Tiergarten** umrahmen das Schloss.

Wohin noch in Wernigerode?

Einmal abheben

Luftfahrtmuseum

Schon von Weitem zieht die große Transall auf dem Dach des Luftfahrtmuseums Wernigerode die Blicke auf sich! In vier Hangars (mehr als 6000 m² Ausstellung) warten über 50 Flugzeuge, Hubschrauber und Jets auf neugierige Besucher – ganz ohne Absperrung. Per Audioguide (im Eintritt inkl., deutsch/englisch/niederl.,

für Kinder nur deutsch) erfahren Sie mehr über die faszinierenden Maschinen, Oldtimer und anderen Objekte. Hobby-Piloten können in zwei Flugsimulatoren mit einer Messerschmitt Bf 109 oder einer BELL UH-1D abheben. Eine kleine Stärkung bietet die CafetAIRia. Kinder sind begeistert von der Riesenrutsche, die nach einem Besuch der Transall den Abstieg beschleunigt.
Gießerweg 1 | tgl. 10 – 18 Uhr | Eintritt: 10 € Erw., 7 € Ki. (6 – 15 J.)
www.luftfahrtmuseum-wernigerode.de

Konzerthaus

Musikalische Momente
Die einstige Liebfrauenkirche im Zentrum der Stadt ist das Domizil des Philharmonischen Kammerorchesters Wernigerode. In dem außergewöhnlichen Konzerthaus wird ein anspruchsvolles musikalisches Programm geboten. Lust auf ein Konzert?
Liebfrauenkirchhof 5 | www.konzerthaus-wernigerode.de

Mahn- und Gedenkstätte

Dunkle Vergangenheit
Kurz nach Beginn des Zweiten Weltkriegs wurde am Veckenstedter Weg ein Arbeitslager eingerichtet, das ab 1943 ein Außenlager des Konzentrationslagers Buchenwald war. Vier Baracken sind erhalten, in einer wird die Geschichte des Lagers dokumentiert.
Veckenstedter Weg 43
April – Okt. Mo. – Fr. 9 – 17 Uhr, Nov. – März bis 15 Uhr

Bürgerpark

Harz im Kleinfomat
Im Bürgerpark am nördlichen Stadtrand finden Besucher eine Wasserlandschaft mit Seepromenade, über 80 Themengärten, darunter Heide-, Farn- und Rosengarten, einen Aussichtsturm und den **Miniaturenpark »Kleiner Harz«**: über 50 nachgebaute Sehenswürdigkeiten aus dem Harz im Maßstab 1 : 25, eingebettet in eine Miniaturlandschaft, machen Lust auf das Originalerlebnis.
April, Sept., Okt. 9 – 18, Mai – Aug. 9 – 19 Uhr | Eintr.: 9 € , Bürgerpark ohne Miniaturenpark 4 € | www.buerger-und-miniaturenpark-wr.de

Hasseröder Brauerei

Markenzeichen Bier
Deutlich über die Grenzen des Harzes hinaus bekannt ist der Ortsteil Hasserode dank des Hasseröder Biers. 1872 als Brauerei »Zum Auerhahn« gegründet – daher der Auerhahn im Logo –, wird das Bier seit 1997 in einer modernen Brauereianlage am Ortsrand gebraut. Hasseröder gehört zu den größten Premium-Pilsmarken in Deutschland.
Auerhahnring 1 | Brauereibesichtigung (ab 16 Jahre) Mo. – Sa. (außer Fei.) mehrmals tgl. nach Anmeldung über www.hasseroeder.de

Hasseröder Ferienpark

Action im Hexenkessel
Der Ferienpark bietet einen ganzen Strauß von Freizeitmöglichkeiten: ein Erlebnisbad (▶ S. 337) mit langer Rutsche, Strömungskanal,

künstlichen Grotten, Gegenstromanlage und zahlreichen Massagedüsen. In der Wellnesslandschaft »Hexenkessel« gibt es Saunen und Duschen; die Spielhöhle wartet auf mit Bowling- und Kegelbahnen, Billard und Dart. Die wetterunabhängige Indoor-Spielhalle für Kinder wartet mit Hüpfburgen, Riesenrutsche und Spielbereich für die Jüngsten auf.

Nesseltal 11 | Indoor Spielhalle tgl. 9 – 20, Fr., Sa. bis 21, Brockenbad tgl. 10 – 20, Hexenkessel (Saunalandschaft) 14 – 22 Uhr | Eintritt: 5 € (Spielwelt für Kinder bis 12 J., Erwachsene freier Eintritt), Brockenbad ab 7,90 € | www.hasseroeder-ferienpark.de

Rund um Wernigerode

Romantik am Fluss

Steinerne Renne

Westlich von Hasserode fließt die Holtemme in einem engen Waldtal etwa 2 km über mit Moos bewachsene Granitblöcke wie in einer »steinernen Rinne« talabwärts. Der Abschnitt gehört neben dem ▶ Bodetal, dem Ilsetal (▶ Ilsenburg) oder dem ▶ Selketal zu den **romantischsten Harztälern**. Durch die Steinerne Renne erreicht man das Naturdenkmal **Ottofels**, ein 548 m hoher, sehr beliebter Aussichtsfelsen, sowie Drei Annen Hohne und den ▶ Brocken (am unteren Ende der Renne befindet sich die gleichnamige Haltestelle der Schmalspurbahn, am oberen Ende ein Waldgasthaus und Hotel).

Drei Frauen als Namensgeberinnen

Drei Annen Hohne

9 km südlich von Wernigerode liegt Drei Annen Hohne mit einem großen Parkplatz und dem gleichnamigen Bahnhof, wo sich Brocken- und Harzquerbahn trennen. In der Nähe eines unter der Hohne gelegenen Viehhofs bestand 1770 – 1800 ein Kupfer- und Silberbergwerk, das Graf Christian Friedrich nach seiner Tochter, einer Nichte und der Großmutter der beiden, die alle Anna hießen, Drei Annen nannte. Es ist Ausgangspunkt für Wanderungen zum Ottofels, zur Steinernen Renne, zu den Hohneklippen und ins Brockengebiet. 15 Gehminuten entfernt liegt das **Naturerlebniszentrum HohneHof** mit einem Laden und einem kleinen Café. Hier informieren Ranger über den Nationalpark, geben Wandertipps oder starten zu geführten Touren.

Apr. – Okt. 10 – 17, Nov. – März bis 16 Uhr | Eintritt frei

Derenburg

In Derenburg, einem Ortsteil von Blankenburg 7 km nordöstlich von Wernigerode, kann man in der Glasmanufaktur **Harzkristall** Glasbläsern über die Schulter schauen und selbst Glasgebilde blasen. Neben den regelmäßigen Erlebnisrundgängen ist die große Verkaufsausstellung mit ganzjährigem Weihnachtsland ein Anziehungspunkt.

tgl. 9.30 – 17.30 Uhr, Führungen stdl. zwischen 10 und 16 Uhr
Hüttenführung 8 € | www.harzkristall.de

H
HINTER-GRUND

Direkt, erstaunlich, fundiert

Unsere Hintergrundinformationen beantworten (fast) alle Ihre Fragen zum Harz.

Harzer Rotvieh erlebt eine Renaissance. Stolz wird es beim Viehabtrieb gezeigt. ► ►

63266
63266

DIE REGION UND IHRE MENSCHEN

Das nördlichste Mittelgebirge Deutschlands bietet eine wunderschöne Mischung aus Natur- und Kulturlandschaft. Vom Bergbau geprägt, beeindruckt vor allem der Oberharz mit vielen Teichen und Gräben – wunderbar in die Natur eingebettet, wenn auch nicht natürlich. Sanfte Hügel und schroffe Täler, schattige Wälder und die ursprüngliche Bergwildnis im Nationalpark: Im Harz lassen sich vielerlei Eindrücke und neue Energie tanken.

Uraltes Gebirge

Rund 500 Millionen Jahre ist es her, dass dieses Gebirge entstanden ist – viele Gesteine sind sogar noch älter. Während der Norden und Nordwesten eher steil und schroff abfällt, bietet der Südharz ein sanft-hügeliges Landschaftsbild. Von Norden hingegen steigt der Harz recht plötzlich eindrucksvoll aus dem hügeligen Vorland auf und gipfelt in einem mächtigen Granitmassiv.

Harzer Teilregionen

Die Region wird grob in drei Teillandschaften untergliedert: Im Nordwesten erstreckt sich der 600 – 700 m hohe **Oberharz** bis zur Achse Wernigerode-Elbingerode-Bad Sachsa. Hochflächen mit weiten Bergwiesen, lichte Wälder, malerische Täler sowie zahlreiche Talsperren und Teiche prägen das Landschaftsbild.

Der **Hochharz** erhebt sich wie eine Insel mitten aus dem Oberharz und weist beträchtliche Höhen auf, daher der Name. Im Norden ragen der Brocken (1141 m), der Wurmberg (971 m), der Bruchberg (928 m) und der Acker-Höhenzug (866 m) auf. Zwischen dem Brocken und dem Bruchberg sind Hochmoore und Feuchtgebiete zu finden. Durch den starken Oberflächenabfluss im Bereich des Brockenmassivs haben sich ein engmaschiges Flussnetz und tiefe Täler gebildet. Dabei enstanden auch wildromantische Felsbildungen, spektakuläre Wasserfälle, Tobel und Schluchten. Urige Felsgebilde und Klippen sind rund um den Brocken zu sehen, wo der Granit zutage tritt. Die Feuersteinklippen sowie die Schnarcherklippen bei Schierke, der Ottofelsen bei Wernigerode und die Hohneklippen zeigen sehr schön die für den Granit so typische Wollsackverwitterung (▶ Baedeker Wissen, S. 88/89).

Als **Unterharz** wird der südöstliche und geologisch älteste Teil des norddeutschen Mittelgebirges bezeichnet. Er reicht bis zur Achse Gernrode-Roßla. Die bergige Landschaft, die von 500 m auf 300 m am Ostrand absinkt, ist von weiten Hochebenen geprägt. Nur im Norden ragen der Ramberg (582 m) und im Süden der Auerberg (579 m) bei Stolberg markant empor. Die der Saale zufließenden Flüsschen Bode, Selke und Wipper haben schöne Täler geschaffen.

OBEN: Kein Berg weit und breit: das Harzvorland bei Thale

UNTEN: Auerhähne leben nur noch im Schaugehege des Nationalparks Harz in Lonau bei Herzberg.

Ein bemerkenswertes Ergebnis der Verkarstung sind die Rübeländer Tropfsteinhöhlen östlich von Elbingerode. Das **Mansfelder Bergland**, zu dem das östliche Selketal und das Tal der Wipper gehören, bildet den östlichen Ausläufer des Harzes.

Südharzer Besonderheit

Der Südrand des Harzes – zwischen Osterode und Pölsfeld bei Sangerhausen – ist vom Karst geprägt. Die hiesige Gesteinsform, ein 100 – 1000 m breiter Gesteinsgürtel der Formation »Zechstein«, besteht vor allem aus wasserlöslichen Ablagerungen. Durch in das Gesteinsmaterial eindringendes Wasser und chemische Prozesse kam es zur Auslaugung der Salzlager sowie zur Verkarstung der Gips- und Anhydritvorkommen. Allmählich entstand die charakteristische Karstlandschaft (slowenisch, serbisch, kroatisch: Kras = Fels) mit Erdfällen, Dolinen, Höhlensystemen (Heimkehle, Einhornhöhle) und periodischen Wasserläufen (▶ Karstwanderweg, S. 332).

Erdgeschichte erleben

Der Harz ist Teil des UNESCO Global Geoparks Harz / Braunschweiger Land / Ostfalen. In diesen besonders ausgewiesenen Gebieten wird Erdgeschichte veranschaulicht und auf die geologische Einzigartigkeit der Region aufmerksam gemacht. Infozentren finden Sie im Goslarer Museum, im Nationalpark-Zentrum TorfHaus, im Brockenhaus, im Oberharzer Bergwerksmuseum Clausthal-Zellerfeld, an der Einhornhöhle in Scharzfeld, im Mansfeld-Museum in Hettstedt und beim Regionalverband in Quedlinburg. Viele Wanderwege führen zu besonderen Geotopen und Aufschlüssen, zu denen etwa die Karstlandschaft am Südharzrand, der Brocken, die Riffe des Ibergs und des Elbingeröder Komplexes gehören.
www.harzregion.de

Pflanzen- und Tierwelt

Wälder

Bis auf die Hochlagen in rund 700 m Höhe sind von Natur aus Laubmischwälder, vor allem Buchenwälder zu finden. In den höheren Lagen gesellen sich Fichten hinzu, die bis zur Waldgrenze bei rund 1100 m wachsen. Laubgehölze wie Bergahorn, Eberesche oder Moorbirke gedeihen ebenfalls in den Hochlagen. Doch der ursprüngliche Bewuchs wurde durch starke Bewirtschaftung deutlich beeinflusst. Die Entwicklung zum Fichtenwald, wie er im Oberharz an vielen Orten lange dominierte, setzte spätestens im 17. Jh. ein – der Holzhunger der Erzgruben führte zum umfassenden **Raubbau**. Immer größere, kahl geschlagene Flächen und die Holznot brachten schließlich die Grubenherren dazu, Forstordnungen zu erlassen.
Die Harzer Forstwirtschaft hängt eng mit den Forstmeistern Johann Georg von Langen und Hans Dietrich von Zanthier zusammen, die unter Graf Christian Ernst zu Stolberg-Wernigerode (1710 – 1771) be-

gannen, die Wälder zwischen Wernigerode und Brocken vor der Zerstörung zu bewahren. Sie pflanzten schnell wachsende Fichten, die festes und gerades Holz für die Bergwerke lieferten. Zug um Zug setzte sich die Fichte gegen die Laubbäume durch. Die Trockenheit der Sommer und der Borkenkäferbefall haben aber seit 2018 zum Waldwandel geführt. Wo dichter Fichtenwald die Landschaft dominierte, liegen heute große Freiflächen. Der Harz kriegt ein neues Landschaftsbild.
Naturnahen Laubmischwald mit vielen Buchen findet man v. a. in Tälern wie dem Elendstal bei Schierke oder dem Siebertal bei Herzberg. In niedrigeren Lagen an den Abhängen und in den Randgebieten des Harzes warten schöne Mischwälder, teils sogar reine Laubwälder. Der ökologische Umbau der Fichtenwälder wird schon seit Mitte der 1980er-Jahre verfolgt.

Blütenpflanzen

Auf den Wiesen blühen im Frühjahr goldgelbe Trollblumen und Orchideen, u. a. Knabenkrautarten und Mücken-Händelwurz. Mitte Juni ist Vollblütezeit: Dann trifft man auf die überall verbreiteten Wiesenblumen sowie die leuchtend blauen Wiesenschwertlilien, die rosaroten Türkenbundlilien und an trockeneren Hängen auf die vom Aussterben bedrohte gelbe Arnika. Im Fichtenwald wächst an lichten Stellen im westlichen Harz der Rote Fingerhut, im trockeneren östlichen Teil eher der gelb blühende Großblütige Fingerhut. Der Buchenlaubwald ist blütenreicher und im Frühling mit weißen Buschwindröschen, gelben Anemonen, blauen Leberblümchen sowie Lerchensporn und Lungenkraut bedeckt. Eine besondere Augenweide bilden die Trockenrasen im Südharz und am Kyffhäuser: Auf den kargen Karstböden entwickelt sich eine sehenswerte Blütenfülle.

Hochmoore

Eine einzigartige Fauna bieten die Hochmoore. Zu den besonders seltenen Pflanzen zählen hier der Großblättrige Sonnentau und die Zwergbirke. Nur auf dem **Brocken** wächst die Brockenanemone (Pulsatilla alpina alba), eine Unterart der Küchenschelle.

Tiere

Der Harz bietet vielen Tieren Lebensraum. Rotwild und Rehwild leben z. B. überall im Harz wild. Die klassischen Raubtiere des Harzer Urwalds (Bär, Wolf, Luchs) waren schon Anfang des 19. Jh.s ausgerottet. Für den **Luchs** gab es ein Comeback: Ein großes Auswilderungsprojekt verlief 2000 – 2006 so erfolgreich, dass es mittlerweile eine kleine Population gibt (▶ S. 56/57). Die anmutigen Katzen haben sich bis ins nördliche Hessen ausgebreitet! Gefährlich werden sie übrigens nur Hirschkälbern und Rehen, von denen sie im Schnitt eins pro Woche verzehren. Menschen meiden sie; insofern bekommt man sie nur im Schaugehege des Nationalparks Harz zu Gesicht (▶ Bad Harzburg).
Auch die europäische **Wildkatze** kommt im Harz vor, zu sehen im Wildkatzengehege an der Marienteichbaude bei Bad Harzburg. In den vielen Höhlen und stillgelegten Bergwerksstollen leben verschiedenste

10° 10' 07"
östlicher Läng

Lage:
Nördlichstes Mittelgebirge
in Deutschland

Fläche:
2226 km²
Im Vergleich: Bayerische Alpen 5300 km²

Einwohner: **710 000**
Im Vergleich:
Berlin 3,64 Mio.
Frankfurt 753 000

Höchste Erhebungen

Brocken	**1141 ü.d.M**
Wurmberg	**971 ü.d.M**
Achtermann	**926 ü.d.M**
Bruchberg	**928 ü.d.M**

Nationalpark Harz Naturschutzgebiet
247 km² (rund 10% des Harzes)

Verwaltung

Der Harz erstreckt sich auf die Bundesländer Niedersachsen, Sachsen-Anhalt und Thüringen. Mitten hindurch verlief die ehemalige innerdeutsche Grenze.

Bahnstrecken

Die Harzer Schmalspurbahn ist mit einer Gesamtlänge von **140 km** Deutschlands größtes zusammenhängendes Schmalspurnetz.
Harzquerbahn:
60,5 km Streckennetz
Brockenbahn:
19 km Streckennetz
Selketalbahn:
60,5 km Streckennetz

Tourismus

Tourismus ist ein wichtiger Wirtschaftsfaktor für den Harz. **2019** wurden ca. 6,4 des Primäreinkommens durch Ausflügler und Urlauber generiert:

41,3 Mio. Tagestouristen

3 Mio. Ankünfte

11 Mio. Übernachtungen

Das Klima

Die schönsten Reisemonate sind Mai bis Oktober.
Für den Wintersport eignet sich am Besten die Monate Januar und Februar.

Niederschlags-mengen

Im Harz herrscht ein West-Ost-Gefälle:

Seesen (250 m ü.d.M.)
830 mm

Brocken (1141 m ü.d.M.)
1800 mm

Torfhaus (780 m ü.d.M.)
1522 mm

Schierke (600-1141 m ü.d.M.)
1322 mm

Sangerhausen (154 m ü.d.M.)
527 mm

Durchschnittstemperatur in Braunlage

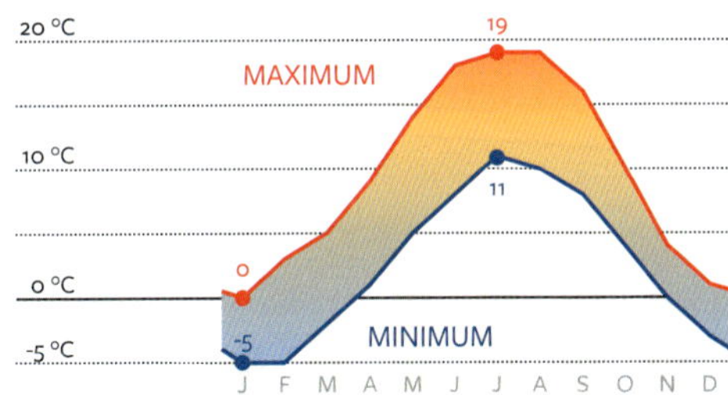

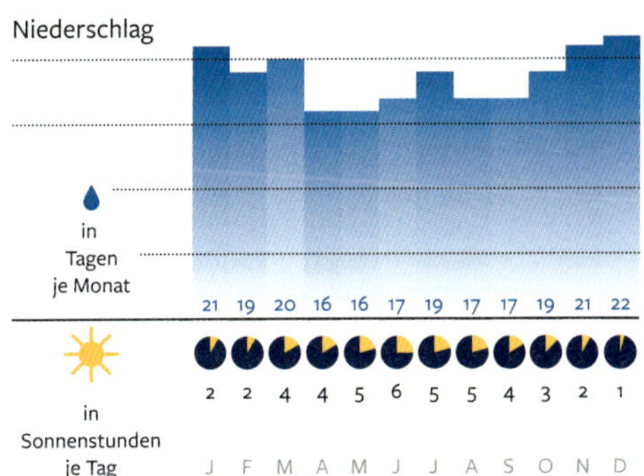

Der Harz als Wasserversorger

Im Harz gibt es 31 Talsperren mit einem Gesamtfassungsvermögen von 400 Mio. m³ Wasser. Die Stauseen werden zur Stromerzeugung und als Naherholungsgebiet genutzt. Die Rappbodetalsperre im Harz wurde 1959 in Betrieb genommen und ist mit 106 m Höhe die Talsperre mit dem höchsten Staubauwerk in Deutschland.

Die fünf höchsten Talsperren Deutschlands:

	Rappbode (SA)	*Leibis-Lichte (TH)*	*Frauenau (BY)*	*Schmalwasser (TH)*	*Ruhrtalsperre (NRW)*
Einzugs-gebiet (km²)	269	72,4	30,4	30,4	288,1
Speicher-raum (Mio. m³)	109,08	32,4	20,8	21,4	202,6
Höhe (Meter)	106	102,5	86	80,7	77,2

Arten von Fledermäusen. Im Harz ist das **Auerhuhn** ausgestorben. Das Auerhuhn-Schaugehege in Lonau bei Herzberg gibt diesen schönen Tieren einen Lebensraum. Selten geworden sind auch die Alpenringdrossel und die Alpenbraunelle. Durch vielfältige Naturschutzbemühungen ist der Schwarzstorch zurück in den Buchenwäldern.

Naturschutz

Zurück zum Naturzustand

Der Harz wird **seit über 3000 Jahren wirtschaftlich genutzt.** »Mehr Schutz« für das Gebirge wünschte sich Hermann Löns schon Anfang des 20. Jh.s. Während weite Gebiete in jüngerer Vergangenheit auf vielfältige Weise genutzt wurden und sowohl Niedersachsen als auch die DDR den Harz als Landschaftsschutzgebiet auswiesen, waren der Brocken und die ihn umgebenden Wälder viele Jahrzehnte gesperrt – auch eine Folge des Kalten Krieges. Eine Besonderheit der Harzer Natur sind die **fast völlig intakten Hoch- und Übergangsmoore** der Hochlagen mit ihrer ganz besonderen Pflanzenwelt. Als nach 1989 der Eiserne Vorhang fiel, setzten sich Naturschützer dafür ein, die Grenzzone mit ihrer unberührten Natur zu erhalten: Das **»Grüne Band«** zieht sich heute als multinationales Biotopverbundgebiet auf ca. 12 500 km von Nord nach Süd durch Europa entlang der alten Ost-/West-Grenze (www.erlebnisgruenesband.de).

Wald im Nationalpark

Der länderübergreifende **Nationalpark Harz**, der 2006 aus dem Nationalpark Hochharz (gegr. 1990) und dem Nationalpark Harz (gegr. 1994) hervorging, erstreckt sich von Bad Harzburg und Ilsenburg im Norden bis Herzberg und zum Oderstausee im Süden. Mittlerweile bilden rund 70 % des Gebiets mit dem Brocken als Mittelpunkt die Naturdynamik- oder Kernzone. Hier ist der dynamische Wandel hin zu einer natürlichen Bergwildnis zu sehen. Insgesamt stehen knapp 250 km² unter Nationalparkschutz, das sind rund 10 % des Harzes. Der Nationalpark umschließt mit dem Südhang, den Mittel- und Hochlagen bis zum Nordabfall bei Bad Harzburg alle typischen Landschaftsteile. 95 % des Parks sind bewaldet, rund 870 ha entfallen auf die Moore. Mehr als 10 000 Tier- und Pflanzenarten haben hier einen geschützten Lebensraum. Im gesamten Nationalpark gilt das Wegegebot, d. h. er darf nur auf beschilderten Wegen betreten werden. Rund 600 km ausgeschilderte Wanderwege stehen dafür zur Verfügung (www.nationalpark-harz.de).

Bevölkerung und Wirtschaft

Der Harz im Wandel

Der Harz hat eine bewegte Geschichte. Mehr als 40 Jahre deutsch-deutsche Teilung haben die Region geprägt und sind noch heute lebendig zu erfahren, z.B. im Brockenhaus in der ehemaligen Stasi-Abhörzentrale. Auch im Westharz gab es Horchanlagen der NATO. Wo einst Wachsoldaten patrouillierten, verläuft heute das »Grüne Band«. Der Harz erstreckt sich über die Bundesländer Niedersachsen, Sachsen-Anhalt und Thüringen mit fünf Landkreisen. Wie andere ländliche Gebiete hat auch der Harz mit dem demografischen Wandel zu kämpfen. Viele junge Menschen wandern ab. Die Arbeitslosenquote in den Landkreisen lag 2020 zwischen 6,2 und 10,5 %. Durch Hochschulen wie die Technische Universität in Clausthal, die Hochschule Harz in Wernigerode oder die Hochschule in Nordhausen finden junge Menschen ihren Weg in die Region (zurück).

Industrie

Die industrielle Entwicklung im Harz setzte im 18. Jh. mit der Ansiedlung zahlreicher kleinerer Industriebetriebe ein. Im 19. Jh. stieg ihre Zahl dann sprunghaft an, Schwerpunkte entwickelten sich am Harzrand, in Goslar, Seesen, Osterode, Herzberg, Bad Lauterberg, Wernigerode, Blankenburg und Thale. Bis heute sind chemische Großbetriebe am Harz ansässig, die als Bergbaufolgebetriebe entstanden sind.

Einige Gräben der Wasserwirtschaft für den Bergbau im Oberharz sind mittlerweile Teil des Weltkulturerbes.

»
Es grüne die Tanne, es wachse das Erz,
Gott schenke uns allen ein fröhliches Herz!
«

Bergbau

Der alte Harzspruch zeugt noch heute von der überragenden Bedeutung, die der Bergbau für die ganze Region hatte. Herausragend war die **Silbergewinnung** am Rammelsberg, die sich auf den gesamten Oberharz ausdehnte. Zeitweise befand sich hier die wichtigste Silberproduktion Europas. Auch Blei, Zink, Gold und Kupfer lagen hier so reichlich wie sonst an kaum einem Ort weltweit. Die **Eisenerzgewinnung** konzentrierte sich in der Gegend um Elbingerode, und der **Abbau von Kupferschiefer** fand vor allem im Raum Mansfeld und Sangerhausen statt. Mit der Intensivierung des Silberbergbaus im Oberharz und der Kupfergewinnung auf dem Rammelsberg wächst die Siedlung Goslar ab dem 10. Jh. zur Stadt heran. Der Überlieferung nach kamen die ersten Bergleute aus dem Siegerland. Der Bergbau dehnte sich bis in die Gegend von Zellerfeld aus und ließ bis zum 16. Jh. mehr als 30 Orte im westlichen Harz entstehen.
Die Berufung »meißnischer Gesellen« aus dem Erzgebirge durch Herzog Heinrich den Jüngeren von Braunschweig-Wolfenbüttel im Jahr 1524 brachte eine neue Blüte. In dieser Zeit entstanden die **sieben freien Bergstädte** Grund, Wildemann, Lautenthal, Clausthal, Zellerfeld, Sankt Andreasberg und Altenau sowie andere Bergorte wie Bockswiese und Hahnenklee. In Sankt Andreasberg waren 1533 bereits 116 Gruben in Betrieb. Zu Beginn des 18. Jh.s erlebte der Bergbau einen weiteren Aufschwung nach der Entdeckung ergiebiger

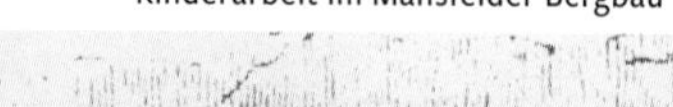
Kinderarbeit im Mansfelder Bergbau

Erzlagerstätten und nach einer Reihe wichtiger technischer Neuerungen, u. a. dem weiteren Ausbau der »Wasserkünste«. 1775 wurde in Clausthal die spätere Bergakademie und heutige **Technische Universität** gegründet. Nach einer letzten Blütezeit Anfang des 19. Jh.s versiegte der Bergbau im Oberharz schließlich. Mit der Grube Wolkenhügel bei Bad Lauterberg schloss **2007** auch das letzte Bergwerk. Damit endete der Harzer Bergbau. Lebendig blieben die **Bergbautraditionen** in der Sprache und in den Bräuchen.
Dennoch ist der Harz mit seinem Vorland bedeutender Lieferant von mineralischen Rohstoffen wie Kalkstein, Gips und Anhydrit, Hartgestein sowie Kies und Sand. Ob der Harzer Bergbau wirklich der Vergangenheit angehört oder nur einen Dornröschenschlaf hält, ist noch nicht entschieden. Denn die Rohstoffknappheit und -verteuerung des 21. Jh.s machten so manches unrentabel gewordene Montangebiet plötzlich wieder interessant, und zu diesen gehört auch der Goslarer Rammelsberg. Vor allem das Thema Recycling wirtschaftsstrategischer Metalle ist hier immer wieder Bestandteil von Untersuchungen und Forschungsprojekten..

Tourismus

An die Stelle des Bergbaus trat schon Anfang des 19. Jh.s der Tourismus. Die kommerzielle Nutzung der Heilquellen im Harz setzte 1810 mit der Eröffnung des Heilbads in Alexisbad ein. Diese Entwicklung wurde durch die Weltkriege und vor allem durch die Teilung Deutschlands unterbrochen. In beiden Teilen entwickelte sich der Tourismus getrennt; im Osten entstanden Ferienheime, v. a. unter der Regie des Freien Deutschen Gerwekschaftsbund (FDGB). Die Tourismusbranche bietet eine große Vielfalt an liebevoll sanierten Hotels, Wellnessresorts, heimeligen Ferienhäusern, gemütlichen Wanderherbergen, Pensionen und Ferienwohnungen. Historische Gemäuer wurden behutsam restauriert und mit der **Straße der Romanik**, der **Deutschen Fachwerkstraße** oder dem **Projekt Gartenträume** entsprechend in Szene gesetzt.

Landwirtschaft

Schwächstes Glied der Wirtschaft im Harz war von alters her die Landwirtschaft, die sowohl wegen der Bodenbeschaffenheit (v. a. Gesteinsuntergrund) als auch wegen des Klimas mit schwierigen Bedingungen zu kämpfen hatte. So wird Landwirtschaft nur in den tieferen Lagen, besonders im Unterharz, betrieben.

Holz- und Forstwirtschaft

Die Holz- und Forstwirtschaft spielte schon immer eine bedeutende Rolle im Harz. Nachdem die Fichtenmonokulturen in vielen Teilen durch Trockenheit und Parasiten abgestorben sind und abgeholzt werden mussten, wird der Waldwandel vorangetrieben. Nach und nach werden natürliche Mischwälder mit besser an das Klima angepassten Baumarten entstehen. Heute kommt der steigende Bedarf an Holz als nachwachsendem Rohstoff der Forstwirtschaft zugute.

KUNST, KULTUR, GESCHICHTE

Ottonen und Salier rückten im Mittelalter den Harz ins Zentrum des Heiligen Römischen Reiches. Pfalzbauten entstanden, der Bergbau sorgte jahrhundertelang für den nötigen Reichtum. Bergmannssohn Martin Luther trieb von hier die Reformation voran. Die deutsch-deutsche Teilung zerriss die Region.

Frühzeit bis Reichsgründung

Altsteinzeit

In der Altsteinzeit (100 000 – 40 000 v. Chr.) zogen im Harzvorland **Jäger, Sammler und Fischer** umher. Funde von bearbeiteten Geweih- und Feuersteinspitzen und Tierknochen, u. a. in den Rübeländer Höhlen, der Einhornhöhle, an der Bode bei Weddersleben, bei Quedlinburg und bei Frankenhausen, belegen, dass die Menschen in das wildreiche Gebirge eindrangen, das von dichtem Urwald bedeckt war.

Jungsteinzeit

In der Jungsteinzeit (5000 – 2000 v. Chr.) entwickelten sich im Harzvorland sesshafte Bauernkulturen. Spuren aus der Jungsteinzeit fanden sich in den Flusstälern der Bode und der Selke, bei Elbingerode, Braunlage und Hasselfelde. In Gräbern, an Kultstätten und an Siedlungsplätzen, u. a. bei Thale, Ballenstedt, Hettstedt und Sangerhausen, wurden Steinwerkzeuge, Knochenreste von Haustieren (u. a. Rinder, Schweine, Ziegen), Schalen, Krüge und Kannen gefunden.

Bronze- und Eisenzeit

In der Bronzezeit (2000 – 800 v. Chr.) wurde der gesamte Harz besiedelt. Erste Nachweise von Metallgewinnung lassen die Erzgewinnung im Harz seit 3000 Jahren annehmen.
Aus Schweden, Dänemark und Norddeutschland stoßen **Germanen** im Harzraum auf die aus Süden einwandernden **Kelten**. Funde in Neinstedt und bei Quedlinburg zeigen, dass sich trotz langer Kämpfe eine bemerkenswerte Kultur entwickelte. Rund um den Harz entstanden die ersten **Fluchtburgen**, befestigte Burgwälle zum Schutz der Bevölkerung und zur Herrschaftssicherung des Adels. An sie erinnern nur wenige Spuren, u. a. am Ausgang des Bodetals bei Thale, am Hexentanzplatz und auf der Roßtrappe, die Struwenburg im Norden, Pipinsburg, Questenberg und Sachsenburg im Süden.
Für den Harz nachgewiesen ist Eisenerzverhüttung bereits um 300 n. Chr. in Düna bei Osterode; am Rammelsberg ist dies für das 5./6. Jh. belegt.

Typisch Harzer Fachwerk: Stolbergs Rathaus wurde 1454 erbaut.

EPOCHEN

FRÜHZEIT BIS REICHSGRÜNDUNG

5000–2000 v. Chr.	Bauernkulturen im Harzvorland
1200–800 v. Chr.	Älteste Nachweise von Metallgewinnung
ab dem 6. Jh.	Sachsen und Franken besiedeln den Harz.
742–814	Karl der Große unterwirft die Sachsen.

HERRSCHAFT DER OTTONEN

919	Der Liudolfinger Heinrich I. wird erster deutsche König.
970	Entdeckung der Silbervorkommen am Rammelsberg

SALIER, WELFEN UND STAUFER

ab 1125	Die Harzregion zerfällt in mehrere geistliche und weltliche Territorien
14. Jh.	Die Städte gewinnen an Eigenständigkeit. Die Pest von 1348 bringt den Bergbau zum Erliegen. Missernten und drückende Abgaben

VON DER REFORMATION BIS 1800

1517	95 Thesen von Martin Luther
1525	Niederlage der Bauern bei Frankenhausen
1625–1631	Schwere Zerstörungen im Dreißigjährigen Krieg

19. JAHRHUNDERT BIS HEUTE

1803–1815	Der Harz ist dem Königreich Westfalen einverleibt. Der Wiener Kongress gibt ihn Preußen zurück.
19. Jh.	Der Bergbau verliert an Bedeutung.
1945–1989	Die deutsch-deutsche Grenze teilt den Harz.
2006	Zusammenlegung der Nationalparks Hochharz gegr. 1990) und Harz (gegr. 1994) zum länderübergreifenden Nationalpark Harz.
2010	Oberharzer Wasserwirtschaft und Kloster Walkenried ergänzen das UNESCO-Weltkulturerbe Bergwerk Rammelsberg und die Altadt Goslar.

Stammesstaaten entstehen

Das im 5. Jh. mächtige, von der Elbe bis zur Donau reichende **Reich der Thüringer** wurde 531 von den vereinigten Franken und Sachsen vernichtet und aufgeteilt. Die geschlagenen Fürsten flüchteten mit ihrem Gefolge in die Berge, wo sie an schwer zugänglichen Plätzen Burganlagen errichteten. Gräberfelder und Siedlungen konzentrieren sich um Halberstadt, Klostermansfeld und Quedlinburg.

Karolinger

Mit der Krönung Pippins III. zum Frankenkönig 751 gelangten die Karolinger an die Macht (751). Karl der Große (742–814) unterwarf

die Bayern und Sachsen und dehnte sein Reich bis nach Oberitalien und Westgermanien aus.
Die fränkische Landnahme war verbunden mit der **Ausbreitung des christlichen Glaubens**, u. a. durch Wipertus († vermtl. 747) und Bonifatius († 754 oder 755), und der karolingischen Kunst. Im Harz entstanden christliche Zentren, aus denen später die Bistümer Halberstadt (810) und Hildesheim (815) sowie die Klöster Wendhusen, Drübeck und Ilsenburg hervorgingen. Aus dieser Zeit sind noch Gebäudeteile erhalten (▶ Ottonische Kunst, S. 305).
Nach der Eingliederung der Sachsen in das Fränkische Reich bildete der Harz die Grenze zwischen der germanischen und der slawischen Welt. An vielen Orten wurden Steinburgen gebaut, in deren Schutz sich Siedlungen bildeten. Heute erinnern noch viele Ortsnamen, die auf -rode oder -schwende enden, an ihren Ursprung durch Rodung oder Brandrodung, dem sog. Feuerschwenden. In dem Mitte bis Ende des 9. Jh.s erstellten **Hersfelder Zehntverzeichnis** werden in der Harzregion bereits über 300 Siedlungen und Gemeinwesen namentlich angeführt, dazu kamen in der Folgezeit über 500 Burgen und Pfalzen.

Herrschaft der Ottonen

Die Ottonen bauten während ihrer Regentschaft 919 – 1024 den Harz als ihr Hausmachtgebiet zum Kernland der deutschen Kaiser aus. Die **Funde reicher Erzlager**, wie von Silber und Kupfer am Rammelsberg bei Goslar und in Clausthal-Zellerfeld, von Blei bei Gernrode, Eisenerz u a. bei Stolberg sowie von Kupfererz bei Mansfeld und Hettstedt, ließen den Bergbau beginnen. Seit dem 11. Jh., vor allem um 1200, entstanden zahlreiche Steinburgen.

Heinrich der Vogler

Im 9. und 10. Jh. kristallisierten sich die Liudolfinger (Ottonen) aus dem Gandersheimer Gebiet als einflussreichste sächsische Stammesfürsten heraus. 912 wurde **Heinrich I.** (875 – 936) zum Herzog von Sachsen und 919 von den Stammesfürsten zum König des Ostfränkischen Reichs gewählt, der Keimzelle des späteren Deutschen Reichs.
Der Legende nach soll sich der begeisterte Vogelfänger Heinrich zum Zeitpunkt seiner Wahl in **Quedlinburg** auf seinem »Finkenherd« aufgehalten haben, eine auf einer Waldlichtung gelegenen Vogelfalle. Noch heute bezeichnet eine Reihe von Fachwerkhäusern in Quedlinburg den Finkenherd. Die Stelle allerdings beanspruchen auch andere Harzorte, darunter Nordhausen und Pöhlde. Tatsächlich war Heinrich auf dem Reichstag zu Fritzlar, bei dem er 919 zum König gewählt wurde. Johann Nepomuk Vogl machte ihn in seiner Ballade »Heinrich der Vogler« von 1835 fälschlich zum Kaiser.

Wanderkönige

Auch die Ottonen und Salier zogen mit ihrem gesamten Hofstaat von **Pfalz** zu Pfalz (lat. Palatium = Name des Hügels in Rom, auf dem der Kaiserpalast stand). Am Harzrand lagen die am häufigsten besuchten Königspfalzen: Quedlinburg, Goslar, Werla, Pöhlde, Nordhausen, Tilleda und Allstedt. Mit den Damenstiften Gandersheim und Quedlinburg befand sich das geistliche Zentrum der ottonischen Könige ebenfalls im Harz.

Kernland der Kaiser

Heinrich sorgte für den Ausbau zahlreicher **Burgen** und besiegte 933 die Ungarn. Das Zentrum des Reichs verlagerte sich nach Sachsen, der Harz wurde Kernland der deutschen Kaiser. Hier lagen die am Rammelsberg bei Goslar um 970 entdeckten **größten Silbervorkommen des Reichs**. Dies bildete in den folgenden zwei Jahrhunderten die Quelle für den wirtschaftlichen und kulturellen Aufschwung. Otto I. (912 – 973; seit 962 Kaiser des Heiligen Römischen Reichs), Sohn Heinrichs I., festigte seine Herrschaft durch die Einsetzung von Bischöfen und Klosteräbten zu Reichsfürsten. Das im 10. Jh. von den sächsischen Kaisern bevorzugte Quedlinburg büßte seine

Die Wanderkönige regierten von Pfalzen aus. Goslar ist die prächtigste.

Bedeutung allmählich zugunsten des 922 gegründeten Goslar ein. Bereits Heinrich II., der letzte sächsische Herrscher (1002 – 1024), hatte seine Pfalz von Werla nach Goslar verlegt.

Ottonische Kunst

Die ottonische (frühromanische) Kunst befreite sich von den spätantiken Traditionen und gilt damit als **Beginn einer eigentlich deutschen Kunst**. Zu den Meisterwerken der Sakralbaukunst zählt St. Cyriakus in Gernrode, eine kreuzförmige, flachgedeckte Basilika mit Nonnenemporen, charakteristischer Stützenabfolge (▶ Abb. S. 306) und der frühesten Hallenkrypta im norddeutschen Raum. Ebenfalls in diese Zeit fällt in Quedlinburg der Bau der Grabkirche auf dem Schlossberg sowie der Klosterkirche St. Wiperti, auch bedeutend durch die erhaltene Krypta einer Vorgängeranlage. Ottonische Malerei hat sich v. a. in der Buchmalerei erhalten. In den Domschätzen in Quedlinburg und Halberstadt sind einige frühromanische Meisterwerke zu sehen.

Salier, Welfen und Staufer

Die Salier

Mit dem Übergang des Königtums an **Konrad II.** (1024 – 1039) gelangten die fränkischen Salier an die Macht. Auch für sie waren der Harz und seine Randgebiete Kernland ihrer Herrschaft. **Heinrich III.** (1039 – 1056) machte die Pfalz Goslar zu einer der wichtigsten Städte im Reich; unter ihm erreichte das Deutsche Reich seine größte Ausdehnung. Als der in Goslar geborene **Heinrich IV.** (1056 – 1105) mit 15 Jahren die Macht übernahm, befand er sich gegenüber den Fürsten in einer schwachen Position. Diese hatten in der kaiserlosen Zeit ihre Herrschaften. 1073 erhoben sich die Sachsen und zwangen Heinrich zur Flucht von der Harzburg. Zwar konnte Heinrich die Sachsen 1075 wieder schlagen, doch der Harz entglitt ihm.

Emanzipation der Städte

Sein Sohn **Heinrich V.** unterlag 1115 bei Mansfeld gegen die vereinigten Sachsen und verlor damit seinen Einfluss auf den Norden des Reichs (1118 Zerstörung der Reichsburg Kyffhausen). 1125 wurde Graf **Lothar** von Querfurt zum König, 1133 zum Kaiser gekrönt († 1137). Er gründete Klöster und ließ Kirchen errichten. Während seiner Regierungszeit erhielten die Städte größere Freiheiten wie Münz-, Zoll- und Marktrechte.

Romanik

Die Romanik entstand unter dem Eindruck der Italienpolitik der deutschen Könige und Kaiser. **Benediktiner** und **Zisterzienser** erschlossen und kultivierten unwegsame Gebiete, förderten den Bergbau, bauten Klöster und verbreiteten das Christentum.
Zwei bedeutende Baudenkmäler aus dieser Zeit befinden sich **in Goslar**, Dom (1819 bis auf die Eingangshalle abgebrochen) und Kai-

»Gernroder Stützenwechsel« in St. Cyriakus in Gernrode

serpfalz, die – trotz der Umbauten im 12. und 13. sowie der Wiederherstellung im 19. Jh. – den ursprünglichen Zustand bewahrt und in Deutschland weithin Schule gemacht hat. Zu den herausragenden Bauten dieser Zeit gehören außerdem die **Quedlinburger Stiftskirche** und die Sangerhäuser Klosterkirche St. Ulrich (der Steinmetz beider Kirchen hatte zuvor die Abteikirche Sant'Abbondio bei Como in Oberitalien verziert), die Stiftskirche in Bad Gandersheim (die vom Goslarer Dom den Westbau und von Quedlinburg den Nonnenchor übernahm) sowie die Halberstädter Liebfrauenkirche.
Zu den Meisterwerken Harzer Bildhauerkunst gehören das Hl. Grab in Gernrode, die Äbtissinnengrabsteine in Quedlinburg, die Reliefs der Chorschranken in der Halberstädter Liebfrauenkirche, der Krodo-Altar aus dem Goslarer Dom (heute im Goslarer Museum) und die bronzenen Arm- und Rückenlehnen des Goslarer Kaiserstuhls. In den **Domschätzen von Halberstadt und Quedlinburg** sind weitere Kunstwerke dieser Epoche zu bestaunen.

Welfen und Staufer

Heinrich der Löwe (1129 – 1195) eroberte als Herzog von Bayern und Sachsen die elbslawische Gebieten, geriet dabei jedoch in Konflikt mit den Magdeburger Erzbischöfen. Dieser gipfelte in der Zerstörung von Braunschweig, Haldensleben und Halberstadt. Auch der Staufer Friedrich I. Barbarossa (um 1122 – 1190; seit 1155 Kaiser) hielt sich öfter im Harz auf, besonders auf der Burg Tilleda am Fuße des Kyffhäusers. 1181 entmachtete er Heinrich. Mit der Aufteilung von dessen Herrschaftsgebieten – das westliche Sachsen erhielt Graf Bernhard von Anhalt, das östliche Sachsen Herzog Albrecht – leitete er die **feudale Zersplitterung Sachsens** und Deutschlands ein.

Viele kleine Herrschaften

Auch der Harz zerfiel zusehends in weltliche und kirchliche Einzelherrschaften: Neben dem Bistum Halberstadt und den Klöstern Walkenried und Gernrode hatten sich im 14. Jh. einflussreiche Grafschaften entwickelt: am Südrand Scharzfeld, Hohnstein und Stolberg, am Nordrand Wernigerode, Blankenburg-Regenstein und Falkenstein, im Osten Mansfeld.
Unter Graf Hoyer von Falkenstein verfasste Eike von Repgow 1230 vermutlich auf der Burg Falkenstein (▶ S. 256) Teile des **»Sachsenspiegels«**, des bedeutendsten Rechtsbuchs des deutschen Mittelalters. Den Südostrand des Harzes beherrschten seit dem 11. Jh.die durch den **Mansfelder Kupferbergbau** reich gewordenen Grafen von Mansfeld. In Graf Albrecht III. von Mansfeld (1480 – 1560) fand Martin Luther einen eifrigen **Förderer der Reformation**.

Gotik

Auch im Harz entstanden gotische Kirchen und Klosteranlagen. Jedoch erreichten ihre Zahl und Bedeutung nicht die vergangener Zeiten, als der Harz noch politisches Zentrum des Reichs war. Das Zisterzienserkloster **Walkenried**, dessen Ruinen nun ein Museum beherbergen, wurde 1215 begonnen, der Westbau des Halberstädter Doms im zweiten Viertel des 13. Jh.s. erbaut. Weitere eindrucksvolle gotische Sakralbauten findet man in Lutherstadt Eisleben (St. Andreas), Mansfeld (Schlosskirche) und Nordhausen (Dom).

Aufstieg der Städte

Durch Handel, Handwerk und Bergbau wurden die Städte reich. Der **Hanse** gehörten u.a. Goslar (seit 1267), Halberstadt (1387), Quedlinburg (1426) und Nordhausen (1430) an. Vielerorts entstanden die für das Harzer Stadtbild so typischen Bauten **in Fachwerk- und Steinbauweise** wie Rathäuser mit Rolandsfiguren, Zunft- und Gildehäuser und Getreidespeicher (▶ S. 314).

Von der Reformation bis 1800

Agrarkrise

Der Bergbau hatte einen enormen Aufschwung ermöglicht, doch gleichzeitig setzte eine **Landflucht** ein. Ursache war die in ganz Europa verbreitete Agrarkrise. Ganze Landstriche und Dörfer wurden aufgegeben und verödeten (in Mitteldeutschland zwischen 40 und 68 %). In der frühen Neuzeit beginnen auch die **Hexenverfolgungen**. Ab ca. 1430 bis 1780 sind in Deutschland mehrere Wellen der Verfolgung und Hinrichtungen zu verzeichnen, auch im Harz; Höhepunkt war die Zeit zwischen 1560 und 1680 (▶ Baedeker Wissen, S. 268/269).

Bauernkrieg

Seit dem 13. Jh. hatte es in vielen Teilen Süddeutschlands, Österreichs und der Schweiz immer wieder Aufstände der Landbevölkerung gegeben. Im Harz waren Ausbeutung und Unterdrückung infolge der Zersplitterung der Herrschaften besonders unerträglich. **Hans Böheim** (der Pfeifer von Niklashausen), **Joß Fritz** u. a. forderten die Beseitigung einzelner Missstände. Die Reformbewegung breitete sich aus: Landesherren und Adlige verlangten die Kirchengüter; das Bürgertum strebte die Einschränkung der Kirchenmacht an, Bauern und Teile der Stadtbevölkerung hofften auf eine Verbesserung ihrer sozialen Lage, u. a. durch Abschaffung des Kirchenzehnten und der Leibeigenschaft.
Seinen Höhepunkt fand der Protest im Bauernkrieg. Zu den wichtigsten Zentren des Aufstands gehörten u. a. Mansfeld, Allstedt, Sangerhausen, Nordhausen, Stolberg, Hohnstein, Schwarzfeld, Blankenburg, Quedlinburg, Ballenstedt, Halberstadt und Wernigerode. Am 15. Mai 1525 wurden die Aufständischen unter der Führung des in Stolberg geborenen **Thomas Müntzer** (▶ Interessante Menschen) bei **Frankenhausen** vernichtend geschlagen. Rund 6000 Menschen fanden den Tod. Die weltlichen Fürsten hatten danach ihre Macht auf Kosten des niederen Adels und der Geistlichkeit ausbauen können. Die Welfen übernahmen den Oberharz, die Wettiner große Teile des Mansfelder Landes und die Brandenburger den Nordosten.

Reformation

Die Veröffentlichung der **95 Thesen Martin Luthers** (▶ Int. Menschen) 1517 sowie die Verbreitung seiner Idee »von der Freiheit eines jeden Christenmenschen« fand im Harz viele Anhänger. Die Reformation breitete sich im gesamten Harzgebiet aus. Klöster wie das Quedlinburger Stift, Michaelstein, Ilfeld und Ilsenburg traten zum Protestantismus über. In Osterwieck zeugen Inschriften an Fachwerkhäusern von dieser Zeit.

Baukunst der Renaissance

Die Renaissance beschränkte sich im Harz zunächst auf die Verwandlung mittelalterlicher Burgen in repräsentative Wohnschlösser. Viele Burgen waren von aufständischen Bauern zerstört oder in der Zwischenzeit aufgegeben worden. Auch säkularisierte Klöster zerfielen zusehends. **Wohnschlösser** entstanden u. a. in Blankenburg, Stolberg, Quedlinburg, Herzberg, Allstedt und Mansfeld.
Ab 1550 entstanden in den größeren Städten die ersten prächtigen **Renaissance-Rathäuser** mit hohen Giebeln, Erkern und schönen Sitznischenportalen. In den unteren Etagen sorgten häufig Kaufhallen und Warenlager für Betriebsamkeit. Auch zahlreiche **Wohnhäuser** entstanden in dieser Zeit; bemerkenswerte

Meisterwerk der Bildhauerkunst in der Renaissance: die Tumba für Graf Hoyer VI. in Lutherstadt Eisleben

Profanbauten sind u.a. in Goslar, Quedlinburg, Wernigerode und in Blankenburg zu sehen. Ein Meisterwerk mitteldeutscher Bildhauerkunst ist die **Tumba** für den Grafen Hoyer VI. in der Andreaskirche in Lutherstadt Eisleben.

Dreißigjähriger Krieg

Im Dreißigjährigen Krieg (1618 – 1648) brachen sich die Gegensätze zwischen Protestanten und Katholiken, zwischen den Reichsständen und dem habsburgischen Kaiser Bahn. Seine Auswirkungen waren für den Harz verheerend. Zunächst fielen die kaiserlichen Truppen unter **Wallenstein** ein und zogen 1625 siegreich gegen den Mansfelder Grafen zu Felde. 1626 wurde Christian von Dänemark bei Lutter am Barenberge durch **Tilly** geschlagen, wodurch der Harz den kaiserlichen Truppen ausgeliefert war. In viele Dörfern und manchen Städten schlossen sich Bauern, Handwerker, Bergleute und Waldarbeiter zu einer Art Selbstschutzbewegung zusammen, den **»Harzschützen«**. Sie errichteten u. a. Waldlager, wo sie Frauen und Kinder in Sicherheit brachten.Bei Kriegsende war über die Hälfte der Bewohner des Harzes ums Leben gekommen. Nach dem Friedensschluss konnten Brandenburg und die Hohenzollern ihren Einfluss weiter ausdehnen.

Baukunst im Barock

Nach dem Dreißigjährigen Krieg begann sich langsam der üppige Barockstil durchzusetzen. Im Harz entstanden **nur wenige barocke Neubauten**; dafür erhielten einige zerstörte Kirchen, Schlösser oder Rathäuser bei ihrem Wiederaufbau prächtige Innenräume, so die Klosterkirche Grauhof bei Goslar, die Stephanikirche in Goslar, die beiden Schlösser in Blankenburg, Schloss und Krummelsches Haus in Wernigerode und das Schloss in Ballenstedt. Vielerorts entstanden die typischen Hallenkirchen, etwa in Clausthal, Altenau und St. Andreasberg.

Eingriffe in die Natur

1775 wurde in Clausthal die Bergakademie gegründet (heute Technische Universität). Der Bergbau florierte, die Abholzungen erreichten gigantische Ausmaße. Um Kahlschläge rasch wieder aufzuforsten, wurden ab 1733 die robusten, im Harz heimischen Fichten gepflanzt. Der ehemalige Laubwald wich dichten Nadelforsten.

Klassizismus

In Deutschland setzte sich der Klassizismus vor allem in der **Baukunst** durch; im Harzraum gibt es jedoch nur wenige klassizistische Bauwerke. Dazu zählt die Kapelle im Selketal, 1815 als herzoglicher Teepavillon von Friedrich Schinkel entworfen.

19. Jahrhundert bis heute

Unter Napoleon

1803 wurden auf Druck Napoleons im **Reichsdeputationshauptschluss** 112 Kleinstaaten in Deutschland aufgehoben. Nachdem

Franz II. 1806 die Kaiserkrone ablegte, war das Heilige Römische Reich Deutscher Nation beendet. Der Harz wurde 1807 bis auf das Fürstentum Anhalt dem **Königreich Westfalen** unter Napoleons Bruder Jérôme einverleibt.

Preußen behauptet sich

Nach Napoleons Niederlage erhielt Preußen 1815 seinen anhaltinischen Besitz zurück und dazu große Teile von Kursachsen. Hannover wurde Königreich, und durch die damit einhergehende Blüte florierte auch der Silberbergbau. Mit der Annexion Hannovers durch Preußen 1866 gehen auch das hannoversche Harzgebiet und das Bergwerkseigentum an den preußischen Staat. Zwischen 1848 und 1854 fördert Preußen die **Auswanderung**. Ziel der 1124 Auswanderer aus dem Harz ist vor allem Südaustralien.

Niedergang des Bergbaus

Der **Bergbau** verlor im 19. Jh. trotz technischer Neuerungen seine Bedeutung. Ursache waren die **Erschöpfung der Erzlager**, die fallenden Metallpreise und die billigere Konkurrenz. 1910 wird die Grube Samson stillgelegt, damit endet der Silber-Bergbau in St. Andreasberg. 1930 folgen die Gruben in Clausthal, Zellerfeld und Bockswiese. 1988 endet der Bergbau am Rammelsberg bei Goslar. In der DDR produzierten die Hüttenbetriebe und Gruben allerdings – wenn auch unrentabel – weiter, um von ausländischen Importen unabhängiger zu bleiben.

Reiseziel Harz

Bereits Mitte des 18. Jh.s war der Harz als Reiseziel entdeckt worden. **Künstler und Literaten** trugen eifrig dazu bei, im In- und Ausland das Interesse zu wecken. Zu den bekanntesten Harzreisenden im 18. Jh. gehörten u. a. **Goethe** (1777, 1783, 1784) und Novalis. Ihnen folgten Joseph von Eichendorff, Wilhelm Raabe, Hans Christian Andersen und natürlich Heinrich Heine, der seine Erlebnisse in der »Harzreise« festhielt. Im 19. Jh. hielten Caspar David Friedrich und andere Maler die Schönheiten des Harzes in ihren Bildern fest. Von 1841 an erfolgte der **Anschluss des Harzes an das Eisenbahnnetz**, beginnend mit der Verlängerung der ersten deutschen Staatsbahn von Braunschweig bis nach Bad Harzburg. Dies und die Entwicklung der Heilbäder sorgten für wachsenden Fremdenverkehr. So entstanden vielerorts Stadtvillen, Hotels und Kureinrichtungen. Teilweise kam der von den deutschen Ostseebädern bekannte Baustil der Bäderarchitektur zum Einsatz, etwa in Bad Harzburg.

Historismus

Das Prinzip des Historismus, Stilformen von der Romanik bis zum Klassizismus zu vereinen, spiegelt sich im Umbau des Barockschlosses Wernigerode (▶ S. 283) zu einem repräsentativen Gesamtkunstwerk von Schloss und Parkanlagen wider. Auch die Roseburg bei Ballensted sowie Schloss Röderhof bei Halberstadt sind Neubauten in historisierendem Stil.

OBEN: Der Betrieb im Erzbergwerk Rammelsberg wurde 1988 eingestellt. Heute sitzen nur noch Touristen in der Kaue.

UNTEN: Gegen das Vergessen: KZ-Gedenkstätte Mittelbau Dora

Drittes Reich

Am 10./11. Oktober 1931 traf sich in Bad Harzburg die **»Harzburger Front«**, ein Zusammenschluss von Nationalsozialisten und Völkischen, die den Sturz der Weimarer Regierung anstrebten. Neben Adolf Hitler, Heinrich Himmler und SA-Chef Ernst Röhm gaben sich führende Antidemokraten ein Stelldichein, allen voran Pressemagnat Alfred Hugenberg und der ehemalige Reichsbankpräsident Hjalmar Schacht. Nach 1933 rückte die kriegswichtige Erzförderung wieder in den Fokus. Clausthal-Zellerfeld erhielt eine Munitionsfabrik.
Auch im Harz wurden **Konzentrationslager** eingerichtet, so bei Halberstadt das KZ Langenstein-Zwieberge. Buchenwald betrieb eine Außenstelle in Wernigerode. Im KZ Mittelbau Dora nahe Nordhausen wurde von 1943 bis 1945 von 60 000 Zwangsarbeitern des KZs die V2-Waffe hergestellt. Viele von ihnen überlebten nicht. Die Synagogen in Nordhausen und Halberstadt waren bereits 1938 zerstört worden. Vor allem die Harzrandstädte waren kurz vor Ende des **Zweiten Weltkrieges** Ziel schwerer Bombenangriffe; die Innenstädte von Halberstadt und Nordhausen wurden dem Erdboden gleichgemacht.

DDR

Nach Kriegsende verlief die **deutsch-deutsche Grenze mitten durch den Harz**. Der östliche Teil gehörte zu den DDR-Bezirken Erfurt, Halle und Magdeburg, der westliche zum Bundesland Niedersachsen. Mit dem Mauerbau 1961 wurde der **Brocken zum militärischen Sperrgebiet**. In der DDR hatte der Wohnungsbau Vorrang vor der Sicherung bzw. dem Wiederaufbau zerstörter Bau- und Kunstdenkmäler. Daher entstanden ab 1959 Neubauzentren vorwiegend in Plattenbauweise. Erst in den 1970er-Jahren wurde verstärkt damit begonnen, historisch gewachsene Altstadtbereiche zu sanieren und unter denkmalschützerischen Gesichtspunkten zu restaurieren.
Am 9. November 1989 fiel die Mauer, bereits am 3. Dezember wurde der Brocken geöffnet, am 3. Oktober 1990 trat der Einigungsvertrag in Kraft, die »Wende« war vollzogen. Der Harz gehört seither zu drei Bundesländern: Sachsen-Anhalt, Niedersachsen und Thüringen.

Touristische Infrastruktur

Teils mit Unterstützung der öffentlichen Hand wurden zahlreiche Investitionen in die touristische Infrastruktur und die Attraktivität der Region getätigt. Für überregionale Bekanntheit sorgten die Einweihung des **Nationalparks Harz** (2006) und die **UNESCO-Welterbestätten** – Goslar (seit 1992), Quedlinburg (1994) und Lutherstadt Eisleben (1996). 2010 wurden die Oberharzer Wasserwirtschaft und Kloster Walkenried dem Welterbe Goslar und Bergwerk Rammelsberg angegliedert. Überregional bedeutende Jubiläen wie die Städtejubiläen Goslars und Quedlinburgs (2022) oder zum 500. Todestag Thomas Müntzers (2025), Veranstaltungen wie die Wernigeroder Schlossfestspiele, die Walpurgisnacht oder die Weihnachtsmärkte ziehen immer wieder die Aufmerksamkeit auf den Harz.

Fachwerkbau im Harz

Die besondere Stimmung in den historischen Städten des Harzes entsteht durch die malerischen, verwinkelten Fachwerkhäuser unterschiedlichster Jahrhunderte. Viele von ihnen sind holzverschalt. Die Schalbretter, die das Fachwerk verstecken, schützen vor Witterungseinflüssen. Der Fachwerkbau ist die Urform der modernen Stahl- und Eisenskelettbauweise, sein tragender Rahmen besteht jedoch aus Holz (im Harz meist Fichte). Die einzelnen Zwischenräume (Gefache, Fache) dieses Gerüsts werden mit nichttragenden natürlichen Materialien gefüllt. Ab dem 17. Jh. wurden die Gefache mit Ziegelsteinen ausgefacht. Die senkrechten Pfosten (Stiele, Ständer, Säulen) werden unten von der Schwelle (Bundschwelle), oben vom Rähm (Rahmen, Spange, Oberschwelle, Bundbalken) gehalten. Zur Windaussteifung dienen die schräg verlaufenden Streben (Fuß- und Kopfbänder). Beim Stockwerkbau bildet jedes Stockwerk mit Schwellenkranz und Rähmkranz ein in sich geschlossenes Element. Die oberen Stockwerke stehen oft etwas nach außen vor, so dass die Bodenfläche größer wurde (Überhang).

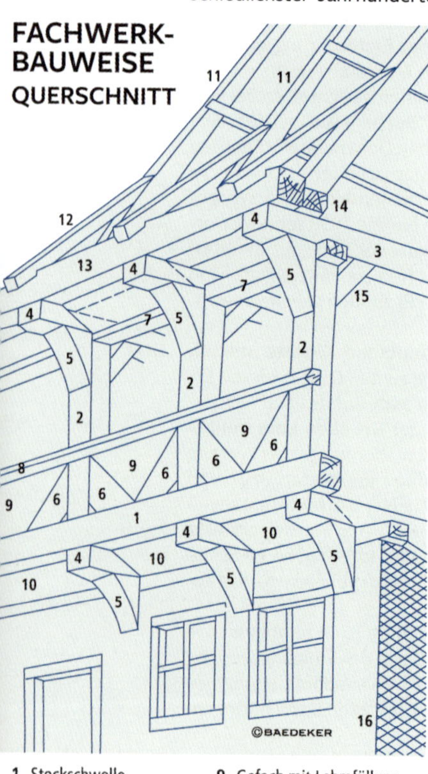

- 1 Stockschwelle
- 2 Stiel, Ständer, Säule
- 3 Deckenbalken
- 4 Balkenkopf
- 5 Knagge
- 6 Fußband, Strebe, Bug
- 7 Rähm, Rahmen, Oberschwelle
- 8 Riegel, Fensterlatte
- 9 Gefach mit Lehmfüllung, später mit Ziegelsteinen
- 10 Windbrett
- 11 Sparren
- 12 Aufschiebling
- 13 Dachschwelle
- 14 Sparrenschwelle
- 15 Kopfband, Strebe, Bug
- 16 Mauerlatte

Heutige Fachwerkhäuser gehen auf den Typus des Kaufmannshauses der Marktsiedlung zurück. Dessen **Urform ist der Ständerbau**; das älteste erhaltene Beispiel im Harz ist das 1347 errichtete Gebäude in Quedlinburg (heute Fachwerkmuseum). Nach einer Blütezeit im 16. und 17. Jh. setzte der Niedergang der Fachwerkarchitektur ein; Holz erschien »billig« und wurde durch den vornehmeren Stein ersetzt. Das Stadtbürgertum bevorzugte bereits seit dem 14. Jh. Stein als Baumaterial. Viele Fachwerkbauten wurden verputzt oder verschiefert, um ihnen ein modernes Aussehen zu verpassen. Erst ab ca. 1900 gelangte die Fachwerkarchitektur zu neuem Ansehen.

Stilgeschichte

In der **Gotik** (bis Mitte des 16. Jh.s) entstanden einfache Fachwerkkonstruktionen mit einem niedrigen Zwischengeschoss. Nur das Obergeschoss, ursprünglich ohne Fenster und nicht als Wohnraum genutzt, kragt vor. Die Knaggen, die Balkenköpfe und die Dreiecke zwischen den Fußstreben werden verziert; häufiges Motiv ist der Treppenfries.

In der **Renaissance** (bis Mitte des 17. Jh.s), der Blütezeit des Fachwerks, rückt das Schmückende in den Vordergrund. Die Verzierungen sind entweder in die Konstruktion eingebunden (u. a. Andreaskreuz, Mann, steigende und fallende Strebe) oder in die tragenden Elemente der Konstruktion (Ständer, Schwellen, Balkenköpfe) eingeschnitten. Die Dreiecksfelder (Brüstungsfelder) sind mit Halb- und Vollkreisen, Blendarkaden oder geschnitzten Täfelungen geschmückt. Die meist einfach gehaltenen Balkenköpfe zieren manchmal fantastische Masken und originelle figürliche Darstellungen. Im Barock (bis Ende des 18. Jh.s) werden die Häuser wieder schlichter; anstelle der Brüstungsplatten werden die Gefache durch die Form der Balken selbst geschmückt. Erker lösen die vorkragenden Stockwerke ab. Zunächst werden Balken überstrichen, später verputzt. Das Grundprinzip des Fachwerks, alle konstruktiven Teile sichtbar zu machen, geht verloren.

Sagen und Bräuche

Dichtung oder Wahrheit?

Goethe, der in seinem »Faust« die Walpurgisnacht auf den **Brocken** verlegte, machte ihn als Hexentanzplatz weltweit bekannt und gab dem alten Volksglauben eine klassische Darstellung. Auch andere Orte prägen sich dank fantasievoller Deutungen ein: Auf der **Roßtrappe** bei Thale findet sich der angeblich übergroße Hufabdruck eines Pferds im Fels. Jedoch handelt es sich um eine künstlich angelegte Mulde; wer sie warum geschaffen hat, ist jedoch unbekannt.

Steckt hinter solchen Geschichten mehr als nur blühende Phantasie? Tatsächlich lassen sich teilweise Verbindungen zur Realität herstellen, etwa, wenn eine Übereinstimmung von sagenumwobenen Orten mit archäologischen Befunden vorliegt. Bislang gelang im Harz ein solcher Nachweis für den **Hexentanzplatz bei Thale**. Dort wurde eine bronzene Axt aus dem frühen 2. Jt. v. Chr. geborgen, bei der es sich um ein Zeremonialgerät handeln muss. Auch wurde ein Findling mit Ritzzeichnungen freigelegt, der heute in der Walpurgishalle zu besichtigen ist. Möglicherweise befand sich also hier tatsächlich ein Kultplatz. Was sich dort abspielte, bleibt allerdings ebenso unklar wie die Vorgänge am **Kyffhäuser**: In einer tiefen Höhle des Kosakenberges ergruben Archäologen in den 1950er-Jahren Knochen von über 130 Menschen aus der Bronzezeit. Es ist nicht auszuschließen, dass sie im Zuge einer kultischen Handlung geopfert wurden. In der Lichtensteinhöhle bei Osterode wurden ebenfalls Überreste von Menschen aus der späten Bronzezeit gefunden. Ganz sicher sind sich die Experten bei der **Schal-**

Hässliche oder fesche Hexe? An Walpurgis ist jede Verkleidung erlaubt.

kenburg nördlich von Hettstedt: Die fünf konzentrischen Kreisanlagen aus der Jungsteinzeit dienten der Sonnenbeobachtung. Fehlanzeige hingegen beim sagenumwobenen **Wurmberg** nahe Braunlage: Grabungen 1999 konnten eine Kultstätte definitiv ausschließen. Auch auf der **Brockenkuppe** wurden keinerlei Hinweise gefunden, die auf vorchristliche Feiern hindeuten.

Lebendiges Brauchtum

Überall im Harz finden volkstümliche Feste und Veranstaltungen statt, die häufig auf alte Bräuche von Köhlern, Berg- und Fuhrleuten sowie Hirten zurückgehen. Dazu gehören **Johannisfeiern** (früher hatten die Bergleute am Johannistag frei), **Finkenmanöver**, **Peitschenknallen** sowie das **Jodeln**, auch Ledauzen genannt. Schon seit dem 16. Jh. verständigten sich Waldarbeiter, Köhlerjungen und Fuhrleute untereinander öfter mit Jodlern. Beim jährlichen Harzer Jodlerwettstreit in Altenau wird diese Tradition eindrucksvoll gelebt.

Einer der ältesten Bräuche ist das Finkenmanöver. Sobald ein Fink einen Konkurrenten in seinem Revier hört, beginnt er zu »schlagen«, d. h. zu singen. Einige schaffen bis zu 400 Schläge in der halben Minute. Heute noch finden Wettkämpfe im Schön- und Starksingen statt, die von Tierschützern kritisiert werden, da die Finken vor den Manövern lange Zeit in verdunkelten Käfigen gehalten werden. Im Bergbau erfüllten die Vögel wichtige Aufgaben (▶ Baedeker Wissen, S. 240).

Jodlerwettstreit: www.heimatbund-oberharz.de

INTERESSANTE MENSCHEN

Unglücksrabe: Gottfried August Bürger

Lyriker 1747 – 1794

Gottfried August Bürger, der berühmte Münchhausen-Dichter, wurde 1747 als Pastorensohn in dem Harzdörfchen Molmerswende geboren. Er gehörte zu den bedeutendsten Lyrikern des Sturm und Drang und entwickelte die Ballade als literarische Kunstform.
Sein Großvater sorgte dafür, dass Bürger in Halle Theologie studieren konnte. Nach drei Jahren wechselte er nach Göttingen, wo er sich in Jura einschrieb. Doch auch das konnte ihn auf Dauer nicht befriedigen, und so schloss er sich dem 1772 gegründeten Schriftstellerkreis des **Göttinger Hains** an. Schulden führten zu einem Zerwürfnis mit seinem Großvater; in der Folge unterstützte ihn ▶ Johann Wilhelm Ludwig Gleim. 1772 wurde Bürger Amtmann bei Göttingen, doch auch diese Stelle half ihm nicht aus seiner finanziellen Misere. Lotteriespiel, Gründung einer Verlagsanstalt, Auswanderung, Pacht eines Landguts waren ebenso wenig von Erfolg gekrönt wie der Versuch, eine andere Stelle zu bekommen. Nach der Hochzeit mit Dorette Leonhardt 1774 verliebte er sich in deren Schwester Auguste, die er nach dem Tod von Dorette heiratete. Auguste starb jedoch schon sieben Monate später. Eine dritte Ehe scheiterte ebenfalls: Elise Hahn betrog ihn und ließ ihn zum Gespött werden. 1784 wurde Bürger Privatdozent in Göttingen. Seine politischen Gedichte zählten zu den kritischsten seiner Zeit. Bedeutendstes Prosawerk war der **»Münchhausen«**, eine köstliche Satire auf den Adel. In seinem Geburtshaus in Molmerswende wird 2023 eine neue Ausstellung über das Leben und Werk von Bürger eröffnet.

Deutschlands erste Frau Doktor: Dorothea Christiane Erxleben (1715 – 1762)

Medizinerin 1715 – 1762

Dorothea Christiane Erxleben aus Quedlinburg interessierte sich für Medizin und wurde darin vom Vater, selber Arzt, uneingeschränkt unterstützt. Er nahm sie regelmäßig mit zu Hausbesuchen und vermittelte ihr profunde praktische Kenntnisse. Doch ein Studium konnte sie in der damaligen Zeit nicht aufnehmen. Trotzdem begann sie eine erfolgreiche Ärztelaufbahn auch ohne Approbation. Ihre Heirat mit einem Diakon, der vier Kinder in die Ehe brachte, und die Geburt fünf gemeinsamer Kinder erlaubten es ihr zunächst nicht, ihre Arbeit fortzuführen. Erst mit dem Tod des Vaters und der Übernahme seiner Praxis nahm sie ihren Beruf wieder auf. Um den Anfeindungen der Quedlinburger Ärzteschaft ein Ende zu bereiten, entschloss sie sich, mit 39 Jahren ihre Dissertation zu schreiben. 1754 promovierte sie mit königlicher Genehmigung an der Universität Halle und wurde damit zur **ersten promovierten Frau Deutschlands**: mit »summa cum laude«! Bereits 1742 hatte sie unter ihrem Mädchennamen Leporin in Berlin eine »Gründliche Untersuchung der Ursachen, die das weibliche Geschlecht vom Studieren abhalten« veröffentlicht, eine Widerlegung der Vorurteile gegen Schulbesuch und Studium von Frauen. Ganz im Geiste der Aufklärung schrieb die Zeitgenossin Klopstocks: »Hätte man von Anbeginn der Welt alles dasjenige, was nützlich und heilsam ist, nur deßwegen unterlassen wollen, weil solches damahls, da es zuerst erfunden worden, noch neu und nicht im Gebrauch gewesen, wie viele Sachen würden denen Menschen fehlen, deren Nutze niemahls genug kan gepriesen werden.« Am 13. Juni 1762 starb Dorothea Christiane Erxleben 46-jährig an Krebs. Im Klopstockhaus Quedlinburg erinnert ein Raum an diese starke Frau.

Netzwerker: Johann Wilhelm Ludwig Gleim

Aufklärer
1719 – 1803

Gleim, einer der bedeutenden **Dichter** der Aufklärung, kam 1719 in Ermsleben zur Welt. In Halle studierte er Jura und Philologie und gründete mit Johann Peter Uz, Paul Jakob Rudnik und Johann Nikolaus Götz in der Saalestadt den »Halleschen Dichterkreis«. Gemeinsam übersetzten sie die »Oden des Anakreon«. Gleim besang die Liebe und Freundschaft und verteilte dabei kräftige Hiebe auf alle Krieg führenden Helden, eifernden Priester und der Prinzen Dummheit. 1744 wurde er Sekretär des Prinzen Wilhelm von Brandenburg. Von 1747 – 1797 war er **Domsekretär** des Halberstädter Doms. Er stellte fortan seine antiklerikalen Angriffe ein, förderte aber zeitlebens junge Poeten wie ▶ Bürger oder Johann Gottfried Herder. Sie nannten das Haus von **»Vater Gleim«** einen »Tempel der Musen und der Freundschaft«. Gleim schuf Wein- und Liebeslieder, Epigramme, Spruchdichtungen, Moralsatiren und die »Preußischen Kriegslieder«, in denen er – entgegen seiner Haltung in jungen Jahren – Preußens Gloria verherrlicht. Der eifrige Leser führte mit allen Geistesgrößen seiner Zeit einen ergiebigen Schriftwechsel. Sein bedeutender Nachlass (teils im Gleimhaus in ▶ Halberstadt ausgestellt) umfasst u. a. 10 000 Briefe, eine große Privatbibliothek und im »Freundschaftstempel« die umfangreichste Porträtgemäldegalerie großer Geister des 18. Jh.s.

Friedrich von Hardenberg / Novalis

Dichter
1772 – 1801

Novalis, eigentlich **Georg Philipp Friedrich von Hardenberg**, kam 1772 auf dem Gut seines Vaters in Oberwiederstedt zur Welt. »Die

OBEN: Johann Wilhelm Ludwig Gleim führte mit vielen Geistesgrößen seiner Zeit einen ausführlichen Briefwechsel.

UNTEN: Novalis dagegen zog sich aus der Welt zurück.

Familie bestand aus sieben Söhnen und vier Töchtern, welche durch Geist und Gemüt ausgezeichnet waren«, schrieb sein Freund Ludwig Tieck. Neben dem Jurastudium in Jena, Leipzig und Wittenberg hörte Novalis Vorlesungen zur Philosophie und Geschichte. Er bewegte sich in gebildeten Kreisen, lernte u.a. Goethe, Schiller, Herder, die Gebrüder Schlegel und Wieland kennen. Er gilt als Wegbereiter der deutschen Frühromantik. 1795 verlobte er sich mit der zwölfjährigen Sophie von Kühn. Ihr früher Tod 1797 erschütterte ihn schwer – inspirierte jedoch seine Dichtungskraft. Bedeutsame Werke wie die **»Hymnen an die Nacht«** und das Romanfragment **»Heinrich von Ofterdingen«** entstanden. Vor seinem Tod 1801 absolvierte er ein Studium zum Bergbauingenieur und kartierte die Braunkohlelagerstätten zwischen Gera und Leipzig. Mit 28 Jahren starb er an einer Tuberkuloseerkrankung. Novalis' Geburtsort, Schloss Oberwiederstedt, beherbergt die Forschungsstätte für Frühromantik und das Novalis-Museum (▶ S. 160).

Dichter und Aufklärer: Friedrich Gottlieb Klopstock

Dichter
1724 – 1803

Klopstock, 1724 in Quedlinburg geboren, schmiedete schon als Gymnasiast schriftstellerische Pläne, die er während seines Theologiestudiums in Jena und Leipzig zu verwirklichen begann. Nach dem Studium ging er erst als Hauslehrer nach Langensalza, folgte einer Einladung nach Zürich und nach Kopenhagen an den dänischen Hof. 1754–1769 hielt er sich mehrfach in Halberstadt und Quedlinburg auf und ließ sich 1770 endgültig in Hamburg nieder. Neben Lessing und Wieland war Klopstock der bedeutendste Dichter der deutschen Aufklärung. Goethe nannte ihn das **»Dichtergenie einer neuen Epoche«**. Sein Welt- und Menschheitsbild sind vom Anspruch des Menschen auf die Entfaltung seiner Individualität und von der Schönheit und Vollkommenheit der Natur als Gottesschöpfung geprägt. Neben dem »Messias« und den »Oden« schrieb er das Werk »Die deutsche Gelehrtenrepublik« sowie Oden über die revolutionären Kämpfe in Frankreich. 1792 wurde Klopstock zum Ehrenbürger der Französischen Republik ernannt. In seinem Geburtshaus, einem schönen Fachwerkhaus am Schlossberg, erinnert ein Museum an ihn.

Arzt und Entdecker: Robert Koch

Mediziner
1843 – 1910

Heinrich Hermann Robert Koch stammt aus Clausthal. Er war drittes von 13 Kindern einer Bergmannsfamilie, soll sich als Vierjähriger Lesen und Schreiben bei seinen älteren Brüdern abgeschaut haben und entschied sich 1863 zur Ausbildung zum Mediziner. Koch gilt als Begründer der modernen Bakteriologie (neben Louis Pasteur). Er entdeckte u. a. 1882 den **Erreger der Tuberkulose**. 1905 erhielt er den Nobelpreis für Medizin. Mit seiner Forschung legte er den Grundstein für Hygiene und Sterilisation in der Medizin. Auf einem Stadtrundgang sind einige Stationen seines Lebens in Clausthal-Zellerfeld zu sehen.

Er schrieb Weltgeschichte: Martin Luther

Reformator
1483 – 1546

Martin Luther wurde in Eisleben geboren, wuchs in Mansfeld auf und starb in seiner Geburtsstadt. Mit 22 Jahren trat er in das Augustinerkloster in Erfurt ein, wo er 1507 zum Priester geweiht wurde. 1512 promovierte er zum Doktor der Theologie und erhielt einen Lehrstuhl für Bibelexegese in Wittenberg. 1517 schlug er – angeblich an der Wittenberger Schlosskirche – seine **95 Thesen** gegen den Missbrauch des Ablasses an und gab damit das Signal für den **Beginn der Reformation**. Um 1520 entstanden seine bedeutendsten reformatorischen Schriften. Die Kirche belegte ihn 1521 mit dem Bann, doch auf dem Reichstag zu Worms lehnte er den Widerruf ab. Als »Junker Jörg« hielt er sich auf der Wartburg verborgen, übersetzte dort das Neue Testament ins Deutsche und schrieb gegen den römischen Klerus an in Schriften wie »Wider das Papsttum zu Rom vom Teufel gestiftet«. Mit der Bibelübersetzung schuf er die Grundlage der deutschen Schriftsprache.
Energisch wandte sich Luther jedoch auch gegen die Forderungen der aufständischen Bauern. 1525 unternahm er eine Predigtreise durch den Harz, um den Ausbruch von Unruhen zu verhindern – ohne Erfolg:

> »
> Die thüringischen Bauern habe ich selbst erfahren, dass je mehr man sie ermahnt und lehret, je störriger, stolzer und toller sie wurden, und haben sich allenthalben also mutwillig und trotzig gestellet, als wollten sie alle ohne Gnade und Barmherzigkeit erwürget sein.
> «

Luthers Leben und Überzeugungen werden an drei eindrucksvollen Orten vermittelt: in seinem Geburts- und Sterbehaus in der Bergstadt Eisleben sowie seinem Elternhaus in Mansfeld.

Revolutionär: Thomas Müntzer

Prediger und Bauernführer
1490 – 1525

Thomas Müntzer wurde in Stolberg geboren. Er studierte Theologie und entwickelte sich bald zu einem Rebellen wider Adel, Fürsten und Papst. 1523/1524 wirkte er als **Pfarrer in Allstedt**, wo er Deutsch

OBEN: Thomas Müntzer stellte sich an die Spitze des Thüringer Bauernaufstands, ...

UNTEN: ... während Martin Luther die Revolte ablehnte.

für liturgische Handlungen, Predigten und Kirchenlieder einführte. In seinen Predigten legte er seine Vorstellungen einer Kirche dar, in der es keine sozialen Unterschiede geben sollte. An manchen Tagen strömten 2000 Menschen zu seinen Gottesdiensten. In der Burgkapelle von Allstedt hielt er am 13. Juli 1524 seine berühmte **Fürstenpredigt**, in der er die Adligen aufrief, an der Seite des Volkes für die Reformation einzutreten. In der Folge musste er aus Allstedt und danach aus Mühlhausen fliehen. Ende 1524 nahm er Kontakt zu den Wiedertäufern und den aufständischen Bauern auf, wurde im Frühjahr 1525 zum Pfarrer von Mühlhausen gewählt. Er setzte eine radikaldemokratische Verfassung durch und wurde zum Anführer des Bauernkriegs in Thüringen.
Am **Schlachtberg von Frankenhausen** kam es am 15. Mai 1525 zur Auseinandersetzung mit dem Heer der deutschen Fürsten. Sie endete mit der Niederlage der Bauern und der Hinrichtung Thomas Müntzers. In Stolberg erinnern das Museum Alte Münze und ein Bronzedenkmal an den Mann, der die sozialen Nöte seiner Zeit mit den urchristlichen Lehren verband und zu lösen versuchte; im Allstedter Schloss zeichnet die Thomas-Müntzer-Ausstellung den Lebensweg nach. Auf dem Schlachtberg bei Bad Frankenhausen reflektiert ein monumentales Panoramagemälde des Leipziger Malers Werner Tübke den Bauernkrieg, Müntzer und darüber hinaus Allgemeingültiges zur Epoche (▶ S. 173).

Dichten hinter Klostermauern: Roswitha von Gandersheim

Nonne
um 935 – 973

Hrotsvith (Roswitha) von Gandersheim stammte wohl aus sächsischem Adel und trat recht jung ins Kloster Gandersheim ein, vielleicht als Stiftsdame. Hier erhielt sie auch ihre Ausbildung. Vor 959 begann sie, in lateinischer Sprache zu schreiben. Ihr Werk gliederte sie selbst chronologisch in drei Bücher. Zuerst verfasste sie acht Heiligenlegenden und griff darin als Erste im deutschen Sprachraum das Motiv vom Pakt mit dem Teufel auf. Bedeutender sind ihre sechs **Dramen** in gereimter Prosa, ein christliches Gegenstück zu den Komödien des römischen Dichters Terenz (um 185 – 159 v. Chr.). In ihnen führte auch Hrotsvith die Lasterhaftigkeit vor, um im Unterschied zum Heiden Terenz den Triumph ihrer christlichen Helden (Heilige, Märtyrer, Einsiedler, Prediger, Jungfrauen) zu feiern. Sie scheute sich nicht, dabei auch erotische, leidenschaftliche oder drastische Szenen darzustellen. Ihre Versuche, ein christliches Lesedrama zu schaffen, stehen im frühen Mittelalter einzig da. In den »Gesta Oddonis« verherrlichte sie Kaiser Otto I., in einem weiteren Gedicht beschreibt sie die Anfänge ihres Klosters bis 919. Ihre Werke wurden 1501 von dem Humanisten K. Celtis in Nürnberg veröffentlicht.

Drang nach Osten: Otto I.

Römisch-deutscher Kaiser 912–973

Otto I., der Große, war Sohn des Herzogs von Sachsen und ersten deutschen Königs Heinrich I.; er wurde 936 im Dom zu Aachen zum König gekrönt. Unmittelbar danach unterwarf er die Herzöge von Franken, Lothringen und Bayern und ersetzte sie durch Familienmitglieder. Gleichzeitig stattete er die Kirchenfürsten mit Privilegien und Vollmachten aus. Den ständig einfallenden Ungarn bereitete er 955 auf dem Lechfeld eine Niederlage. Unter Otto I. begann die verstärkte Expansion in die slawischen Gebiete östlich und nördlich der Elbe. Auf Bitten von Papst Johannes XXII. zog er mit einem Heer nach Italien, übernahm den Schutz der Kirche und wurde zum Kaiser gekrönt. Durch die Hochzeit seines Sohnes Otto II. mit der byzantinischen Prinzessin Theophanu beschwichtigte er die Bayern und konnte als Kaiser das **Heilige Römische Reich** errichten. Dessen Geschicke steuerte er u. a. von den Pfalzen in Magdeburg, Quedlinburg und Merseburg.

Sozial: Otto Graf zu Stolberg-Wernigerode

Politiker 1837–1896

Nachdem Preußen das Königreich Hannover 1866 geschlagen hatte, wurde der erst 30-jährige Graf Otto zu Stolberg-Wernigerode, Schlossherr auf dem Agnesberg, Oberpräsident der neuen preußischen Provinz Hannover. Er setzte sich für den sog. Hannoverschen Provinzialfond ein, einen Vorläufer der heute föderalen Finanzverfassung, der Finanzverbindung zwischen Bund und Ländern. 1878 stieg er zum **stellvertretenden Reichskanzler** und stellv. Vorsitzenden des Preußischen Ministerrats auf. Fünf Jahre zuvor hatte er für die Grafschaft Wernigerode eine Arbeiterunterstützungskasse eingerichtet: Sie war das Vorbild für die später eingeführte **Arbeitslosenversicherung**. Otto Graf zu Stolberg-Wenigerode wusste um die erbärmlichen Lebensbedingungen der Arbeiter. Deshalb forderte er von Otto von Bismarck eine »weitere Ausdehnung und umfassende Organisation des Hilfskassenwesens, Verbesserung des Haftpflichtgesetzes und überhaupt die Ausdehnung der gesetzlichen Fürsorge für das sittliche, geistige und leibliche Wohl der Arbeiter«. Die Sozialgesetze, mit denen Bismarck wenig später renommierte, hatte Otto zu Stolberg-Wernigerode vermutlich im Schreibzimmer auf Schloß Wernigerode und in seinem Palais in Berlin an der Wilhelmstraße skizziert. Kaiser Wilhelm II. erhob ihn 1890 in den Fürstenstand.

Der Erfinder des Reiseführers: Karl Baedeker

1801–1859 Verleger

Als Buchhändler kam Karl Baedeker viel herum, und überall ärgerte er sich über die »Lohnbedienten«, die die Neuankömmlinge gegen

Trinkgeld in den erstbesten Gasthof schleppten. Nur: Wie sollte man sonst wissen, wo man übernachten könnte und was es anzuschauen gäbe? In seiner Buchhandlung hatte er zwar Fahrpläne, Reiseberichte und gelehrte Abhandlungen über Kunstsammlungen. Aber wollte man das mit sich herumschleppen? Wie wäre es denn, wenn man all das zusammenfasste?

Gedacht, getan: Zwar hatte er sein erstes Reisebuch, die 1832 erschienene »Rheinreise«, noch nicht einmal selbst geschrieben. Aber er entwickelte es von Auflage zu Auflage weiter. Mit der Einteilung in »Allgemein Wissenswertes«, »Praktisches« und »Beschreibung der Merk-(Sehens-)würdigkeiten« fand er die klassische Gliederung des Reiseführers, die bis heute ihre Gültigkeit hat. Bald waren immer mehr Menschen unterwegs mit seinen **»Handbüchlein für Reisende, die sich selbst leicht und schnell zurechtfinden wollen«.** Die Reisenden hatten sich befreit, und sie verdanken es bis heute Karl Baedeker. Den Harz beschreibt er erstmals im 1842 erschienenen »Handbuch für Reisende durch Deutschland und den Oesterreichischen Kaiserstaat«.

»
Wer den Brocken einmal besucht hat,
wird schwerlich zum zweitenmal hinauf steigen.
Beim Scheiden pflegen die Mädchen dem Wanderer
ein sogenanntes Brockensträusschen zu überreichen,
für welches eine Kleinigkeit bezahlt wird.
«

Deutschland und der Oesterreichische Kaiserstaat, 1. Auflage 1842

E
ERLEBEN & GENIESSEN

Überraschend, stimulierend, bereichernd

Mit unseren Ideen erleben und genießen Sie den Harz.

Nicht nur Wanderwege, auch Wellnessoasen wie die Solteherme in Bad Harzburg hat der Harz im Angebot. ►

BEWEGEN & ENTSPANNEN

Die ursprüngliche Natur des Harzes bietet schier endlose Möglichkeiten für aktive Erholung. Berge, Täler, Wiesen und Wälder werden zu Rückzugsorten vom Alltagsstress. Einfach durchatmen und sich in faszinierenden Ausblicken verlieren! Genug Abwechslung gibt es: Vom sanften Harzvorland mit weiten Feldern über schroffe, schmale Täler mit mystischen Felsformationen bis zu bunten Bergwiesen auf den Hochebenen. Doch nicht nur die Natur sorgt für Entspannung. Die langjährige Tradition der Heilbäder und Kurorte, das wohltuenden Klima und moderne Wellnesslandschaften bieten Erholung für Körper, Geist und Seele.

Das ganze Jahr in Aktion

Sportangebot

Der Harz galt noch vor einigen Jahren vor allem als Wintersportgebiet und Wanderregion. Mittlerweile ist hier eine Vielzahl von Trendsportarten etabliert. Mountainbiker erfreuen sich an den steilen Trails ebenso wie Downhiller. Mit dem Rennrad werden die kurvenreichen Straßen erobert. Nordic Walking, Klettern, Reiten, Gleitschirmfliegen, Golfen und viele weitere Sportangebote sorgen für steigenden Herzschlag. Besonders Abenteuerlustige können sich hier echte Adrenalinschübe abholen (▶ Das ist der Harz, S. 8 ff.)!

Radfahren

Von leichten Familien- und Genuss-Radwanderrouten über Radfernwege bis zu sportlichen und landschaftlich grandiosen Trails reicht das Angebot. Zur Königsklasse für Radler mit guter Kondition gehört die Tour auf den höchsten Berg Norddeutschlands, den **Brocken**. Über die für den Verkehr gesperrte, asphaltierte Brockenstraße sind es von Schierke aus rund 8 km mit etwa 500 zu überwindenden Höhenmetern. Vor allem in der Hochsaison sollten Radler besser andere Routen wählen.
Fahrräder kann man in allen größeren Ortschaften im Harz leihen. Für weniger Geübte und Gelegenheits-Radler sind die Berge mit **Pedelecs bzw. E-Bikes** bequem zu erklimmen, bei denen ein Elektromotor das Bergauffahren unterstützt. Die kurvenreichen, gut ausgebauten Straßen sind beliebt bei Rennradfahrern. Eine Auswahl der schönsten Touren hat der Harzer Tourismusverband auf dem Portal https://touren.harzinfo.de veröffentlicht.

Mountainbiken

Das nördlichste Mittelgebirge ist ein Eldorado für Mountainbiker. Gäste aus ganz Norddeutschland, aus Dänemark und den Niederlanden

BAEDEKER ÜBERRASCHENDES

6X UNTERSCHÄTZT

Genau hinsehen, nicht daran vorbeigehen, einfach probieren!

1. HÖHENRAUSCH

Auch wenn der Harz »nur« ein Mittelgebirge ist, seine **Täler und Gipfel** haben es in sich. Steile Anstiege, verwunschene Wurzelpfade und grandiose Ausblicke sorgen in Deutschlands Mitte für Höhenrausch.

2. SHOPPING

Einkaufserlebnis in der »Provinz«? Aber ja! In den verwinkelten Gassen vieler Orte finden sich **kleine Boutiquen und Galerien** ebenso wie Markenshops. Hier wird der Stadtbummel noch zum Erlebnis.

3. WILDWASSER

Wilde Flüsse gibt es nicht im Harz? Weit gefehlt! **Kanuten** lieben die Oker, die durchaus als schwierig gilt (► **S. 201**). Entspannter geht es beim Stand-up-Paddling auf den Talsperren zu.

4. GEZWITSCHER

Es ist klein, und sein »Gegenstand« ist noch kleiner: Im **Harzer Rollerkanarien-Museum** erfährt man wirklich erstaunliche Dinge über die gefiederten Freunde, u. a. auch darüber, wie wichtig sie für das Überleben der Bergleute waren. (► **S. 240**)

5. FACHWERK

... kann man im Harz natürlich gar nicht unterschätzen. Aber wem der Trubel in Goslar oder Wernigerode zu viel ist, sollte sich nach Osterwieck aufmachen. Ein Kleinod! (► **S. 207**)

6. AUF HOHER SEE

Maritimes Bergerlebnis auf der Okertalsperre. Seit 1972 betreibt Familie Römermann mit der »MS AquaMarin« die einzige **Fahrgastschifffahrt** im Harz und auch die höchstgelegene Schifffahrt im Norden. Genießen Sie bei Brunch oder Krimidinner die Fahrt. (► **S. 201**)

erobern die Harzer Berge. Viele Hotels bieten MTB-Pauschalen. Auf den meisten Wanderwegen im Nationalpark Harz ist Mountainbiken erlaubt. Achtung: Das strenge Wegegebot im Nationalpark gilt auch für Radfahrer und Mountainbiker! Ausgewiesene Mountainbike-Routen sind im gesamten Harz zu finden. Dazu zählt die **Volksbank Arena Harz** mit 74 Routen, rund 2300 km Strecke und dem Devils Trail (184 km, 4300 Höhenmeter). **Geführte Mountainbiketouren** mit Ausleihe der dazugehörigen Ausrüstung werden u. a. von der Harz-Agentur vom Outdoor Center Clausthal-Zellerfeld aus, von Harz-Aktiv ab Goslar und von Touren Harz ab Ilsenburg angeboten. Spaß und Herausforderung im Downhill-Sektor bieten die Harzer Bikeparks in Braunlage, Hahnenklee, Schulenberg, St. Andreasberg und Thale.
www.volksbank-arena-harz.de | Tel. 05323 98 24 61

Nordic Walking

Nordic-Walking-Zentren befinden sich in Altenau, Bad Harzburg, Blankenburg (mit sechs Strecken), Braunlage und Thale. In Bad Grund finden zwei Mal im Jahr Nordic Walking Events im WeltWald statt – zur Rhododendronblüte und zum Indian Summer.

Badespaß & Wassersport

Viele der Teiche, Seen und Talsperren im Harz sind zum **Baden** freigegeben. **Segelreviere** finden sich auf der Innerstetalsperre, dem Oderstausee, dem Stausee Kelbra und dem Vienenburger See. Ein Segelbootverleih besteht nicht. Surfer können zusätzlich auch auf dem Okerstausee ihrer Sportart nachgehen. Stand-up-Paddling ist ebenfalls beliebt. In Hahnenklee, Bad Lauterberg und Goslar gibt es Verleihstationen, man kann auch Kurse buchen.

Wintersport

Bei guten Schneebedingungen ist der Harz ein wahres Wintersportparadies mit Abfahrtsstrecken aller Schwierigkeitsgrade, rund 500 km gespurten Loipen, Hunderten von Kilometern präparierten Winterwanderwegen und Rodelbahnen. Der Wurmberg in Braunlage ist das **Wintersportzentrum** im Harz; auch am Bocksberg in Hahnenklee warten viele Pisten. Details zu den Skigebieten und aktuelle Wintersportinfos auf wintersport.harzinfo.de.

Kur und Wellness

Heilbäder

»Die Natur ist die beste Apotheke.« – Das wusste schon Pfarrer Sebastian Kneipp. Im Harz wird die Natur schon über ein Jahrhundert lang für die gesunde Erholung genutzt. Viele Heilbäder und heilklimatische Kurorte setzen die **ortsgebundenen Heilmittel** bei Therapien und Behandlungen ein. In Bad Harzburg ist es die Natur-Sole, in Blankenburg das Moor und in Bad Grund die besonders reine Luft in der Höhlentherapie. Das touristische Angebot wird durch moderne Saunalandschaften und ansprechende Wellnesshotels ergänzt.

Wandern

Auf Goethes Spuren

Die schroffe Landschaft des Harzes hat schon Goethe und Heinrich Heine fasziniert. Goethe hat sie mehrfach besucht und am 10. Dezember 1777 von Torfhaus aus den Brocken bestiegen. Während die damaligen Touren durch die Wälder und zum Brocken Expeditionen in die Wildnis glichen, steht heute ein über 7500 km langes, bestens markiertes Wegenetz bereit. Doch es gibt auch weiterhin die einsamen, mystischen Pfade, die ein vollständiges Eintauchen in die Natur erlauben.

Vor allem der **Harzklub e.V.** mit seinen Zweigvereinen sowie die Kommunen, der Nationalpark Harz und Ehrenamtliche haben über Jahrzehnte hinweg eine gute Infrastruktur geschaffen: Wegweiser geben die Richtung an, Infotafeln informieren über Flora, Fauna und Geschichte, Brücken und Stege erschließen sonst unzugängliche Bereiche; Ruhebänke und Schutzhütten laden zur Rast ein, Aussichtstürme ermöglichen faszinierende Ausblicke. Infos zu den Strecken bietet der Harzer Tourismusverband. Aber trotz guter Infrastruktur: Der Harz bleibt ein Mittelgebirge mit wechselhaftem Wetter und Tälern ohne Handyempfang. Entsprechend gehören bei längeren Touren feste Wanderschuhe, Regenbekleidung, Getränke, Verpflegung und Wanderkarten ebenso ins Wandergepäck wie ein Handy für den Notfall. In den meisten Tourist-Informationen liegen Faltblätter mit Wanderrouten aus. Außerdem können in vielen Orten Wanderabzeichen oder Urkunden erworben werden.

www.harzklub.de

In die Ferne

Der Qualitätswanderweg **Harzer-Hexen-Stieg** (▶ Touren) führt rund 100 km (je nach Variante) durch den Harz, von Osterode über den Brocken bis nach Thale. Eine **Brockenumgehung** sowie Nord- und Südvarianten an der Rappbodetalsperre sind zusätzlich ausgewiesen. Der 101 km lange **Kaiserweg** durchquert den Harz von Nord nach Süd von Bad Harzburg bis zum Kyffhäuser im Süden.

Der **Harzer Klosterwanderweg** verbindet auf rund 94 km Strecke die Neuwerkkirche sowie die Klöster Grauhof und Wöltingerode bei Goslar, die Klöster in Drübeck und Ilsenburg und das Kloster Wendhusen in Thale mit dem Marienkloster in Quedlinburg. Ruhe und Abgeschiedenheit auf den wenig frequentierten Wegen wird kombiniert mit komfortablen und modernen Übernachtungsmöglichkeiten im Klosterhotel Wöltingerode und im Ev. Zentrum Kloster Drübeck.

Von der Ostsee bis ins Fichtelgebirge verläuft entlang der 1394 km langen ehemaligen deutsch-deutschen Grenze das **»Grüne Band«**, eine Kette wertvoller Biotope und Naturschutzgebiete, die 40 Jahre lang im Schatten des DDR-Grenzzauns gedeihen konnten. Nach der Grenzöffnung 1989 wurde zumindest ein Teil des Grenzstreifens

unter Naturschutz gestellt. Der **Harzer Grenzweg** am Grünen Band verläuft über 91 km vom Grenzturm Rhoden bei Osterwieck bis nach Tettenborn bei Bad Sachsa durch den Harz, eine abwechslungsreiche, bergige Strecke durch den Nationalpark und über den Brockengipfel. In der umgebenden Landschaft stehen noch vereinzelt Wachtürme und Reste des DDR-Grenzzauns. Teils läuft man über die Betonplattenwege der DDR-Grenzer.
www.harzer-klosterwanderweg.de | www.harzinfo.de

Durch Karst und grüne Täler

Im Südharz lockt der **Karstwanderweg** auf über 230 km Wegstrecke in die Karstlandschaft in den Landkreisen Osterode, Nordhausen und Sangerhausen, die vor allem Hobbygeologen begeistert. Seltsame Erscheinungen säumen den Weg. Grund- und Regenwasser wäscht hier den Kalkstein aus. So entstehen Höhlen, Erdfälle und Bachschwinden. Vielerorts leuchtet die Landschaf t auch im Sommer weiß, der Grund: Gipsvorkommen. Wer es wildromantisch mag, wandert im Okertal zwischen Oker (Waldhaus) und Romkerhall. Das Ilsetal bietet eine einmalige Naturlandschaft. Hier führt auch der wohl schönste Brockenaufstieg entlang, vorbei an Ilsestein und Ilsefällen. Das Bodetal erstreckt sich von der Rappbodetalsperre über Altenbrak und Treseburg bis nach Thale. Und auch das Selketal im östlichen Harz bietet vielfältige Wandermöglichkeiten.
www.karstwanderweg.de

Geführte Touren

Vielerorts werden geführte Wanderungen angeboten, z. B. im Nationalpark Harz von Nationalpark-Rangern. Infos sind bei der Nationalparkverwaltung und in den Nationalpark-Häusern erhältlich. Geführte Wanderungen veranstaltet auch der Harzklub (▶ S. 331). Weitere geführte Angebote sind Kräuterwanderungen oder Touren auf den Spuren der Bergleute.
Etappenwandern mit leichtem Gepäck ist dank zahlreicher Anbieter möglich. Der Anbieter Wandern im Harz hat unterschiedliche Strecken im Programm. Die Bodetal Information und die Wernigerode Tourismus GmbH haben verschiedene mehrtägige Wandertouren im Angebot. Die Organisation läuft über die Anbieter, Sie brauchen nur die Wanderungen genießen.
Wandern im Harz: www.wandern-im-harz.de

Harzer Wandernadel

An 222 schönen Plätzen, Ausflugszielen und Wanderwegen sind-Stempelstellen der Harzer Wandernadel platziert. Bestückt mit dem Wanderpass geht es so auf Stempel- und Kilometerjagd. Ab acht verschiedenen Stempeln gibt es die Harzer Wandernadel in Bronze. Wer alle 222 Stationen nachweist, wird zum Harzer Wanderkaiser gekürt. Das Stempelfieber hat einen wunderbaren Nebeneffekt, lassen sich so auch Kinder oder Wandermuffel für die Natur begeistern
www.harzer-wandernadel.de

OBEN: Feiner Sprühnebel am Radauer Wasserfall kühlt erhitzte Wanderer.

UNTEN: Ihm reicht der Fahrtwind.

NÜTZLICHE ADRESSEN

GOLF

GOLF-CLUB HARZ E. V.
Der 18-Loch-Platz in Bad Harzburg, liegt an einem Hang. Einige Bahnen sind in Schräglage zu spielen! Reservierung empfohlen.
Am Breitenberg 107
38667 Bad Harzburg
Tel. 05322 67 37
www.golfclubharz.de

GOLFCLUB SCHLOSS MEISDORF E. V.
18-Loch-Anlage über dem Selketal für einen schnellen Spielfluss
Tel. 034743 9 84 50
Petersberger Trift 33
06463 Falkenstein, OT Meisdorf
www.golfclub-schloss-meisdorf.de

MOUNTAINBIKEN

HARZ-AGENTUR GMBH
Mountainbiketouren, Geocaching u. a. in Goslar und Hannover (es gibt Leihgeräte); auch Verleih von Mountain- und E-Bikes
OutdoorCenter Harz
Altenauer Str. 55
38678 Clausthal-Zellerfeld
Tel. 05323 98 24 60
www.harzagentur.de

HARZAKTIV
Köther Str. 5
38640 Goslar
Tel. 05321 31 77 48
www.harzaktiv.net

ZWEIRAD-BUSCHE
Bikeshops in Bad Lauterberg, Braunlage und St. Andreasberg, MTB Verleih
Hauptstr. 18
37431 Bad Lauterberg
Tel. 05524 36 27
www.zweirad-busche.de

E-BIKES / PEDELECS

HARZ-AGENTUR GMBH
Pedelec & MTB Verleih und Touren (s. o.)

E-BIKE KASTEN
Verleih von E-Citybikes, sowie E-Tourenräder und Pedelecs; zudem werden geführte Touren angeboten.
Petersilienstr. 33
38640 Goslar
Tel. 05321 4 69 33 41
www.ebike-kasten.de

HARZ MOBIL
E-Bike Verleih an diversen Orten
Tel. 03943 9 04 84 70
www.ebike-harz.info

DOWNHILLPARKS

BRAUNLAGE (WURMBERG)
Mitte April – Okt.
7 Strecken, Seilbahn für Räder und Ausrüstung
www.bikepark-braunlage.de

HAHNENKLEE
Mitte April – Okt.
Im Angebot finden sich 7 Strecken, North Shore, Bikercross sowie ein Übungsparcours.
www.bikepark-hahnenklee.de

ALPINUM AM SCHULENBERG
Down-Hill und Free-Ride-Strecken. Events und Kurse; Schlepplift für den Aufstieg
www.bikepark-schulenberg.de

MSB-X-Trail
Mountainbike- und Downhill, Erlebnis Park mit Sessellift am Matthias-Schmidt-Berg
www.msb-x-trail.de

6X FÜR KINDER

Langeweile verboten!

1. LUCHS & CO.

Die Wildnis lässt sich im Harz bei einer Führung mit einem echten Ranger entdecken. Die Nationalparkhäuser bieten spannende Entdeckertouren. Ein Erlebnis sind die Live-Begegnungen mit Luchs und Wildkatze im **Luchsgehege Rabenklippe**. (▶ **S. 59**)

2. HÖHLENFORSCHER

Ist es doch das Reich des Zwergenkönigs? Werden Wünsche wahr? Geheimnisse, denen Familien im **HöhlenErlebnisZentrum Bad Grund** nachspüren können. (▶ **S. 47**)

3. WILDWEST

Der wilde Westen wird lebendig in Hasselfelde. **Pullman City**, die Westernstadt im Harz, lockt mit Cowboys, Indianern, Goldwäsche, Ponyreiten und mit echten Bisons. Tipp: Geburtstagskinder erhalten freien Eintritt. (▶ **S. 195, 196**)

4. WASSERRATTEN

Die Landschaft im Harz wird zum Abenteuerspielplatz, und die vielen Wasserläufe und Teiche sind ideal für kleine und große Wasserratten. Spielt das Wetter nicht so mit bieten Erlebnisbäder in vielen Orten großen **Badespaß** für die Kleinen. (▶ **S. 336**)

5. VERHEXT

Auf dem Hexentanzplatz steht im **Haus der Hexe Wartelinde** alles auf dem Kopf. Eine Seilbahn mit Glasboden, der Harz-Bob, Sagenpavillon auf der Roßtrappe und vieles mehr: Familien werden von Thale begeistert sein. (▶ **S. 270**)

6. ABENTEUER

Über schroffe Felsen klettern, sich in Höhlen verstecken wie einst die Raubritter oder zwischen Baumwipfeln klettern. In **Blankenburg** werden Burg Regenstein, Teufelsmauer und der Kletterwald zum Abenteuer für die ganze Familie. (▶ **S. 77**)

TRAILPARK HARZ ILSENBURG

5 Trails (9,8 km gesamt) für Fortgeschrittene und Profis. Anfänger-Trail in Planung.
www.ilsenburg-tourismus.de/erlebnisse/trailpark-harz.html

ROSSTRAPPENDOWNHILL THALE

Erste permanente Downhill-Strecke in Sachsen-Anhalt; 2 km lang, 250 Höhenmeter. Downhill-Event im Sept.
www.seilbahnen-thale.de

WINTERSPORT

PISTEN

Auswahl: Wurmberg in Braunlage, Matthias-Schmidt-Berg und Sonnenberg in Sankt Andreasberg, Bocksberg in Hahnenklee

LOIPEN

Auswahl: Kaiserwegloipe von Torfhaus nach Bad Harzburg (ca. 10 km), Südharz-Loipe (40 km), Loipen-Netz Oderbrück (ca. 10 km)

OUTDOOR, ABENTEUER, SPASS

ADRENALINTOURS

Schlittenhund-Erlebnis (Huskytour), Survivalkurse, Wildnisführungen.
www.adrenalintours.de

CRUDE HARZ

Offroadpark und Touren mit dem Ziesel (wendiges Elektrofahrzeug), Rudern, SUP auf dem Stieger See
www.crude-harz.de

ESELWERK

Wander- und Trekkingtouren mit Eseln ab Derenburg und Blankenburg.
www.eselwerk.de

HARZDRENALIN

Wallrunning, Megazipline, Gigaswing, Ultrashot, Aussichtsturm, Hängebrücke. Anmeldung empfohlen!
www.harzdrenalin.de

SUP GOSLAR

Verleih von Stand-up-Paddle-Boards, Geschenkgutscheine.
www.sup-goslar.de

WELLNESS UND BADEFREUDEN

ALLGEMEINE INFOS

www.gesundharzev.de
www.deutscher-heilbaeder verband.de
www.heilklima.de
www.baederkalender.de

BODETAL THERME

Die Wellness-Oase Bodetal Therme bietet eine vielseitige Saunalandschaft mit zehn Dampfbädern und Saunen (37–95 Grad), Panoramaruheraum mit Blick auf die faszinierende Landschaft des Bodetals und vieles mehr. Zum Beispiel eine Thermenlandschaft mit Licht- und Klangbecken, Sole, Außenbecken mit Panoramablick. Wellnessanwendungen, Massagen, Präventionskurse.
Parkstr. 4
06502 Thale
Tel. 03947 77 84 50
www.therme-bodetal.de

KRISTALL THERME »HEISSER BROCKEN«

Textilfreie Thermalsole- und Saunalandschaft mit Innen- und Außensaunen, Dampfstollen und die Mega-Brocken-Sauna für bis zu 150 Personen. Mehrere Thermalsole-Becken innen und außen. Im Hexenzuber mit 12%igem Thermalsole-Schwefelwasser schwebt der Körper auf dem Wasser. Regelmäßige Events, Kurse und Aufgussprogramm.
Karl-Reinecke-Weg 35
38707 Altenau
Tel. 05328 91 15 70
www.kristalltherme-altenau.de

KYFFHÄUSER-THERME

Thermenlandschaft mit Sole-Bädern, Saunalandschaft, Wellness- und Mas-

sageangebot, Totes-Meer-Salzgrotte, Bewegungs- und Entspannungskurse, Gesundheitsangebot mit Physiotherapie, Massagen, Krankengymnastik.
August-Bebel-Platz 9
06567 Bad Frankenhausen
Tel. 034671 51 23
www.kyffhaeuser-therme.de

BADESPASS AUCH MIT KINDERN

VITAMAR

Alle 45 Minuten rauschen die Wogen durchs Wellenbad, Mutige rutschen durch die Black Hole, eine Rutsche mit diversen Soundeffekten. Abgetrennt davon bietet das Bad einen Saunabetrieb mit Bio-Sauna, finnischer Sauna und anderem mehr.
Masttal 1
37431 Bad Lauterberg im Harz
Tel. 05524 85 33 00
www.vitamar.de

SALZTAL-PARADIES

Das Salztal-Paradies bietet auf rund 5000 m^2 ein Erlebnisbad mit Wellenbecken, Rutschen, Saunalandschaft mit römischem Dampfbad und Eukalyptussauna und eine Badegrotte.
Talstr. 28
37441 Bad Sachsa
Tel. 05523 95 09 02
www.salztal-paradies.de

SEHUSA WASSERWELT

Auch die Sehusa-Wasserwelt in Seesen trennt den Erlebnisbereich von Saunen und Thermalbecken. Kinder können toben, Wellnessgäste entspannen. Cone-Slide-Reifenrutsche.
Engelader Str. 3
38723 Seesen
Tel. 05381 9 80 72 80
www.sehusa-wasserwelt.de

BROCKENBAD

Das Brockenbad im Hasseröder Ferienpark besitzt mit Rutschen, Strömungskanal und Gegenstromanlage ebenfalls alles, was Wasserratten jeden Alters zu schätzen wissen.
Nesseltal 11
38855 Wernigerode
Tel. 03943 5 57 00
www.hasseroeder-ferienpark.de

ESSEN UND TRINKEN

Wild aus heimischen Wäldern, frischer Fisch aus den Bächen der Region, verfeinert mit duftenden Kräutern und exotischen Aromen – die moderne Harzer Küche zeichnet sich durch eine hohe Kreativität und bekennende Regionalität aus.

Deftige Kost aus traditioneller Küche

Handfest

Wer unter Tage Steine klopfte, in den rauen Bergen Fichten fällte und im Wald Holzkohle brannte, brauchte handfeste Kost, die satt macht, in einen Beutel passt und **rasch Energie** spendet: Speck, Wurst, Käse, dazu ein kernig-rustikales Roggenbrot – die Hälfte ihres Lohns erhielten die Bergmänner in Roggen ausbezahlt, der feine, teure Weizen blieb den Bessergestellten vorbehalten. Jede Familie hielt sich

TYPISCHE GERICHTE

Der gemeinsame Nenner der Harzer Küche lautet: »Dem Harzer ist zwar nicht alles Wurscht, aber Wurscht alles.« Vegetariern bleibt als typisches Gericht der Harzer Käse. Doch in jungen Harzer Restaurants sind mittlerweile auch vegetarische und vegane Gerichte zu finden.

Pottsuse: In Gaststätten wird die Verwandte der französischen Rillette eher selten angeboten, doch als Mitbringsel im Glas ist sie in vielen Metzgereien und auf Wochenmärkten erhältlich. Bestandteile der Pottsuse sind durchwachsenes Schweinefleisch, Schmalz oder Speck, Zwiebeln, Lorbeer und viele Kräuter, mitunter nach streng geheimer Mischung. Diese Kalorienbombe schmeckt am besten auf Grau- und Schwarzbrot.

Runx Munx: Woher der Name kommt, weiß heute wohl keiner mehr so genau. Diese vor allem im Oberharz beliebte Suppe aus Kartoffeln, Steckrüben, Lauch, Weißkohl, Äpfeln und Birnen und zusätzlich noch Wurst, wärmt und

stärkt nach einer langen Wanderung oder Skitour ausgezeichnet.

Harzer Käse: Über die Grenzen des Harzes bekannt ist dieser herzhaft-würzige, auch Harzer Roller genannte Sauermilchkäse. Er besteht aus mehreren rund gerollten, abgeflachten Laibchen und wurde früher von Hand gerollt. Kenner berichten, er habe seine beste Reife einen Monat vor Ablauf des aufgedruckten Haltbarkeitstermins. Ein Wermutstropfen: Harzer Käse wird nicht mehr im Harz hergestellt. Die letzten großen Harzkäsereien – Loose in Vienenburg und Rusack in Harsleben – wurden von der Konkurrenz geschluckt, die den Harzer in Sachsen produzieren lässt.

Forelle: An Wasser mangelt es im Harz wirklich nicht – und frisch aus dem Bach schmeckt der Fisch gleich noch mal so gut. Im Harz werden die heimische Bachforelle wie auch die Regenbogenforelle aus der Zucht traditionell teils zart unter dem Siedepunkt gegart, teils auch angebraten, und meistens mit Petersilie-Kartoffeln gereicht. Es finden sich neuerdings auch Kreationen mit Kräutern, z. B. Bärlauch.

RÜCKKEHR DER ROTEN RINDER

Die rotbraunen Rinder, die vielerorts auf den Harzer Wiesen zu sehen sind, wären einst fast ausgestorben. Für die moderne Fleischindustrie war ihr Wachstum zu langsam. Doch engagierte Züchter besannen sich auf die einst im Harz heimische Rasse und sorgen so für ihren Erhalt. Die Tiere zählen zu den Lieblingen der Gäste und Gastronomen.

Auf den Harzer Bergweiden lohnt sich ein scharfer Blick auf die Rinder: Ist das Fell rotbraun, sind die Hörner hell mit dunkler Spitze, die Schwanzquasten leuchtend weiß, dann handelt es sich mit großer Wahrscheinlichkeit um einen Vertreter einer alten heimischen Haustierrasse. Sie gehört zur Gruppe des Harzer Roten Höhenviehs. Die Rasse stammt vom **Keltenrind** ab und ist wie dieses robust, klein, trittsicher, genügsam, an karge landschaftliche Bedingungen und raue Mittelgebirgslagen angepasst – also genau das Richtige für den Harz. Schon die Harzer Bergleute schätzten die anpassungsfähigen Tiere, die Milch und Fleisch lieferten und sich vor jeden Karren spannen ließen.

Der Zufall hilft

Mit den verbesserten Lebensbedingungen sank der Stellenwert der Tierhaltung. Wozu eine Kuh, wo es doch Traktoren und Autos gab? Wer sich Kühe hielt, griff auf leistungsfähigere Rassen zurück oder kreuzte diese ein. Der Bestand des reinrassigen Höhenviehs ging von 4300 Tieren im Jahr 1945 so stark zurück, dass es sich seit 1980 auf der Liste der vom Aussterben bedrohten Haustierrassen befand. Das Aus stand unmittelbar bevor, dann kam der Zufall zur Hilfe: In einer Gießener Besamungsstation wurde Sperma eines Bullen entdeckt, der sich als reinrassiger Vertreter des Harzer Rotviehs entpuppte. Fieberhaft suchten die Züchter nun nach passenden Kühen und fanden tatsächlich 20, die noch Blut dieser Rasse in den Adern hatten. Mit diesen Eltern züchtete man den Bestand Zug um Zug nach. Heute sind mehr als 2300 dieser Tiere im Herdbuch eingetragen.

Regionales im Trend

Ihre Milch ist reich an Inhaltsstoffen, und für die Bergweiden leisten diese Tiere **wertvolle Landschaftspflege**. Das zarte, schmackhafte Fleisch wird zudem von Metzgern und Gastronomen geschätzt. Dass es manchmal zu Lieferengpässen kommt, nehmen Genießer gelassen hin.

Von Bratwurst über Carpaccio bis zu feinen Steaks: Die Spezialität des Harzes wird in vielen Restaurants serviert, mit steigender Tendenz. Viele der im Reiseführer genannten Restaurantempfehlungen, insbesondere die Slow Food Betriebe, Typisch Harz Restaurants, Waldgaststätten und Anbieter mit regionaler Küche haben das Harzer Rote Höhenvieh auf der Speisekarte.

HÖFE MIT ANGEBOTEN RUND UM DAS HARZER ROTE HÖHENVIEH

HARZER MARTINSHOF
Bio-Bäuerin Ursula Hanke züchtet Harzer Rotes Höhenvieh und stellt Wurst- und Fleischgerichte her.
99755 Ellrich
OT Werna
www.harzer-martinshof.de

ARCHEPARK FORST-FARM

Erster Archepark Thüringens. Hier werden u. a. Rotes Höhenvieh, Deutsche Sattelschweine, Thüringer Waldesel, Thüringer Waldziegen und weitere vom Aussterben bedrohte Rassen gezüchtet.
Hochstedter Straße 65
99734 Nordhausen-Herreden
www.forst-farm.de

DANIEL WEHMEYER

Familie Wehmeyer führt einen Bio-Rotvieh-Zuchtbetrieb im Südharz.
Düna 16 a
37520 Osterode
www.biohofduena.de

BROCKENBAUER THIELECKE

Uwe Thielecke mit Familie züchtet als größter Zuchtbetrieb Deutschlands das Harzer Rote Höhenvieh. Mit biologischer Landwirtschaft inkl. Hofschlachtung, Bio-Fleischerei, Hofladen und Steakhaus wollen sie Mensch und Tier ein gesundes Leben ermöglichen.
Schierker Weg 13
38875 Oberharz am Brocken, OT Tanne
www.brockenbauer.de

WESTERHÄUSER KÄSEHOF

Verschiedene Bio-Käsesorten aus der Milch des Harzer Roten Höhenviehs und der Harzer Ziege. Kleiner Familienbetrieb bei Quedlinburg, ausgezeichnet mit der Regionalmarke »Typisch Harz«.
Unter dem Mühlenberg 410
06502 Thale, OT Westerhausen
www.käsehof-am-harz.de

HOF HERBERGER

Auf dem vielseitigen, idyllisch gelegenen Hof leben Schottische Hochlandrinder, Harzer Rotes Höhenvieh, Rückepferde u.v.m. Hofladen mit Hausschlachtespezialitäten. Hof-Café mit Aussichtsplattform zur Rinderweide.
In den Abtshöfen 1
38678 Clausthal-Zellerfeld
Tel. 0151 67221356
info@jens-herberger.de

Kleinvieh – Hühner, eine Gans, Ziegen, mitunter eine Kuh für die Milch. Wild und Fisch aus Teich und Fluss peppten den Speisezettel auf, dazu kamen selbstgesammelte Pilze und Beeren aus dem Wald. Ein Fass voller Kraut gehörte in jede Speisekammer ebenso wie gut haltbare Hülsenfrüchte: Erbsen, Bohnen, Linsen, und, ab etwa 1750 nicht mehr wegzudenken, die Kartoffeln. Vor allem in den Waldgaststätten stehen diese rustikalen Brotzeiten noch heute auf der Speisekarte. Als **Tzscherperessen** (nach dem »Tzscherper«, dem Arbeitsmesser der Harzer Bergleute) werden sie auch unter Tage angeboten, beispielsweise im Schaubergwerk Büchenberg in Elbingerode.

Regional ist das neue Bio

Während den Bergleuten früher nichts anderes übrig blieb, als sich auf regionale Stärken zu besinnen, sind die Möglichkeiten in der Gastronomie heute riesig. Doch viele Restaurants legen Wert auf Regionalität, wählen Lieferanten aus der Umgebung und bieten so eine besonders frische und saisonale Küche. Ob Slow Food oder Typisch Harz: diese Labels sind richtungsweisend für Restaurants mit Anspruch an Regionalität und Nachhaltigkeit.

Gutbürgerlich

Neben all den modernen Trends und der Kreativität in den Küchen gibt es im Harz auch weiterhin die traditionellen, gutbürgerlichen Gaststätten. Hier kann man für wenig Geld gut satt werden und sich auf die deftigen Klassiker wie eine Wurst- und Käseplatte oder ein Schnitzelgericht freuen – manchmal auch im XXL-Format.

Kukkis Erbsensuppe

Kukkis Erbsensuppe gibt es in Elend, in Amerika und im Internet-Versand. Die Zutaten: Erbsen, Kartoffeln, Schinkenspeck. Alles Weitere ist streng geheim. Angefangen hat Jürgen Kurkiewicz alias Kukki mit einer ausgemusterten Gulaschkanone der DDR-Volksarmee. Kukkis Erbsensuppe ist mittlerweile Kult.
www.kukki.de

Für die Kehle

Bier

Auch im Harz gehört das Bier zu den Lieblingsgetränken. Das Braurecht gehörte seinerzeit zu den Bergfreiheiten, den Privilegien der Bergstädte. Von den zahlreichen kleinen Brauereien sind nur wenige übrig geblieben. Eine Regionalmarke ist das **Altenauer Bier**, das als Pils, naturtrüb oder dunkel in verschiedenen Variationen seit fast 400 Jahren gebraut wird. In Quedlinburg lohnt die Einkehr ins seit 1807 bestehende **Brauhaus Lüdde**. Überregional bekannt ist das Hasseröder Bier aus Wernigerode, von dem jährlich rund 2,1 Mio. Hektoliter in den Handel gelangen. Noch berühmter ist vermutlich das Clausthaler – allerdings wird das alkoholfreie Bier nicht in Clausthal, sondern seit 1976 in Hessen gebraut.

Die **»Gose«** hat ihren Namen vom kleinen Harzflüsschen. Es ist ein naturtrübes Weizenbier und schmeckt dank Milchsäuregärung leicht säuerlich. Dem Bier werden Salz und – sehr gewöhnungsbedürftig – Koriander zugegeben. Angeblich soll bereits Kaiser Otto III. im 10. Jh. für dieses Bier geschwärmt haben, denn er habe es in Quedlinburg getrunken, wenn er seine Schwester Adelheid besucht. Historisch verbürgt ist zwar nur die erste Erwähnung 1332, dennoch ist die Gose eines der ältesten Biere der Welt. Gebraut wird sie im **Brauhaus Goslar** am Marktkirchhof, ausgeschenkt wird sie in einigen regionalen Hotels und Restaurants.

Harzer Wein

Als Weinregion ist der Harz bisher nicht allzu sehr bekannt, doch in der Nähe von Quedlinburg gedeihen Trauben in guter Qualität. Das Harzer Weingut Kirmann gehört weingeografisch zum **Anbaugebiet Saale-Unstrut**. Die Rot- und Weißweine sind in ausgewählten Restaurants zu genießen und im eigenen Hofladen sowie in einigen Weinhandlungen erhältlich. Bekannter sind die Frucht- und Obstweine, die vielerorts angeboten werden.

Weingut Kirmann: Westerhäuser Gartenstr. 532, Westerhausen | Hofladen Mo. – Fr. 14 – 18, Sa. 10 – 14 Uhr | www.harzer-weingut.de

Hochprozentiges

Der Kräuterlikör Schierker Feuerstein, den der Schierker Apotheker Willy Drube Ende des 19. Jh.s erfunden und nach den rötlichen Feuersteinklippen seines Heimatorts benannt hat, ist ein Klassiker im Harz. Noch heute wird er nach dem geheimen Rezept von damals hergestellt. Unter den **klaren Schnäpsen** zählen der Wöltingeroder Edel-Korn (genannt »Wölti«) und der Nordhäuser Korn zu den bekanntesten. Weitere Harzer Spezialitäten sind das »Harzer Grubenlicht«, die Kräuterliköre »Brockenfeuer« und »Schmiedefeuer«, der Waldbeeren-Likör »Köhler Liesel« oder der Kräuter-Bitter »Harzgeist«. In der Manufaktur Hammerschmiede in Zorge im Südharz wird u.a. der Single Malt Whisky » Elsburn« destilliert. Es gibt regelmäßig Führungen und Whisky-Proben. Gin, Whisky, Vodka und mehr gibt es auch in der Fallstein Destille in Rohrsheim.

www.hammerschmiede.de

FEIERN

Die Harzer sind ein feierlustiges Volk und das in ganz verschiedenen Varianten. Vom klassischen Konzert über buntes Markttreiben, lebendige Traditionen bis hin zu schrillen Walpurgisfeiern ist für jeden etwas dabei. Und das stets umrahmt von der einzigartigen Kulisse Harzer Städte und Natur.

Walpurgis: Jährlich am 30. April steigt das Fest der Feste im Harz.

VERANSTALTUNGSKALENDER

GESETZLICHE FEIERTAGE

Neujahr, Karfreitag, Ostersonntag und Ostermontag, Tag der Arbeit (1. Mai), Himmelfahrt, Pfingstsonntag und Pfingstmontag, Tag der Deutschen Einheit (3. Okt.), Reformationstag (31. Okt.), Weihnachten (25., 26. Dez.). Sachsen-Anhalt feiert darüber hinaus Heilige Drei Könige am 6. Jan.

FESTE UND EVENTS IM JANUAR

HARZER KULTUR-WINTER

In über 20 Orten mit rund 100 Terminen; Taschenlampenführungen im Schloss, Brennereibesichtigungen, Handwerk live, Konzerte u. v. m.
www.harzinfo.de

SCHLITTENHUNDERENNEN

... werden in Benneckenstein und Hasselfelde abgehalten

MÄRZ/APRIL

OSTERFEUER

Am Karsamstag oder Ostersonntag bei Einbruch der Dämmerung auf Wiesen und Höhen
www.harzinfo.de

WALPURGIS

In der Nacht zum 1. Mai tanzen die Teufel und Hexen ums Feuer, vor allem Thale bläst zum höllischen Event. Teils findet ein spezieller Kinderumzug statt.
www.harzinfo.de

MAI / JUNI

KAISERFRÜHLING (PFINGSTEN)
In Quedlinburg wird die Reichsversammlung aus dem Jahr 973 nachgespielt. Mit Mittelalterfest.
www.quedlinburg-info.de

AB JUNI

HARZER KLOSTERSOMMER
Juni–Sept. (▶ S. 165)

BERG- UND ROSENFEST
In der Rosenstadt Sangerhausen

WIESENBLÜTENFEST
In Sankt Andreasberg mit Viehaustrieb, Markttreiben und Kinderspielen

GANDERSHEIMER DOM-FESTSPIELE (SEIT 1959)
Freilichttheater Juni–Aug., buntes Programm mit Schauspiel, Komödien und Musical
www.gandersheimer-domfestspiele.de

TAGE DER KLEINKUNST
Nach Pfingsten in Goslar mit Clownerien, Kabarett und Theaterstücken
www.kulturkraftwerk-harzenergie.de

TAG DER PARKS UND GÄRTEN
Führungen, Musik, Tanz und Kulinarik in den Schlossgärten Blankenburg
www.blankenburg.de

QUEDLINBURGER MUSIKSOMMER
Juni bis September
www.quedlinburger-musiksommer.de

JULI

TON AM DOM HALBERSTADT
Keramik, Kunst und Köstlichkeiten am 1. Juli-Wochenende
www.ton-am-dom.de

GALOPPRENNWOCHE
Bad Harzburg ist Anziehungspunkt für Pferdesportbegeisterte.
www.harzburger-rennverein.de

RITTERSPIELE
Auf der Burg Regenstein mit Markt
www.blankenburg.de

WERNIGERÖDER SCHLOSSFESTSPIELE
Im Juli und August
www.schloss-wernigerode.de

AUGUST

SALZ- UND LICHTERFEST
Mit vielen Bühnen und Kunsthandwerkern in Bad Harzburg

KÖHLERFEST
An der Harzköhlerei Stemberghaus

SEPTEMBER

HIRSCHBRUNFT-ERLEBNISTAGE
In Sankt Andreasberg

SEHUSA-FEST
Das Historienfest lockt Tausende von Besuchern nach Seesen.
www.sehusafest.de

OKTOBER

KAISERRINGVERLEIHUNG
Internationaler Kunstpreis für zeitgenössische bildende Künstler. Die Preisverleihung findet in der Kaiserpfalz Goslar statt (▶ S. 116).

DEZEMBER
Malerische Weihnachtsmärkte u. a. in Goslar, Quedlinburg, Halberstadt, Nordhausen und Wernigerode. Weihnachten unter Tage in Clausthal-Zellerfeld, St. Andreasberg und Sangerhausen (Wettelrode).

Hochburg für Hexen

Walpurgis

Zigtausende Besucher zieht es alljährlich am 30. April in den Harz. Dann sind hier die Hexen los und feiern ihr berauschendes Fest mit ihren Gästen (▶ Das ist der Harz, S. 24ff.). Das Großevent wird schon Wochen zuvor vorbereitet und die Straßen in vielen Orten mit Hexen- und Teufelspuppen dekoriert. Hochburg ist der **Hexentanzplatz in Thale**: Laserstrahlen, Pyrotechnik, Gewaber und Gewummer aus Nebelmaschine und Lautsprechern geben dem Treiben den passenden Anstrich. Auch Schierke, prominent unterhalb des Brockens – also des obersten Hexenberges – gelegen, feiert außer Rand und Band. Auf dem **Brocken**, der sich im Nationalpark befindet, gibt es keine Walpurgisveranstaltung. Ein besonderes Erlebnis ist jedoch »Faust – Die Rockoper«, die zu verschiedenen Terminen auf dem Brocken von der Harzer Schmalspurbahn veranstaltet wird. Unterkünfte sollten für die Walpurgisnacht frühzeitig gebucht werden! Hotels bieten auch Pauschalarrangements an.

Mehr als nur Hexentanz

Feste und Spiele

Seit 1975 treffen sich jedes Jahr am ersten Septemberwochenende in Seesen Historienfans aus ganz Deutschland. Das **Sehusa-Fest** versetzt die Stadt am nördlichen Rand des Harzes für zwei Tage zurück in die Vergangenheit. Vom Mittelalter bis Rokoko wird Geschichte wieder lebendig. Festliche Ritterspiele, altes Handwerk, höfische Tänze, holder Minnesang und der große historische Festumzug am Sonntag bilden das größte Historienfest Norddeutschlands.

Viehaustrieb

Die bunten Bergwiesen rund um Wildemann, Sankt Andreasberg, Schierke und Tanne verleihen mit ihren typischen rotbraunen Rindern dem Harz etwas **Alpenidylle** (▶ Baedeker Wissen, S. 340). Auch im Harz werden Weideauf- und abtrieb gefeiert. Auftakt bildet Anfang Mai der Tanner Kuhball. In Wildemann fand bislang Pfingstsonntag der traditionelle Viehaustrieb statt. Die Herde wird, begleitet mit Blasmusik, auf die Weide getrieben. Anfang Juni gehört auch beim Wiesenblütenfest in Sankt Andreasberg ein Viehaustrieb zum Programm. Beim Schierker Kuhball im September hingegen wird der Weideabtrieb mit einem Umzug und Harzer Spezialitäten gefeiert.

Kulturgenuss

Klassische Konzerte, Kunst und Theater (▶ Das ist der Harz, S. 16ff.), teilweise auch an authentischen Orten, füllen das Veranstaltungsprogramm im Harz ebenfalls. Statt Tradition, Brauchtum und Hexen-Einmaleins werden hier Liebhaber von Musik und Schauspiel begeistert sein.

Hexenpuppen zählen zu den beliebtesten Andenken – auch wenn sie vielleicht aus Fernost kommen.

SHOPPEN

Kleine Boutiquen in verwinkelten Fachwerkhäusern, Galerien und Werkstätten sind es, die eine Shopping-Tour im Harz zum Erlebnis machen. Ganz individuell, persönlich und manchmal auch kitschig.

Gütesiegel für Heimisches

Typisch Harz

Echte Harzer Produkte werden seit einigen Jahren mit dem plakativen Label »Typisch Harz« ausgezeichnet. Von Obst, Gemüse, Fisch, Fleisch- und Wurstwaren bis hin zu ganzen gastronomischen Einrichtungen und touristischen Dienstleistungen können Anbieter und Produzenten sich dem detaillierten Auswahlverfahren stellen. Eine Jury wacht über die Einhaltung der genau festgelegten Vergabekriterien, die alle drei Jahre erneut geprüft werden. Spezialitäten aller Art aus dem Harz werden regelmäßig auf Wochenmärkten, Brauchtumsfesten, Kloster- und Bauernmärkten präsentiert.

Liste aller Typisch-Harz-Betriebe und -Produkte: www.harzinfo.de

Kunsthandwerk

Mit Handwerksgeschick verdienten sich schon früher die Bergmannsfamilien etwas dazu: In Sankt Andreasberg bauten sie kunstvolle Käfige für Kanarienvögel (► Sankt Andreasberg), die die Bergleute unter Tage vor Sauerstoffmangel warnten. Heute ist das Harzer Kunsthandwerk vor allem bei Touristen begehrt. Eine gewachsene Kunsthandwerkstradition existiert im Harz im engeren Sinne nicht. Handwerkszweige wie Schnitzer, Drechsler, Töpfer kamen in der Bergbauregion praktisch nicht vor. Wenn die Bergmannsfamilien nach Feierabend noch Muße für **Heimarbeiten** hatten, fertigten sie Vogelkäfige, Spielzeug, Puppenstuben und Weihnachtsdekoration mit Bergwerksmotiven. Wurzeln der Holzschnitzkunst liegen im Erzgebirge, denn mit den Bergleuten und dem bergmännischen Know-how kamen auch die kulturellen Traditionen in den Harz. Holzschnitzer, Drechsler, Töpfer, Strickerinnen, Schmuckdesigner und andere Kreative lassen sich heute von **regionalen Motiven** und Geschichten inspirieren und verwenden heimische Materialien, wie Holz, Wolle oder Zutaten aus der Gegend.

Harzer Souvenirs

Nicht alles, was in Harzer Souvenirläden erhältlich ist, ist auch original Harzer Handwerk. Wie überall gibt es günstige Souvenirs aus Plastik, Kitsch und Krempel aus Fernost. Insbesondere bei den Harzer Hexen ist die Variation schier endlos.

ÜBERNACHTEN

Seit rund 200 Jahren ist der Harz als Reiseziel bekannt und beliebt. Vor allem in den vergangenen Jahren erfährt der Tourismus einen Aufschwung, neue Hotels und Ferienanlagen entstehen, Traditionshäuser werden liebevoll saniert und umgestaltet. Von einfach bis Luxus ist hier alles zu haben.

Hotels

Von der kleinen, gemütlichen Pension bis hin zum Wellnesshotel mit luxuriöser Ausstattung bietet die Harzer Hotellerie ein riesiges Angebot. Viele Unterkünfte befinden sich **in historischen Gebäuden**, liebevoll und detailreich ausgestattet, erhält jedes Zimmer seinen ganz eigenen Charakter. Standardausstattung und einheitliche Zimmergrößen gibt es in solchen Häusern nicht.
Ausgewählte Hotelempfehlungen finden sich im Kapitel Reiseziele von A bis Z. Die angegebenen Kategorien der Hotels beziehen sich auf die Durchschnittspreise für ein Doppelzimmer mit Frühstück. Viele Hotels bieten Sonderkonditionen bei längeren Aufenthalten oder in der Nebensaison. Die Ausstattung und Standards der Unterkünfte sind teils recht unterschiedlich.

Ferienwohnungen und Ferienhäuser

Ferienwohnungen, Appartements und Ferienhäuser werden im gesamten Harz vermietet. Unvergesslich wird ein Urlaub in einem der historischen Fachwerkhäuser, die bspw. in Quedlinburg auf dem Münzenberg liebevoll eingerichtet als Ferienhäuser vermietet werden. In Goslar wird eine Gotische Kemenate angeboten. Neue Ferienhausanlagen sind u. a. in Schierke, Sankt Andreasberg und Torfhaus entstanden. Alleinstehende Ferienhäuser oder allein gelegene Gruppenunterkünfte sind ebenfalls zu finden.

Camping

Naturnah und einfach oder komfortabel mit Sonderausstattung: Die rund 50 Campingplätze im Harz bieten ein vielfältiges Angebot für die Freiheit unter Sternen.

Jugendherbergen

Die Harzer Jugendherbergen stehen – unabhängig vom Alter – jedem offen, der im Besitz eines gültigen Jugendherbergsausweises ist. Eine Übersicht über die neun Jugendherbergen im Harz findet man auf www.harzinfo.de.

P

PRAKTISCHE INFOS

Wichtig, hilfreich präzise

Unsere Praktischen Infos helfen in allen Situationen im Harz weiter.

Verlaufen sollte man sich eigentlich nicht müssen. ►

Wandern im
Nationalpark Harz
-Torfhaus-
Bad Harzburg
TorfHaus
-Goetheweg-
10F Brocken
Oderbrück, Braunlage
Altenau
Wolfswarte
Sonnenberg, Oderbrück
HS

ANREISE · REISEPLANUNG

Mit dem Auto Aus Norden und Süden ist der Harz über die A 7 erreichbar. Die A 2 (Hannover – Berlin) hat bei Braunschweig einen Abzweig auf die A 395 nach Bad Harzburg und führt über die neue Nordharzautobahn Richtung Osten A 36 (Sachsen-Anhalt) bis Bernburg (Anschluss an A 14), gen Westen führt die B 6 u. a. nach Goslar. Über Magdeburg gelangt man auf der B 81 Richtung Halberstadt. Zwischen Halle und Friedland verbindet die A 38 den Westen und Osten südlich des Harzes mit Nordhausen, Sangerhausen und dem Kyffhäuser.

Mit dem Flugzeug Die nächstgelegenen Flughäfen sind Leipzig/Halle (50 km von Lutherstadt Eisleben entfernt) und Hannover-Langenhagen (80 km von Goslar, 100 km von Bad Harzburg entfernt).

Mit der Bahn Aus dem Norden und dem Ruhrgebiet ist der Harz via Hannover oder Kassel zu erreichen, aus dem Süden über Kassel oder Erfurt, von Berlin über Magdeburg und aus dem Osten über Leipzig, Halle (Saale) und Halberstadt. An den Wochenenden und bundeseinheitlichen Feiertagen gibt es mit dem Harz-Berlin-Express eine durchgängige Verbindung von Berlin. Einige Ziele im Harzzentrum erreicht man mit der Harzer Schmalspurbahn (HSB).

Mit dem Fernbus Verschiedene Fernbuslinien bieten Verbindungen in den Harz an, u.a. nach Bad Harzburg, Bad Sachsa, Goslar, Wernigerode oder nach Quedlinburg.

INFOS

FLUGVERKEHR

FLUGHAFEN LEIPZIG/HALLE
www.leipzig-halle-airport.de
Tel. 0341 2 24 11 55

FLUGHAFEN HANNOVER
www.hannover-airport.de
Tel. 0511 97 70

BAHN UND BUS

DEUTSCHE BAHN
www.bahn.de
Tel. 030 29 70

LOKALBAHNEN UND -BUSSE
▶ Verkehr

AUSKUNFT

NÜTZLICHE ADRESSEN

TOURISMUSVERBÄNDE

HARZER TOURISMUSVERBAND
Marktstr. 45, 38640 Goslar
Tel. 05321 3 40 40
www.harzinfo.de

REGIONALVERBAND HARZ
Hohe Str. 6, 06484 Quedlinburg
Tel. 03946 9 64 10
www.harzregion.de
Zusammenschluss der Landkreise im Harz zur Förderung des Umwelt-, Landschafts- und Denkmalschutzes sowie der Kunst und Kultur. Informationen zu Natur- und Geopark.

WANDERN UND NATUR

HARZKLUB
Bahnhofstr. 5 a
38678 Clausthal-Zellerfeld
Tel. 05323 8 17 58
www.harzklub.de

NATIONALPARK HARZ
Lindenallee 35
38855 Wernigerode
Tel. 03943 26 28-0
www.nationalpark-harz.de
Außenstelle St. Andreasberg
Tel. 05582 92 30 74
Weitere Infostellen in Bad Harzburg, Braunlage, Drei Annen Hohne, Ilsenburg, Schierke, Torfhaus, am Scharfenstein (Rangerstation) und auf dem Brocken.

HARZ IM INTERNET

WWW.HARZINFO.DE
Touristisches Internetportal mit ausführlichen Infos zu Urlaubsorten, Unterkünften und Erlebnissen rund um Kultur, Natur und Spaß

TOUREN.HARZINFO.DE
Tourenportal mit GPS Daten

WINTERSPORT.HARZINFO.DE
Infos über Wintersportmöglichkeiten (Dez. – März), Loipen und Skipisten

WWW.HARZAGENTUR.DE
OutdoorCenter Harz mit Mountainbike- und E-Bike-Verleih, BikeTreff, geführte Touren und vieles mehr

WWW.HARZREGION.DE
Der Regionalverband Harz e. V. informiert über Geologie und Natur, Wander- und Besuchsvorschläge (kostenlose Downloads).

WWW.HARZLUCHS.DE
Sehr informative, private Website

WWW.WANDERN-IM-HARZ.DE
Reiseveranstalter-Seite mit vielen Informationen zu Wanderwegen, Gepäcktransport und öffentlichem Nahverkehr

WWW.VOLKSBANK-ARENA-HARZ.DE
Portal zum Mountainbike-Wegenetz mit Streckenbeschreibungen, Startorten und mountainbikefreundlichen Gastgebern

WWW.RAYMOND-FAURE.COM
Private Seite von Raymond Faure, Stadtführer in Goslar und UNESCO-Welterbeführer, mit über 100 000 Bildern aus dem Harz und Umland

LESETIPPS

Klassiker

Hans-Christian Andersen: Schattenbilder von einer Reise in den Harz. Frankfurt a.M., Insel Verlag. Inspiriert von seinen berühmten Vorgängern machte sich auch Hans Christian Andersen 1831 in den Harz auf.

Theoder Fontane: Ellernklipp. München, dtv, 1997. Ellernklipp ist eine mit Erlen bewachsene Felswand im Harz und der Schauplatz der Geschichte von der Adoption des Waisenmädchens Hilde, die in einem Drama endet. Die Erzählung von 1881 beruht auf einer wahren Begebenheit.

Johann Wolfgang von Goethe: Faust, 1808. Der Dichter, der den Harz 1777, 1783 und 1784 bereiste, machte im ersten Teil den Brocken zum Schauplatz der Walpurgisnacht.

Heinrich Heine: Die Harzreise. Ditzingen, Reclam, o. J. (auch als Hörbuch). Heine berichtet von seiner Reise 1824 von Göttingen durch den Harz über den Brocken bis nach Ilsenburg. Entstanden in den frühen Jahren seines literarischen Schaffens.

Belletristik

Harzkrimi-Autoren: Helmut Exner, selbst Autor von Harzkrimis mit Protagonistin Lilly Höschen als schrullige »Miss Marple des Harzes«, hat um sich verschiedenste Autoren versammelt. In seinem Verlag erscheinen regionale Krimis, von humoristisch-skurril über historisch-detailliert bis nervenaufreibend. Viele verführen dazu, sich den »Tatort« selbst einmal anzuschauen. Bei Lesungen werden die Werke vorgestellt.

Kathrin R. Hotowetz: Im Schatten der Hexen. Geistmühle-Verlag, 2011–2022. Spannende Crime-und-Fantasy-Buchserie aus dem Harz. Mehrere abgeschlossene Romane in fünf Büchern, in denen die Autorin aus Halberstadt den Glauben um Harz-Mythen, Kräuter, Runenkunde und Magie in moderne Geschichten verpackt.

Gundula Hubrich-Messow: Sagen & Märchen aus dem Harz. Husum Druck, 2012. Aus dem Harzer Sagenschatz.

Maria Kutschmann: Im Zauberbann des Harzgebirges, Harz-Sagen und Geschichten. Jena, Verlag Bussert & Stadler, 2001. Der Reprint der Ausgabe von 1890 ist mit Jugendstil-Farbdrucken und Holzschnitten illustriert. Die Sammlung ist mittlerweile auch als Audio-CD verfügbar.

Roland Lange: Brockendämmerung. Autor Roland Lange ist Vermessungsingenieur und im Harz geboren, kennt sich also bestens vor Ort aus. Mysteriöse Mordfälle verleiten Hauptkommissar Ingo Behrends immer wieder zu Ermittlungs-Alleingängen. Protagonist seiner zweiten Buchreihe ist der Privatdetektiv Stefan Blume. Prolibris Verlag, Kassel und Verlag Niemeyer, Hameln.

Bildbände

Franz X. Bogner: Die Straße der Romanik. Halle, Mitteldeutscher Verlag, 2015. Ein Porträt der Straße der Romanik aus der Vogelperspektive. Luftbildband.

DuMont Bildatlas Harz: Eine Entdeckungsreise in schönen Fotos und aktuellen Reportagen. DuMont Reiseverlag, Ostfildern, 2021.

Luca Weber: Harzer Fototouren, Selbstverlag, 2021. Die 60 Top-Spots für Landschaftsfotografie im Harz hat Fotograf Luca Weber in seinem Buch auf 160 Seiten detailliert beschrieben. Ein Reiseführer für (Hobby-)Fotografen. https://fotoweberei.de

Fuchs, Miriam: Lost & Dark Places Harz. Bruckmann Verlag, 2022. Die Autorin lässt 35 vergessene, verlassene und geheimnisvolle Orte wieder zum Leben erwachen und zeigt die morbide Schönheit des Harzes.

Sonstiges

Ließmann, Wilfried: Historischer Bergbau im Harz. Springer-Verlag, Heidelberg, 2010. Umfassend, anschaulich, mit über 250 hervorragenden Abbildungen. Ein wahre Fundgrube für alle, die sich für den historischen Bergbau interessieren. Im Anhang befindet sich auch ein interessantes bergmännisches ABC.

Lücke, Monika/Lücke, Dietrich: Ihrer Zauberei halber verbrannt. Mitteldeutscher Verlag, Halle/Saale, 2012. Die Autoren durchleuchten die Hexenverfolgungen in Sachsen-Anhalt.

Jana Thiele: Gebrauchsanweisung für den Harz. Piper Verlag, 2014. Aus Leipzig stammend und nun in Berlin lebend, ist die Autorin Mitbesitzerin einer Waldhütte im Harz. Kurzweilig beschreibt sie ihre Erlebnisse der Region, geht auf Sehenswertes und Merkwürdigkeiten ein und bietet dabei allerlei nützliche Anregungen für Ausflüge im Harz.

Ließmann, Wilfried und Gröbner, Joachim: Die Mineralien des Harzes. Quelle & Meyer Verlag, 2020. 350 Mineralienarten des Harzes werden ausführlich beschrieben. Anhand von GPS-Koordinaten geht es auf Entdeckungstouren zu Aufschlüssen, Fundstellen und bemerkenswerten Sehenswürdigkeiten.

PREISE UND VERGÜNSTIGUNGEN

HarzCard Die HarzCard (gültig 48 Std./32 € oder 4 Tage/61 €) ermöglicht Besuchern freien Eintritt oder freie Fahrt bei über 100 Attraktionen. Man erhält sie u. a. in Touristinformationen und beteiligten Einrichtungen.
www.harzcard.info

Harz-Gastkarte Die Kur- und Gästekarten vieler Harzer Orte sind gleichzeitig Harz-Gastkarten. Somit erhalten Urlauber auch in anderen Orten Ermäßigungen auf Eintritte oder Veranstaltungen. In vielen Orten gilt die Karte auch als HATIX zur kostenfreien Nutzung des ÖPNV.
www.harzinfo.de | www.hatix.info

REISEZEIT

Wann am besten hin? Die bevorzugten Reisemonate für den Harz sind die Sommermonate von Mai bis Oktober. Für den Wintersport eignet sich am besten die Zeit von Ende Dezember bis Anfang März.
Besonders bei Urlaubern, die **zum Wandern** in den Harz kommen, sind Mai und Oktober beliebt. In den höheren Gebirgslagen ist bis April sowie ab Ende Oktober oft raues Wetter, Nebel und selbst Schneefall zu erwarten. Da über Silvester, zu Ostern, an Walpurgis und an Pfingsten die Harzorte sehr gut besucht sind, sollte man rechtzeitig buchen.

Klima Der Harz, das am weitesten nach Norden vorgeschobene deutsche Mittelgebirge, unterliegt die meiste Zeit des Jahres dem ozeanischen (nordatlantischen) Klimaregime. Das Klima wird als rau, feucht und kühl klassifiziert. Vorherrschende Windrichtung ist Südwest bis Nordwest, in den Gipfellagen West mit hoher Sturmhäufigkeit. Die höchste Windgeschwindigkeit wurde im Nov. 1984 mit 263 km/h gemessen! Gelegentlich machen sich aber auch kontinentale Einflüsse mit Ost- und Südostwinden bemerkbar. Aufgrund der relativ meernahen und sehr exponierten Lage am Übergang zum norddeutschen Tiefland erhalten Südwest- und Westrand sowie die Hochlagen reichlich **Niederschläge**. Der meiste Regen fällt in den Sommermonaten. In den Hochlagen fallen die winterlichen Niederschläge häufig als **Schnee**, weshalb der Harz auch als Wintersportgebiet geschätzt wird. Als schneesicher gelten vor allem Januar und Februar.

Temperaturen

Dass es im Harz nicht nur feucht, sondern auch kühl sein kann, zeigt ein Vergleich der **Jahrestemperatur-Mittelwerte**. Angenehm ist es am Rand des Gebirges, wo das Jahresmittel zwischen 10 und 11 °C schwankt. In Braunlage liegt es nur noch bei 8 °C und auf dem Brocken bei 4,5 °C! Juli und August sind die wärmsten Monate. In den vergangenen Sommern wurde in niedrigen Lagen durchaus die 30-°C-Marke überschritten. In Braunlage und auf dem Brocken ist es angenehmer: Nur gelegentlich steigen die Temperaturen hier oben über 25 °C.
Im Hochwinter liegen die Mittelwerte in Braunlage unter -2 °C und auf dem Brocken unter -4 °C. Absolutes Minimum auf dem Brocken waren bislang -28,4 °C. Hier oben besteht selbst in den Sommermonaten die Gefahr von Bodenfrost. Gerade auf der Brockenkuppe können die gefühlten Temperaturen durch Wind weit tiefer liegen.
Auch im Harz zeigt sich der Klimawandel. So betrug die Durchschnittstemperatur auf dem Brocken 1848 noch 1,5 °C, heute sind es 4,5 °C. Es gibt nur noch selten richtige Winter und sommerliche Dürren schädigen den Wald, wie man am Fichtensterben sehen kann.

VERKEHR

Harzer Schmalspurbahnen

Eine Fahrt mit den Harzer Schmalspurbahnen (HSB), zu denen die Harzquer-, die Selketal- und die Brockenbahn zählen, gehört zu den Erlebnissen, die man bei einem Harzurlaub auf keinen Fall versäumen sollte. Mit einer Gesamtlänge von rund 140 km bilden sie **Europas größtes zusammenhängendes Schmalspurnetz** (Harzquerbahn: 60,5 km, Brockenbahn 19 km, Selketalbahn 60,9 km Streckenlänge; ▶ Karte S. 39). Die Bahnen fahren das ganze Jahr im Regelbetrieb. Die ältesten Dampflokomotiven des HSB wurden 1897 erbaut. Das Streckennetz ist das längste dampfbetriebene in Europa. Das Gesamtensemble wurde bereits 1972 unter Denkmalschutz gestellt.
Da die Schmalspurbahnen nur eine **Höchstgeschwindigkeit von 40 km/h** erreichen, kann man sich in aller Ruhe den Fahrtwind um die Nase wehen lassen. Die Fahrt auf den Brocken bedeutet eine hohe Kraftanstrengung für die »Meterspur«-Bahn (1000 mm Spurweite), die am 20. Juni 1898 zum ersten Mal mit einem Probezug befahren wurde. Über 400 Brücken und Durchlässe geht es über die engen Täler des Ostharzes und über Steigungen sowie durch einen Tunnel bei der Steinernen Renne, eines der romantischsten Harztäler bei Wernigerode. Für die Stichbahn von Stiege nach Hasselfelde wurde der kleinste Wendekreis Europas gebaut, schließlich schaffen die Loks Kurven mit einem Radius von nur 60 Metern. Eine Fahrt mit der Harzquerbahn ist unter ▶ Touren, S. 37 ff. beschrieben.

6X TYPISCH

Dafür fährt man in den Harz.

1. HARZER KÄSE

Dieser berühmte Käse ist in aller Munde, wenn es um den Harz geht, doch er wird nicht mehr hier hergestellt. Anderer leckerer **Käse aus dem Harz** ist im Westerhäuser Käsehof (▶ **S. 341**) oder in der Ziegenalm Sophienhof bei Ilfeld (▶ **S. 162**) erhältlich.

2. DAMPFLOKS

Die schnaufenden Züge der **Harzer Schmalspurbahnen** sind ein Hingucker im Harz. Die eindrucksvollen Loks begeistern nicht nur Bahnfreaks. (▶ **S. 357**)

3. MUNDART

»... wo de Hasen Hosen hähßen und de Hosen Huhsn.« Entstanden durch die Bergleute hat sich eine Sprachinsel entwickelt. Vor allem bei Veranstaltungen des Harzklubs und Brauchtumsfesten **in Clausthal-Zellerfeld und Sankt Andreasberg** ist die Oberharzer Mundart noch zu hören. (▶ **S. 96, 236**)

4. BROCKEN

Ein Besuch auf dem Brocken, dem höchsten Berg im Harz und **Wahrzeichen**, gehört zum Harz-Erlebnis dazu. Zu Fuß, mit der Bahn oder dem Kremser geht es auf den Gipfel. (▶ **S. 86**)

5. HEXEN

Die **Walpurgisnacht** ist das Fest der Hexen im Harz. Rauschend wird die Nacht zum 1. Mai gefeiert. Und auch die mystische Natur schürt die Fantasie rund um Hexen, Teufel und Fabelwesen. Ihnen begegnet man an vielen Orten im Harz. (▶ **S. 24ff.**)

6. WINDBEUTEL

Der Klassiker. Der Harz ist bekannt für die Riesen-Windbeutel in vielfältigen **Variationen**. Von süß bis herzhaft, von klein bis riesig. Tradition verspricht der Windbeutel-König in Clausthal. (▶ **S. 98**)

INFOS

BUS

BUSFAHRPLÄNE HARZ
HarzBus Servicecenter
(LK Goslar)
Rosentorstr. 18
38640 Goslar
Tel. 05321 51 82 78-0
www.harzbus-goslar.de

FAHRPLANAUSKUNFT SACHSEN-ANHALT
www.insa.de

HATIX-TICKET
Tel. 03943 93 58 00
www.hatix.info

BAHN

DEUTSCHE BAHN AG
Tel. 030 29 70
www.bahn.de

HARZER SCHMALSPURBAHNEN GMBH (HSB)
Tel. 03943 55 80
www.hsb-wr.de

HARZ-BERLIN-EXPRESS (HBX)
Direktverbindung Berlin-Harz u. weitere Linien in Sachsen-Anhalt.
Abellio Rail Mitteldeutschland GmbH
Tel. 0800 223 55 46 (kostenfrei)
www.abellio.de

Weitere Eisenbahnstrecken

Neben den berühmten Schmalspurbahnen gibt es weitere Eisenbahnstrecken, die das Gebiet erschlossen haben. Die folgenden Bahnen verkehren als Ausflugsverkehr nur zu bestimmten Terminen im Jahr oder im Saisonbetrieb. Die aus der 1885 errichteten Zahnradbahn von Blankenburg nach Tanne hervorgegangene, 19 km lange **Rübelandbahn** verbindet Blankenburg und Elbingerode. Die Fahrt dauert rund 70 Minuten. Die **Mansfelder Bergwerksbahn** (Spurbreite 750 mm, eine Museumseisenbahn und älteste Schmalspurbahn in Deutschland) verkehrt zwischen Klostermansfeld (bei Mansfeld) und dem Eduard-Schacht bei Hettstedt (April – Okt. samstags). Die **Wipperliese**, die erst 1921 entstand, fährt von April bis Oktober an Wochenenden und Feiertagen auf der Strecke Klostermansfeld – Wippra. Die ca. 20 km lange Strecke führt durch das romantische Flusstal der Wipper.

HATIX-Ticket

Mit dem Urlaubsticket HATIX – das Sie automatisch bei Zahlung der Kurtaxe oder des Gästebeitrags erhalten – haben Gäste im Landkreis Harz sowie auf ausgewählten Strecken in den Landkreisen Mansfeld-Südharz, Goslar und Göttingen (Altkreis Osterode) **freie Fahrt mit öffentlichen Bussen und Straßenbahnen**. So erreichen Sie u.a. Quedlinburg oder Wernigerode bequem per Bus. Welche Orte teilnehmen, erfahren Sie online. Das HATIX gilt nicht in Sonderbussen, Anrufsammeltaxis (AST), Anruflinientaxis (ALT), DB Regio, Veolia Verkehr (HEX) und den Harzer Schmalspurbahnen.

REGISTER

H

I

K

O

P

Q

R

S

BILDNACHWEIS

adobe stock/fotolia/dieter76 S. 200
adobe stock/fotolia/dmaphoto S. 176
adobe stock/fotolia/FSEID S. 264
adobe stock/fotolia/LianeM S. 235
akg-images S. 298, 319 u., 322 (2x)
Johannes Arlt/laif S. 267
Jutta Brüdern S. 220 o.
Babovic/laif S. 169
Beyer, Constantin, Weimar S. 308
Bildagentur Huber/Gräfenhain S. 92 o., 261 o., 327, 333 o.
Bildarchiv Preuß. Kulturbesitz S. 269
Bilderberg/Tobias Gerber S. 304, 316
Tobias Brabanski S. 239 u.
DuMont Bildarchiv/Karl Johaentges S. 66, 92 u., 151, 196, 202, 206, 220 u., 246 o., 249, 253 u., 297, 300, 338 u., 341, 345
Dumont Bildarchiv/Ralf Freyer S. 3 (2x), 7, 15, 19, 24/25, 27, 29, 45, 54, 70 (2x), 94, 111, 115, 137, 142, 145, 156, 178, 181, 191 (2x), 193, 212, 222/223, 225, 239 o., 246 u., 261 u., 262, 274, 277, 281, 289, 312 u., 329, 333 u., 351
DuMont Bildarchiv/Sabine Lubenow S. 255
André Gleisberg/gleisbergs.de S. 107, 117, 128 (2x), 139
Malte Jaeger/laif S. 58
Günter Jentsch/HöhlenErlebnisZentrum S. 47
Harzer KlosterSommer/Günter Jentsch S. 165
Karl Johaentges S. 155, 291 o.
laif/Gaasterland, Achim S. 307
laif/Gerald Hänel S. 253 o.
laif/Langrock/Zenit S. 358
Leemage/UIG/Gettyimages S. 22
LookFoto/Heinz Wohner S. 2, 78/79
mauritius images/Bernd Ritschel S. 335
mauritius images / Bildarchiv Monheim GmbH / Alamy S. 20/21
mauritius images/Chromorange/Dieter Möbus S. 8/9
Thomas Meinicke S. 230
Nationalpark Harz S. 291 u.
pa KPA/Klindwort, Manfred S. 84
pa/dpa/dpaweb S. 319 o.
pa/OKAPIA KG/Hans Reinhard S. 240
picture-alliance/Hanke S. 5
Sammlung Weltkulturerbe Rammelsberg S. 11
Tobias Schmidt S. 209
shutterstock/ Bildagentur Zoonar GmbH S. 284
shutterstock/K I Photography S. 12/13
shutterstock/R_Pilgui S. 167
shutterstock/Wlad74 S. 198/199
Stefan Sobotta S. 102
Stiftung Dome und Schlösser Sachsen-Anhalt S. 76
Stockfood/Gross, Petr S. 339 re.
Stockfood/Iden, K. S. 338 o.
Theaternatur/Simon Schabert S. 16/17
Karin Thom S. 232
Ingo Wandmacher S. 330 li.
Ernst Wrba S. 312 o., 347

Titelbild: Malte Jaeger/laif

VERZEICHNIS DER KARTEN UND GRAFIKEN

IMPRESSUM

Ausstattung:
116 Abbildungen, 38 Karten und grafische Darstellungen, eine große Reisekarte

Text:
Anja Schliebitz, mit Beiträgen von Jutta Buness, Katrin Dziekan, Robert Fishman, Miriam Fuchs, Falko Kirsch, Hans Krimholz und Dina Stahn

Überarbeitung:
Miriam Fuchs

Bearbeitung:
Baedeker-Redaktion
(Cornelia Thoellden)

Kartografie:
Christoph Gallus, Hohberg
Klaus-Peter Lawall, Unterensingen
MAIRDUMONT Ostfildern
(Reisekarte)

3D-Illustrationen:
jangled nerves, Stuttgart

Infografiken:
Golden Section Graphics GmbH, Berlin

Gestalterisches Konzept:
RUPA GbR, München

14. Auflage 2023

Trotz aller Sorgfalt von Redaktion und Autoren zeigt die Erfahrung, dass Fehler und Änderungen nach Drucklegung nicht ausgeschlossen werden können. Dafür kann der Verlag leider keine Haftung übernehmen.
Kritik, Berichtigungen und Verbesserungsvorschläge sind jederzeit willkommen. Schreiben Sie uns, mailen Sie oder rufen Sie an:

Baedeker-Redaktion
Postfach 3162, D-73751 Ostfildern
Tel. 0711 4502-262
www.baedeker.com
baedeker@mairdumont.com
Printed in Poland

ATMOSFAIR

nachdenken • klimabewusst reisen
atmosfair

Reisen verbindet Menschen und Kulturen. Doch wer reist, erzeugt auch CO2. Der Flugverkehr trägt in erheblichem Maße zur globalen Erwärmung bei. Wer das Klima schützen will, sollte sich nach Möglichkeit für die schonendere Reiseform entscheiden (wie z.B. die Bahn). Gibt es keine Alternative zum Fliegen, kann man mit atmosfair klimafördernde Projekte unterstützen.
atmosfair ist eine gemeinnützige Klimaschutzorganisation unter der Schirmherrschaft von Klaus Töpfer. Flugpassagiere spenden einen kilometerabhängigen Betrag und finanzieren damit Projekte in Entwicklungsländern, die den Ausstoß von Klimagasen verringern helfen. Dazu berechnet man mit dem Emissionsrechner auf **www.atmosfair.de** wieviel CO2 der Flug produziert und was es kostet, eine vergleichbare Menge Klimagase einzusparen (z.B. Berlin – London – Berlin ca. 10 €). atmosfair garantiert die sorgfältige Verwendung Ihres Beitrags. Alle Informationen dazu auf www.atmosfair.de. Auch MairDumont fliegt mit atmosfair.

Hildesheim
Salzgitter
Schöppenstedt
248
395
79
Semmenstedt
Bad Salzdetfurth
243
Holle
6
82
Winnings
Sehlde
Hornburg
Hessen
Bockenem
Schladen
Liebenburg
Niedersachsen
395
Osterwieck
Lamspringe
Hahausen
82
Langelsheim
Vienenburg
6
244
Innerstestausee
7
Goslar
6
Lange
Seesen
Lautenthal
Oker
Stapelburg
Bad Gandersheim
Leine
Hahnenklee-Bockswiese
Bad Harzburg
Ilsenburg
Kreiensen
Münchehof
Okerstausee
445
Bad Grund
242
Brocken
1141
Wernige
4
Altenau
244
Kalefeld
Clausthal-Zellerfeld
3
Schierke
Elbingero
243
Riefensbeek
248
Lerbach
Elend
Bode
27
Königshütte
Förste
Sösestausee
Braunlage
Northeim
Osterode am Harz
St. Andreasberg
27
Sorge
Sieber
Tanne
Katlenburg-
Herzberg a.H.
Gr. Knollen
687
Benneckenstein
7
3
-Lindau
Stöberhai
718
4
247
27
Nörten-Hardenberg
Oderstausee
Wieda
Zorge
81
Bad Lauterberg i.H.
Sülzhayn
Gieboldehausen
Bad Sachsa
Bovenden
27
247
Walkenried
Ellrich
Ilfeld
Ebergötzen
Brochthausen
Bockelnhagen
Göttingen
243
4
Duderstadt
Günzerode
Holungen
Gleichen
429
Eichsfeld
38
Großbodungen
27
Bremke
Günterode
Bleicherode
4
Worbis
Gebra
Friedland
38
Wipper
Leine
80
Arenshausen
Heiligenstadt
Leinefelde
Thüringen
Keula
Toba
Flinsberg
Dingelstädt
249
-Allendorf
Ebeleben
Bad Sooden-
Küllstedt
247
Schlotheim
Mühlhausen (Thüringen)
84
Großene